Alma-Elisa Kittner
Visuelle Autobiographien

Für Josef Ehren

Alma-Elisa Kittner (Dr. phil.), Kunsthistorikerin, arbeitet als wissenschaftliche Mitarbeiterin an der Hochschule für Bildende Künste Braunschweig und ist Mitherausgeberin von »Querformat. Zeitschrift für Zeitgenössisches, Kunst, Populärkultur«. Ihre Forschungsschwerpunkte sind u.a. das (Auto-)Biographische in Kunst und Kunstgeschichte, künstlerische Strategien des Sammelns, Barock und Moderne, Schnittstellen zwischen Kunst und Tourismus sowie Gender Studies.

ALMA-ELISA KITTNER

Visuelle Autobiographien. Sammeln als Selbstentwurf bei Hannah Höch, Sophie Calle und Annette Messager

[transcript]

Gedruckt mit freundlicher Unterstützung
der Hochschule für Bildende Künste Braunschweig.

Bibliografische Information der Deutschen Nationalbibliothek
Die Deutsche Nationalbibliothek verzeichnet diese Publikation
in der Deutschen Nationalbibliografie; detaillierte
bibliografische Daten sind im Internet über
http://dnb.d-nb.de abrufbar.

Umschlaggestaltung: Kordula Röckenhaus, Bielefeld
Umschlagabbildung: Sophie Calle: »L'Autre«, Fotografie aus der Serie
»Autobiographical Stories/Récits autobiographiques« in: Sophie
Calle: Des Histoires Vraies, © Actes Sud, 1994
Druck: Majuskel Medienproduktion GmbH, Wetzlar
ISBN 978-3-89942-872-8

Gedruckt auf alterungsbeständigem Papier mit chlorfrei
gebleichtem Zellstoff.

Besuchen Sie uns im Internet:
http://www.transcript-verlag.de

Bitte fordern Sie unser Gesamtverzeichnis
und andere Broschüren an unter:
info@transcript-verlag.de

Inhalt

Dank

Dieses Buch ist eine durchgesehene Fassung meiner 2005 an der Ruhr-Universität Bochum angenommenen Dissertation. Für die stets konstruktive Begleitung der Arbeit danke ich insbesondere Katharina Sykora. Beate Söntgen hat mir in entscheidenden Arbeitsphasen wichtige Impulse gegeben. Gerhard Plumpe danke ich für seine Unterstützung im Anfangsstadium zu Bochumer Zeiten. Meine Freundinnen und Freunde haben mir im Laufe des Projekts immer wieder mit Rat und Tat geholfen – ein großer Dank geht daher an sie.

Die finanziellen und ideellen Förderungen der Ruhr-Universität Bochum und des Graduiertenkollegs »Körper-Inszenierungen« an der Freien Universität Berlin haben diese Untersuchung entstehen lassen. Zahlreiche Menschen in Archiven und Museen haben mir die Recherche erleichtert; genannt seien etwa Liselotte und Armin Orgel-Köhne mit vielen Gesprächen und Einblicken in ihr Privatarchiv, Helga Wilfroth vom Schlossmuseum Gotha, Barbara Heinrich, das Hannah-Höch-Archiv der Berlinischen Galerie, insbesondere Eckhard Fürlus, das Archiv des Centre Pompidou und etliche Galerien, insbesondere Arndt & Partner in Berlin, Monika Sprüth Philomene Magers, Galerie Laage-Salomon, Galerie Chantal Crousel und Marian Goodman Gallery. Allen Genannten und Ungenannten sei an dieser Stelle herzlich gedankt.

Die notwendige Engführung und Realisierung des Projekts verdankt sich den kontinuierlichen Anregungen meiner Arbeitsgruppe mit Doris Berger, Sabine Kampmann, Viola Vahrson und Kassandra Nakas – dafür danke ich ihnen sehr! Ebenso unentbehrlich waren Alexandra Karentzos' Lektüre, Raffaele Distefanos bildtechnische Hilfe, Marianne Wagners Endkorrektur und schließlich Christiane Bergers Erstellung der Druckvorlage. Die Hochschule für Bildende Künste Braunschweig hat dankenswerterweise den Druck dieser Publikation gefördert. Ebenso möchte ich meiner Familie danken, insbesondere Cordula Kittner, die sich tatkräftig an den Endkorrekturen beteiligt hat, und Ekkehard Kittner, der immer für mich da war. Meinem Großvater, dessen Lebenskunstcollage meinen Überlegungen Boden und Flügel verlieh, widme ich dieses Buch.

»Sammeln ist eine Form
des praktischen Erinnerns.«[1]
Walter Benjamin

Von Autobiographien und Sammlungen

Leerstellen und Fragen

Ich ist etwas Anderes – in Anlehnung an Arthur Rimbauds Worte »Je est un autre« zeigte eine Ausstellung unter diesem Titel vor einiger Zeit verschiedene Identitätskonzepte der Kunst am Ende des 20. Jahrhunderts.[2] Ein paar Jahre früher setzte sich die Ausstellung *Deep Storage* mit künstlerischen Techniken des Sammelns und Archivierens auseinander.[3] Exemplarisch stehen diese beiden Ausstellungen für zwei Fragen, die heute gesellschaftlich breit diskutiert und in aktuellen künstlerischen und theoretischen Auseinandersetzungen intensiv verfolgt werden: Wie formuliert sich heute das »Ich« oder dessen »Identität« angesichts der vielfältigen Rollen, die es zu spielen hat, und der Diskontinuitäten, die sein Leben prägen? Und: Wie gestaltet sich Erinnern im Zeitalter schier unbegrenzter Speichertechniken? Die Überkreuzung dieser beiden Fragen in Bezug auf das einzelne Subjekt steht dabei erstaunlicherweise im Hintergrund: Wie konstituiert sich das Ich mithilfe der vielfältigen Sammel- und Speichertechniken? Wie wird das Sammeln als Strategie des Selbstentwurfs eingesetzt? Wenn »Ich« nicht nur »ein Anderer« ist, wie die genaue Übersetzung der Rimbaud'schen Worte lautet, sondern »etwas Anderes«, was sehr viel weiter und unbestimmter gefasst ist, – wie lassen

1 Walter Benjamin (hg. von Rolf Tiedemann): Das Passagenwerk, Frankfurt/Main 1982, S. 271.

2 Ich ist etwas Anderes. Kunst am Ende des 20. Jahrhunderts, Ausst.-Kat. Kunstsammlung Nordrhein-Westfalen Düsseldorf, hg. von Armin Zweite, Doris Krystof, Reinhard Spieler, Bonn 2000.

3 Deep Storage. Arsenale der Erinnerung. Sammeln, Speichern, Archivieren in der Kunst, Ausst.-Kat. Haus der Kunst München; Nationalgalerie SMPK Berlin; Kunstmuseum Düsseldorf; Henry Art Gallery Seattle, hg. von Ingrid Schaffner, Matthias Winzen, München/New York 1997.

sich dann künstlerische Strategien der Identitätskonstruktion in Verbindung mit Strategien des Sammlerischen verstehen? Diesen Fragen werde ich anhand der künstlerischen Arbeiten von Hannah Höch, Sophie Calle und Annette Messager genauer nachgehen. Dabei wähle ich einen interdisziplinären Fokus, der zwischen Kunst- und Literaturwissenschaft angesiedelt ist.

Denn Grundlage der vorliegenden Arbeit ist ein weiteres Phänomen: Auf der Suche nach neuen Formen der Selbstdarstellung bedient sich die zeitgenössische bildende Kunst nicht nur unterschiedlicher Medien wie Film und Fotografie. Auch Genres aus anderen Künsten wie die Autobiographie oder das Tagebuch werden als Medien der Erinnerung aufgerufen und transformiert. Bei den Künstlerinnen Höch, Messager und Calle ist der Rückgriff auf die Autobiographie im Zusammenspiel mit der Fotografie besonders augenfällig. Ihre Selbstdarstellungen sprengen das Genre des Selbstporträts und sind deshalb mit dem herkömmlichen Begriffsinstrumentarium der Kunstgeschichte nicht zu fassen: Es sind visuelle Autobiographien. Dieser Begriff, so werde ich zeigen, fasst die narrativen Strukturen dieser Arbeiten genauer als es der Begriff des Selbstporträts zu leisten vermag. Zudem ist die Autobiographie ein referentielles Genre, von dem angenommen wird, es sei an eine außertextuelle Realität gekoppelt. Wenn die Künstlerinnen das referentielle Genre der Autobiographie mit dem Medium der Fotografie verbinden, stellt sich die Frage, wie sich darüber »Identität« herstellt. Verweisen sowohl Autobiographie als auch Fotografie auf einen außerhalb liegenden Referenten? Die Untersuchung der analogen Strukturen von Fotografie und Autobiographie soll darauf eine Antwort geben.

Darüber hinaus verbinden die ausgewählten Arbeiten das Genre der Autobiographie mit Strukturen des Sammlerischen. So wurde meine Auswahl der Künstlerinnen zunächst durch die Beobachtung initiiert, dass Annette Messagers *Albums-collections* (Abb. 3.1ff.) sowohl in *Ich ist etwas Anderes* als auch in *Deep Storage* gezeigt wurden. Schon allein im Titel der Arbeit wird deutlich, dass Messager zum einen mit dem Fotoalbum als einem populären Medium der Selbstkonstitution arbeitet und es zum anderen in der Form der Sammlung präsentiert. Auch Sophie Calle war in beiden Ausstellungen vertreten. Während jedoch in *Ich ist etwas Anderes* Calles *Autobiographical Stories*[4] (Abb. 2.1ff.) gezeigt wurden,

4 Es existiert eine englische und eine französische Version der Arbeit: *Autobiographical Stories* bzw. *Récits autobiographiques*. Beide stammen von der Künstlerin und sind daher gleichwertig. Im Folgenden werde ich die englische Version der *Autobiographical Stories* verwenden, da sie international stärker präsent ist, seit sie zum ersten Mal 1989 in den USA gezeigt worden ist. Vgl. Sophie Calle. A Survey, Ausst.-Kat. Fred Hoffman

präsentierte *Deep Storage* die Arbeit *The Detachment.* Anhand verschwundener DDR-Insignien thematisiert Calle darin zwar gesellschaftliche Prozesse von Erinnern und Vergessen; das Sammeln spielt jedoch eine weniger große Rolle als in den *Autobiographical Stories*. Die Auswahl dieser Arbeit für *Deep Storage* ist symptomatisch für die Tendenz, künstlerische Archivierungsformen eher auf ihre Auseinandersetzung mit der kollektiven Erinnerungs- und Archivierungskultur zu befragen statt das Sammeln als individuellen Selbstentwurf zu untersuchen.

Auch die Ausstellung *Das Gedächtnis der Kunst. Geschichte und Erinnerung in der Kunst der Gegenwart* zeigte explizit »Werke der Gegenwart, die historische Ereignisse und Aspekte der kollektiven Erinnerung thematisieren.«[5] Hier lag der Schwerpunkt auf historischen Ereignissen der deutschen Vor- und Nachkriegsgeschichte wie etwa der Erfahrung von Nationalsozialismus, Zweitem Weltkrieg oder der Wiedervereinigung. In dem umfassenden Ausstellungsprojekt *Deep Storage* dagegen standen die »Modelle künstlerischer Gedächtnisarbeit«[6] selbst im Vordergrund. Der künstlerische Rückgriff auf »alte« Gedächtnismetaphern wie Bibliothek und Museum, Magazin und Schrift wurde deshalb zum Anlass, auch sie auf ihre gesamtgesellschaftliche Bedeutung hin zu untersuchen. Der »grande histoire« der gesellschaftlichen Identitätssuche im Zeitalter der Globalisierung und seiner umfangreichen Speicher- und Kontrolltechniken galt hier das größere Interesse, in die sich die künstlerische Auseinandersetzung mit den »petits memoires«[7] individueller Lebensgeschichten nur unterstützend eingliederte. Über das künstlerische Sammeln, so meine These, formuliert sich jedoch eine Form von Autorschaft, die kulturelle Gedächtnismetaphern nutzt, um spezifische Narrationen des Selbst zu entwickeln.

Gallery Los Angeles, Los Angeles 1989. Zudem hat Calle in der Ausstellung *Sophie Calle. La visite guidée* eine Audio-CD mit den englischen Texten besprochen. Vgl. La Visite Guidée, Ausst.-Kat. Museum Boymans van Beuningen Rotterdam, Rotterdam 1996.

5 Kurt Wettengl: »Das Gedächtnis der Kunst«, in: Das Gedächtnis der Kunst. Geschichte und Erinnerung in der Kunst der Gegenwart, Ausst.-Kat. Historisches Museum, Schirn Kunsthalle Frankfurt, hg. von Kurt Wettengl, Ostfildern-Ruit 2000, S. 11-20, hier: 12.

6 Ausst.-Kat. Deep Storage, S. 7.

7 Christian Boltanski nennt die scheinbar authentischen, jedoch fiktiven Lebensgeschichten, die er kreiert, »petits memoires«. Vgl. Günter Metken: Spurensicherung, Amsterdam 1996, S. 45.

In anderer Weise wurden »Archivarische Praktiken und Handlungsräume im zeitgenössischen Kunstfeld« in der Ausstellung *interarchive*[8] thematisiert. Hier ging es auch um individuelle Archivierungsstrategien von Künstler/innen, Wissenschaftler/innen, Publizist/innen oder Kurator/innen. Der Begriff des Archivs wird von dem der Sammlung implizit abgegrenzt – und explizit von dem Konzept der Ausstellung *Deep Storage*. Von einem utopisch gefärbten Unterton getragen, wird das Archiv als ein mobiler Speicher gedacht, der sich »on the move« befinde.[9] Im Vordergrund steht das Interesse, »ein Netzwerk entstehen zu lassen zwischen verschiedenen, sehr fragmentarischen Archiven«.[10] Es solle laut Wolfgang Ernst »Beihilfe zur Verabschiedung dieser veralteten Gedächtnisbilder« geleistet werden, »um offen für das Denken digitaler Speicher zu sein, in denen das alte Mediengedächtnis von Fotografie, Film, Video und Fernsehen, Schallplatte und Tonband konvergieren werden [...]«.[11] Um eine Polarisierung von »neuem Archiv« versus »alter Gedächtnismetaphern« kann es meiner Ansicht nach jedoch nicht gehen. Es ist kein »digital-nostalgische[s] double bind«,[12] wenn in *Deep Storage* der Schwerpunkt auf dem künstlerischen Sammeln von Gegenständen, Bildern und Artefakten liegt, sondern trägt der Tatsache Rechnung, dass das »alte Mediengedächtnis« das Erinnern nach wie vor prägt und ermöglicht. Genau dieses Nebeneinander und Zugleich der verschiedensten Formen des Speicherns wird von den Künstlern und Künstlerinnen reflektiert. Sie benutzen vermeintlich »alte« Gedächtnismetaphern von Bibliothek und Museum, Archiv und Schrift, um den Raum für diverse Entwürfe des Erinnerns zu öffnen. So greifen auch Höch, Calle und Messager auf verschiedene Gedächtnismetaphern wie Buch, Sammlung oder Enzyklopädie zurück. Doch die Art und Weise, wie sie dies tun, reflektiert durchaus rhizomatische Formen digitaler Speicherung, wie ich später zeigen werde. Das Sammeln autobiographisch konnotierter Objekte und Fotografien wird zu einer Form des Selbstentwurfs, die auf der Folie kultureller Erinnerungsmetaphern spezifische Selbstordnungen und Selbsthistorisierungen entwickelt. Wie verknüpft sich dabei der retrospektive autobiographische Blick zu einer selbstkuratorischen Retrospektive im Museumsraum? Die damit verbundenen Fragen nach den

8 Interarchive, Ausst.-Kat. Kunstraum der Universität Lüneburg, hg. von Beatrice von Bismarck, Hans-Peter Feldmann, Hans Ulrich Obrist u.a., Köln 2002.

9 Hans-Ulrich Obrist: »Un archive peut en cacher un autre«, in: Ebd., S. 25-30, hier: 26.

10 Ebd.

11 Wolfgang Ernst: »Archive im Übergang«, in: Ebd., S. 137-146, hier: 138.

12 Ebd.

analogischen Strukturen von Sammlung und Autobiographie werden hier erstmals gestellt und genau untersucht.

In demselben *interarchive*-Katalog bietet Beatrice von Bismarcks Beitrag über »künstlerische Selbstarchivierung«[13] einen der wenigen Ansatzpunkte, in dem die Überkreuzung von Selbstdarstellung und Speicherung untersucht wird. Anhand der Praktiken von Daniel Buren, der seine eigenen künstlerischen Aktivitäten aufzeichnet, ordnet, ihre Rezeption verwaltet und damit »an die Stelle der kollektiven Trägerschaft öffentlich archivierender Institutionen tritt«, zeigt von Bismarck, wie die »Selbstarchivierung« die Form einer »institutionelle[n] Kritik« annimmt.[14] Die künstlerischen Ansätze der institutionellen Kritik, so von Bismarck, fordern seit den 60er Jahren als »Archiv im Archiv« eine »Teilhabe an der Bedeutungskonstitution in und durch die Institutionen.«[15] Dabei unterscheidet sie Burens handlungsorientierte Archivierungspraktiken, die direkt in Rezeptionsprozesse eingreifen, von anderen, die eher werkbezogen sind. Claes Oldenburgs *Mouse Museum* etwa versteht sie als »die Repräsentation einer eigenen Kunstpraxis«, in der der Künstler seinen Status nicht reflektiert, sondern ihn in einem »performative[n] Akt« vorwegnimmt.[16] Andere archivalische Praktiken wie die *Ensembles* von Anna Oppermann entwerfen eine »geschlossene und kohärente Erzählung der eigenen professionellen Historie [...], die als Versuch der Re-Autonomisierung künstlerischer Arbeit verstanden werden muss.« Statt Selbstreflexivität herrsche Narzissmus, statt einer »Öffnung des Materials zu anderen Erzählungen oder Kontexten« herrsche eine singuläre Geschichte vor.[17] Von Bismarck unterscheidet zwischen kritischen und affirmativen Strategien, in der das Archiv implizit dem kritischen und die Sammlung dem affirmativen Pol zugeordnet erscheint.[18]

Diese Kritik hat bei bestimmten Arbeiten wie etwa den zunächst hermetisch erscheinenden *Ensembles* von Anna Oppermann – deren »Selbst-Archive« in dem Katalog dennoch an anderer Stelle thematisiert werden – womöglich ihre Berechtigung. Wichtig ist auch die Kritik von

13 Beatrice von Bismarck: »Arena Archiv«, in: Ebd., S. 113-119, hier: 113.

14 Ebd.

15 Ebd., S. 115, 113.

16 Ebd., S. 115.

17 Ebd., S. 115, 116.

18 Die Auswahl der besprochenen Arbeiten legt die Unterscheidung nahe, ohne sie explizit zu benennen. Der Begriff der »Sammlung« fällt nur im Zusammenhang mit der Kritik daran, dass darin eine »Große« Erzählung individueller Autonomie entworfen würde: »Die Vereinheitlichung und Generalisierung des Identität stiftenden Potenzials einer Sammlung baut auf dieser Naturalisierung ihrer Genese auf.« Ebd., S. 116.

Bismarcks, dass das Erzählen der eigenen Geschichte zu einer einzigen werden kann, die nicht anschlussfähig an andere ist.[19] Jedoch kann eine zu dichotomische Einteilung in Sackgassen führen, denn schließen sich kritische Reflexion und Selbstkonstitution tatsächlich aus? Zudem sind auch künstlerische archivalische Praktiken und deren Rezeption keine genderneutralen Felder, so dass dem Vorwurf des »Narzissmus« bei Künstlerinnen mit Vorsicht begegnet werden sollte. Scheinbar affirmative Selbstermächtigungen und kritische Selbstreflexionen gehen gerade bei Künstlerinnen häufig vielschichtige Allianzen ein. Feministische Untersuchungen haben zu Recht darauf hingewiesen, dass Frauen den Status von Autor- und Künstlerschaft in einer Zeit erlangen, in der gerade dieser Status theoretisch bereits in die Krise geraten ist.[20] Das künstlerische Sammeln als eine Formierung von Autorschaft kann dabei als neuralgischer Punkt fungieren. An ihm lassen sich Destabilisierungen und Neukonzeptionen von Autorschaft in Auseinandersetzung mit traditionellen Autorschaftskonzepten besonders deutlich ablesen.

Das Prinzip der Wiederholung ist dabei wesentlich, denn als eine Form autobiographischer Erinnerung verknüpft es sich mit der Form der wiederholenden Akkumulation in der Sammlung. Die Erinnerung an biographische Ereignisse wird anhand von autobiographisch konnotierten Objekten oder Fotografien der Objekte vor Augen gestellt. Die Wiederholung wird zu einer Strategie der Aneignung, die über das Kopieren, Reproduzieren oder Immer-wieder-neu-Erzählen den Prozess des Erinnerns ständig umformuliert. Damit ist zugleich die Frage nach der Konstruktion von Geschlechtsidentität verbunden, wie es Claudia Öhlschläger und Birgit Wiens formulieren. Sie beziehen sich auf Judith Butlers Konzept »einer sich immer wieder neu herstellenden, sich in der Zitation vorherrschender Normen generierenden Körper-Identität.«[21] Sie erlaube »den Anschluss an eine Gedächtnistheorie, welche die (Re-)Produktion von Erinnerung als einen vielschichtigen und dynamischen Vorgang der Aufbewahrung, Entstellung und Umschrift […] zu beschreiben versucht.«[22] Die Fotografie scheint in diesem Prozess eine besondere Rolle

19 Vgl. ebd.

20 Vgl. Barbara Kosta: Recasting Autobiography. Women's Counterfictions in Contemporary German Literature and Film, Ithaca/London 1994, S. 1ff. Vgl. Marsha Meskimmon: The Art of Reflection. Women Artist's Self-Portraiture in the Twentieth Century, New York 1996, S. 71.

21 Claudia Öhlschläger/Birgit Wiens: »Körper – Gedächtnis – Schrift. Eine Einleitung«, in: Dies. (Hg.): Körper – Gedächtnis – Schrift. Der Körper als Medium kultureller Erinnerung, Berlin 1997, S. 9-24, hier: 12. Sie beziehen sich auf Judith Butler: Körper von Gewicht, Berlin 1995, S. 145ff.

22 Öhlschläger/Wiens: Körper – Gedächtnis – Schrift, S. 13.

zu spielen, nicht nur weil sie die Identität des autobiographischen Referenten zu vergewissern scheint. Insbesondere wenn Sammelobjekte fotografiert werden, ist zu fragen, wie das stillstellende Moment der Fotografie mit dem »bewahrenden« der Sammlung zusammenspielt.

Ebenso wie dem Sammeln ein konservativer Zug unterstellt wird, gilt auch das Genre der Autobiographie als traditionell. Zugleich ist sie das Genre der Moderne par excellence, weil sich in ihr das bürgerliche Subjekt über die Kategorien von Autonomie und Individualität konstituiert. In einer äußerst populären Form erleben Autobiographien, Memoiren und Tagebücher seit einiger Zeit eine Hochkonjunktur, gleich wie man die Qualität dieser Produkte bewerten mag. Nicht nur ein vorgeblich zunehmender Voyeurismus ist dabei im Spiel. Vielmehr ist die Biographie immer noch eines der stärksten Instrumente der Selbstkonstitution. Sie gerät in den Fokus einer Gesellschaft, deren Mitglieder die geforderte Einheitlichkeit eines gelungenen Lebenslaufs als zunehmend problematisch erfahren. Der berüchtigten Forderung nach »Lückenlosigkeit« des Curriculum Vitae stehen Erfahrungen von Brüchigkeit und Diskontinuität gegenüber – in den populären Autobiographien scheinen sie jedoch zumeist versöhnlich aufgehoben. Trotz aller theoretischer Reflexion und gesellschaftlicher Diskussion gilt es nach wie vor, eine möglichst stringente Selbsterzählung zu kreieren und dabei ein erkennbares »Profil« zu entwickeln. Die Autobiographie stellt dafür Muster bereit, die nicht nur Identität, sondern auch »Leben« zu produzieren scheinen. Paul de Man stellt daher provozierend in den Raum: »Wir nehmen an, das Leben würde die Autobiographie *hervorbringen* wie eine Handlung ihre Folgen, aber können wir nicht mit gleicher Berechtigung davon ausgehen, das autobiographische Vorhaben würde seinerseits das Leben hervorbringen und bestimmen?«[23]

Die visuellen Autobiographien der ausgewählten Künstlerinnen setzen das literarische Genre der Selbstvergewisserung und Selbstbefragung ins Bildliche um. Sie stehen dabei im Spannungsfeld einer Hervorbringung des Selbst und der Transformation kultureller Erinnerungsmuster, wie sie die Autobiographie darstellt. Genau diese Spannung ist auch in Hannah Höchs letzter großer Fotocollage zu finden.

23 Paul de Man: »Autobiographie als Maskenspiel«, in: Christoph Menke (Hg.): Paul de Man. Die Ideologie des Ästhetischen, Frankfurt/Main 1993, S. 131-145, hier: 132. Hervorh. P.d.M.

»[…] nicht an eine Selbstbespiegelung«[24] hatte Hannah Höch gedacht, als sie 1972/73 im Alter von 83 Jahren ihre größte Fotocollage *Lebensbild* konzipiert (Abb. 1.1). Und in der Tat: Zwar schauen uns im *Lebensbild* die Augen Hannah Höchs aus unzähligen Porträts der Künstlerin an, doch verknüpft sie die Darstellung einzelner Lebensstationen und -phasen mit Fotografien und Montagen historischer Ereignisse wie den beiden Weltkriegen und der Mondlandung bis hin zur Entdeckung des Atoms. Höch arbeitet hier zum einzigen Mal mit »Originalfotos«, wie sie es nennt, genauer: mit Fotografien aus ihrem Privatarchiv, die sie durch Abfotografieren reproduzieren lässt. Dabei entsteht im *Lebensbild* ein Spannungsverhältnis von Dokument und Montage, von Sachlichkeit und ironischer Selbstdistanz. Höch stellt sich als Künstlerin, aber auch als Sammlerin dar, wenn sie sowohl ihre autobiographisch konnotierten Objekte, die sogenannten »Raritäten«, als auch ihre Kunstsammlung ins Bild integriert. Besonders auffällig ist, dass diese Mischung aus Fiktionalität und Dokumentation um den Topos des eigenen Lebens kreist, ein in Höchs Werk eher seltenes, in der bildenden Kunst und Literatur der 60er und 70er Jahre dagegen umso aktuelleres Thema. Auch die parataktischen, fast sammlerischen Strukturen der Collage, die aus dem ersten Eindruck entstehen, die Fotografien seien ohne Veränderung in das Bild integriert worden, lassen sich mit zeitgenössischen Entwicklungen erklären: In den 60er und 70er Jahren beginnen Künstler/innen wie etwa Gerhard Richter in seinem *Atlas* (1971) oder Marcel Broodthaers mit der Arbeit *Section publicité* (1969) in der »Collage als Archiv« Fotosammlungen auszustellen.[25] Dieses archivalische Bildprinzip der Collage ist jedoch ebenso zwischen Fiktion und Dokumentation angesiedelt wie die Autobiographie.

Das *Lebensbild*, so werde ich zeigen, ist eine visuelle Autobiographie, die in Auseinandersetzung mit der zeitgenössischen Kunst Anfang der 70er Jahre entsteht. Eine erste umfassende Analyse der Collage soll die vielfältigen Deutungsmöglichkeiten des Bildes öffnen, denn bis auf wenige Ausnahmen hat die kunsthistorische Forschung das *Lebensbild* fast ignoriert. Die Fotocollage ist zwar in den wesentlichen monografischen Ausstellungen Höchs zu sehen gewesen,[26] doch gab es darauf

24 Aus einer unveröffentlichten Privatnotiz Hannah Höchs der Berlinischen Galerie, Hannah-Höch-Korpus (im Folgenden zitiert als BG HHC). BG HHC H 2234/79.

25 Benjamin Buchloh: »Warburgs Vorbild? Das Ende der Collage/Fotomontage im Nachkriegseuropa«, in: Ausst.-Kat. Deep Storage, S. 50-60, hier: 58.

26 So im Jahr 1976 in »Hannah Höch. Collagen, Gemälde, Aquarelle, Gouachen, Zeichnungen«, Paris, Musée d'Art Moderne de la Ville de Paris und

kaum eine wissenschaftliche Resonanz. Denn Höch ist im Zuge der Rezeption des Dadaismus durch die Pop Art seit den 50er Jahren als Collagistin und Malerin nicht *wieder* entdeckt worden, wie Karoline Hille zu Recht feststellt, sondern zum ersten Mal überhaupt wahrgenommen worden.[27] Es folgt eine umfangreiche Ausstellungstätigkeit mit internationalen retrospektiven Ausstellungen, 1968 erscheint eine erste Monografie von Heinz Ohff und schließlich wird ihr 1977 die Ehrenprofessur verliehen.[28] Doch Höchs Werk und Vita werden bis in die 80er Jahre hinein auf ihre relativ kurze, wenn auch prägende dadaistische Phase reduziert. Das entbehrt nicht der Ironie – wurde doch damals ihre Dazugehörigkeit zum Dadazirkel immer wieder bekämpft.[29] Die feministische Kunstgeschichte indes hat seit den 80er Jahren zumindest die Reduzierung Hannah Höchs auf den Dadaismus korrigiert und ihr malerisches Werk sowie ihre Collagen nach 1945 in den Blick genommen. Doch nur innerhalb weniger Aufsätze wird das *Lebensbild* erwähnt und etwas eingehender analysiert.[30]

Berlin, Neue Nationalgalerie. Im Jahr 1977: »Hannah Höch. Collages and Photomontages«, New York, Goethe House. 1998: »Hannah Höch. Eine Lebenscollage«, Gotha, Schlossmuseum. 1996/97: »The Photomontages of Hannah Höch«, Minneapolis, Walker Art Center; New York, The Museum of Modern Art; Los Angeles, County Museum of Art. 2004: »Hannah Höch« Madrid, Museo de Arte Reina Sofía.

27 Karoline Hille: Hannah Höch und Raoul Hausmann. Eine Berliner Dada-Geschichte, Berlin 2000, S. 13.

28 Die erste große Retrospektive war: »Hannah Höch, Collagen aus den Jahren 1916-71«, Akademie der Künste Berlin, 1971. Es folgten weitere in New York, Paris und Berlin (vgl. Anm. 26). Die Ehrenprofessur wurde Höch 1977 an der Akademie der Künste in Berlin verliehen. Die erste Monografie schrieb Heinz Ohff: Hannah Höch, Berlin 1968.

29 Höch in Ohff: Hannah Höch, S. 25: »Meinen persönlichen Beziehungen zu den Berliner Dadaisten waren durch die Autorität Hausmanns Grenzen gesetzt [...]«. Andere Mitglieder der Berliner Dadaisten sprachen sich gegen Höchs Beteiligung an der »Dada-Messe« aus – wie auch gegen Kurt Schwitters'. Vgl. Hille: Hannah Höch und Raoul Hausmann, S. 14, 166. In den 60er Jahren versucht Raoul Hausmann außerdem in Briefen an Hannah Höch, ihren Beitrag zu Dada als völlig unbedeutsam zu erklären. Vgl. Eckhard Fürlus: »Künstlerfreunde«, in: Hannah Höch: Eine Lebenscollage, 2001, S. 78-121, hier: 93-95.

30 Zu nennen wären Jula Dech: Hannah Höch. Schnitt mit dem Küchenmesser. Dada – Spiegel einer Bierbauchkultur, Frankfurt/Main 1989, S. 71-77. Margarete Jochimsen: »Das System hat Methode. Ansammlungen von Hannah Höch und Anna Oppermann«, in: Jula Dech/Ellen Maurer (Hg.): Da da zwischen reden zu Hannah Höch, Berlin 1991, S. 162-175. Karoline Hille: »Ein Kaleidoskop der unbegrenzten Möglichkeiten. Zu Hannah

Das Dokumentarische der Privatfotos und die Strukturen des Sammlerischen in der Collage *Lebensbild* verbinden Höch mit einer Künstlerin, die zeitgleich mit ähnlichen Strategien arbeitet. Jedoch setzt die französische Künstlerin Annette Messager, Jahrgang 1943, diese Anfang der 70er Jahre in genau entgegengesetzter Richtung ein. Nicht am Ende eines Künstlerlebens, sondern am Anfang entsteht bei der jungen Künstlerin die visuelle Autobiographie. In ihren *Albums-collections* entwirft sich die Künstlerin als *Annette Messager collectionneuse*, wie sie es in einer Zeichnung nennt (Abb. 3.1). Ihre *Alben-Sammlungen* (Abb. 3.2ff.) bestehen aus mehreren Kubikmetern Alben, Heften oder Skizzenbüchern, in denen sie Ausschnitte aus Zeitschriften sammelt oder die sie mit Zeichnungen füllt. Den weitaus größten Teil nehmen die Alben ein, in denen Messager die massenmedial produzierten Stereotypen von »Weiblichkeit« auffächert: Tipps und Tricks aus der Hobbykiste, Rezeptbücher, Erste Hilfe, Mode oder Astrologie – Messager ordnet die ganze Spannbreite der Weiblichkeitsvorgaben in den Mikrokosmos ihrer vermeintlich autobiographischen Lebensdokumentation ein. So widmen sich einzelne *Alben-Sammlungen* vorgeblich biographischen Ereignissen wie Messagers Hochzeit oder der Entwicklung ihres Kindes (Abb. 3.3, 3.4). Andere Alben dagegen haben den Anspruch von Enzyklopädien wie die *Album-collection Les animaux du monde entier* (Abb. 3.5), in der Messager in naiv wirkenden Farbstiftzeichnungen die Tierwelt versammelt. Wesentlich ist in diesem Sammlungsakt, dass sich die Autorin die Bildwelten meist durch ihren eigenen Namen oder Possessivpronomina aneignet, indem sie zu *Meinem Rezeptbuch* oder *Meiner Schlösser-Sammlung* werden – durch die Hintertür schleicht sich die scheinbar passive Sammlerin als aktive Autorin wieder ein. Wird hier das Sammeln, das »seit der frühen Neuzeit im Kontext einer Institutionengeschichte stand« und in der Moderne als Wissensverwaltung im Archiv, Museum und in der Bibliothek stattfindet,[31] unter dem Vorzeichen einer Geschichte des Banalen ironisiert? Welches Wissen (re)produziert hier die Kunst- und Wunderkammer dieser obsessiven Bibliophilen? Diese Fragen sind in der For-

Höchs Photomontagen nach 1945«, in: Berlinische Galerie (Hg.): Hannah Höch: Eine Lebenscollage. Archiv-Edition. Bd. III 1946-1978, Berlin 2001, S. 154-199. Letztere bezieht sich bei der Analyse der Collage *Lebensbild* u.a. auf meine Analyse in meiner Magistraarbeit: Hannah Höch: *Lebensbild.* Reflexive Schau nach innen und außen. Ruhr-Universität Bochum 1998 (unveröffentlichtes Manuskript). Zu einer genaueren Reflexion des Forschungsstandes vgl. Kap. Autobiographische Fiktionen, S.35 ff.

31 Aleida Assmann/Monika Gomille/Gabriele Rippl: »Einleitung«, in: Aleida Assmann/Monika Gomille/Gabriele Rippl (Hg.): Sammler – Bibliophile – Exzentriker, Tübingen 1998, S. 8, 13.

schungsliteratur zu Messager bisher kaum gestellt worden. Zwar werden die *Albums-collections* immer wieder erwähnt, doch eine genaue Analyse dieses umfangreichen Werkkomplexes wird hier zum ersten Mal geleistet.[32] Insbesondere der Vergleich zu Messagers parallel entstehender Arbeit *Les pensionnaires* wird die Konturen der *Alben-Sammlungen* schärfen.

Die »Weiblichkeit«, wie sie in Frauenzeitschriften und Fotoromanen vorgestellt wird, greift dagegen fünfzehn Jahre später die französische Künstlerin Sophie Calle in anderer Weise auf. Die *Autobiographical Stories*, großformatige Bild- und Textinstallationen (Abb. 2.1ff), entstehen ab dem Jahr 1988. Als prinzipiell unabschließbares »Work in Progress« angelegt, werden sie von Sophie Calle bis heute und auch in Zukunft weitergeführt, »solange etwas passiert«.[33] In autobiographisch anmutenden Texten breitet eine Erzählerin ihre scheinbar eigenen Erlebnisse vor dem Publikum aus. Fotografien von Objekten, die mit den Erlebnissen zusammenhängen, sollen die Geschichten authentifizieren. Die Texte erzählen von Kindheits- und Jugenderlebnissen, von Beziehungs- und Familiengeschichten, von heimlichen Sehnsüchten und verbotenen Taten, aber auch Ritualen wie Hochzeiten oder Begräbnissen. Auch sie beziehen ihren Motivschatz zumeist aus der Welt der Zeitschriften und Fotoromane, jedoch bekommen sie bei Calle den Effekt des Authentischen, weil sie selbst die Erzählerin zu sein scheint. Darin knüpfen die *Autobiographical Stories* an die »Narrative Art« der 70er Jahre an. Obwohl es sich nicht um eine einheitliche Bewegung handelt, werden mit diesem Begriff künstlerische Positionen charakterisiert, die wie Annette Messager, Jean Le Gac oder Christian Boltanski mit Bild- und Textelementen Geschichten des vorgeblich eigenen, fremden, in jedem Fall fiktiven Lebens erzählen.[34] Im Gegensatz zur Konzeptkunst, die ebenso mit Foto-

32 Am ausführlichsten werden *Les Albums-collections* in der einzigen Monografie zu Annette Messager behandelt: Catherine Grenier: Annette Messager, Paris 2000, S. 51-58. Seit 2006 sind die *Alben-Sammlungen* zumindest visuell ausführlich dokumentiert in der Publikation von Marie-Laure Bernadac (Hg.): Annette Messager. Word for Word. Texts, Writings, And Interviews, Dijon/New York 2006.

33 So die Aussage von Sophie Calle im Gespräch mit der Autorin 2005. (Übers. A.-E.K)

34 Unter dem Begriff »Narrative Art« oder »Story Art« fanden in den USA, Italien, Frankreich und Deutschland mehrere Ausstellungen statt. Genannt seien: »Story«, 1973 in der John Gibson Gallery, New York (u. a. mit John Baldessari und Jean Le Gac). Im Jahr 1974 fand in derselben Galerie die Ausstellung »Narrative« statt mit Didier Bay und Christian Boltanski, außerdem wurde sie 1974 in Brüssel und Rom gezeigt. Zu erwähnen ist zu-

Text-Installationen arbeitet, spielt diese neue Form der Narration mit dem scheinbar Persönlichen und Intimen. Calle radikalisiert dies jedoch und entwickelt das Autobiographische zu einem umfassenden Prinzip, das sich in allen ihren Arbeiten findet. Doch welche Rolle spielt darin der Werkkomplex der *Autobiographical Stories*? In der bisherigen Forschungsliteratur zu Calle wird der Begriff des Autobiographischen äußerst ungenau eingesetzt. Deshalb soll eine umfassende Untersuchung der *Autobiographical Stories* die Strategie des Autobiographischen klar herausarbeiten. Dabei wird die Anschlussfähigkeit ihrer Arbeiten an unterschiedliche Kontexte deutlich werden.

Denn neben der Version der Foto-Text-Installation entwirft Calle eine Objekt-Version der *Autobiographischen Geschichten*, in der die Dinge, die in den Fotografien zu sehen sind, in einem Raum angeordnet werden (Abb. 2.14ff). Die verstreuten Objekte formieren sich zu einer Sammlung und setzen Spuren des Calle'schen Lebenspanoramas in Szene. Wie verhält sich die autobiographisch konnotierte Sammlung zu der Sammlung des Museums? In ihrer Inszenierung als »Spuren« greift Calle sowohl bei den Fotografien als auch bei den Objekten auf Elemente der »Spurensicherung« zurück. Günter Metken hat unter diesen Begriff zum Teil Künstler/innen gefasst, deren Arbeiten auch als »Narrative Art« eingeordnet werden. Mit dem Terminus »Spurensicherung« hingegen charakterisiert er die ethnografische Manier, in der etwa Annette Messager Objekte und Texte als scheinbar authentische Dokumente ihres Lebens in wissenschaftlich wirkende Vitrinen ausstellt.[35] Calle führt das Konzept der »Spurensicherung« seit den 80er Jahren weiter, indem sie es mit Strategien aus der Konzeptkunst und einer stark autorschaftsbezogenen Selbstinzenierung verknüpft.

Auch die Form der »archivalischen Collage« ist in den 70er Jahren innerhalb der »Spurensicherung« aufgegriffen worden. Messager etwa fächert einige ihrer *Albums-collections* als Wand-Installationen in archivalischen Collagen auf (Abb. 3.26). Die simultan wirkenden Installationen lassen sich wie Hannah Höchs *Lebensbild* als eine Form der Sammlung begreifen, in der verschiedene Selbst-Narrationen entwickelt werden. Die Struktur dieser Erzählung, so wird zu zeigen sein, umfasst

ßerdem wurde sie 1974 in Brüssel und Rom gezeigt. Zu erwähnen ist zudem »Foto/Text« von 1979 in Heidelberg. Einen größeren Überblick gab die Ausstellung in Houston »American Narrative/Story Art 1967-1977«. Ich danke Perin Emel Yavuz für diese Informationen, die aus ihrem Dissertationsprojekt stammen: Photographie, texte et mise en récit. La structure de la grille dans le Narrative Art (Arbeitstitel), Paris, Ecole des Hautes Études en Sciences Sociales.

35 Vgl. Metken: Spurensicherung.

dabei sowohl lineare Konzepte der klassischen Autobiographie als auch netzartige Formen der Narration, wie sie in der poststrukturalistischen Diskussion vorgestellt werden: Die untersuchten visuellen Autobiographien, so meine These, entwerfen autorschaftsreflexive Positionen, die aktuelle Autorschaftsdiskurse aufgreifen und kommentieren. Daraus begründet sich, warum im Folgenden der Begriff des Autors und der Autorin eine zentrale Rolle spielt.

Autorschaftsreflexionen

Nie ist so viel vom Autor[36] die Rede gewesen wie in den Jahren, nachdem Roland Barthes dessen Tod verkündet und Michel Foucault den Autor als den Effekt eines Diskurses beschrieben hat.[37] Paradoxerweise, und dies hat Foucault selbst am Beispiel des Diskurses der Sexualität analysiert, bringt dieses unermüdliche Reden um das Verschwinden des Autors einen Diskurs hervor, der immer stärker »wuchert«. Die Leerstelle, um die der Diskurs kreist, ist dabei weniger die vermeintlich unbesetzte Position des Autors an sich. Vielmehr markiert er eine weitere Station auf dem Weg von der aufklärerisch geprägten Idee eines selbstzentrierten, souveränen Autors hin zu der modernen und zeitgenössischen Vorstellung eines pluralen Subjekts, in dem sich verschiedene kulturelle Formationen miteinander kreuzen.[38] Die Idee des Autors ist mitnichten verschwunden, sondern manifestiert sich auf andere Weise. Der Künstler scheint dabei als eine Art Vorreiter das zu exemplifizieren, was das moderne Subjekt kennzeichnet. Dass dieses Subjekt als ein männliches vorgestellt wurde und dabei auf die Abgrenzung vom weiblichen Anderen angewiesen ist, ist seit mehreren Jahrzehnten Gegenstand feministischer Kritik. Für mich sind dabei insbesondere jene Positionen von Belang, die an poststrukturalistische Gedanken anknüpfen. Denn die Idee eines dezentrierten Subjekts ist für die Vorstellung eines weiblichen Selbst, das traditionell eher an der Peripherie von Kultur verortet wird, ebenso wesentlich wie für Vorstellungen eines zeitgenössischen multiplen Subjekts.

---

36 Wenn ich die männliche Substantivform benutze, ist die weibliche damit nicht eingeschlossen, wie dies meist auch in den zitierten Texten – wie hier bei Barthes – der Fall ist, dort jedoch in impliziter und unreflektierter Weise.

37 Roland Barthes: »Der Tod des Autors«, in: Fotis Jannidis/Gerhard Lauer/Matias Martinez/Simone Winko (Hg.): Texte zur Theorie der Autorschaft, Stuttgart 2000, S. 185-193. Vgl. Michel Foucault: »Was ist ein Autor?« in: Ebd., S. 198-229 (zuerst 1969).

38 Vgl. Elisabeth Bronfen: Das verknotete Subjekt, Berlin 1998.

Beide begreifen Identität nicht als einen festen Kern, sondern eher als ein Netz, das nicht hierarchisch geordnet ist.

Die alltägliche »Identitätsarbeit«, die das Individuum einer spätmodernen Gesellschaft zu leisten hat, so beschreibt es der Soziologe Heiner Keupp, besteht darin, innerhalb des »Patchworks von Identitäten« eine – immer auch umkehrbare – Kohärenz herzustellen, die es handlungsfähig bleiben lässt.[39] Dies geschieht häufig durch Selbsterzählungen, die von Psychoanalyse und autobiographischen Erzählmustern geprägt sind. In der täglichen Erinnerungsarbeit und Selbstinszenierung pflanzen sie sich fort und flankieren oder konterkarieren die großen »Meta-Erzählungen«. Dieses unaufhörliche Geschichten-Erzählen, aus dem laut empirischer Soziologie eine narrative Identität[40] hervorgeht, könnte man ebenso als die Tätigkeit einer alltäglichen Autorschaft beschreiben. Auch hier bilden ihre Bezugspunkte Erzählmuster aus Literatur und Kunst. Der kulturelle Stoff wird zitiert, umgewandelt und auf diese Weise immer wieder neu hergestellt.

In dem soziologischen Konzept der »narrativen Identität« scheinen sich poststrukturalistische Positionen der Dezentrierung und hermeneutische Positionen, die eher an dem Konzept von Sinn und Bedeutung festhalten, nicht derart unversöhnlich gegenüberzustehen, wie es in der französischen Literaturkritik der 60er Jahre der Fall gewesen sein muss. Roland Barthes' mittlerweile kanonischer Text vom »Tod des Autors« entfaltete sein grenzüberschreitendes Potential vor allen Dingen auf dem Hintergrund einer spezifisch französischen Literaturwissenschaft.[41] Während man in Frankreich mit der Methode der »explication du texte« versuchte, eine Korrespondenz zwischen Autor-Biographie und Werkbedeutung herzustellen, war dies sowohl in den USA als auch in Deutschland nicht derart stark ausgeprägt.[42] Zumindest in der deutschen Literaturwissenschaft wird eine Identifikation von Autor und Text seit längerem nicht mehr verfolgt, selbst wenn sie in der Praxis des Literaturbetriebs immer noch gang und gäbe ist. Deshalb werde auch ich in meinen folgenden Untersuchungen den poststrukturalistischen Pfaden eines dezentrierten Ichs und eines dezentrierten Werks folgen, ohne sie als völlig der Hermeneutik entgegengesetzt zu begreifen. Dabei gewinnt Barthes' Forderung nach einer Lesart, die das »Gewebe von Zitaten« in Texten »entwirrt«, ohne dabei erneut ein Sinnzentrum zu produzieren, für

39 Heiner Keupp/Thomas Ahbe/Wolfgang Gmür u. a.: Identitätskonstruktionen. Das Patchwork der Identitäten in der Spätmoderne, Hamburg 1999.

40 Vgl. ebd., S. 56ff.

41 Vgl. Fotidis/Lauer/Martinez/Winko: Texte zur Theorie der Autorschaft, S. 181.

42 Vgl. ebd.

mich eine konkrete Bedeutung.[43] Denn ich versuche in den Arbeiten von Hannah Höch, Sophie Calle und Annette Messager ein Gewebe von Lesarten ausfindig zu machen. Statt jedoch verschiedene Erzählfäden »zu entwirren«, wie Barthes es formuliert,[44] ist mir wichtiger, sie sichtbar und transparent zu machen. Einer hermeneutischen Methode ist dies nicht allzu fremd, denn letztlich handelt es sich um eine Form des »Verstehens«. Doch die Blickpunkte sind polyfokal geworden und sie lassen eine Mehrschichtigkeit von Bedeutungen hervortreten, die gleichberechtigt nebeneinander stehen.

Insbesondere der Begriff des Rhizomatischen, wie ihn Gilles Deleuze und Félix Guattari geprägt haben, lässt sich für meine Untersuchung produktiv nutzen,[45] weil er sich gewissermaßen aus der Struktur der untersuchten Arbeiten selbst erklärt. Die je verschiedenartigen Ansammlungen autobiographischer Fragmente lassen sich innerhalb des jeweiligen Werkes untereinander vielfältig, ja potentiell unendlich verkreuzen; ihnen eine oder auch mehrere eindeutige Lesarten zuzuweisen, hieße eine falsche Richtung einschlagen. Es wird zu zeigen sein, wie sich das Rhizomatische mit dem linear Narrativen verknüpfen lässt, ohne eine künstliche Sinneinheit zu implementieren und genauso wenig auf divergente Linien von Bedeutung gänzlich zu verzichten. Hannah Höch, Sophie Calle und Annette Messager verhandeln das Modell von Autorschaft in bildlicher und zugleich narrativer Weise. Das »Gewebe von Zitaten« in ihren Arbeiten bezieht sich damit auch auf eine andere Kunst, die einen anderen Blick auf Autorschaft entwickelt.

Selbstporträt oder Autobiographie?

Das klassische Genre der Selbstdarstellung in der Bildenden Kunst ist zunächst das Selbstporträt und nicht die Autobiographie, deren Ursprung bekanntermaßen in der Literatur liegt. Wenn ich den Begriff der »visuellen Autobiographie« einführe, bezeichne ich damit eine spezifische Form der Selbstdarstellung, die mit narrativen Strukturen arbeitet. Doch sind es nicht beliebige Narrationen, sondern solche, die sich an dem literarischen Genre der Autobiographie orientieren. Das äußert sich in konkreten Texten wie denen innerhalb Annette Messagers *Albums-collections* oder Sophie Calles *Autobiographical Stories*, aber auch auf einer innerbildlichen Ebene wie bei Hannah Höchs *Lebensbild*. Das Genre der Autobiographie

---

43 Barthes: »Der Tod des Autors«, S. 191.

44 Ebd.

45 Gilles Deleuze/Félix Guattari: Rhizom, Berlin 1977 (zuerst 1976).

zeigt sich bei den drei Arbeiten insofern, als die Darstellungen verschiedener Lebensstationen rückblickend versammelt, repräsentiert und kommentiert werden, die in der Gesellschaft als »einschneidend« gelten und auf eine Abfolge von Lebensaltern hindeuten. Kindheit, Hochzeit, Schwangerschaft oder das erste sexuelle Erlebnis werden dabei ebenso thematisiert wie Reisen, das Erleben der Weltkriege oder künstlerische Einflüsse durch Freunde.

In der Zusammenführung dieser biographischen Ereignisse in Texten und Bildern entsteht eine zeitliche Struktur, die einen Lebenslauf suggeriert und in deren Mittelpunkt eine – vorgeblich gleich bleibende – Protagonistin steht, die gleichzeitig die Erzählerin der Lebensgeschichte zu sein scheint. So entsteht der Eindruck, nicht nur einen begrenzten Ausschnitt ihres Lebens vorgeführt zu bekommen, sondern eine »Gesamtskizze«, wie der Autobiographie-Theoretiker Georges Gusdorf die literarische Gattung spezifiziert.[46] Gusdorf grenzt die Autobiographie vom malerischen Selbstbildnis ab, indem er sich unausgesprochen an Lessings Unterscheidung zwischen statischer Malerei und zeitdarstellender Literatur orientiert. Die ganzheitliche Darstellung einer zeitlichen Entwicklung ist seiner Meinung nach nur innerhalb der literarischen Autobiographie vorstellbar und nicht in der »Momentaufnahme« eines malerischen Selbstbildnisses.[47] Philippe Lejeunes Definition der Autobiographie knüpft an Gusdorf an. Für ihn ist eine Autobiographie ein »rückblickender Bericht in Prosa, den eine wirkliche Person über ihr eigenes Dasein erstellt, wenn sie das Hauptgewicht auf ihr individuelles Leben, besonders auf die Geschichte ihrer Persönlichkeit legt.«[48] Die Möglichkeit einer visuellen Autobiographie ziehen beide nicht in Betracht. Doch die visuelle Autobiographie konstruiert ebenso einen zeitlichen Rahmen, der wesentlich an die Fiktion von Lebensstationen gebunden ist.

Im Gegensatz zur literarischen Autobiographie kann der/die Erzähler/in in der visuellen Autobiographie wie beim Selbstporträt durch die Darstellung des Körpers repräsentiert werden. In Hannah Höchs *Lebensbild* etwa werden Bilder des alternden Körpers – neben den Bildern des jungen – zum Zeichen eines zeitlichen Ablaufes, der über die Darstellung der momentanen Verfasstheit hinausgeht. Der repräsentierte Körper wird dabei zum Träger narrativer Strukturen. Zugleich wird damit ein »auto-

46 Georges Gusdorf: »Voraussetzungen und Grenzen der Autobiographie«, in: Günter Niggl (Hg.): Die Autobiographie. Zu Form und Geschichte einer literarischen Gattung, Darmstadt 1998 (Gusdorf zuerst 1956). S. 121-147, hier: 130.

47 Gusdorf: »Voraussetzungen und Grenzen der Autobiographie«, S. 130.

48 Philippe Lejeune: »Der autobiographische Pakt«, in: Niggl: Autobiographie, S. 214-257, hier: 215.

biographischer Pakt« nahegelegt. Dieser Begriff stammt von Philippe Lejeune, der ihn als eine vom Lesenden festgestellte »Identität zwischen Autor – Erzähler – Figur« definiert.[49] Doch handelt es sich statt um eine nachweisbare Identität nicht vielmehr um eine textuell verankerte »Rhetorik des Begehrens nach Wirklichkeit«?[50]

Eines lässt sich zumindest feststellen: Höch, Messager und Calle rufen die Rhetorik der Autobiographie auf und spielen damit – wie dies auch in der zeitgenössischen Literatur seit geraumer Zeit der Fall ist. Das starre Gerüst der Autobiographie hat sich im 20. Jahrhundert gelöst und ist zur Folie vielfältiger literarischer Selbstentwürfe geworden.[51] Auch die bildenden Künstler/innen nutzen die Autobiographie als eine Form der umfassenden Selbstdarstellung. Obwohl sie dabei über die Grenzen des Selbstporträts hinausgehen, bleibt es als visuelles Repertoire stets präsent: Doch betten es die Künstlerinnen in den narrativen Kontext der visuellen Autobiographie ein, indem sie es teils zitieren, teils reflektieren oder auch unterlaufen. So legen die narrativen Strukturen der visuellen Autobiographie den Konstruktionscharakter der Selbstdarstellung – sowohl in der Autobiographie als auch im Selbstporträt – offen.

Diese selbstreflexiven Strukturen sind konstitutiv für das Genre der visuellen Autobiographie, wie ich sie hier zu fassen suche. Das Genre des Selbstporträts wird auf diese Weise ebenso kommentiert wie das der visuellen Autobiographie selbst. Denn die Strukturen der visuellen und auch der literarischen Autobiographie haben mit denen des klassischen Selbstporträts gemeinsam, per se selbstreflexiv zu sein – jedoch nicht in Bezug auf das Genre, sondern in Bezug auf das dargestellte Sujet: das Selbst. So kennzeichnet der »externe Umweg zu sich«, wie es Gottfried Boehm für das Selbstporträt formuliert,[52] nicht nur das Genre des Selbstbildnisses, sondern auch das der Autobiographie. Ist hier das erzählende Ich mit dem erzählten Ich identisch, fallen dort Künstler und Modell zusammen. Subjekt und Objekt des Blicks oder der Erzählung gründen in derselben Figur. So entsteht das klassische gemalte Selbstbildnis häufig mit Hilfe eines Spiegels, der dadurch zur Metapher für die innere und äußere Selbstdistanzierung wird. Doch während die Erinnerungsbewegung in der Autobiographie in der zeitlichen Dimension zwischen Heute und

49 Ebd. S. 236.

50 Martina Wagner-Egelhaaf: Autobiographie, Stuttgart 2000, S. 8.

51 Zu nennen wären etwa Christa Wolf: Kindheitsmuster (1976), Uwe Johnson: Jahrestage. Aus dem Leben von Gesine Cresspahl (1971) oder Heiner Müller: Krieg ohne Schlacht (1992/1994). Vgl. Wagner-Egelhaaf: Autobiographie, S. 181-201.

52 Gottfried Boehm: Bildnis und Individuum. Über den Ursprung der Portraitmalerei in der italienischen Renaissance, München 1985, S. 232.

Damals pendelt, ist für das Selbstbildnis eher die räumliche Bewegung zwischen Hier und Dort, zwischen Spiegelbild und Leinwand, zentral.[53] Andererseits stellen das Selbstporträt und die Autobiographie eine Projektion des inneren Blicks auf sich in die Außenwelt dar. Diese Spannung zwischen Selbstbild und Fremdbild, Innen und Außen, zwischen Distanz und Nähe, Privatheit und Öffentlichkeit ist den Genres des Selbstporträts und der Autobiographie inhärent – zumindest in der Form, in der sich beide parallel ab Anfang der Neuzeit im 15. Jahrhundert entwickeln.

Ein systematischer Vergleich der parallelen Entwicklung von Selbstporträt und Autobiographie im Sinne einer »Kunstkomparatistik« existiert bisher nicht. Daher skizziere ich im Folgenden die Entstehung und Destabilisierung des Selbstporträts und der Autobiographie und konzentriere mich dabei auf die Momente, an die die Künstlerinnen anknüpfen. Ein weiterer Schwerpunkt liegt auf der Ebene der Genderkonstruktionen und deren Reflexion in feministischen Standpunkten.

Wesentlich ist, dass beide Genres direkt an das neuzeitliche Konzept des autonomen Subjekts gekoppelt sind. Selbstporträts und Autobiographien entstehen daher in Abhängigkeit davon, wann und wie dieses Konzept in verschiedenen Epochen formuliert und wieder destabilisiert wird. Sie nehmen dabei jeweils unterschiedliche Formen an, die mit der Vorstellung vom Subjekt korrelieren. Genau darin liegt jedoch die Problematik der Genres. So beschreibt Wagner-Egelhaaf für die Autobiographie, wie Jacob Burckhardts Publikation »Die Kultur der Renaissance in Italien« den Diskurs des in der Renaissance entstehenden Individuums geprägt hat. Nicht das neuzeitliche Individuum entstehe plötzlich, sondern die veränderten diskursiven Kategorien bringen es laut Wagner-Egelhaaf hervor. Das Individuum sei ein Effekt dieser Diskurse.[54]

Als sich in der Renaissance mit der Vorstellung eines autonomen Individuums, das sich für repräsentationswürdig hält,[55] das Porträt und mit ihm das Selbstporträt entwickelt, haben Künstlerinnen daran nur bedingt

---

53 Vgl. Theodor Schulze: Der gemalte Blick des Malers, 1995 (Manuskript), S. 11.

54 Vgl. Wagner-Egelhaaf: Autobiographie, S. 128. Das bedeutet, dass zu jeder Zeit, auch im so genannten »Mittelalter«, Selbstdarstellungen und autobiographische Texte zu finden sind. Nur sind sie versteckt platziert – wie etwa die Selbstdarstellungen von Mönchen und Nonnen in den Handschriften, die sie illuminierten – und sie finden kaum Beachtung, so dass sie dementsprechend schlecht überliefert sind. Wagner-Egelhaaf verweist darauf, dass Gregor Mischs Geschichte der Autobiographie dem Mittelalter fünf Teilbände widmet und er damit eine Vielzahl autobiographischer Texte ausfindig macht. Vgl. ebd., S. 114, 115.

55 Boehm: Bildnis und Individuum, S. 234.

teil. Denn in dem Maße, wie das Selbstporträt an die Vorstellung eines autonomen Künstlersubjekts gebunden ist, erweist sich das Genre für Malerinnen weiterhin als problematisch: So taucht in der ersten Künstlerbiographik von Giorgio Vasari im Jahr 1550, mit der er den Grundstein zahlreicher Künstlerlegenden legte, nur eine Künstlerin auf.[56] Zudem galten Frauen nach Vasari der Natur und damit der Reproduktion verhaftet, was eine geniale Eigenschöpfung, das notwendige »ingegno« ausschloss.[57] Andererseits war es den Künstlerinnen möglich, das Genre des Porträts zu erlernen, denn anatomische Studien wie etwa für das Genre der Historienmalerei waren dafür nicht notwendig. Doch genau deshalb nahm das Porträt zugleich einen eher niedrigen Platz unter den Genres ein. Der Zusammenhang zwischen weniger reputativem Genre und Gender ist eklatant.

Ab Ende des 18. Jahrhunderts wird das Porträt zunehmend mit Intimität und Privatheit konnotiert. Hier verknüpft es sich mit der Geschichte der literarischen Autobiographie, deren erste starke Ausprägung in dieser Zeit der Aufklärung gesehen wird. Im Zeitalter des Bürgertums galt es, die Herausbildung einer Identität in Abgrenzung zur Gesellschaft darzustellen.[58] Zu dem Zeitpunkt entsteht auch eine Autobiographik von Frauen, »obwohl bis in das 18. Jahrhundert bürgerliche Frauen weder über einen allgemein anerkannten autobiographischen Stoff und über die Fähigkeiten zu dessen literarischer Verarbeitung verfügen, noch Möglichkeiten zu dessen öffentlicher Vermittlung haben.«[59] Gerade die Briefromane der Romantikerinnen entwickeln im Kontext des romantischen gespaltenen Selbst »ein fragmentiertes, gespaltenes Ich im Gegensatz zum einheitlichen Ich, wie es die zeitgenössischen männlichen Autobiographien präsentieren.«[60] In dieser Zeit wird auch die Autobiographie zu einem Genre

56 Giorgio Vasari: Le Vite de' più eccellenti architetti, pittori et scultori italiani da Cimabue insino à tempi nostri, Florenz 1550. Es handelt sich um die Bildhauerin Properzia di' Rossi.

57 Vgl. Maike Christadler: Kreativität und Geschlecht. Giorgio Vasaris »Vite« und Sofonisba Anguissolas Selbst-Bilder, Berlin 2000.

58 Vgl. Jost Schneider: »Außenseitertum und Zeugenschaft in Wolfgang Koeppens Jugend«, in: Martin Bollacher/Bettina Gruber (Hg.): Das erinnerte Ich: Kindheit und Jugend in der deutschsprachigen Autobiographie der Gegenwart, Paderborn 2000, S. 37-58, hier: 37, 38.

59 Marianne Vogt: Autobiographik bürgerlicher Frauen. Zur Geschichte weiblicher Selbstbewußwerdung, Würzburg 1981, S. 27.

60 Gisela Brinker-Gabler: »Metamorphosen des Subjekts. Autobiographie, Textualität und Erinnerung«, in: Magdalene Heuser (Hg.): Autobiographien von Frauen. Beiträge zu ihrer Geschichte, Tübingen 1996. S. 393-404, hier: 398.

des »Geständnisses« unter dem Vorzeichen von »Wahrhaftigkeit«. Bis heute ist diese Figur präsent und sie wird insbesondere von Sophie Calles *Autobiographical Stories* aktiviert. Doch auch Annette Messagers *Albums-collections* greifen sie auf, wenn sie darin vermeintlich eigene erotische Zeichnungen präsentiert.

Die Verbindung zwischen diesen Geständnispraktiken und Sexualitätsdiskursen hat Michel Foucault dargestellt und zugleich deutlich gemacht, wie sich das Subjekt in ihnen *ent*wirft, indem es sich ihnen *unter*wirft.[61] Beispielhaft für diese Geständnispraktik sind Jean-Jacques Rousseaus *Confessions*, die posthum 1782 und 1789 erschienen sind. Mit dem universalen Anspruch, ein »Bild des Menschen« zu geben, das »genau nach der Natur und seiner ganzen Wahrheit gemalt« ist,[62] knüpft Rousseau an den Wahrheitsanspruch eines Augustinus an. Augustinus' *Confessiones* sind 399 nach Christus erschienen und bereits Rousseaus Titel nimmt auf sie Bezug.[63] Zielten Augustinus' Geständnisse jedoch auf die Wahrheit Gottes, wird bei Rousseau das Geständnis nun als eine Form der »Selbsttechnik« internalisiert.[64] In dem Entblößungs- und Authentizitätsgestus des Erzählers ist das sinngebende Gegenüber nicht mehr Gott, sondern an seine Stelle werden die Leser/innen gesetzt. Die vorgebliche Enthüllung kurbelt deren Voyeurismus an, wie dies auch Calle in ihren *Autobiographical Stories* gelingt. Der Gestus der Entschleierung, der bei Rousseau mit der Erzählung masochistischer sexueller Phantasien beginnt, kreist dabei zugleich um eine Leere und eine Nicht-Repräsentierbarkeit des Ichs.[65] Genau dies wird auch in Hannah Höchs *Lebensbild* thematisiert, und zwar in einer paradoxen Figur der Visualisierung von Unsichtbarkeit. Auch Sophie Calles *Autobiographische Geschichten* inszenieren die Absenz des Ichs, indem sie beständig ein unauflösbares Geheimnis zu beschwören scheinen.

Ein andere Ambivalenz wird dagegen in Johann Wolfgang von Goethes *Dichtung und Wahrheit* (1811-1833) ins Spiel gebracht: Allein der Titel benennt eine grundsätzliche Dichotomie von Fakt und Fiktion in der

---

61 Michel Foucault: Der Wille zum Wissen. Sexualität und Wahrheit, Bd. 1, Frankfurt/Main 1977 (zuerst 1976).

62 Jean-Jacques Rousseau: Die Bekenntnisse, München 1978. S. 7 (orig. Les confessions).

63 Augustinus: Bekenntnisse, Stuttgart 1977 (orig.: Confessiones). Vgl. Wagner-Egelhaaf: Autobiographie, S. 158.

64 Wagner-Egelhaaf: Autobiographie, S. 129, 158. Vgl. auch Huck Gutman: »Rousseaus Bekenntnisse: eine Selbsttechnik«, in: Luther H. Martin/ Huck Gutman/Patrick Hutton (Hg): Technologien des Selbst, Frankfurt/Main 1993, S.118-143.

65 Vgl. Wagner-Egelhaaf: Autobiographie, S. 160.

Autobiographie, die auch von Höch, Calle und Messager in unterschiedlicher Weise aufgegriffen werden. Wesentlich ist hier ebenso, dass Goethe im siebenten Buch einen Überblick über die Entwicklung der deutschen Literatur gibt, weshalb seine Autobiographie auch als die erste deutsche Literaturgeschichte bezeichnet worden ist.[66] Der retrospektive Blick auf das eigene Leben wird begleitet von der retrospektiven Einordnung des eigenen Werkes. Diese Darstellung und Einordnung der eigenen künstlerischen Produktion findet sich auch in Höchs *Lebensbild* wieder – hier allerdings begrenzt auf die retrospektive Darstellung des eigenen Collagenwerkes. Während diese selbstbewusste Geste bei Goethe zu seinem Konzept von Bildung und Entwicklung gehört, steht sie bei Höch neben eher destabilisierenden Elementen eines facettierten Selbst.

Denn im 19. und 20. Jahrhundert entstehen sowohl im Selbstporträt als auch in der Autobiographie bruchstückhafte und multiperspektivische Selbstdarstellungen.[67] Die Aufsprengung der Perspektive im Kubismus wird auch auf das Selbstporträt übertragen, während in der Autobiographie plural strukturierte Darstellungen zunächst seltener sind.[68] Walter Benjamins *Berliner Kindheit um Neunzehnhundert* (ab 1932)[69] dagegen arbeitet mit dem Prinzip der Verdichtung:[70] Statt eine chronologische Abfolge seines Lebens zu schildern, schafft er vereinzelte Bilder, Miniaturen, deren Elemente sich aufeinander beziehen und zunächst in loser Folge in der *Frankfurter Zeitung* veröffentlicht wurden. Es entstehen zudem Autobiographien, die vermehrt die Fiktionalität im Prozess des Erinnerns offen legen.[71] Martin Bollacher und Bettina Gruber unterscheiden etwa zwischen der dezentrierenden Erinnerungsarbeit einer Christa Wolf, die in ihrer Autobiographie *Kindheitsmuster* nicht eine lineare Rekonstruktion, sondern den Vorgang des Schreibens herausstellt, von der tendenziell »rezentrierten« Schreibweise eines Thomas Bernhard.[72]

---

66 Vgl. Peter Sprengel: »Einleitung«, in: Johann Wolfgang von Goethe. Sämtliche Werke nach Epochen seines Schaffens, Münchner Ausgabe, Bd. 16: Aus meinem Leben. Dichtung und Wahrheit, München 1985, S. 884.

67 Jost Schneider: »Außenseitertum und Zeugenschaft in Wolfgang Koeppens Jugend«, in: Bollacher/Gruber: Das erinnerte Ich, S. 37-58, hier: 39.

68 Autoren wie Alfred Döblin oder Elias Canetti, die eine Modernisierung der Romanform verfolgen, verfassen erstaunlicherweise eher traditionelle Autobiographien. Vgl. Wagner-Egelhaaf: Autobiographie, S. 196.

69 Walter Benjamin: Berliner Kindheit um Neunzehnhundert, Frankfurt/Main 2004.

70 Vgl. Wagner-Egelhaaf: Autobiographie, S. 183.

71 Vgl. ebd., S. 184.

72 Bollacher/Gruber: Das erinnerte Ich, S. 12.

Auch Höch, Calle und Messager arbeiten mit Strukturen, die der Darstellung von Prozessualität gegenüber der traditionell teleologischen Tendenz der Autobiographie den Vorzug geben. Sie knüpfen dabei zugleich an die Darstellung einer »multiplicity of selves« an, die laut Marsha Meskimmon eines der hervorstechendsten Merkmale der Selbstporträts von Künstlerinnen im 20. Jahrhundert ist.[73] Cindy Shermans Inzenierungen seien ein Beispiel für die Vorführung diverser Identitäten: »These works are not about Sherman as a woman or the artist, they are about the multiple guises assumed by women in our visual culture.«[74] Auch das Genre der Autobiographie knüpft Ende der 60er Jahre daran an. Mit der Strategie des Dokumentarischen soll die Vielfalt von Identitäten sichtbar gemacht werden.[75] Denn im Zuge eines neuen Interesses am Verdrängten und Peripheren werden bisher nicht-repräsentierte Erfahrungen wie die Diskriminierung von Homosexualität oder Konflikte mit der vormals nationalsozialistischen Elterngeneration thematisiert.[76] Der Forderung der 68er-Bewegung nach politisch-sozialer Relevanz der Kunst scheint dies gerecht zu werden. Doch die Möglichkeit, »Leben« objektiv dokumentieren zu können, wird zunehmend hinterfragt. Unter dem Stichwort »neue Subjektivität« oder »neue Innerlichkeit« tritt nun, auch als Folge der Politisierung des Privaten, das Ich des Autors oder der Autorin in den Mittelpunkt vieler Texte.[77] Die Frauenbewegung entdeckt das Genre der Autobiographie für sich und Verena Stefans 1975 erschienenes Buch *Häutungen* wird zu einem Kultbuch der Frauenbewegung, die darin eine spezifisch »weibliche Erfahrung« dokumentiert sieht.[78] Ausgangspunkt der feministischen Selbst-Verständigungstexte ist in dieser Zeit die Vorstellung, es gäbe eine spezifisch weibliche Erfahrung, die daher auch eine

73 Marsha Meskimmon: The Art of Reflection: Women Artist's Self-Portraiture in the Twentieth Century, New York 1996, S. 87.

74 Ebd., S. 90.

75 Vgl. Wagner-Egelhaaf: Autobiographie, S. 189, 190: Erika Runges *Bottroper Protokolle* (1968) entstehen etwa auf der Grundlage von Tonbandinterviews mit Menschen, die von der Zechenstillegung im Ruhrgebiet betroffen waren. Erst später erfuhr man, so Wagner-Egelhaaf, dass Runge gestaltend eingegriffen hatte und auf diese Weise das Dokument zu einem literarischen Konstrukt geworden war.

76 So thematisiert Hubert Fichte in *Versuch über die Pubertät* (1974) die Geschichte seines Coming-out als Homosexueller; Bernward Vesper reflektiert dagegen in dem unvollendet gebliebenen Romanessay *Die Reise* (1977) u. a. den Konflikt mit seinem Vater, dem völkisch-nationalen Schriftsteller Will Vesper. Vgl. Wagner-Egelhaaf: Autobiographie, S. 191-193.

77 Vgl. ebd., S. 189, 190.

78 Vgl. ebd, S. 190.

spezifische Literatur und Kunst hervorbringen würde.[79] Diese These bleibt jedoch umstritten, nachdem in ihr die Gefahr einer erneuten Essentialisierung von Weiblichkeit erkannt worden ist:[80] Die Idee einer homogenen weiblichen Erfahrung kann zu erneuter Marginalisierung führen und wird den vielfältigen Formen gelebter Realität nicht gerecht.

Das Genre der Autobiographie wird jedoch zugleich einer feministischen Kritik unterzogen. Meskimmon argumentiert auf einer Rezeptionsebene und kritisiert das »autobiographische Modell«, nach dem ihrer Ansicht nach Selbstporträts implizit gelesen würden.[81] Der Maßstab von »Wahrheit« oder »Wichtigkeit der Person« schließe alles aus, was nicht der Norm »white, male, middle-class« entspräche.[82] Die Kategorie des Autobiographischen werde auf diese Weise zu einem Ausschlusskriterium für Frauen. Zum einen unterscheidet Meskimmon dabei die Autobiographie nicht von anderen Selbstzeugnissen.[83] Zum anderen übersieht sie, wie das Genre durch die Darstellungen der von ihr konstatierten »multiplicity of selves« bereits transformiert worden ist.

Frances Borzello dagegen sieht das Genre der Autobiographie in positiver Weise mit der Konstruktion von »Weiblichkeit« verbunden. Sie behauptet, dass es sich bei Selbstporträts von Künstlerinnen meist um »gemalte Autobiographien« oder »visuelle Essays« handele, in denen die Künstlerin der Öffentlichkeit etwas von sich erzähle.[84] Das allerdings trifft auch auf das Genre des Selbstporträts zu. Borzello führt nicht aus,

79 Dies behauptet Estelle Jelinek (Hg.) in ihrer Einleitung zu: Women's Autobiography. Essays in Criticism, Bloomington 1980. S. 19. Vgl. dazu Brinker-Gabler, »Metamorphosen des Subjekts«, in: Heuser: Autobiographien von Frauen, S. 396-398. Vgl. dazu das französische Konzept der »Écriture féminine«, das Mitte der 70er Jahre von Hélène Cixous, Monique Wittig, Luce Irigaray und Julia Kristeva entwickelt wurde, um einer spezifisch weiblichen Poetik das Wort zu sprechen. Vgl. Hélène Cixous: Weiblichkeit in der Schrift, Berlin 1980. Vgl. dazu: Kristina Schulz: »Feminismuskonzeptionen in den 1970er Jahren im deutsch-französischen Vergleich«, in: Feministische Studien, H.1. Stuttgart 2003, S. 98-110.

80 Die Kritik an »der Kategorie ›Frau(en)‹ als kohärentes festes Subjekt« hat am schärfsten und folgenreichsten Judith Butler formuliert. Dies: Das Unbehagen der Geschlechter, Frankfurt/Main 1991, S. 21.

81 Meskimmon: Art of Reflection, S. 65. Vgl. das Kapitel S. 64-101: »The Autobiographical Model«.

82 Ebd., S. 68, 66, 64.

83 Meskimmon spricht von »autobiography in form of diaries, memoirs and journals.« Ebd., S. 65.

84 Frances Borzello: Wie Frauen sich sehen. Selbstbildnisse aus fünf Jahrhunderten, München 1998, S.18. Vgl. auch S. 145, 177.

wie die autobiographisch geprägte Erzählung in Abgrenzung zum Selbstbildnis visuell umgesetzt wird.

Ebenso unscharf wird in der Publikation *Artworks. Zeitgenössische Kunst. Autobiografie* mit dem Begriff der Autobiographie umgegangen. Der spezielle Bezug zur Kategorie des Gender spielt hier keine Rolle. Zwar versuchen die Herausgeber/innen den Begriff der Autobiographie auf die bildende Kunst zu übertragen, doch bleibt dies vage. Der Begriff »Autobiographie« wird zu einem »variablen und anpassungsfähigen Terminus«, der »die Gattung sowohl fasst als auch überschreitet«[85] – gemeint ist damit die Veränderung des Genres im Laufe der Zeit, was für fast jedes Genre gilt. Die Definition der Autobiographie lautet dementsprechend vereinfacht: »Ein Autor macht sich selbst zum Thema. Autobiografen beobachten sich selbst und setzen sich der Beobachtung durch den Leser aus.«[86] Doch sowohl die Strategie der Selbstbeobachtung als auch die Veränderung des Genres zeichnen ebenso das Selbstporträt aus. Dementsprechend willkürlich erscheint daher die Auswahl der Künstler/innen in der Publikation:[87] Sophie Calle wird etwa unter der Überschrift »Authentizität« gehandelt und nicht ihre Installation der *Autobiographical Stories* wird gezeigt, sondern eine andere, autobiographisch konnotierte Arbeit.[88]

In einer kürzlich erschienenen, reich illustrierten Publikation widmet sich der Semiotiker Omar Calabrese der Geschichte des Selbstporträts und untersucht in einem großen Kapitel mit der Überschrift »Bekenntnisse« »Das Selbstporträt als Autobiographie«.[89] Die Differenz zwischen Selbstporträt und Autobiographie, so Calabrese, sei typologischer Natur. In einem klassischen Selbstporträt sei das Ich auf ein imaginäres Du, den Betrachter/die Betrachterin, bezogen, während es als Autobiographie zum »Er« der dritten Person werde und die Spuren des Diskurses der ersten Person unterdrücke, um sie in einen historisch-narrativen Kontext zu stellen.[90] Damit hat Calabrese nur halb Recht. Der Verweis auf die Narration als abgrenzendes Element gegenüber dem Selbstporträt ist zwar rich-

85 Barbara Steiner/Jun Yang: Artworks. Zeitgenössische Kunst. Autobiografie, Hildesheim 2004, S. 15.

86 Ebd., S. 15, 16.

87 So werden auch die fotografischen Selbstporträts von Friedl Kubelka aufgenommen. Vgl. Friedl Kubelka: *Jahresporträt 1972-73 »Spiegel«*, in: Steiner/Yang: Autobiografie, S. 168, 169.

88 In der Publikation werden Sophie Calles Arbeiten *Suite vénitienne* (1980) und *La filature* (1981) gezeigt. Ebd., S. 90-93.

89 Omar Calabrese: Die Geschichte des Selbstporträts, München 2006, S. 314-343.

90 Vgl. ebd., S. 315.

tig, doch stellt der narrative Kontext – nämlich der der eigenen Lebensgeschichte – den Diskurs der ersten Person eben her. Calabreses weitere These, die Maler würden in ihren Bildern Autobiographie-Theorien entwickeln, bleibt unbewiesen. An den konkreten Gegenständen der Analyse wird einmal mehr deutlich, wie schwierig es ist, ohne einen genauen Begriff von Autobiographie einen neuen Blick auf sie zu entwerfen. Der Versuch etwa, die »Autobiographie als Tagebuch« von der »Autobiographie als Selbstbeobachtung« oder der »Autobiographie als Chronik« abzugrenzen, läuft ins Leere – basiert ein Tagebuch doch zumeist auf Selbstbeobachtung. Van Goghs berühmtes Selbstporträt mit dem verletzten Ohr könnte denn auch zu mehreren dieser Kategorien gehören. Und ist es bereits eine visuelle Autobiographie, nur weil es sich auf ein bestimmtes biographisches Ereignis bezieht? Ein beliebtes Beispiel für vorgebliche Autobiographien sind nicht nur für Calabrese, sondern etwa auch für Michael Parmentier die Selbstbilder Rembrandts, die er als eine »visuelle Autobiographie« bezeichnet. Er beschreibt die »Kette seiner Selbstbilder« als einen »Selbsterforschungsbericht«.[91] Doch unter die Kategorie der Selbsterforschung fällt auch das Selbstporträt und die Serialität von Selbstbildnissen allein erzeugt noch keine Autobiographie.

Der Begriff der Autobiographie, so ist deutlich geworden, wird zwar vereinzelt auf die bildende Kunst angewandt, jedoch bleibt er unscharf und assoziativ. Im Zuge einer genauen Analyse der einzelnen Werkkomplexe von Höch, Calle und Messager soll deshalb im ersten Kapitel meiner Untersuchung der Begriff der visuellen Autobiographie entfaltet werden. Daran anschließend werden im zweiten Kapitel verschiedene Strategien der Vervielfältigung in den visuellen Autobiographien charakterisiert. Die Rolle der Fotografie, aber auch andere Formen von Reproduktion und Wiederholung werden darin fokussiert. Dabei wird bei der Analyse der Vervielfältigungsstrategien bereits ein Blick auf die autobiographisch konnotierte künstlerische Sammlung geworfen, die im letzten Kapitel im Mittelpunkt steht. Zwischen Singularität und Serie changierend werden die Objekte der Sammlung zu einer Form der Selbst-Vervielfältigung. In der Ordnung der Dinge zeigt sich eine Ordnung des Selbst, die beständig reversibel bleibt.

91 Michael Parmentier: »Die Selbstbilder Rembrandts – Eine visuelle Autobiographie?«, in: Stephanie Hellekamps (Hg.): Ästhetik und Bildung. Das Selbst im Medium von Musik, Bildender Kunst, Literatur und Fotografie, Weinheim 1998, S. 43-66, hier: 45, 49.

AUTOBIOGRAPHISCHE FIKTIONEN

Zwischen Selbstporträt und Autobiographie: Hannah Höchs Collage *Lebensbild*

Selbstbildnis der Selbstbildnisse

Lebensbild – der Titel dieser letzten großen Collage[1] von Hannah Höch ist programmatisch. In der komplexen Arbeit aus den Jahren 1972/73 hält Hannah Höch als 83-Jährige Rückschau auf ihr Leben und Werk (Abb. 1.1). Das *Lebensbild* ist meiner Ansicht nach als eine visuelle Autobiographie zu verstehen. Über ein ästhetisches Medium, das »graphein«,[2] entsteht eine Spannung zwischen dem »auto«, dem dargestellten Selbst der Künstlerin, und dem fluktuierenden »bios« der repräsentierten Lebensstationen. Höch verhandelt dabei in vielschichtiger Weise die Kategorien des Privaten und Öffentlichen, von Realität und Fiktion, individueller und kollektiver Autorschaft

Mit der Konzentration auf den Topos des Selbst und des eigenen Lebens stellt das *Lebensbild* eine Ausnahme im Werk der Künstlerin dar. Sogar direkte Selbstdarstellungen sind in Höchs Collagen und Montagen selten.[3] So lugt in der Collage *Meine Haussprüche* (1922) ein fotografisches Brustporträt der Künstlerin hinter dem Textfragment eines Goethezitats hervor. In der Collage *Schnitt mit dem Küchenmesser Dada durch die letzte weimarer Bierbauchkulturepoche Deutschlands* (1919/20) ist

---

1 Höch bezeichnet das *Lebensbild* als eine »Collage mit Originalfotos«, zu lesen in Höchs Nummernliste mit Erklärungen zu der Collage in der Berlinischen Galerie, Hannah-Höch-Korpus. BG HHC H2235. Vgl. Abb. 1.2 mit Nummernliste.

2 Aus »gráphein«, dem griechischen Begriff für »einritzen, schreiben«, entsteht das Wortbildungselement »-graphie« mit der Bedeutung »das Schreiben, Beschreiben; das graphische oder fotografische Darstellen«. In: Duden. Das große Fremdwörterbuch, Mannheim 1994, S. 531, 532.

3 Dies trifft zumindest auf die Collagen und Montagen zu, auch wenn Jula Dech zu Recht betont, dass in allen Schaffensphasen der Künstlerin Selbstporträts vorkommen. Es sind jedoch fast immer gemalte Selbstbildnisse. Vgl. Dech: Hannah Höch. Schnitt mit dem Küchenmesser, S. 74, 75.

Hannah Höchs frei schwebender Kopf kaum sichtbar neben das Profil Raoul Hausmanns platziert. Anders im *Lebensbild*: Großformatige Porträts der Künstlerin sind leitmotivisch über die gesamte Bildfläche verteilt. Kleinkindporträts und Familienporträts, Doppelporträts mit ihren Lebenspartnern und -partnerinnen und Altersporträts fächern die verschiedensten Lebensalter und Lebensstationen der Künstlerin auf. Zum größten Teil stammen diese Fotos aus Höchs Privatbesitz. Für das *Lebensbild* wurden sie abfotografiert und vergrößert.

Die Arbeit ist nicht nur Höchs größte Fotocollage, vermutlich ist sie sogar die größte Arbeit ihres gesamten Werkes.[4] Die im Gegensatz zu den übrigen Collagen Höchs fast monumentalen Ausmaße von 130 mal 150 Zentimeter deuten darauf hin, dass die Collage für den öffentlichen Museumsraum bestimmt ist.[5] Auf diese Weise werden private Dokumente der Künstlerin im *Lebensbild* veröffentlicht. Vergleichbar mit der literarischen Autobiographie entsteht eine Spannung zwischen dem privaten Charakter der Selbstzeugnisse und der Öffentlichkeit, in der sie gezeigt werden. Der Mythos der »diskreten« Künstlerin, die kaum Persönliches von sich gab, wird durch das *Lebensbild* in Frage gestellt.[6] Denn diese Collage ist laut Höchs eigener Aussage ein zusammenfassendes Erinnerungsbild: »Ich habe ja Erinnerungen, die ich anhand dieser Sache erhalten will«, so äußert sie zu der Entstehung des Bildes. Und weiter: »Wenn schon, dann will ich wirklich, was mich so stark beeindruckt hat im Leben, soweit ich zurückdenken kann, erfassen, soweit ich kann.«[7]

Dieser Anspruch, ein vollständiges Bild der prägenden Lebenseindrücke zu geben, erinnert an Georges Gusdorfs Definition der Autobiographie. Sie ist danach eine »Gesamtskizze«, in der verschiedene Statio-

4 Laut Eckard Fürlus, wissenschaftlicher Mitarbeiter in der Berlinischen Galerie von 1993-1998 zur Publizierung des Hannah-Höch-Nachlasses, ist Höchs Werk derart umfangreich und weit verstreut, dass ein vollständiges Werkverzeichnis bisher nicht existiert. Doch ist es höchst unwahrscheinlich, dass es eine weitere Collage in diesem Format gibt.

5 Dass Höch die Collage als adäquat für einen öffentlichen Raum ansah, geht aus dem unveröffentlichten Tonbandprotokoll von Liselotte und Armin Orgel-Köhne hervor. Das Fotografenpaar war an dem Entstehungsprozess der Collage beteiligt und hat dies in Werkstattgesprächen auf Tonband dokumentiert. Das *Lebensbild* befindet sich bisher noch im Privatbesitz der Orgel-Köhnes.

6 Vgl. Jula Dech/Ellen Maurer (Hg.): Da da zwischen reden zu Hannah Höch, Berlin 1991, S. 227 ff.

7 Aus dem unveröffentlichten Tonbandprotokoll von Liselotte und Armin Orgel-Köhne.

nen des Lebens ausgewählt und geordnet werden.[8] Genau dies ist im *Lebensbild* der Fall: Hannah Höch zeigt in ihrer visuellen Autobiographie die Geschichte ihres Lebens und Werkes. Die Kontingenz ihrer Erinnerungen ordnet sie zu einem zweidimensionalen Gesamtbild. Auch für Ingrid Aichinger ist das »Streben nach Totalität«, mit der das individuelle Leben in »sinnvollen Zusammenhängen« präsentiert wird, ein Merkmal der Autobiographie.[9]

Doch worin besteht diese Gesamtheit, die auch Höch zu fassen sucht? Und will Höch »sinnvolle Zusammenhänge« darstellen? Eine der Antworten gibt die Künstlerin in der zur Collage gehörenden Liste mit Erklärungen zu den Motiven. Dort zählt Höch 103 Motivkomplexe in dem *Lebensbild*, benennt sie und schlüsselt sie zum Teil auf. Auf diese Weise legt sie gleichsam ein nummeriertes Ordnungsraster über das Bild (vgl. Abb. 1.2 mit Liste).[10] Zum einen zeigt die Bezifferung eine lineare Reihenfolge im Bild von links oben nach rechts unten, anhand derer man eine der Möglichkeiten erkennen kann, wie Höch das *Lebensbild* selbst »gelesen« hat. Zum anderen spiegeln Höchs Benennungen der Elemente die Heterogenität der Collage wider. Motive wie »Der erste Weltkrieg 1914« (in der Liste Nr. 18) oder »An der Wildbahn 33« (Nr. 87), Höchs Adresse in Berlin/Heiligensee, zeigen den dokumentarischen Charakter der Collage *Lebensbild.* Dagegen verweisen andere Benennungen auf Fiktionales: »H.H. sieht nun doppelt« (Nr. 52) bezeichnet etwa einen vieräugigen Höch-Kopf, der aus einem Fensterrahmen ragt. Auch »H.H. auf dem Mond« (Nr. 19a) ist eine Montage, die Höch neben Neil Armstrong auf dem Mond zeigt[11] – eine fiktive Situation, die zugleich auf den historischen Moment der Mondlandung verweist.

Außerdem bietet die Nummerierung eine erste Orientierung durch die Dichte der vielfältigen Elemente. Denn als erster Eindruck scheint ein Horror vacui vorzuherrschen – so vielfältig und heterogen sind die Elemente auf engstem Raum angeordnet. Die zahlreichen Porträts bilden ein äußerst vielschichtiges fotografisches Gewebe. Verschiedene Innen- und Außenraumdarstellungen verknüpfen sich mit Natur- und Haus-Elemen-

8 Gusdorf: »Voraussetzungen und Grenzen der Autobiographie«, S. 130.

9 Ingrid Aichinger: »Probleme der Autobiographie als Sprachkunstwerk«, in: Niggl: Autobiographie, S. 170-199, hier: 179.

10 Im Folgenden werde ich mich auf Höchs Nummernliste beziehen und zur besseren Identifizierung der Elemente die Ziffern in Klammern dahinter setzen, wenn ich von bestimmten Motiven spreche.

11 Höch hatte den Orgel-Köhnes in Auftrag gegeben, in NASA-Aufnahmen der Mondlandung eine Fotografie zu montieren, die Höch durch eine Lupe schauend zeigt. Diese fotografische Montage hat Höch wiederum durch die Doppelung der Montage zugespitzt.

ten, mit technischen Formen und Darstellungen historischer Ereignisse. Diese Komplexität scheint es zunächst schwierig zu machen, eine Ordnung in der Collage auszumachen.

In ihrem linken oberen Viertel, mit dem die Zählung der Nummernliste beginnt, sind die Elemente weniger dicht und auch die Porträts sind weniger zahlreich. Zudem ist hier ein farbiger geometrischer Untergrund sichtbar. Dort zeigt Höch fotografische Reproduktionen eigener Collagen und Montagen, angefangen mit einer ihrer frühesten Collagen *Weiße Form* von 1919 (Nr. 14) bis hin zu *Angst* von 1970 (Nr. 46). Dieser Querschnitt aus allen Arbeitsphasen liegt wie eine »Insel in einem Meer von Anspielungen auf Dinge und Ereignisse, die ihr wichtig waren«,[12] so Margarete Jochimsen (Abb. 1.8). Auf diese Weise verknüpft Höch die Rückschau auf ihr Leben mit einer Retrospektive auf ihr Werk.

Es finden sich in dem *Lebensbild* jedoch noch etliche andere Themenkomplexe. Jochimsen nennt neben dem »künstlerischen Werk«, das genauer gesagt das Collagenwerk zeigt, die Motivinsel der Familie, der Natur und der Ehe.[13] Auch die Freunde sind an einer Stelle in Form von kleinformatigen Porträts besonders präsent (Nr. 79-84). Direkt über den Porträts sind deren gerahmte Werke in dem Element »Die kleine Galerie« (Abb. 1.4, Nr. 85) zu sehen. Höch stellt damit nicht nur ihr Werk, sondern auch das anderer Künstler/innen dar. Auf diese Weise präsentiert sie sich im *Lebensbild* auch als Sammlerin. Höchs umfangreiche Sammlung dadaistischer Kunstwerke und Dokumente ging nach ihrem Tod in den Besitz der Berlinischen Galerie über.[14] Doch die Künstlerin sammelte nicht nur Kunst, sondern auch verschiedenste »Objet trouvés«, Nippesfiguren oder Souvenirs, die eines gemeinsam hatten: das Miniaturformat. In dem *Lebensbild* stellt die Sammlerin die »Minis« aus ihrem soge-

12 Margarete Jochimsen: »Das System hat Methode. Ansammlungen von Hannah Höch und Anna Oppermann«, in: Dech/Maurer: Da da zwischen reden zu Hannah Höch, S. 162-175, hier: 170.

13 Vgl. ebd., S. 170, 171.

14 Höch sammelte auch Fotografien, Briefen und zahlreiche andere Dokumente ihrer Künstlerfreunde Kurt Schwitters, Hans Arp, Raoul Hausmann, Friedlaender oder Segal, um nur eine kleine Auswahl zu nennen. Vgl. Ralf Burmeister: »Hannah Höchs System der Erinnerung«, in: Berlinische Galerie, Hannah Höch: Eine Lebenscollage, Bd. 3/1, S. 12-35. Diese Dokumentensammlung befindet sich heute als eines der größten Dada-Archive im Besitz der Berlinischen Galerie, die den Höch'schen Nachlass wissenschaftlich bearbeitet, kommentiert und in drei umfangreichen Bänden der Öffentlichkeit zugänglich gemacht hat. Künstler-Archive der Berlinischen Galerie (Hg.): Hannah Höch. Eine Lebenscollage. Bd.1, Berlin 1989; Bd. 2, Berlin 1995; Bd. 3, Berlin 2001.

nannten »Raritätenkabinett« in vergrößerter Form dar (Abb. 1.5). Diese unterschiedlichsten Elemente verdichtet Höch zu einem vielschichtigen »Lebenskosmos«.[15] Das *Lebensbild* ist daher ein signifikantes Beispiel für eine künstlerische Selbstdarstellung durch die Inszenierung autobiographisch konnotierter Selbstzeugnisse.

Höchs abfotografierte Dokumente bestehen ausschließlich aus Schwarz-Weiß-Fotografien, die auf einem geometrischen Grund farbiger Papiere komponiert sind.[16] Vertikale und horizontale Streifen des ryhthmischen Farbfonds blitzen ab und an hervor. Dies verstärkt ein wesentliches Merkmal der Collage: Viele der abfotografierten Dokumente aus Höchs Privatarchiv wirken auf den ersten Blick unbearbeitet und in ihrem rechteckigen Ursprungsformat belassen. Das verleiht der Collage einen parataktischen, sammlerischen Charakter. Besonders die Porträts, die Höch in der Entstehungszeit der Collage zeigen, hat sie »nun gar nicht mal so zerschnippelt«.[17]

Dagegen stellen die Selbstbildnisse aus anderen Collagen die Künstlerin häufig in fragmentierter Form dar. Diese seltenen Formen der Selbstdarstellung zitiert Hannah Höch in dem *Lebensbild* und zugleich werden sie neu kontextualisiert. So fügt sie ein Fragment ihrer Montage *Schnitt mit dem Küchenmesser Dada durch die letzte weimarer Bierbauchkulturepoche Deutschlands* (1919/20) in das Element »Kleine Galerie« (Nr. 84) ein. Es ist genau das Fragment, das Höchs winzigen Kopf neben dem Profil Raoul Hausmanns zusammen mit dem Schriftzug »Dadaisten« zeigt. Die Künstlerin historisiert damit sowohl ihre eigene Arbeit als auch ihr dargestelltes Selbst. Auch das fotografische Brustporträt der Künstlerin in *Meine Haussprüche* wird im *Lebensbild* als Ausschnitt wieder aufgegriffen (Nr. 12). Der retrospektive Charakter der Collage *Meine Haussprüche* aus dem Jahr 1922 ist häufig betont worden, denn Höch scheint darin ihre dadaistische Zeit zu reflektieren und abzu-

15 Jula Dech: »Balance und Spirale – Künstlerischer Ausdruck weiblicher Identität. Epochal-Montage/Lebens-Collage: Zwei Brennpunkte in Hannah Höchs Werk«, in: Dech/Maurer: Da-da zwischen Reden zu Hannah Höch, S. 26-47, hier: 41.

16 Zu Beginn der 70er Jahre entstehen bei Höch abstrakte großformatige Collagen, die eine ähnlich geometrisch-orthogonale Strukturierung aufweisen wie der aus farbigen Papieren bestehende Untergrund im *Lebensbild*. (*Große Collage I*, 1970, 71,5 x 97,5 cm oder *Große Collage III*, 1971, Buntpapier auf Karton, 71,5 x 97,5 cm, Privatbesitz. Erstere ist abgebildet in: Hannah Höch: Collagen aus den Jahren 1916-1971, Ausst.-Kat. Akademie der Künste Berlin, Berlin 1971, S. 83.)

17 Aus dem unveröffentlichen Tonbandprotokoll von Liselotte und Armin Orgel-Köhne.

schließen.[18] Der Ausschnitt mit dem Christuskreuz, einer Uhr und Aussprüchen wie Huelsenbecks »Der Tod ist eine durchaus dadaistische Angelegenheit« fächert die Thematik von Tod und Erinnerung auf. Diese Lesart als retrospektive Collage wird durch ihre Kontextualisierung im *Lebensbild* bestätigt. Auch die orthogonalen, eher parataktischen Strukturen deuten darauf, dass es sich um ein »Erinnerungsbild« handelt. Jedoch verbindet sich hier die Thematisierung des Todes mit den nebenstehenden Motivkomplexen der beiden Weltkriege. Auf diese Weise wird die Collage *Meine Haussprüche* mit anderen Bedeutungen aufgeladen.

Mit diesen Selbstbildnissen im Selbstbildnis *Lebensbild* installiert Hannah Höch eine Ebene der Selbstreferentialität, die ein wesentliches Merkmal dieser Fotocollage ist. Neben den direkten Zitaten der Selbstdarstellungen bezieht sie sich indirekt auch auf andere Selbstbildnisse. In ihren wenigen fotografischen Selbstporträts inszeniert sie sich häufig durch eine zweimalige Belichtung.[19] Die Strategie, damit eine Doppelung des Ichs ins Bild zu setzen, wird im *Lebensbild* zwar nicht direkt aufgenommen, jedoch beherrscht das Prinzip der Doppelung und Spiegelung auf andere Weise die Collage: Fast jede Fotografie und mit ihr jedes Motiv wird im *Lebensbild* entweder in einem anderen Ausschnitt oder einer anderen Proportionalität zweimal verwendet.

Auch viele Porträts, die Höch zeigen, werden in veränderter Form zweimal eingesetzt – etwa das der sitzenden Künstlerin (Nr. 49), deren zusammengelegte Hände in einem größeren Ausschnitt erneut auftauchen (Nr. 92). Das nebenliegende Porträt Höchs, in dem sie auf das »Technikmännchen« auf ihrer Schulter blickt (Nr. 50), wird darüber in einem größeren Ausschnitt gezeigt. Allerdings ist hier der Kopf eines Seehundes exakt in den Höch-Kopf hineinmontiert (Nr. 41), so dass das Element in der Nummernliste mit »H.H.?« betitelt wird. Wenn in dem einen Ausschnitt je etwas gezeigt wird, was in dem anderen nicht zu sehen ist, – und vice versa – kommt eine Bewegung von Zeigen und Verbergen in Gang. Sie nimmt auf spielerische Weise die Thematik der autobiographischen Fotocollage auf, in der das Changement der Kate-

18 Jula Dech: »Hannah Höch ist eine durchaus dadaistische Angelegenheit!« in: Hannah Höch. Gotha 1889-1978, Ausst.-Kat. Schlossmuseum Gotha, Berlin 1994, S. 119-125, hier: 120ff.

19 Ein Beispiel dafür ist die Fotografie von Höch und Richard Kauffmann *Durchdringe dich selbst oder Ich umarme mich (Porträt Hannah Höch)* aus dem Jahr 1922, die die Künstlerin gleichzeitig in einer Seitenansicht und en face zeigt (Berlinische Galerie, Fotografische Sammlung). Bekannter noch ist die Doppelbelichtung aus dem Jahr 1919, in der sich Hannah Höch und Raoul Hausmann in einem Doppelbildnis darstellen (Berlinische Galerie, BG HHC-F 353/79).

gorien von Privatheit und Öffentlichkeit wesentlich ist.[20] Eine weitere Form der Selbstverdoppelung nimmt die Künstlerin aus ihrer Dada-Zeit mit in das *Lebensbild*: Zweimal ist sie mit ihrem Alter Ego, den Dada-Puppen, zu sehen (Nr. 21, 22) – erneut sind dies fotografische Selbstporträts, die Höch abfotografieren lässt und zitiert. Die Tradition des Doppelgängers als Todesahnung scheint in diesen Doppelstrukturen spielerisch aufgenommen zu sein und reflektiert das Motiv der Selbstspiegelung innerhalb des Selbstporträts.

Doch Höch dekliniert im *Lebensbild* nicht nur ihre direkten fotografischen und collagierten Selbstbildnisse durch. Auch ihre verschlüsselten Selbstdarstellungen wie etwa die Montage *Englische Tänzerin* (1928; Nr. 10) werden in der fotografischen Reproduktion »wiederholt«. Diese Montage ist das Gegenstück zu *Russische Tänzerin (Mein Double)* aus dem gleichen Jahr, das als ein mögliches Selbstporträt Hannah Höchs gilt. Mit dem »Double« Höchs könnte jedoch ihre damalige Lebenspartnerin Til Brugman gemeint sein, so dass das »englische« Pendant Höch darstellen würde.[21] Dass genau diese Montage in dem *Lebensbild* zitiert wird, stützt zwar diese These. Doch mit der Neukontextualisierung in dem *Lebensbild* wird nur eine weitere Deutungsmöglichkeit eröffnet, die andere nicht ausschließt.

»Weltanschauliches« und »Privates«

Nicht nur durch sein Format und die Thematik, sondern auch durch seine Entstehungsweise und seine Materialien hebt sich das *Lebensbild* von allen anderen Collagen Hannah Höchs ab. Statt mit Reproduktionen aus Illustrierten und Zeitschriften arbeitet die Künstlerin hier mit schwarzweißen »Originalfotos«, wie sie in der Nummernliste die manuell hergestellten Abzüge auf Fotopapier nennt. Die Möglichkeit zu einer Collage mit »Originalfotos« erhält Höch durch die Zusammenarbeit mit dem Fotografenpaar Liselotte und Armin Orgel-Köhne. Sie liefern ihr die Reproduktionen, Ausschnitte, Vergrößerungen und Verkleinerungen, die sie braucht. Zum einzigen Mal benutzt die Künstlerin hier Fotografien, die sowohl aus ihrem Privatbesitz als auch aus anderen privaten Quellen stammen: Bilder von Freunden, Partnern, der Familie und Bilder vom Heiligenseer Haus und Garten, die die Orgel-Köhnes unter Höchs Regie herstellen, bilden die eine Seite des Materials; der andere Teil besteht aus

20 Zu der übergreifenden Struktur der Doppelung vgl. S. 132 ff.

21 Maud Lavin: Cut with the Kitchen Knife: The Weimar Photomontages of Hannah Höch, New Haven/London 1993, S. 146.

Fotografien verschiedenster Collagen und Montagen aus Höchs Werk. Die Porträts der Künstlerin aus der Entstehungszeit der Collage sind zum größten Teil anlässlich der Höch-Ausstellung 1971 in der Akademie der Künste in Berlin entstanden und haben daher ursprünglich eine eher repräsentative und dokumentatorische Funktion.[22] Bei einer der nachfolgenden Begegnungen regten die Orgel-Köhnes die Künstlerin an, ein Selbstporträt in Collageform zu realisieren; das notwendige Fotomaterial würden sie liefern.[23] Zu dieser Idee und der daraus resultierenden Zusammenarbeit äußert Hoch sich in Privatnotizen zu einem geplanten Gespräch mit den Orgel-Köhnes:

»Als Sie mir den Vorschlag machten doch mal eine Collage von den von Ihnen gemachten Fotos zu machen, [...] – da war ich hocherfreut. Nicht weil ich darin eine Chance glaubte mich zu glorifizieren – im Gegenteil, es schränkte meine Freude wesentlich ein. *Ich hatte, bei diesem Original-Foto-Bild an Landschaft, Stilleben, Weltanschauliches* [...] *gedacht* [...] in Zusammenarbeit mit einem Fotografen aber – *nicht an eine Selbstbespiegelung.* Als Sie mir aber [...] reiches Material schickten, ich hatte die Bitte an Sie gerichtet mir Foto-Abfälle jeder Art mit beizulegen, war ich entzückt und wusste – nun kann ich mir doch noch den Wunsch erfüllen mit künstlerischem Masstab – an eine *OriginalFotomontage* [sic], oder Collage, heranzugehen, der Wunsch, der bisher immer am Fehlen eines Fotopartners gescheitert war.«[24] [Hervorh. A.-E. K.]

Doch nicht nur Höchs Idee einer Collage mit Originalfotos konnte sich in der Zusammenarbeit mit den Orgel-Köhnes realisieren. Ein undatierter Entwurf, vermutlich aus den 20er Jahren, belegt, dass sie schon sehr viel früher an ein Selbstporträt aus Fotografien dachte. Die kleinformatige Bleistiftzeichnung zeigt auf einem orthogonal strukturierten Liniengerüst eine konstruktivistisch stilisierte Kopfform mit den für die Künstlerin charakteristischen Stirnfransen. Darunter ist zu lesen: »Kopf gefüllt mit Fotos, Person Höch, Hintergrund Collagen.«[25]

Ein weiterer Entwurf reicht noch näher an das *Lebensbild* heran. Ab Ende der 60er Jahre plant Höch eine Collage, die nahezu dasselbe Format wie das *Lebensbild* haben sollte: ein Querformat von 135 mal 150 Zentimetern. In einer Mappe mit dem Titel »Vorbereitetes für neue grosse

22 Es handelt sich um die Ausstellung »Hannah Höch: Collagen aus den Jahren 1916-1971" in der Akademie der Künste, Berlin, 25.5.-7.7.1971.

23 Brief vom 7.7.1972 von Liselotte und Armin Orgel-Köhne, BG HHC K 4401/79.

24 Privatnotiz Hannah Höchs, BG HHC H 2234/79.

25 Der Entwurf befindet sich in der Berlinischen Galerie, Graphische Sammlung (Ohne Titel, ohne Datum, Bleistift auf Pergament, 21,5 x 20,9 cm).

Collage« ordnet und benennt Höch die Seiten eines »Life«-Magazins (von 1960) und mehrere Ausgaben der Zeitung »Die Welt« (von 1969/1970) nach Schwerpunkten, wie sie später im *Lebensbild* realisiert werden: »1 Alter Tod 2 Astronautik [...] 7 Kunst [...] 10 Mikrokosmos [...] 12 Pflanzen Blumen [...] 14 Politik 15 Religion [...] 19 Technik 20 Tiere [...] 22 Weltraum, Erde, Mond [...] Gesichtsteile, Augen, Münder«.[26] Genau diese Themen verknüpft Höch mit ihrer Selbstdarstellung im *Lebensbild* – vom Motiv des Todes in Gestalt der beiden Weltkriege (Nr. 18) über das der Astronautik in der Mondlandung (Nr. 15, 19a) bis hin zum »Mikrokosmos« des Schneekristalls (Nr. 17)[27] reicht das Spektrum des »Weltanschaulichen«. Das Motiv »Person Höch«, der Gedanke einer Collage aus Fotografien und nicht aus Illustrierten, der Entwurf einer großformatigen Collage mit übergreifenden Themen: Im *Lebensbild* führt Höch 1972/73 diese Ideen zusammen.

Trotz dieser offensichtlichen Parallele sehen sowohl Carolyn Lanchner als auch Karoline Hille in der geplanten Großcollage keine Verbindung zu dem *Lebensbild.* Beide sind der Meinung, dass es sich ausschließlich um die Planung einer Collage handelt, deren Umfang im Falle einer Umsetzung mit Höchs bekanntester Montage *Schnitt mit dem Küchenmesser Dada durch die letzte weimarer Bierbauchkulturepoche Deutschlands* von 1919/20 vergleichbar gewesen wäre. Lanchner geht sogar noch einen Schritt weiter und meint, dass die geplante Collage den Umfang von *Schnitt mit dem Küchenmesser* zwar übertreffen sollte, die Künstlerin aber überfordert hätte: »[...] perhaps because of its daunting scope or (more fundamentally for Höch, whose genius was always for the small) because of its size.«[28] Sie übersehen, dass die geplante Collage zwar nicht in der konkreten Form umgesetzt wurde, jedoch zahlreiche

---

26 Hannah-Höch Archiv, Berlinische Galerie, BG HHC G229/79.

27 Höch erwähnt in Notizen die Darstellung von »Kernspaltung« und »Elektronen – Mikro – Fotographie«. Als sie kein passendes Bildmaterial fand, entschied sie sich für die Darstellung des Mikrokosmos durch die vergrößerten Kristallstrukturen einer Schneeflocke. BG HHC H2234/79.

28 Carolyn Lanchner: »The Later Adventures of Dada's ›Good Girl‹: The Photomontages of Hannah Höch after 1933«, in: The Photomontages of Hannah Höch, Ausst.-Kat. Walker Art Center, Minneapolis; The Museum of Modern Art, New York; Los Angeles County Museum of Art, hg. von Maria Makela, Peter Boswell, Minneapolis 1996, S. 129-151, hier: 144. Hille zieht die Materialmappe vor allem heran, weil sie Höchs »Ordnungs-, Planungs- und Sammelsystem veranschaulicht«. Karoline Hille: »Ein Kaleidoskop der unbegrenzten Möglichkeiten. Zu Hannah Höchs Photomontagen nach 1945«, in: Berlinische Galerie: Hannah Höch: Eine Lebenscollage, Bd. 3/1, S. 154-199, hier: 163.

Elemente im *Lebensbild* daran anschließen, etwa den Topos des »Privaten« mit dem des »Weltanschaulichen« verknüpfen und dabei unmittelbar die Thematik der geplanten Arbeit aufnehmen. Nicht zuletzt weist das *Lebensbild* fast exakt dieselben Maße auf.

Tatsächlich ist die Position, die das *Lebensbild* als zweite große Collage am Ende von Höchs Schaffens einnimmt, mit der dadaistischen Montage *Schnitt mit dem Küchenmesser* vergleichbar. Als vielleicht unbewusste Replik auf dieses Werk, so Dech, »[nimmt] die Montage des eigenen Lebens ähnlich viel Raum ein wie seinerzeit die der Epoche.«[29] Hier wie dort sind die Betrachtenden zunächst von der Simultaneität und schieren Vielfalt scheinbar ungeordneter Elemente überfordert, um schließlich doch Ordnung durch Kompositionsachsen erkennen zu können. In beiden Montagen operiert Höch mit dem Gegensatz schwarzweißer Fotografien/Reproduktionen und bunter Papiere; und in beiden stehen auf den ersten Blick Köpfe und Körperfragmente im Vordergrund, die ungewöhnliche Allianzen mit ihrer Umgebung eingehen. Nicht zufällig schließt eine der ersten Annäherungen an das *Lebensbild* von Jula Dech an deren ausführliche Analyse von *Schnitt mit dem Küchenmesser* an.[30] In einem späteren Aufsatz stellt Dech zwischen den beiden großen Collagen einen direkten »Vergleich [...] von Unvergleichlichem«[31] an. Während *Schnitt mit dem Küchenmesser* »Aufbruchsenergien« vermittelt und auch »Spannung, pointierte Attacke, die kreiselnde Suche nach Balance«, so Dech, scheint das *Lebensbild* von »Bedächtigkeit« und »Gelassenheit« geprägt und strahlt einen Zustand des »In-sich-Ruhen[s]« und »meditative[r] Freundlichkeit«[32] aus. Dechs Beschreibung scheint mir jedoch allzu stark von einer impliziten Konstruktion des »Alterswerks« geprägt zu sein.[33] Es würde der Komplexität der Collage nicht gerecht, sähe man in dem *Lebensbild* einzig die visuelle Umsetzung einer autobiographischen Rückschau, die gleichsam mit befriedetem Blick biographisch bedeutsame Ereignisse Revue passieren lässt. Vielmehr wird der Eindruck, dass hier weniger Bewegung, sondern eher ein archivalischer Charakter der Collage erzeugt wird, von den bereits erwähnten horizontalen und vertikalen Achsen hervorgerufen. Sie verleihen dem *Lebensbild* eine orthogonale Struktur und der abstrakte Farbuntergrund fasst die verschiedenartigen Elemente zusammen. Auf diese Weise entsteht ein spannungs-

29 Dech: Hannah Höch. Schnitt mit dem Küchenmesser Dada, S. 72.

30 Ebd., S. 71-77.

31 Dech: »Balance und Spirale«, S. 28.

32 Dech: Hannah Höch. Schnitt mit dem Küchenmesser Dada, S. 72, 73, 77.

33 Zur Konstruktion des »Alterwerks« vgl. Thomas Küpper: Das inszenierte Alter. Seniorität als literarisches Programm von 1750 bis 1850, Würzburg 2004.

reiches Verhältnis zwischen den heterogenen und homogenen Strukturen der Collage.

Homogene und heterogene Strukturen

Aus der besonderen Entstehungssituation, in der Hannah Höch mit dem Fotografenpaar zusammenarbeitet, resultiert das spezifische Material der Collage: Das *Lebensbild* oszilliert zwischen Homogenität und Heterogenität. Die homogene Struktur des Bildes wird dadurch verstärkt, dass die Orgel-Köhnes jegliches Motiv in Schwarz-Weiß (ab)fotografieren und bei der Entwicklung ein einheitliches Fotopapier mit einer warmen Tonigkeit benutzen. Dennoch sind etwa die Genres von Porträt und Stilleben im *Lebensbild* unterschiedlich behandelt. Selbst untereinander sind die Porträts verschieden, da sie in zwei Etappen entstanden sind. Die Innenaufnahmen sind wesentlich graustufiger als die kontrastreichen Porträts, die in Höchs Garten bei intensivem Sonnenlicht entstanden sind.

Die zitierten Collagen im *Lebensbild* sind ebenfalls in Schwarz-Weiß reproduziert worden. Die Reduzierung ihrer Werkzitate auf die Collagen ist eine »Hommage der Künstlerin [...] an ›ihr‹ Medium und – vielfach gebrochen – an sich selbst als ›Collagistin‹«, wie Karoline Hille zu Recht bemerkt.[34] Es ist die schon angesprochene Selbstreferentialität, die auch auf dieser Ebene das *Lebensbild* durchzieht: Höch reflektiert die Collage *Lebensbild* durch das Zitieren anderer Collagen. Gleichzeitig ist es eine ästhetisch konsequente Entscheidung, die Hannah Höch folgendermaßen kommentiert:

»Mein System: Da sind nur Collagen drin! – Nur Collagen. – Fotografierte. Nichts anderes. Keine Bilder. Habe ich alle wieder ausgeschieden. Im ersten Projekt, da waren die wichtigsten Dinge aus meiner gesamten Arbeit. Aber das habe ich dann wieder ausgeschieden und habe gesagt: Hier wird nur Person Höch mit Collage. Das wird ein Collagebild – und alle Arbeiten, die hineinkommen, müssen Collage [sic] sein – mit Ausnahme von einem, das nach Collage gemalt ist, das große Ölbild.«[35]

Hannah Höch erzeugt homogene Strukturen durch die Reduktion auf die Gattung Collage. Ihre ästhetischen Mittel wie verzerrte Proportionen, aufeinander prallende Gegensätze und ständige Perspektivwechsel stehen für Heterogenität schlechthin. Der Fundus an Bildmaterial stammt zwar

34 Hille: »Ein Kaleidoskop der unbegrenzten Möglichkeiten«, S. 156.

35 Aus dem unveröffentlichten Tonbandprotokoll von Liselotte und Armin Orgel-Köhne.

auch hier aus unterschiedlichen Quellen – wie die Privatfotografien zeigen – doch findet die Regieführung der Collagistin schon vorher statt, indem sie die Suche nach bestimmten Abbildungen in Auftrag gibt oder die Ausschnittfindung und Proportionen bestimmt. Auf diese Weise entsteht im *Lebensbild* eine Dichotomie zwischen vermeintlicher Authentizität und Fiktionalisierung. Dech sieht darin die »Grunddisposition« der Montage: »Authentizität und Heterogenität ihrer Bestandteile stehen in der fertigen Montage in einem schillernden Verhältnis zu Fiktion und Einheit.«[36] Wie in einer Autobiographie spielt Höch in der Collage mit der Vorstellung des Authentisch-Persönlichen, indem die Privatfotos dazu eingesetzt werden, einen Teil ihres »Lebens« zu spiegeln. Doch keines der Privatfotos aus dem Familienalbum bleibt unverändert. Nur scheinbar werden ihre Bildgrenzen gewahrt. Bis auf zwei Porträts sind sie auf Ausschnitte reduziert und werden zerschnitten oder montiert. Die zur Einheit gestalteten heterogenen Fotos machen das scheinbar Authentische als Konstrukt erkennbar.

Zudem ist das Material der Collage, die Fotografien der Orgel-Köhnes, selbst ein Ergebnis von Kooperation. Es sind zwei Augenpaare, deren Ausschnittwahl und Inszenierungsform durch zwei Kameralinsen getroffen werden. Letztlich ist es unwesentlich, wem welches Foto zuzuschreiben ist. Doch wichtig ist, dass die gemeinsame Autorschaft des Fotografenpaares, die stets als »die Orgel-Köhnes« auftreten und die Urheberschaft ihrer Fotos als Paar angeben, eine Konstruktion zweier Blickrichtungen ist, die im Lebensbild reflektiert werden. Ungeachtet ihrer Autorschaftssymbiose schöpfen die Orgel-Köhnes ihr Potential als zwei unabhängig Fotografierende aus, indem sie etwa gleichzeitig tätig sind. Auch dies ist im *Lebensbild* sichtbar: In drei Situationen ist der Prozess zu sehen, in dem ein Teil des Bildmaterials für die große Collage entstanden ist. Das Element »Herr Köhne bei der Arbeit« (Nr. 26) zeigt in einer klassischen »Künstler-Modell-Szene«, wie der Fotograf Höch auf ihrer Veranda porträtiert (Abb. 1.6). Es reflektiert nicht nur den Porträtcharakter der Collage, sondern verweist indirekt auf das zweite »Kamera-Auge« von Liselotte Orgel-Köhne, die diese Szene fotografiert hat. Die ähnliche Szene »Experimente« (Abb. 1.10) zeigt, wie sich Hannah Höch und Armin Orgel-Köhne mit der Funktionsweise der Kamera beschäftigen. Die Kamera, mit der Porträts von Hannah Höch aufgenommen worden sind, steht zwischen den beiden und ist Mittelpunkt ihrer Aufmerksamkeit. Das dritte selbstreflexive Element »Frau Orgel bei der Arbeit – und so ...« (Abb. 1.6, Nr. 29, 30) zeigt die – unter einem Hut verborgene – fotografierende Fotografin. Höch reflektiert ihre Selbstdar-

36 Dech: Hannah Höch. Schnitt mit dem Küchenmesser Dada, S. 16.

stellung im *Lebensbild,* in dem sie den Blick von außen durch die Kamera sichtbar werden lässt. Erneut entsteht eine selbstreferentielle Ebene, die diesmal den Prozess der Herstellung ins Bild setzt. Zugleich entwirft die Künstlerin in den drei Szenen ein Feld, auf dem Positionen von (Ko-) Autorschaft verhandelt werden – und innerhalb dieses Spektrums von Blick- und Autorschaften entwickelt sich Höchs Autorschaft. Ein grundlegendes Instrument von Autorschaft ist die Benennung des Werkes. Der Prozess der Namensfindung könnte erste Hinweise dafür geben, wie die Künstlerin die Collage *Lebensbild* zwischen Selbstporträt und visueller Autobiographie einordnet.

»Selbst-Biographie« oder »Lebens-Bild«?

Der Titel *Lebensbild* für die Collage kristallisiert sich erst nach ihrer Entstehung heraus. Höchs Prozess der Namensfindung verweist auf die verschiedenen Facetten der Fotocollage. Noch nach Fertigstellung der Collage 1973,[37] nennt Hannah Höch das Werk »Selbstportrait«. Dieser Titel ist auch auf der Rückseite des Bildes vermerkt.

Doch in ihren Tagebucheinträgen und Notizen schwankt Höch in der Namensgebung, wenn sie über das *Lebensbild* schreibt. In einer Notiz im Jahr 1975 ist von »meine[r] Selbstbild-Collage« die Rede.[38] Dass ihr letztlich weder der Begriff des Selbstporträts noch des Selbstbildnisses passend erscheint, ist an ihrem Exemplar der Nummernliste abzulesen. Dort hat sie aus dem Begriff »Selbstporträt« das »Porträt« handschriftlich gestrichen und zu »Selbst-Biographie« verändert. An dieser Stelle wird die Ausweitung des Selbstbildnisses ins Narrative erstmals im Titel deutlich. Ab dem Jahr 1976 bezeichnet Höch die Collage dann in ihren Notizen mit dem Titel *Lebensbild.*[39]

Die Suche nach Eindeutigkeit ist hier irrelevant. Symptomatisch jedoch ist bei der mehrmaligen Titelveränderung das Springen zwischen »Selbst« und »Leben«, zwischen »Bild« und »Biographie«. Während der Begriff »Selbstporträt« oder »Selbstbild« eher die statische und momentane Verfasstheit eines Individuums bezeichnet, verweisen die Begriffe »Leben« und »Biographie« auf fluktuierende Wandlungsprozesse, die durch narrative Strukturen erfasst werden. Genau zwischen diesen Polen changiert der Begriff »Lebens-Bild«. Hätte sich Hannah Höch bei dem Titel des Bildes für das andere Kompositum entschieden, für »Selbst-

37 Hannah Höch: Tagebucheintrag 1973, BG HHC 281/79.

38 Hannah Höch: Terminkalender 1975, BG HHC 285/79.

39 Hannah Hoch: Terminkalender 1976, BG-HHC 283/79.

Biographie«, wie sie die Collage in der Nummernliste nennt, wäre dies dem literarischen Begriff der Autobiographie nahezu gleich gekommen. Mit »Lebensbild« prägt sie einen Begriff für ihr Werk, der den der Autobiographie ins Visuelle überträgt.

Am linken unteren Rand der Collage hat Hannah Höch das Werk signiert: Mit der anti-individuellen Geste der Monteurin schneidet sie die Buchstaben »H.H.« aus einem hellen Foto heraus. Das ist ein Paradox, denn dieser Verweis auf »Handschrift« könnte von jeder beliebig anderen Person produziert worden sein. Dennoch ist es ein Zeichen, das es den Rezipierenden erlaubt, die Autorin zu identifizieren und die Dargestellte mit dem Titel in einen Zusammenhang zu bringen. Titelgebungen spielen sowohl in Selbstporträts als auch in visuellen Autobiographien eine wesentliche Rolle – ermöglichen sie es doch den Rezipierenden, mit der Künstlerin den »autobiographischen Pakt«[40] zu schließen, mit Hilfe dessen Titel, Signatur und dargestellte Person auf eine Autorin zurückgeführt werden. Ohne diesen Pakt würde die Inszenierung von Authentizität nicht gelingen. Doch wir schließen den Pakt, obwohl die Signatur paradoxerweise über das Montieren entsteht.

Höchs Inszenierung der montierten Signatur reflektiert zugleich ihre Art der Auseinandersetzung mit dem Selbstporträt in dem *Lebensbild*. Denn sie stellt den Akt des Montierens in den Vordergrund, wenn sie in mehreren Elementen der Collage das traditionelle Künstlerporträt ironisiert. Eine genauere Analyse der Komposition zeigt, welche Rolle einzelne Porträts im *Lebensbild* spielen und wie sich deren teils statische Momente mit den narrativen Strukturen der Autobiographie verbinden.

Die zunächst verwirrend zahlreichen, heterogenen Elemente scheinen in dem *Lebensbild* miteinander verkoppelt zu sein und gleichzeitig parataktisch nebeneinander zu stehen. Bei näherem Hinsehen schält sich aus der Komplexität und Heterogenität eine klare Komposition heraus. Horizontale und vertikale Grenzen bilden sich durch die Farbstreifen zwischen den Fotografien oder durch Fotoabschlüsse und -kanten, die auf einer Linie liegen. Auf diese Weise sondert eine fast durchgehende horizontale Linie das untere Viertel der Collage von ihrem oberen Teil ab. Eine leichte Entsprechung dazu befindet sich im oberen Teil: Hier beginnt eine horizontale Linie bei dem zitierten Bild *Die Braut*, läuft an dem Profil-Porträt der 42-jährigen Höch vorbei und endet an der oberen Kante des Kleinkindporträts. Diese beiden Horizontalen werden links und rechts durch zwei Vertikalen verbunden: Ein Rechteck kristallisiert sich heraus (Abb. 1.3). Man kann die rechte Schmalseite der Vertikale in

40 Lejeune: »Der autobiographische Pakt«, S. 231.

einer erweiterten Form des Rechtecks mit dem Kinderfoto enden lassen oder aber nach links versetzen – diese auch kompositionelle Mehrdeutigkeit ist konstitutiv für die Collage *Lebensbild.*

Dieses Rechteck bildet eine Binnenstruktur innerhalb der Collage. Wie ein Bild im Bild grenzt sich dieser Binnenraum von dem übrigen Teil der Collage ab. Auch inhaltlich werden die Motive der Collage nun geordnet: In dem Rechteck werden wesentliche Lebensalter Höchs im Zusammenhang mit ihrer Familie dargestellt; auch andere Menschen werden erinnert, mit denen Höch in enger persönlicher Beziehung stand. In der erweiterten Lesart des Rechtecks mit dem Kinderporträt werden vier große Bildnisse Höchs miteinander verklammert: das mittige Porträt Hannah Höchs als alte Frau, darüber die reproduzierte Profilaufnahme, die Raoul Hausmann von ihr machte, rechts das Kleinkindporträt von Höch und darunter die 35-jährige Künstlerin. Zwischen diesen Porträts liegen wiederum vier ähnlich symmetrisch angeordnete Fotografien, die Hannah Höch als kleines Mädchen und in einem Doppelporträt mit ihrer Lebensgefährtin Til Brugman darstellen. Die kleinformatigen ausgeschnittenen Aufnahmen der Eltern und Geschwister verschleifen die beiden Komplexe miteinander. Links entstehen zwei ähnlich große Fotokomplexe, die andere Privatpersonen darstellen. Die stark vergrößerte Fotografie neben dem mittigen Porträt der Künstlerin als alter Frau zeigt die Künstlerin am See mit Raoul Hausmann, mit dem sie eine Liebesbeziehung verband. Darüber ist Höch in ihrem Garten in Heiligensee zu sehen; in das Gartenelement integriert sie eine Fotografie ihres Vaters, in die sie wiederum eine Fotografie von sich als winzige Figur hineinmontiert. Unten, in einer Schwellensituation zum Rechteck gehörend und doch abgegrenzt, sehen wir kleinformatige Porträts der Freunde Hannah Höchs wie Kurt Schwitters und daneben einen kleinen Komplex mit Kurt Matthies, mit dem sie in den 40er Jahren verheiratet war.

Die Außenkanten des beschriebenen Rechtecks generieren einen Binnenraum innerhalb der Collage, der vom außerhalb liegenden Teil der Collage gerahmt wird. Auf diese Weise verknüpft sich die kompositionelle Struktur des Außen und Innen auf inhaltlicher Ebene mit den Kategorien des Öffentlichen und Privaten. Denn während die Fotografien innerhalb dieses Rechtecks an private, soziale Beziehungen erinnern, liegen die Darstellungen historischer Ereignisse wie der Mondlandung oder der beiden Weltkriege im rahmenden Außenraum der Collage. Aber auch Höchs dadaistische Puppen-Aktionen oder die Szenen mit den Orgel-Köhnes, die die Aufnahme- und Entstehungssituation der Collage *Lebensbild* zeigen, liegen außerhalb des Binnenrechtecks. Dass Höch die Darstellung des häuslichen Lebens im unteren Teil ebenfalls im Außen ansiedelt, stellt keinen Widerspruch dar, da die großarmigen Kakteen den

Blick vergittern. Sie verweisen darauf, dass das Haus fast nur in seiner Außenansicht dargestellt ist und meist wenig davon zu erkennen ist. Eine seiner zwei Innenansichten zeigt den Flur mit Höchs Kunstsammlung. Die repräsentative Seite des Hauses wird begrenzt sichtbar und mit ihr die Objekte, die heute im Archiv der Berlinischen Galerie öffentlich zugänglich sind.

Auch auf der Ebene der dargestellten Räume entsteht ein Spiel zwischen Innen und Außen. Das hineinmontierte Fragment aus der Collage *Schnitt mit dem Küchenmesser*, mit dem sich Höch in die »Kleine Galerie« integriert, bildet den Endpunkt einer komplexen Rahmenstaffelung, die von einem dargestellten Innenraum in einen Außenraum schwingt und umgekehrt (Abb. 1.4). Höchs überdimensionaler Kopf mit einem montierten Doppel-Augenpaar ragt aus einem Fenster und scheint den Rahmen zu sprengen. Er sitzt davor und dahinter, im Innen und Außen zugleich. Rechts daneben gibt ein Fensterrahmen gleicher Größe den Blick auf den Innenraum einer Küche frei. Die darin zu sehende Ganzfigur füllt den Rahmen aus und schafft durch diese Perspektive eine größere Distanz zu den Betrachtenden. Noch weiter rechts blicken wir auf eine Außenwand des Hauses, die sich mit dem Innenraum der »Kleinen Galerie« im Hausflur verschleift. An dieser Innenwand werden gerahmte Bilder gezeigt, die durch die stark verkürzende Perspektive immer kleiner werden und in Richtung der winzigen Person im Türrahmen weisen. Es entsteht der Eindruck eines nach hinten fluchtenden Raumes, der einerseits die Distanz zu den Betrachtenden größer werden lässt und andererseits in einer leichten Krümmung nach oben auf das Binnenrechteck weist. Die Montage dieser räumlichen Bewegung nach Innen zielt in den kompositionellen und mit dem Privaten konnotierten Innenraum der Collage.

Wenn Hannah Höch die Innen- und Außenräume der Collage in analoger Beziehung zu den Kategorien von Öffentlichkeit und Privatheit konstruiert, nimmt sie damit Kategorien auf, die konstitutiv für das Genre der Autobiographie, jedoch auch für das des Selbstporträts sind. Künstler und Modell fallen zusammen und sind gleichzeitig Subjekt und Objekt des Blicks. Die Selbstdistanzierung ist Voraussetzung für das Selbstporträt. Diesen Prozess, das Eigene nur über den Blick Anderer entwickeln zu können, zeigt Hannah Höch in den erwähnten Szenen im Lebensbild, in denen das Künstler-Modell-Motiv variiert. Erst mit der Montage und Kontextualisierung der Porträts entsteht das Selbstporträt. Das beschriebene rechteckige Feld der dargestellten sozialen Beziehungen ist einer dieser Kontexte, durch den sich das Selbst konturiert. Aber auch das Collagen- und Montagenwerk verweist auf den Blick der Anderen ebenso wie auf das Selbst, das sich darin spiegelt. Denn die zitierten Collagen und Montagen Höchs fächern von der *Braut* über die *Priesterin* bis hin zu *Das ewig Weibliche* ein Rollenspektrum auf, das wiederum mit Höchs dargestellten Identitäten im Binnenrechteck konfrontiert wird: Dort stellt sich Höch als Tochter, Schwester, Geliebte, als Partnerin in homo- und heterosexueller Konstellation, als Freundin und als Ehefrau dar. Wenn literaturwissenschaftliche Untersuchungen zu weiblicher Autobiographik festgestellt haben, dass der Fokus bei Autobiographinnen häufig auf ihrem Verhältnis zum Umfeld liegt,[41] gilt dies auch für die Fotocollage *Lebensbild*: Höch entwickelt ein dichtes Netz an interpersonellen Bezügen und verknüpft die Darstellung des individuellen Selbst mit Bildern kulturell geprägter kollektiver Identitäten. In der Strategie der Zusammenarbeit verzichtet sie zudem »auf ein geschlossenes Werk, das den Künstler als geschlossenes Produktionssubjekt abbilden würde.«[42] Stattdessen entwirft sich Höch als ein relationales Subjekt, das in verschiedene Kontexte eingebunden ist.

Doch selbst wenn sich bei Höch das Leben als ein fragmentiertes und das Individuum als ein interpersonelles und kontextuelles zeigt, inszeniert sich Höch als die blickführende Regisseurin. In mehreren Porträts stellt sie sich als Künstlerin dar. Ihr Porträt als Kleinkind (Abb. 1.7), ursprünglich eine wilhelminisch-repräsentative Atelieraufnahme mit Pomp und Schleife, wird unter den Händen der Collagistin zu einem ironischen Selbstporträt der Kleinkind-Künstlerin. Höch montiert einen Pinsel, das klassische Attribut eines Künstler-Selbstporträts, in die Babyhand. In die Verlängerung der Pinselborsten setzt sie einen Ausschnitt aus der Collage *Strauss*, eine groteske Akkumulation von Illustrierten-Augen. Die Verbindung von Pinsel- und Collage-Augenmotiv legt nahe: Schon früh wurde hier der Keim der späteren Künstlerin und Dadaistin gelegt. Auch die Verbindung von Auge und Hand als die Werkzeuge künstlerischer Wahrnehmungs- und Schaffenskraft ist ein Topos des Künstler-Selbstporträts.[43] Höch greift hier ein erzählerisches Muster auf, das Ernst Kris und Otto Kurz in ihrer einschlägigen Untersuchung über

41 Susan Stanford Friedman: »Women's Autobiographical Selves. Theory and Practice«, in: Shari Benstock (Hg.): The Private Self. Theory and Practice of Women's Autobiographical Writings, Chapel Hill/London 1988, S. 35-44.

42 Laut Beat Wyss kennzeichnet dieser Verzicht die Kunst des ausgehenden 20. Jahrhunderts. Beat Wyss (Hg.): Kunstszenen Heute. Ars Helvetica XII. Die visuelle Kultur der Schweiz heute, Disentis/Bern 1992, S. 32.

43 Exemplarisch sei nur El Lissitzkys bekanntes Fotogramm genannt: das »Selbstbildnis« von 1924, in dem die Darstellung von Hand und Auge überblendet sind und das immer wieder auch in der Populärkultur aufgegriffen wird.

Künstlerlegenden nachgewiesen haben. Die Heroisierung des Künstlers in der Biographik läuft, so Kris/Kurz, über Legendenbildung mit immer gleichen Mustern seit Plinius über Vasari bis in die Moderne. Kindheit und Jugend des Künstlers sind dabei zentrale Punkte: Denn das dem Künstler in die Wiege gelegte Ingenium, so der Topos, drängt schon früh zur Entfaltung.[44] Höch greift diesen Topos auf und inszeniert sich als Künstlerin über die Darstellung ihrer Collagen, über die Fokussierung der Motive von Auge und Hand und über traditionelle Künstlerattribute. Doch begegnet Höch der »Heroisierung des Künstlers in der Biographik«[45] ironisch: Der Pinsel steckt in der Hand eines verdutzten Kleinkindes, das nicht recht weiß, wie ihm geschieht.

Ähnlich entheroisierend verfährt Höch mit dem Topos des Künstlers als Seher und Prophet. Zwei vertikale Farbstreifen leiten den Blick zu dem zentralen, fast mittigen Porträt Höchs (Abb. 1.2, Nr. 60). Ehrfurcht gebietend und fast geschlechtslos wirkend blickt sie aus schwarzen Augenschlitzen von oben auf die Bildbetrachter/innen herab. Gleichzeitig entflattern ihrem Haupt verspielte Fotoschnipsel in Vogelform – die moderne montierte Form des Heiligen (Zeit-)Geistes? Sie leiten den Blick nach oben zu einem Porträtausschnitt, bei dem Hannah Höch wie in der christlichen Ikonografie des Gottesauges durch das Dreieck ihrer Finger blickt (Abb. 1.2, Nr. 16). Höchs mahnender Blick scheint die Faszination und Gefahr menschlicher Schaffenskraft zu kommentieren, weil das Porträt neben der Szene von Höchs montierter Mondlandung und den Friedhöfen der beiden Weltkriege liegt. Inszeniert sich Höch hier ernsthaft als Schöpfergott? »Das kann doch alles nicht wahr sein«, kommentiert Karoline Hille treffend: Denn auch hier kippt das übersteigert Heroische ins Ironische.[46] Hille bezeichnet das *Lebensbild* als »Ironiefundus par excellence«.[47] Doch letztlich entscheidbar ist es nicht, an welcher Stelle sich Höch zwischen den Polen repräsentativer Selbstdarstellung und gleichzeitiger Selbstironisierung gerade befindet. Es ist genau diese Unentscheidbarkeit und Mehrdeutigkeit, die das *Lebensbild* auszeichnet. Immer wieder konstruiert Höch Setzungen, die sie unterläuft und auflöst. Die Künstlerin entwirft im *Lebensbild* wie in keiner anderen Collage eine starke Autorschaftsposition, die sie im gleichen Zug destabilisiert.

Und so handelt es sich bei Höchs Kleinkindporträt nicht nur um ein ironisches Künstlerbildnis. Darüber hinaus stellt es eine klassisch auto-

44 Ernst Kris/Otto Kurz: Die Legende vom Künstler. Ein geschichtlicher Versuch, Frankfurt/Main 1995 (zuerst 1934), S. 23, 52 ff.

45 Ebd., S. 37.

46 Hille: »Ein Kaleidoskop der unbegrenzten Möglichkeiten«, S. 165.

47 Ebd.

biographische Inszenierung der Kindheit dar, in der Höch an spezifische Erfahrungen ihrer Generation anknüpft. So schildert Walter Benjamin[48] in seinem autobiographischen Fragment *Berliner Kindheit um Neunzehnhundert* Faszination und Schrecken der neuen Kommunikationstechnik Telefon. Um 1900 dringt es von außen in den Privatraum des Menschen ein und verändert ihn.[49] Auch Hannah Höch greift diese Erfahrung auf, indem sie die heute bizarr anmutende Telefonapparatur direkt neben das Ohr des Kleinkindes montiert. In einer kritischen Reflexion des Mediums Fotografie schildert Benjamin desweiteren die Studioaufnahme als Kind wie eine Tortur. »Ich aber bin entstellt vor Ähnlichkeit mit allem, was hier um mich ist.«[50] Höch erinnert die Situation ebenfalls, wenn sie die wilhelminische Atelieraufnahme von sich als Kleinkind zeigt. Doch sie »entstellt« die Entstellung erneut durch ihren montierenden und retuschierenden Eingriff.

Darüber hinaus verweist die Selbstdarstellung als Baby mit dem Pinsel in der Hand auf die Position der Erzählerin, die das Ende der Geschichte kennt. Hannah Höch knüpft mit der Inszenierung einer allwissenden Erzählerin an die »teleologische Tendenz« der Autobiographie an.[51] Vergleichbar mit der Form von Künstlerlegenden in der bildenden Kunst beginnen viele Autobiographien mit der Erzählung der Kindheit, bei der sich schon im Keim zeigen soll, was sich später in der Persönlichkeit entfaltet. Gegenläufig dazu liegt das Kindheitsmotiv bei Hannah Höch jedoch nicht im Zentrum des Bildes; es ist auch nicht in Leserichtung der Nummernliste links oben zu finden, sondern rechts oben im privat konnotierten Binnenrechteck. Doch die zu einem scheinbar repräsentativen Künstlerportrait veränderte Fotografie wendet sich nach außen an ein Publikum; zugleich sprengt die Vorwegnahme des Zukünftigen die zeitliche Struktur der Fotografie. Der Kunstgriff der Montage verweist einmal mehr darauf, wie Höch die verschiedensten Formen von Montage und Collage in dem *Lebensbild* durchdekliniert: Sie exponiert ihre künstlerischen Fähigkeiten. Die auf ein Publikum zielende Selbstdarstellung unterwandert daher die zuvor gezeigte Polarität zwischen dem scheinbar privat konnotierten Rechteck und der Rahmung durch das vermeintlich Öffentliche. Die Darstellung des Privaten im Binnenrechteck zielt auf ein Außen, während einige Elemente außerhalb des Rechtecks eine Bewegung nach Innen vollziehen und sich dem Blick der Rezipienten und Re-

48 Er wurde drei Jahre später als Hannah Höch im Jahr 1892 geboren.

49 Wagner-Egelhaaf: Autobiographie, S. 184.

50 Walter Benjamin: »Berliner Kindheit um Neunzehnhundert«, in: Rolf Tiedemann/Hermann Schweppenhäuser (Hg.): Walter Benjamin: Gesammelte Schriften, Frankfurt/Main 1991, S. 235-304, S. 964-986, hier: 261.

51 Aichinger: »Probleme der Autobiographie als Sprachkunstwerk«, S. 181.

zipientinnen verweigern. Höch setzt die Kategorien Öffentlich-Privat bewusst ein und löst sie im gleichen Schritt auf der bildlichen Ebene auf – allerdings auf der Grundlage einer autobiographischen Position der allwissenden Erzählerin, die sich einem Publikum präsentiert.

Wenn Jula Dech in ihrem direkten Vergleich der Montage *Schnitt mit dem Küchenmesser* mit der Collage *Lebensbild* nachzuweisen versucht, dass beide Arbeiten durch »Hannah Höchs Identität«[52] zusammengehalten werden, hat sie somit Recht und Unrecht zugleich: Denn eben diese Existenz von Identität konstruiert Höch, um sie im selben Zug zur Disposition zu stellen. Ihre Identität wird aufgefächert, fragmentiert, neu zusammen- und nebeneinander gesetzt. Das komplexe Netz von Mehrdeutigkeiten im *Lebensbild* lässt dabei ebenso viele Lesarten wie Identitätsfacetten zu. Höch entwirft gerade kein fixes Identitätszentrum. Vielmehr reflektiert das plurale Selbst der dargestellten Künstlerin den Prozess der Identitätskonstruktion: über die Darstellung der Entstehung der Collage, über die ironisierten Künstler-Selbstporträts und über das zitierte Collagen- und Montagenwerk.

Diese Form der Reflexion verbindet Höchs *Lebensbild* auch hier mit der Autobiographik weiblicher Urheberschaft, wie sie in der Literaturwissenschaft beschrieben worden ist. Durch den in Frage gestellten Autorschaftsstatus reflektieren Frauen den Prozess des Schreibens mit. Eine Autorin muss sich laut Bettine Menke »als schreibende beschreiben« und »von der Bedingung der Möglichkeit des Schreibens der Frau«[53] erzählen. Denn in den 70er Jahren, in denen auch das *Lebensbild* entsteht, kündet wie erwähnt eine Vielzahl autobiographisch motivierter Texte und Bilder von Frauen von der »neuen Subjektivität«.[54] Der Begriff von Autor- und Künstlerschaft wird in dem Moment destabilisiert, als Frauen ihn erlangen.[55] Roland Barthes' Verkündigung vom »Tod des Autors« und Michel Foucaults anschließend entwickeltes Konzept der »Autorfunktion« bilden dafür die textuellen Markierungen.[56] Als literarisches Medium der auktorialen Selbstvergewisserung steht aus diesem Grund auch das Genre der Autobiographie zur Disposition. Das traditionelle Autobiographie-Konzept eines Theoretikers wie Georges Gusdorf, der ein erzählenswürdiges Individuum voraussetzt, wird mehr und mehr verabschiedet. Die geschlossene »Einheit eines Lebens«, die der Autobio-

52 Dech: »Balance und Spirale«, S. 29.

53 Bettine Menke: »Verstellt: Der Ort der ›Frau‹ – Ein Nachwort«, in: Barbara Vinken (Hg.): Dekonstruktiver Feminismus. Literaturwissenschaft in Amerika, Frankfurt/Main 1992, S. 436-476, hier: 454.

54 Wagner-Egelhaaf: Autobiographie, S. 190, 191.

55 Kosta: Recasting Autobiography, S. 1 ff.

56 Barthes: »Der Tod des Autors«; Foucault: »Was ist ein Autor?«

graph in einer »Gesamtskizze wiederherzustellen«[57] sucht, zeigt sich als fiktionale Konstruktion. Zudem marginalisiert das traditionelle Konzept von Autobiographie andere Entwürfe, wie bereits Marsha Meskimmson beobachtet hat. Susan Friedman präzisiert und kritisiert Gusdorfs Theorie aus feministischer Perspektive: »The cultural precondition for autobiography [...] is a pervasive concept of individualism [...] that is ›the late product of a specific civilization‹, by which he means the post-Renaissance Western societies.«[58] Autobiographische Texte von Frauen werden, so Friedmans Folgerung, nach Gusdorfs Rahmensetzung missinterpretiert und marginalisiert, da sie andere Formen von Selbstentwürfen voraussetzen und entwickeln.[59] So wird auch die Dichotomie von Privatheit und Öffentlichkeit einer Revision unterzogen. »Viele Kritiker/innen«, so Wagner-Egelhaaf, »sehen die Differenz zwischen öffentlichem und privatem Leben als konstitutiv für die Autobiographik von Frauen, da sie eine grundlegende Ausschließung vornimmt, indem sie das männliche autobiographische Ich dem öffentlichen Sektor, das weibliche dem Privaten zuordnet. [...] Die Irritierung der männlich sanktionierten Differenz ›öffentlich/privat‹ bildet also einen autobiographischen Impuls, der [...] bevorzugt in Autobiographien weiblicher Provenienz zum Tragen kommt.«[60]

Die Selbstbeschreibung und -inszenierung als Autorin und Künstlerin entsteht zwar auf der Folie eines krisenhaften Autor- und Autobiographiekonzepts, bildet jedoch genau durch diese Störungen neue Formen von Autorschaften, die traditionelle Konzepte abzulösen suchen. In diesem spannungsreichen Feld von Selbstermächtigung und Destabilisierung, von Aneignung und Subversion bewegt sich auch Hannah Höchs Collage *Lebensbild*. In einer Zeit, in der das Autorschaftskonzept radikal in Frage gestellt wird, inszeniert sie sich in dieser groß angelegten Collage als Autorin und Künstlerin. Gleichzeitig reflektiert sie die Krisenhaftigkeit des Autorbegriffs in der Konstruktion eines facettierten Ichs. Sie stellt sich als Sammlerin, Collagistin und Monteurin, aber auch in ihrer Rollenvielfalt als Tochter, Ehefrau oder Geliebte dar. Jedoch zielt die Fotocollage weniger auf die Repräsentation weiblicher *Erfahrung* im Sinne des Feminismus der 70er Jahre. Vielmehr blickt Höch am Ende ihres Lebens auf die eigene Biographie zurück und integriert die Reflexi-

57 Gusdorf: »Voraussetzungen und Grenzen der Autobiographie«, S. 130, 133.

58 Friedman: »Women's Autobiographical Selves«, S. 34. Sie zitiert die englischsprachige Version des Gusdorf-Aufsatzes, auf den ich mich in der deutschen Version beziehe, vgl. Anm. 57, S. 121-147.

59 Vgl. ebd.

60 Wagner-Egelhaaf: Autobiographie, S. 96.

on von Weiblichkeitsbildern in eine Lebens- und Werkretrospektive, die auf öffentliche Wahrnehmung zielt. In dem sogenannten »autobiographischen Pakt« mit den Betrachtenden konstruiert sie dabei die Vorstellung einer einheitlichen Identität, bricht diese aber zugleich in einem fragmentierten Selbstentwurf auf. Im Spiel mit dem repräsentativen Bild des Künstler-Heros präsentiert sie sich als versierte ironische Montage-Künstlerin. Dabei destabilisiert sie die Vorstellung eines monolithischen Künstlerselbst und unterläuft die als männlich und weiblich codierten Kategorien von Privatheit und Öffentlichkeit.

Unendliche Erzählungen: Sophie Calles *Autobiographical Stories*

Die Fallen des Autobiographischen

Im Gegensatz zu Hannah Höch arbeitet die französische Künstlerin Sophie Calle explizit mit Texten, die scheinbar autobiographische Geschichten erzählen. Auch der Titel in seinen verschiedenen Varianten verweist eindeutig auf das Genre der Autobiographie: *Récits autobiographiques* oder *Autobiographical Stories* nennt Calle ihre Installationen, die meist aus Bildern und Texten bestehen. In den kurz gehaltenen prägnanten Texten schildert eine Erzählerin in der ersten Person Singular scheinbar persönliche Erlebnisse aus ihrem Leben: Sexualität und Begehren, Familiengeschichten und Tod, persönliche Ängste und Verluste werden thematisiert. In einem merkwürdigen Kontrast zu den intim wirkenden Geständnissen stehen die dazugehörenden Fotografien, die in nüchterner Art und Weise eher banale Gegenstände zeigen: eine Tasse, einen Bademantel, manchmal Fotos, die die Erzählerin zeigen, und häufig Fotografien von Briefen oder schriftlichen Notizen. Zusammen mit den Texten sind sie makellos gerahmt und werden kühl und glatt präsentiert (Abb. 2.1ff). Dieser Kontrast von Distanz und Nähe, Persönlichem und Repräsentativem durchzieht Calles gesamte Arbeit, bekommt jedoch in dem Werkkomplex der *Autobiographischen Geschichten* eine besondere Bedeutung.

Die *Autobiographical Stories* entstehen ab dem Jahr 1988 und werden seitdem von Sophie Calle ad infinitum weitergeführt und in verschiedenen Größen und Versionen ausgestellt. Die bekannteste Version besteht aus Text-Bild-Installationen, in denen je eine großformatige gerahmte Fotografie von einem meist darüber hängenden ebenfalls gerahmten Text als Fotografie begleitet wird. Die quadratischen Texttafeln haben durchgängig die Maße 50 x 50 cm, während die Bildtafeln mit 170 x 100 Zentimetern ein sehr viel größeres Format aufweisen. Die Bildtafeln stehen auf dem Fußboden und sind vertikal an die Wand gelehnt, so dass sie etwa auf Höhe der Betrachtenden liegen. Sie stehen den Bildern direkt gegenüber und werden mit ihnen und ihrer vorgeblichen Intimität konfrontiert. Doch nicht nur die Konfrontation mit sich selbst und den eigenen, möglicherweise vergleichbaren Geschichten drängt sich dadurch auf, sondern auch der Voyeurismus der Betrachter/innen wird aktiviert. Denn wegen ihrer Größe und Serialität erfordern die Bild-Text-Installationen einen Museumsraum, weil sie nur dort in diesem Format ausgestellt werden können: Das private Geständnis bekommt durch seine Form und Größe der Inszenierung in diesem Raum einen öffentlichen Charakter.

In einer anderen Version werden die Objekte, die auf den Fotografien zu sehen sind, nun selbst ausgestellt (Abb. 2.14ff). Sie bilden eine räumliche Installation, die an eine Art Schlafzimmer erinnert. Meist trägt sie ebenso den Titel *Autobiographical Stories*, doch in Calles letzter großer Ausstellung, die 2004 unter Anderem in Berlin zu sehen war,[61] hieß die Rauminstallation *The Bedroom.* Die Betrachtenden sind zumeist durch eine Barriere von der Installation getrennt, so dass sie diese nicht betreten können. Auf dieser Barriere sind die Texte der *Autobiographischen Geschichten* angebracht, die wie die Objekte nummeriert sind: die räumliche Grenze ist zugleich Schranke und Träger der »Enthüllungen«. Auf die spezifische Wirkung der Objekt-Installation werde ich später zurückkommen;[62] an dieser Stelle ist zunächst wichtig, dass sowohl die Fotografien als auch die Objekte zusammen mit den Texten Fragmente einer konstruierten Autobiographie bilden. Beide Versionen sind von Calle schon in verschiedenen Zusammenstellungen und Kontexten ausgestellt worden.[63] So hatte Calle in *La Visite Guidée*, einer Ausstellung der *Autobiographischen Geschichten* im Museum Boymans van Beuningen 1994, die Objekte und Texte in die volkskundliche Sammlung des Museums integriert. Vor diesen Vitrinen stehend konnten die Betrachter/innen die

61 Sophie Calle. M'as-tu vue? Centre Pompidou, Paris (2003-2004), Martin-Gropius-Bau, Berlin (2004) und Ludwig Forum für Internationale Kunst, Aachen (2004-2005).

62 Vgl. Kap.: Durch die Lupe schauen II: Autobiographie als Tatort.

63 Z.B. Sophie Calle, Ausst.-Kat. Sprengel Museum Hannover, Hannover 2002; Dinge in der Kunst des 20. Jahrhunderts, Ausst.-Kat. Haus der Kunst München, München 2000; Sophie Calle. True Stories, Ausst.-Kat. Museum of Modern Art Tel Aviv, Tel Aviv 1996.

Geschichten in den Vitrinen lesen und sich zusätzlich auf einer Audio-CD von der Künstlerin auf Englisch vorlesen lassen.[64]

Erst kürzlich sind die mittlerweile auf die Zahl 38 angewachsenen *Autobiographischen Geschichten* in dem Künstlerbuch *Wahre Geschichten* publiziert worden (Überblick: siehe Textanhang).[65] Durch das kleine Format des Buches wirken sie wesentlich »intimer«. Den Fotos auf der linken Seite entspricht jeweils der Text auf der rechten Seite – Text und Bild bekommen hier den gleichen Raum zugewiesen, wenn auch das Bild zumeist größer als der Text bleibt. Unter den *Wahren Geschichten* finden sich auch die zehn zusammengehörenden Geschichten *The Husband.* Sie bilden einen in sich geschlossenen Block wie auch in dem zehn Jahre zuvor veröffentlichten Künstlerbuch *Des histoires vraies*.[66] Diese Publikation enthielt insgesamt erst 26 Geschichten, inklusive *The Husband,* hier: *Le Mari*. Je mehr also die Zeit voranschreitet, desto zahlreicher werden die Text-Bild-Geschichten, die Sophie Calle erzählt. Im Gegensatz zur literarischen Autobiographie, bei der man irgendwann zur letzten Seite gelangt, kann Calle in der visuellen Form ihre Autobiographie unaufhörlich weiter erzählen und die neuen Stationen ihres Lebens in immer anderen Ausstellungen und Konstellationen präsentieren. Nur in den Künstlerbüchern gibt es wie in den literarischen Autobiographien ein Ende; aus diesem Grund publiziert Calle die ergänzten Geschichten auch immer wieder neu. Die Autorin dieser Bücher und der Installationen scheint mit dem »Je« oder dem englischen »I« der Erzählerin in den Texten zusammenzufallen, die wiederum auch die Protagonistin der Texte zu sein vorgibt. Noch schneller als bei Hannah Höch sind wir gewillt, den autobiographischen Pakt zu schließen und eine Identität zwischen Autorin, Erzählerin und Protagonistin anzunehmen.

Aufgrund dieser angenommenen Identität und aufgrund des Titels scheint die Arbeit *Autobiographische Geschichten* von Sophie Calle eindeutig als »visuelle Autobiographie« intendiert und definierbar zu sein – ja, dieser Begriff bietet sich geradezu an, obwohl er in dieser Form in der Calle-Literatur bisher nicht fällt. Ohne den Zusatz des »Visuellen« erscheinen die Begriffe »Autobiographie«, »autobiographisch« oder »Autofiktion« dagegen umso häufiger, allerdings in Bezug auf das gesamte Werk Calles. Auffällig ist, dass sie in dieser Hinsicht hauptsächlich mit zwei Intentionen eingesetzt werden: Entweder wird fast das gesamte Werk von den Kritikerinnen und Kritikern als autobiographisch ein-

64 Sophie Calle. La Visite Guidée, Ausst.-Kat. mit CD, Museum Boymans van Beuningen Rotterdam, Rotterdam 1996.

65 Sophie Calle: Wahre Geschichten, München 2004.

66 Sophie Calle: Des histoires vraies, Arles 1994.

geschätzt oder die Idee des Autobiographischen wird in Bezug auf Calles Werk völlig abgelehnt. In erster Linie herrscht die Meinung vor, dass das gesamte Werk von Sophie Calle autobiographisch sei;[67] und häufig wird es unausgesprochen in dieser Weise rezipiert, wie ich zeigen werde. Dabei wird häufig, aber nicht immer von einem modernen und reflektierten Begriff von Autobiographie ausgegangen, der das Genre als eine Mischung von Fakt und Fiktion auffasst und deshalb auch die Vorstellung des Authentischen als ein Konstrukt sieht. Der Unterschied zwischen den anderen Arbeiten Calles, in denen sie oft Geschichten über andere Personen kreiert, und ihren *Autobiographical Stories* besteht dieser Auffassung nach nur darin, dass sie bei letzteren »beschlossen hat, nun die Kamera auf sich selbst zu richten.«[68] Das gesamte Werk Calles wird hier als autobiographisch angesehen und nur die Fokussierung auf sich selbst wird als ein entscheidender Unterschied angeführt. Doch die Tatsache, sich selbst zum Sujet zu machen, ist nun gerade *das* ausschlaggebende Merkmal des Autobiographischen – deshalb müssten auch alle übrigen Arbeiten, die den Fokus auf die Person Calle richten, als autobiographisch gelten. Das Unterscheidungsmerkmal würde damit hinfällig.

Ein weiteres argumentatives Problem tritt auf, wenn nicht wenige Kritiker/innen, die die These des All-Autobiographischen verfechten, das Genre der Autobiographie nicht als ein künstlerisches Konstrukt bewerten, obwohl die Frage, ob es sich bei einer Autobiographie um ein Dokument oder einen fiktionalen Text handelt, in der Geschichts- und Literaturwissenschaft schon längst zugunsten des letzteren entschieden worden ist.[69] Sie übertragen die *Autobiographischen Geschichten* direkt auf das Leben ihrer Autorin und setzen damit Werk und Leben in eins. Catherine Flohic bewertet aus diesem Grund Calles erste Fotografien aus dem Jahr 1978, die Grabplatten mit eingravierten anonymen Bezeichnungen wie »Father« oder »Mother« darstellen, als erste *Autobiographische Geschichte* mit der Begründung, dass die Künstlerin in frühester Kindheit von ihrem Vater verlassen worden sei und deshalb nach fiktiven Vätern suche.[70] Hier scheint eine erste und für die Calle-Rezeption symptomati-

67 Vgl. Steiner/Yang: Autobiografie; vgl. Catherine Flohic: »Sophie Calle«, in: Ninety: Art des Années 90/Art in the 90's, Nr. 9, 1992, S. 10.

68 Aus der Biographie, die als Texttafel und Faltblatt in der Ausstellung *Sophie Calle. M'as-tu vue?* im Martin-Gropius-Bau Berlin im Jahr 2004, zu sehen war.

69 Zu dieser Diskussion, die besonders die Historiker/innen beschäftigte, siehe: Roy Pascal: »Die Autobiographie als Kunstform«, in: Niggl: Autobiographie, S.148-157 und: Hans Glagau: »Das romanhafte Element der modernen Selbstbiographie im Urteil des Historikers«, in: Ebd., S. 55-71.

70 Flohic: »Sophie Calle«, S. 10.

sche Gefahr auf: Nicht nur wird hier eine unpassende Psychologisierung betrieben, die Autorin ist zudem wie so viele in die biographistische Falle getappt und bezieht sich in ihrer Argumentation auf eine der *Autobiographical Stories*, in der Calle davon erzählt, wie sie als Mädchen auf der Suche nach ihrem »wahren« Vater ist. In einem fatalen Zirkelschluss wird hier die autobiographische Konstruktion zur authentifizierenden historischen Quelle erklärt, die ihrerseits dazu dient, das Argument des All-Autobiographischen zu untermauern.

Einen ähnlichen Fehlschluss ziehen die Kuratoren und Kuratorinnen der ersten großen Einzelschau Sophie Calles im Pariser Centre Pompidou. Die Ausstellung machte nach Paris Station in Berlin und hier konnte man im ersten Raum auf einer Informationstafel unter dem Titel »Biographie« lesen:

»1979: Sie lädt 29 Personen ein – darunter Freunde und Unbekannte – in ihrem Bett zu schlafen, um sie stündlich während des Schlafs zu fotografieren. 1980: Sie stellt auf der XI Biennale in Paris ihr erstes Werk aus, *Les Dormeurs/Die Schläfer*, 1979. [...] 1997: Die Künstlerin unterzieht sich Farbdiäten wie Maria, eine von Paul Auster in seinem Roman *Leviathan* erfundene Figur: *Le Régime chromatique/Die Farbendiät,* 1997 [...]« [Hervorh. in der Ausstellung]

In dieser sogenannten »Biographie« wird in konsequenter Regelmäßigkeit eine vorgebliche Aktion im Leben Sophie Calles einem Kunstwerk gegenübergestellt. Doch auch hier stammen die Informationen – dass Calle sich beispielsweise einer »Farbdiät« unterzogen haben soll – meist aus den Texten selbst, die Teil der künstlerischen Arbeiten sind. Leben und Werk werden auf eine Weise kurzgeschlossen, die möglicherweise Calles Intention der Authentifizierung entgegenkommt, jedoch den ebenso wesentlichen Aspekt des Fiktiven verkennt. Biographistischen und psychologisierenden Deutungen wird damit Tür und Tor geöffnet. Kunst und Leben scheinen derart ineinander aufgegangen zu sein, dass es keinen Rest mehr gibt. Wir sind befriedigt, alles zu wissen – und gehen weiter. Selbst wenn man diese Informationstafel als Fortführung der künstlerischen Strategie Calles auffassen könnte, eben diese Verknüpfung von Kunst und Leben weiter voranzutreiben, so ist es dennoch fragwürdig, als Kurator/in diese Inszenierung undistanziert zu übernehmen. Ein reflektierendes oder zumindest neutralisierendes Moment, das die kuratorische Position kennzeichnen würde, fehlt hier.

Vor dem Hintergrund dieser Auffassungen, die den Begriff des Autobiographischen inflationär und fehlerhaft einsetzen, wird verständlich, warum sich andere Autoren und Autorinnen gegen den Terminus des Autobiographischen wehren. Dezent tut dies Yves-Alain Bois, wenn er die *Autobiographischen Geschichten* als »the ever expanding group of so-called ›autobiographic works‹«[71] bezeichnet. Paul Echinard-Garin drückt sich entschiedener aus. Für ihn handelt es sich im Werk Sophie Calles um die Präsentation einer »Personnage«, die dazu gemacht sei, die Spuren zu verwischen, auch wenn die Fiktion einige »biographèmes« enthalte. Er betont, dass Calle damit in erster Linie eine künstlerische Haltung einnimmt: » [...] ce ne sont que les postures artistiques de Sophie Calle qui invente là son autofiction, bien que les dates qui ancrent chaque aventure dans un temps précis soient des marques d'autobiographie.«[72] Neben diesem Einwand entdeckt Echinard-Garin im Werk Calles zwei Methoden, die seiner Ansicht nach jede autobiographische Lesart ins Leere laufen lassen: »[...] la multiplicité des personnalités, thème fédérateur de l'œuvre entier, et la mise en scène systématique de l'intimité ou de son impossible saisie.«[73] Doch die Multiplizierung der Persönlichkeit und Inszenierung von Intimität beziehungsweise die Unmöglichkeit, eben diese zu erfassen, laufen dem Genre der Autobiographie nicht zuwider, wie Echinard-Garin meint. Denn genau dies ist spätestens im 20. Jahrhundert in den literarischen Autobiographien ebenso wie in der Romantheorie thematisiert worden. Die Spaltung des Ichs, die sich in den oft zitierten Worten Arthur Rimbauds »Je est un autre« ausdrückt, ist nach ihm ebenso weiter getrieben worden wie eine Sprach- und Repräsentationskritik, die schon in Hugo von Hofmannsthals fiktivem *Brief an den Lord Chandos*[74] ihren Anfang nahm. Wenn man also die Entwicklung des Genres Autobiographie berücksichtigt und damit die Tatsache, dass dort seit rund hundert Jahren verschiedene Formen von Fragmentierung und Fiktionalisierung eine große Rolle spielen, spricht Echinard-Garins ansonsten richtige Beobachtung nicht gegen eine autobiographische Lesart.

Bei der Entscheidung, ob nun Calles Werk autobiographisch ist oder nicht, scheint also nicht nur das Werk selbst eine Rolle zu spielen. Vielmehr hängt die Beurteilung offensichtlich stark von der Sicht der Rezipierenden auf das Genre der Autobiographie ab. An der Rezeption von Calles Werk lassen sich deshalb auch Besonderheiten erkennen, die mit dem Genre und der Definition der Autobiographie zusammenhängen. Einerseits ist sie ein inszeniertes Kunstwerk, eine besondere Form der Fik-

---

71 Yves-Alain Bois: »The Paper Tigress«, in: Sophie Calle. M'as-tu vue? Ausst.-Kat. Centre Pompidou Paris; Martin-Gropius-Bau, Berlin, München/Paris 2003, S. 29-40, hier: 31.

72 Paul Echinard-Garin: »Les vies jouées de Sophie Calle«, in: Verso Art et Lettres, Nr. 13, 1999, S.19-20, hier: 19.

73 Ebd.

74 Hugo von Hoffmannsthal veröffentlichte 1902 seinen Essay *Der Brief* in einer katholischen Berliner Tageszeitung. Er beschreibt darin, wie er den Zerfall von Welt- und Sprachzusammenhang wahrnimmt.

tion, die nur auf ein Authentisches zu verweisen *scheint* und eben damit *spielt* und es damit zum Topos der Repräsentation macht; andererseits gibt es in ihr Strukturen, die dazu verführen, an eben dieses dekonstruierte Authentische zu glauben: Das Spiel ist auf den Ernst angewiesen.

In dem Bemühen, Calles Werk den Stempel des Autobiographischen oder Nicht-Autobiographischen, des Narrativen oder Konzeptuellen, des Dokumentarischen oder Inszenierten zu verpassen, geht der genaue Blick auf die Arbeiten häufig verloren und eine wichtige Frage bleibt unberührt: Wenn Sophie Calles gesamtes Werk autobiographisch sein soll – warum arbeitet sie dann bis heute an einem gesonderten Werkkomplex mit dem Titel *Autobiographical Stories*? Oder umgekehrt: Wenn Calles Werk in keiner Weise autobiographisch geprägt sein soll – wie bewertet man dann den Fakt, dass es einen Werkkomplex gibt, den sie so nennt? Bei all dem tut Differenzierung Not – eine Differenzierung, die zwischen den Werkkomplexen unterscheidet und die *Autobiographical Stories* von den anderen Arbeiten Calles, in denen sie ebenso von scheinbar persönlichen Erfahrungen erzählt, abgrenzt. Dafür ist es nötig, den Begriff der Autobiographie ernst zu nehmen. Denn dass Calle die Grenzen von Fiktion und Realität derart verwischt, dass sie kaum mehr voneinander zu trennen sind, und dass sie auf diese Weise eine Kunstfigur konstruiert – darüber sind sich fast alle einig wie Echinard-Garin oder Cécile Camart.[75] Doch genau diese Gratwanderung zeichnet auch die anderen Arbeiten Calles aus und lässt die Frage nach der Autobiographie, die ebenso eine Mischung aus Fiktion und Realität darstellt, offen. Im Folgenden soll deshalb nicht versucht werden, das gesamte Werk Calles als autobiographisch oder nicht zu klassifizieren. Interessanter scheint mir, die Wege des Autobiographischen anhand der *Autobiographical Stories* in Calles Werk nachzuzeichnen, denn hier schrauben sich Fiktion und Realität noch stärker als in anderen Arbeiten ineinander. Das Genre der Autobiographie selbst besteht aus dem Spiel zwischen Fakten und Fiktionen. Wenn eine Künstlerin dieses Spiel treibt und es letztlich jeder ihrer Arbeiten zugrunde legt, treffen hier künstlerische Strategie und genre-inhärente Merkmale aufeinander, die die Spannung zwischen Fiktion und Realität noch verschärfen. Deshalb soll zunächst geklärt werden, was die *Autobiographischen Geschichten* tatsächlich autobiographisch macht – allein dass Calle sie als solche bezeichnet, reicht nicht aus. Möglicherweise treibt sie ihr Verwirrspiel von Fiktion und Realität in diesem

75 Camart beschreibt, wie das Konstrukt Sophie Calle in den ersten Jahren entsteht. Vgl. Cécile Camart: »Sophie Calle, 1978-1981. Genèse d'une figure d'artiste«, in: Les Cahiers du Musée national d'art moderne, Nr. 85, 2003, S. 50-77.

Werkkomplex auf die Spitze und lässt uns mit dem gewählten Titel nur in eine weitere Falle tappen.

Das Porträt als Ersatz des Selbst

Bemerkenswert ist, dass Sophie Calle in den *Autobiographical Stories* das Porträt, das klassische Genre der Selbstdarstellung in der bildenden Kunst, in den Vordergrund rückt. Allerdings geschieht dies in einer völlig anderen Weise als bei Hannah Höch. Nicht ihr eigenes Porträt steht im Mittelpunkt der Foto-Text-Installationen, auch wenn es einige Male auftaucht und gerade in den neuesten Geschichten häufiger zu sehen ist. Es ist zunächst einmal ein fremdes Porträt aus einer historisch entfernten Epoche, das sie zeigt. Denn auffälligerweise steht die Bild-Text-Installation mit dem Titel *The Dutch Portrait* (1988) in den Künstlerbüchern *Des histoires vraies* von 1994 und *Wahre Geschichten* von 2004 an erster Stelle (Abb. 2.2). Auch in den Ausstellungen der Bild-Text-Installationen erscheint diese Geschichte häufig als erste; ebenso erhält *The Dutch Portrait* in der Version als Rauminstallation mit Objekten meist die erste Nummer. Es zeigt die fotografische Reproduktion eines niederländischen Gemäldes aus dem 15. Jahrhundert. Das Brustporträt folgt der Typologie von Rogier van der Weydens *Bildnis einer jungen Frau.*[76] Der dazugehörende Text erzählt folgende Geschichte:

»I was nine years old. While rummaging through my mother's letters I found one, addressed to her, which went like this: »darling, I trust you are seriously thinking about a boarding school for our Sophie ...« The letter was signed by a friend of my mother's. *I assumed from this that he was my real father.* Whenever he came to visit us, I would sit on his knee and, with my eyes deep in his, *I would wait for a confession.* But his total lack of response caused me at times to have doubts. Then I would reread the stolen letter. I had hidden it behind the picture in the dining room, a fifteenth century Flemish painting entitled ›Luce de Montfort‹, which portrayed a young woman in a pink bodice, her face

76 Rogier van der Weydens Bildnis soll um 1435 entstanden sein und hängt in der Gemäldegalerie Berlin. Allerdings fehlt bei dem Frauenporträt in Calles Geschichte die Darstellung der geschmückten Hände. In dem Berliner Bestandskatalog von 1971 wird die »persönlich wirkende Auffassung des Porträts« betont, die daher weniger repräsentativ wirke als andere Porträts van der Weydens. Außerdem sei das Porträt ein frühes Beispiel für das Motiv des direkten Anblickens. Vgl. Rüdiger Klessmann: Gemäldegalerie Berlin. Die berühmten Gemäldegalerien der Welt, Frankurt/Main 1971, S. 112, 113.

slightly turned to show her left profile while her eyes looked straight at you, her features framed by a white, starched linen coif.« [Hervorh. A.-E. K.]

Wenn Sophie Calle die Geschichte von *The Dutch Portrait* an den Anfang der *Autobiographical Stories* stellt, wählt sie damit auf der textuellen Ebene den klassischen Beginn einer traditionellen Autobiographie: »I was nine years old«. Die Erzählerin spricht retrospektiv von ihrer Kindheit, chronologisch wie in einer literarischen Autobiographie, und beginnt mit einem ebenso klassischen Anfangstopos: dem Ursprung in der Familie. Doch unsere Erwartung, wie in einer traditionellen Autobiographie die Frage nach Vater und Mutter sofort beantwortet zu bekommen, wird enttäuscht und der Zweifel an der Herkunft der Erzählerin wird nicht gelöst. Vielmehr steht die kindliche Sehnsucht nach dem Geheimnis und der Entdeckung des »wahren« Vaters im Mittelpunkt – eine scheinbar intime Geschichte, die eine Enthüllung verspricht. Auf diese Weise werden die Kategorien von »Intimität« und »Wahrheit« aufgerufen, die dem Genre der Autobiographie inhärent sind. Doch die merkwürdige Kühle, mit der die Geschichte erzählt wird, verweist möglicherweise auf eine kollektive Kindheitserfahrung: Hat nicht jede/r einmal gewünscht oder gefürchtet, bei der Geburt vertauscht worden zu sein? Das Thema dieser Bild-Text-Installation, die persönliche Individualität, nimmt die Sehnsucht nach und die Furcht vor einer anderen Geschichte und damit einer neuen Identität auf und konterkariert sie zugleich: Auch auf einer zweiten Ebene, der des gefundenen Briefes, bietet das Medium des Textes der Erzählerin keinen Aufschluss über ihre Identität: Zwar steht der Brief selbst für ein Genre, das mit Intimität und Wahrheit verknüpft wird und damit in enger Beziehung zur Autobiographie steht. Nicht zuletzt verweist seine Handschrift auf die fast noch spürbare Präsenz des Schreibenden. Doch auch der Brief kann die Frage nach der Herkunft nur stellen, nicht beantworten.

Um das Geheimnisvolle an ihm zu betonen, wird der Brief hinter einem Porträt versteckt. Es ist nicht zufällig ein niederländisches Gemälde der frühen Neuzeit, denn diese Schule ist bekannt für die Entwicklung einer Porträtkunst, in der die individuelle Genauigkeit und Darstellung der physiognomischen Gesichtszüge im Vordergrund steht. Die protestantische bürgerliche Schicht stellt sich selbstbewusst dar und präsentiert sowohl in Porträts als auch in Stilleben oder Marktstücken ihren erworbenen Reichtum. Zugleich spiegeln diese Genres die damalige intensive Auseinandersetzung mit naturwissenschaftlichen optischen Entdeckungen. Über das Porträt-Zitat spielt Calle auf das neuzeitliche Vertrauen des Bürgertums an, die Welt in der Kunst visuell erfassen zu können – letztlich ein Vertrauen in die Kraft der Repräsentation. Auch Calles Verwendung des Porträts in seiner reproduzierten Form als Fotografie zielt in diese Richtung: Sie verweist indexikalisch auf ein vorgängiges Objekt. Bild und Text scheinen sich daher zunächst gegenseitig zu vergewissern. Schließlich zeigt das Bild das Porträt, auf das die Erzählerin rekurriert. Es ist ein deiktisches Element, ein ostentatives Beweisstück: Schaut her, hier ist das Porträt, hinter dem ich den Brief versteckte. Auf der textuellen Ebene schließt der »unverwandte Blick« auf den vermeintlichen Vater an das Motiv des detailgetreuen Porträts an. Auf der Suche nach der physiognomischen Ähnlichkeit soll auch er Vergewisserung bieten und die »Wahrheit« enthüllen. Doch die Anstrengungen laufen ins Leere. Der Blick enthüllt ebenso wenig wie das Bildnis. Denn obwohl es Teil der Calle'schen Selbstdarstellung ist, stellt es nicht die Erzählerin selbst dar, sondern verbirgt im Gegenteil ihre »wahre Identität«, nämlich den Brief, der zunächst für die vorgebliche Enthüllung steht. Dieses Spiel in *The Dutch Portrait* von Enthüllen und Verhüllen, von Zeigen und Verbergen, von Absenz und Präsenz kann als eine Art Exposition der autobiographischen Thematik bei Calle gedeutet werden: Die autobiographischen Geschichten kreisen um ein potentielles Selbstbildnis, das immer eine Leerstelle bleibt, obwohl sie vorgeben, genau, wahrhaftig und intim zu sein. Die Suche nach dem »wahren Ich« ist vergeblich. Damit wird indirekt die Fähigkeit des Porträts zur Repräsentation in Frage gestellt.

Auf der textuellen Ebene reflektiert die Suche nach dem Geständnis den Ursprung der autobiographischen »Wahrhaftigkeit«. Die Erzählerin ist auf das Geständnis des vermeintlichen Vaters angewiesen, das ihr die Wahrheit der Entdeckung endgültig bestätigen soll. Das Geständnis, und zwar in seiner institutionalisierten Form der Beichte im Katholizismus, ist es auch, aus dem sich literarische Autobiographie herleitet – eine Selbsttechnik im Foucault'schen Sinne.[77] Doch die autobiographische Geschichte Calles erzählt gerade von dem Ausbleiben eines Geständnisses und ist gleichzeitig selber eines, und zwar das der Erzählerin. Denn uns ist der Inhalt des Briefes bekannt und wir erfahren ebenso von den heimlichen Spekulationen, die er bei der Erzählerin auslöst. Im gleichen Moment, in dem die Geschichte ins Leere läuft, weil das Geständnis nicht erfolgt, löst sie das Enthüllungsversprechen auf der Ebene der Erzählerin ein. Das subtile Spiel von Zeigen und Verbergen reflek-

77 Vgl. Michel Foucault: »Technologien des Selbst« (zuerst 1982), in: Martin/Gutman/Hutton: Technologien des Selbst, S. 24-62. Foucault bezieht sich zwar nicht direkt auf das Genre der Autobiographie, beschreibt aber, wie bereits im Hellenismus das Schreiben zur Kultur der Sorge um sich selbst gehört hat, wovon Tagebücher, Briefe und persönliche Aufzeichnungen zeugen. Ebd., S. 37. Vgl. auch Gutman: »Rousseaus Bekenntnisse: eine Selbsttechnik«, S.118-143.

tiert über den Topos der Herkunft der Erzählerin zugleich den Ursprung des Genres der Autobiographie im Geständnis. Die Erzählerin liest den Brief erneut und die Geschichte endet mit der Beschreibung des anwesenden Bildes: Die Präsenz des Bildes fungiert als Ersatz des Abwesenden. Das, worum es vorgeblich geht – ob der Familienfreund nun ihr Vater ist oder nicht – bleibt ungesagt. Sowohl Texte als auch Bilder bieten in *The Dutch Portrait* keine Instrumentarien, die eigene Identität zu entschlüsseln.

Die erfolglose Suche potenziert Calle in der Inszenierung von *The Dutch Portrait* in der Ausstellung »La Visite Guidée«.[78] Calle integriert hier ihre autobiographisch konnotierten Objekte in die ständige Sammlung des Museums Boymans van Beuningen und so lugt der Brief dort hinter einem Lucas van Leyden-Porträt aus der Sammlung des Museums hervor. Die Geschichte trägt den Titel *Lettre 1* und ist Teil des Geschichtenkomplexes der *Lettres 1-5*. Weil die Beschreibung des Porträts jedoch nun nicht mehr stimmt, verweist es verstärkt auf etwas Abwesendes. Van Leydens Gemälde ist nur noch ein Repräsentant für ein anderes, abwesendes Bild. Die reale Präsenz des originalen Gemäldes könnte die Geschichte authentifizieren, doch seine Aura wird entleert und bedeutungslos: Es ist nur ein flämisches Porträt von vielen, wie auch die Dargestellte nur eine von vielen flämischen Frauen ist. Alles wird austauschbar, die Erinnerung verschiebt sich und die Vergangenheit rückt noch weiter in die Ferne.

In *The Plastic Surgery* (1994/2000), einer autobiographischen Geschichte, die Calle zunächst nur als Text ohne Bild konzipiert, geht es in anderer Weise um die Physiognomie der Erzählerin: um eine geplante Schönheitsoperation, die die Großeltern an der erst Vierzehnjährigen vornehmen lassen wollen. Allerdings begeht der Chirurg kurz vorher Selbstmord, so dass der Plan platzt. Unter anderem soll die Nase »gerichtet« werden; passend dazu kommt im Jahr 2000 zu der Geschichte das Bild eines Halbprofils der Künstlerin hinzu, in dem selbstverständlich auch ihre Nase gut sichtbar ist (Abb. 2.3). Die Ansicht erinnert an Porträts im Halbprofil aus dem Quattrocento,[79] jedoch nur als knapper Ausschnitt, dazu im Blow-up. Sophie Calle ist mit geschlossenen Augen zu sehen und bietet den Betrachtenden in Nahaufnahme an, über ihre »ungerichtete« Nase zu urteilen. *Die freiwilligen Foltern* der kosmetischen Zurichtungen, wie sie Annette Messager in einem ihrer Alben mit dem Titel

78 Vgl. S. 10, Anm. 4.

79 Typisch hierfür ist etwa das Doppelporträt *Die Herzogin von Urbino* und *Federigo da Montefeltre, Herzog von Urbino* von Piero della Francesca (um 1472).

Les tortures volontaires zeigt (Abb. 3.23), sind noch einmal an ihr vorübergegangen. Der Körper der Autorin und Erzählerin tritt hier ins Bild. Er fungiert gleichzeitig als Objekt des Bildes. Wenn Calle ihren Körper abbildet, findet gewissermaßen eine Überbietung des autobiographischen Paktes statt. Wir nehmen nicht nur die Autorin des Kunstwerkes als identisch mit der Erzählerin und Protagonistin der Geschichte an wie bei einer literarischen Autobiographie, sondern der abgebildete Körper der Autorin tritt als Authentifizierungsmedium hinzu und scheint die Faktizität des Erzählten und Gezeigten noch zu verstärken.

Doch was genau wird hier authentifiziert und was ist die dargestellte »Wahrheit«? Die Fotografie des Körpers zeigt, nur vermeintlich gegenläufig zu Roland Barthes' Definition von Fotografie als der Darstellung des »Es ist so gewesen«,[80] etwas an, was *nicht* passiert ist. Erneut wird auf eine Absenz verwiesen: auf die Erzählung einer Erinnerung daran, was nicht passiert ist, und auf einen Körper, der einem Ereignis entronnen ist. Denn ironischerweise ist der Körper der Erzählerin im Gegensatz zu dem des Chirurgen unversehrt und lebendig geblieben. Dennoch wirkt das Profil mit den geschlossenen Augen unbelebt, fast wie eine Totenaufnahme. Hinzu kommt, dass die Schwarz-Weiß-Fotografie jede Hautpore des Gesichtes zeigt und damit Ausdruck einer nüchternen, fast kriminalistischen Darstellungsweise wird. In seiner fragmentierten Form ist das Profil unseren Blicken preisgegeben; als imaginäre Chirurgen können wir dem (Aus-)Schnitt der Fotografie weitere Schnitte hinzufügen. Calle ruft die Klischees von Weiblichkeit auf, wie sie bis heute in Zeitschriften in dem Format von »Vorher-Nachher« präsentiert werden und wie sie Annette Messager in der *Album Collection Avant-Après* (1972, Abb. 3.25) derart akkumuliert, dass die grotesken Momente dieser »Zurichtungen« sichtbar werden.

Ein weiteres Gemälde, erneut ein Frauenporträt, doch diesmal aus dem 19. Jahrhundert, ist in der Bild-Text-Installation *The Hostage* zu sehen (1992, Abb. 2.4). Es zeigt eine junge, an einem Tisch sitzende Frau, die im Begriff ist, einen Brief zu schreiben. In der Version der Künstlerbücher ist sie zwar weiter hinten angesiedelt, doch in den Objekt-Installationen hängt *The Hostage* häufig gegenüber von *The Dutch Portrait*. Da Sophie Calle die Hängung in ihren Ausstellungen meist selbst bestimmt und diese auch für die syntagmatische Ebene der Bild-Text-Geschichten eine große Rolle spielt, soll diese Pendant-Bildung genauer untersucht werden. Die Geschichte dazu lautet:

80 Roland Barthes: Die helle Kammer, Frankfurt/Main 1985, S. 87.

»He was an unreliable man. For our first date he showed up one year later. Therefore, when he left, to make sure he would come back, I insisted that he leave something with me as a hostage. A week later, he sent me his most precious possession: *a small French nineteenth-century painting entitled ›The Love Letter‹, which portrayed a young girl who bore an uncanny likeness to me*. A year passed, and on January 18th, 1992, after having rented two rings and a witness, I became his bride in a simple ceremony held at a 24-hour drive-up wedding window on Route 604 in Las Vegas. Later he gave me ›The Love Letter‹ as a wedding gift. I had acquired a husband but in the process had lost my guarantee that he would always come back to me.« [Hervorh. A.-E. K.]

Im Gegensatz zu *The Dutch Portrait* wird im Text klar eine physiognomische Ähnlichkeit der Erzählerin mit dem thematisierten Bild festgestellt. Dennoch wird sie erneut nicht selbst, sondern nur über eine andere Abbildung dargestellt. In dem Moment, in dem man den autobiographischen Pakt schließt und »glaubt«, dass Calle von »sich« erzählt, kann man diese Ähnlichkeit sogar nachvollziehen, wenn man – nicht zuletzt aus den *Autobiographischen Geschichten* selbst – weiß, wie die Künstlerin tatsächlich aussieht. Doch tappt man dabei nicht in die biographistische Falle, die ich weiter oben selbst beschrieben und kritisiert habe? Solange man dies nicht als eine historisch verbürgte Quelle wertet, die damit auch die erzählte Geschichte »wahr« werden lässt, sondern darin eine weitere Authentifizierungsstrategie der Künstlerin erkennt, ist die notwendige Distanz gewahrt. Und eben diese muss man sich in einer ständigen Bewegung von Annäherung und Entfernung immer wieder neu erobern, um die verführerischen Fallen des Autobiographischen in ihren Spielarten erkennen und beschreiben zu können – und ihnen knapp zu entgehen. Dann lässt sich *The Hostage* auch als eine Art verstecktes Selbstporträt verstehen, als eine indirekte Selbstdarstellung über die Reproduktion eines Bildes, das erneut auf die Absenz des (männlichen) Anderen verweist: auf einen Anderen, der eine Verabredung nicht einhält und möglicherweise nicht wiederkehrt. Gleichzeitig ist es jedoch auch ein ironischer Kommentar zu dem Klischee der Ehe, die einerseits Sicherheit verspricht, in realitas jedoch bei der Erzählerin mit Erpressung und ständiger Unsicherheit verbunden ist. Das Selbst, das in diesem indirekten Selbstporträt dargestellt ist, verweist uns indes wiederum auf die Motive des Briefes und der physiognomischen Ähnlichkeit: Die Darstellung und der Titel des Gemäldes »Liebesbrief« legen die Spur zurück zu *The Dutch Portrait*: Die junge Frau auf dem Bild blickt sinnierend aus dem Fenster und ist im Begriff einen Brief zu schreiben. In der Ausstellung *La Visite Guidée*, in der Calle eine andere Ordnung und Bezeichnung der Objekte und Geschichten vornimmt, gehört *The Hostage* ebenfalls zu dem genannten Komplex der *Lettres*. In der Fotografie ist unter dem Gemälde ein Teil eines Bettes zu sehen mit einem Kissen und einer aufgeschlagenen Bettdecke. Auch diese Motive verweisen nicht nur auf die vorgebliche Intimität eines Geständnisses, sondern auf weitere *Autobiographische Geschichten* und andere Arbeiten Calles.

Selbstreferentielle Ebenen

Ähnlich wie bei Hannah Höchs *Lebensbild* gibt es in den *Autobiographischen Geschichten* mehrere selbstreferentielle Ebenen. Sie sind zwar nicht auf den Entstehungsprozess der Arbeit bezogen. Aber vergleichbar mit dem *Lebensbild*, das als Collage nur Collagen ins Bild nimmt, reflektiert auch Calle die formale Ebene ihrer Arbeit: So referiert der versteckte Brief hinter dem Gemälde in *The Dutch Portrait*, der in der Objektinstallation auch tatsächlich dahinter hervorlugt, auf die formale Umsetzung der Installation selbst, die ebenfalls aus Bild und Text im dreidimensionalen Raum besteht. Darüber hinaus verweist sie auf die anderen Bild-Text-Installationen der *Autobiographischen Geschichten* und nicht zuletzt auf Calles Gesamtwerk, denn die Künstlerin arbeitet fast durchgängig mit Installationen, in denen sie Fotografien und Texte miteinander konfrontiert und dadurch immer wieder neue Bedeutungen evoziert.

Auch die Auseinandersetzung mit dem Porträt als Genre der Selbstdarstellung in der bildenden Kunst hat Calle mit Höch gemeinsam. Ironisch nimmt sie auf die Porträt-Tradition Bezug und bindet sie in einen narrativen Kontext ein. Der traditionelle Anspruch des (Selbst-)Porträts, die Individualität der dargestellten Person zu zeigen, wird durch die Strategie des Zeigens und Verbergens, der Sichtbarkeit und der Unsichtbarkeit unterlaufen. Diese Strategie durchzieht zwar Calles gesamtes Werk, – so setzt sie etwa in der Arbeit *The Blinds* die Schönheitsvorstellungen blinder Menschen in Bilder um – hier jedoch wird sie in Bezug auf die Konstruktion von individueller Geschichte eingesetzt. Höch nutzt, wie bereits gezeigt, die Strategie des Darstellens und Verbergens nur auf der Bildebene, indem in der beschriebenen Doppelstruktur das eine Bildelement etwas sichtbar macht, was im zweiten gedoppelten Element unsichtbar bleibt. Der Text, die Nummernliste, dient eher der Aufschlüsselung und besseren »Lesbarkeit« des Bildes statt seiner Verhüllung, so dass es ein eindeutig hierarchisches Verhältnis zwischen Bild und Text gibt. Dagegen sind es bei Calle sowohl der Text als auch das Bild, die den Topos von Zeigen und Verbergen aufgreifen. Jedoch auch das Ineinandergreifen von beiden kreiert verschiedene Leerstellen. Diese wesentliche Struktur von Verhüllen und Enthüllen rekurriert auf das Genre der Autobiographie, die eben aus diesen Polen besteht. Es sind die Kategorien von Privatheit und Öffentlichkeit, die sich hier auf bildlicher und textueller Ebene widerspiegeln. In direkter Weise wird das deutlich, wenn Calle ihren Körper darstellt wie in der Bild-Text-Installation *The Strip-tease*[81] (1988, Abb. 2.5). Die Geschichte setzt hier in der frühen Kindheit der Erzählerin ein und beginnt wie viele mit der rückblickenden Perspektive:

»I was six. I lived on a street named *Rosa-Bonheur* with my grandparents. A daily ritual obliged me every evening to undress completely in the elevator on my way up to the sixth floor where I arrived without a stitch on, then I would dash down the corridor at lightning speed, and as soon as I reached the apartment, I would jump into bed. *Twenty years later* I found myself repeating the same ceremony every night in public, on the stage of one of the strip joints that line the boulevard in Pigalle, wearing a blonde wig in case my grandparents who lived in the neighborhood should happen to pass by.« [Hervorh. A.-E. K.]

Die Vorliebe als Sechsjährige, sich im Fahrstuhl ihres Hauses auszuziehen und dann nackt durch den Flur in die Wohnung zu rennen, findet zwanzig Jahre später, so die Erzählerin, als Stripperin eine Ensprechung – allerdings mit Perücke, um nicht erkannt zu werden. Wie in anderen Geschichten noch deutlich wird, konstruiert Calle hier eine quasi-typologische Struktur: Was sich in der Kindheit bereits ankündigt, vollzieht sich im Erwachsenenalter.

Ob Calle in der Fotografie die Striptease-Situation noch einmal reinszeniert (wenn sie sich je ereignet hat) oder ob sie tatsächlich die Situation darstellt, ist nicht entscheidbar – genau hier beginnt die Gratwanderung zwischen Authentizität und Fiktion. Die Fotografie stellt Calle in der Untersicht dar. Sie trägt eine blonde, biedere Perücke und einen altmodischen Schleierhut, was auf merkwürdige Weise den Sexappeal der Stripperin verformt. Ihre Maskierung unterläuft die vermeintliche Enthüllung sowohl der strippenden Frau als auch der Erzählerin der autobiographischen Geschichte. Doch zunächst einmal wird der autobiographische Pakt geschlossen und wir glauben, dass die dargestellte Frau mit der Erzählerin der Geschichte und der Autorin der Arbeit übereinstimmt. Im gleichen Moment jedoch wird die Position des sich offenbarenden Autors problematisiert: Tatsächlich inszeniert Calle hier – auch im Kontext der vorhergehenden autobiographischen Geschichten wie der Enthüllung des vermeintlichen Geheimnisses in *The Dutch Portrait* – nicht nur die Enthüllung des Selbst, sondern den Akt der Enthüllung selbst: die Selbstentblößung als eine autobiographische Grundfigur. Die Darstellung ist gleichsam ein Kommentar zu dem potentiellen »Seelen-

81 Ich übernehme Calles ungewöhnliche Schreibweise des Titels.

stripteasee« innerhalb einer Autobiographie, die sich wie erwähnt aus der christlich-abendländischen Konfessionstradition herleitet. Zudem kommt hier die Tradition der geschlechtsspezifischen Besetzung von Privatheit und Öffentlichkeit ins Spiel: Eine öffentliche/sich-öffentlich-machende Frau ist auch im liberalen Diskurs der Aufklärung zunächst einmal eine Hure[82] – oder eben eine Striptease-Tänzerin. Und um die Spirale noch weiter zu drehen, soll daran erinnert werden, dass die antike Hetärenautobiographie ein Vorläufer der Pornografie ist.[83] Ist Calles autobiographische Veröffentlichung nun als innerer und äußerer Striptease zu sehen? Wohl kaum. Doch Sophie Calle spielt auf der Klaviatur des als sexuell und als weiblich konnotierten Exhibitionismus, unterläuft dies aber sowohl durch die Kühle des Textes als auch durch das Foto: Der vermeintlich authentische Körper Calles, der uns die »nackte Wahrheit« des Erzählten erneut versichern soll, ist maskiert und nur in dem fast historisch wirkenden Klischee einer Pariser Moulin-Rouge-Erotik zu haben. Und nicht nur die biedere Maskerade und der distanzierte, kühle Ton des Textes subvertieren die Enthüllung; rechts unten wird der voyeuristische Betrachter selbst fokussiert, der dazu noch eine halb betende Konfessions-Geste zu machen scheint: Der Blick auf den ausgestellten Körper wird selbst in Szene gesetzt, das »Objekt« dagegen schaut über die Betrachter hinweg und entzieht sich dem direkten Blickkontakt. Im Kontext der autobiographischen Enthüllung können wir uns als die Rezipierenden nicht schadenfroh von dem Bild des Voyeurs distanzieren, sondern wir werden hier ins Bild gesetzt und müssen den Blick auf uns ertragen. Die Umkehrung der Blickverhältnisse und die Strategie, den Rezipienten zum sich selbst beobachtenden Voyeur zu machen, ist ein Leitmotiv und eine wesentliche Strategie in Calles Arbeiten. Hier kommt erneut eine indirekte Selbstreferentialität, nämlich die zum eigenen Werk, ins Spiel: Das in der Kunstgeschichte tradierte Verhältnis von männlich konnotiertem Blick und weiblich konnotiertem Angeblickt-Werden[84] wird hier einmal mehr unterlaufen.

Dabei ist ein Detail nicht unwichtig: In der autobiographischen Geschichte erwähnt die Erzählerin, dass sie als Kind in der Rosa-Bonheur-Straße wohnte. Rosa Bonheur war eine der wenigen Künstlerinnen des

82 Barbara Vinken: »Einleitung: Cover up – Die nackte Wahrheit der Pornographie«, in: Dies. (Hg.): Die nackte Wahrheit. Zur Pornographie und zur Rolle des Obszönen in der Gegenwart, München 1997, S. 7-22, hier: 8.

83 Ebd.

84 So in der Tradition der Künstler-Modell- oder Venusdarstellungen. Vgl. Laura Mulvey: »Visuelle Lust und narratives Kino«, in: Gislind Nabakowski/Helke Sander/Peter Gorsen (Hg.): Frauen in der Kunst. Frankfurt/Main 1980, Bd. 1, S. 36-43.

19. Jahrhunderts, die als Tiermalerin sehr erfolgreich war. Äußerst bekannt wurde ihr Bild »Pferdemarkt«, das nur durch Maskerade entstehen konnte: Sie verkleidete sich als Mann, um den Markt unbehelligt besuchen zu dürfen. Selbst in diesem Detail steckt eine spielerische Andeutung zu der ungleich verteilten Macht des Blicks, der durch das Gendercrossing unterlaufen wird. Calle dagegen spielt die klassische weibliche Rolle einer Stripperin – mit der Rolle der aktiven Künstlerin scheint sie zunächst unvereinbar zu sein. Nur durch die aktive Ausstellung des Selbst und des Voyeurs und mithilfe der Kontextualisierung durch die Erzählung wird diese Rolle neu bewertet. Gleichzeitig ruft sie mit der Erwähnung von Rosa Bonheur eine Künstlerinnen-Genealogie auf und stellt eine Verbindung zu ihrer Arbeit her.

Ein weiteres konstitutives Element der Autobiographie wird in der Geschichte *The Amnesia* reflektiert: die Erinnerung (Abb. 2.6). Während in *The Strip-tea*se noch der Frauenkörper im Blickpunkt steht, erfährt in *The Amnesia* der Voyeur die Macht des Blickes am eigenen Leibe.[85] Nicht der Akt der Enthüllung wird hier dargestellt, sondern der schon enthüllte nackte männliche Körper, der, zum torsoartigen Akt geformt, den Blicken vollkommen ausgesetzt ist. Geschlechterstereotypen werden buchstäblich neu gewendet: Die Darstellung eines liegenden Mannes wird im Hochformat bildlich auf die Füße gestellt – die allerdings nicht zu sehen sind. Denn zu sehen ist der Ausschnitt eines Körpers, wie er zwar eher für die Darstellungsweise von Frauenakten typisch ist, hier jedoch eindeutig männlich ist. Der Kopf ist abgeschnitten. Das männliche Geschlecht ist durch die Beine weggeklemmt und bleibt verborgen, so dass der Eindruck von »Weiblichkeit« entsteht. In ironischer Umkehrung nimmt hier der »Mangel« des weiblichen Körpers, wie er in der frühen Psychoanalyse gedeutet wird, die Stelle des männlichen Geschlechts ein. Der Text dazu setzt wiederum einen anderen Mangel in Szene:

»No matter how hard I try, I never remember the color of a man's eyes or the shape and size of his sex. But I decided a wife should know these things. So I made an effort to fight this amnesia. I know now he has green eyes.«

Es ist also die fehlende Erinnerung der Erzählerin, die hier ins Bild gesetzt wird. Doch sie konzentriert ihre Erinnerungsbemühungen nicht auf das Geschlecht; deshalb wird es bildlich gleich ganz unterschlagen. Es sind die Augen, an die sich die Erzählerin nun erinnert, allerdings sind sie ebenso wenig zu sehen, weil der ganze Kopf fehlt – die Aussage der

85 Birgit Käufer: »Das wahre Leben der Sophie Calle oder Die erfundene Realität«, in: k+m (Kunst und Material), Nr. 2, 1999, S. 16-33, hier: 24.

Erzählerin lässt sich durch das Bild nicht bestätigen. Auf welche Weise die Erinnerung an die Stelle des Abwesenden tritt, ist ein zentrales Thema in Calles Werk.[86]

Auf ironische Weise wird auch in *The Amnesia* erneut auf das Thema des scheiternden Porträts, der nicht wahrgenommenen Physiognomie des männlichen Anderen Bezug genommen. So ist dies auch eine der wenigen Installationen in den *Autobiographischen Geschichten*, die keine Geschichte im Sinne einer Handlung erzählt, obwohl auch in ihr die typologische Struktur des Vorher-Nachher angelegt ist. Denn hier geht es um die fehlende Erinnerung der Autorin – können wir ihren Geschichten überhaupt glauben, wenn sie so offen zugibt, über eine der wesentlichen Fähigkeiten einer Autobiographin nicht zu verfügen?

Sukzession versus Rhizom?

Dieselbe Erzählerin, die ihr schlechtes Gedächtnis beklagt, berichtet uns genauestens von wichtigen Stationen ihres Lebens. Das Geheimnis der Herkunft, die Angst vor Sexualität und ihr erstes sexuelles Erlebnis, ihre Hochzeiten und Amouren werden vor dem Publikum ausgebreitet. Sie bewegt sich damit durchaus in der Tradition der autobiographischen Konfessionen etwa eines Jean-Jacques Rousseau, der gleich zu Beginn seiner *Confessions* das Erlebnis seiner ersten sexuellen Erregung als Kind gesteht, als er von seiner Gouvernante auf den nackten Po geschlagen wird. Dagegen bleiben Calles Geschichten in einer viel größeren Distanz; es sind kleine, in sich geschlossene, sehr geschliffene Prosastücke in englischer und französischer Sprache, an denen sie laut eigenem Bekunden teils jahrelang arbeitet.[87] Dabei lehnt sich die Künstlerin auf mehreren Ebenen an das literarische Genre der Autobiographie an, so dass uns der Titel *Autobiographische Geschichten* zumindest in diesem Fall nicht in die Irre führt.

86 So hat sie sich in der Arbeit *Last Seen* vom Museumspersonal gestohlene Bilder beschreiben lassen oder bei *The detachment* die Vergessensarbeit in Berlin dokumentiert, indem sie die Leerstellen der entfernten Denkmäler und Straßennamen der DDR von den Beschreibungen der Anwohner füllen ließ.

87 Sophie Calle am 20.9.2004 in einem »Artist Talk« im Martin-Gropius-Bau, Berlin. Auch wenn Calles Künstlergespräche oder Vorträge in erster Linie einen Teil ihrer selbstinszenatorischen Arbeit darstellen, klingt dies glaubwürdig: Der Stil der Geschichten ist äußerst verdichtet, so dass er entweder das Produkt eines professionellen Schriftstellers/einer Schriftstellerin oder einer eigenen aufwändigen und langen Arbeit am Text ist.

Neben dem autobiographischen Pakt, den Calle gleichsam unverhüllt evoziert, finden sich auf der textuellen Ebene einige Merkmale der literarischen Autobiographie, die Philippe Lejeune beschrieben hat.[88] Darunter fällt die rückblickende Erzählperspektive, in der von einer gegenwärtigen Position aus die Vergangenheit der Lebensgeschichte retrospektiv aufgerollt wird. Höch entwickelt dies mithilfe von Fotografien, die die Künstlerin in verschiedenen Lebenssituationen und -altern zeigen; zugleich gibt sie die jeweilige Entstehungszeit der Fotografien in der Nummernliste an. Dagegen sind es bei Calle die Texte, die retrospektiv angelegt sind: »Ich war neun Jahre alt«, »Es war mein Bett« oder »Meine Großtante hieß Valentine« – in dieser Art beginnen die meisten Geschichten Calles. Sie sind fast durchgehend in Zeitformen der Vergangenheit gehalten[89] und die in ihnen erzählten Ereignisse schreiten sukzessive fort. Nach der Schilderung einer Anfangssituation (»Als Heranwachsende war ich noch ganz flachbrüstig«) tritt meist ein Ereignis ein, das die Situation verändert (»Innerhalb von 6 Monaten hatte ich plötzlich richtige Brüste«). Manchmal bleibt das Ende jedoch offen wie in *The Dutch Portrait*. Häufig erhält das erzählte Ereignis zum Schluss der Geschichte einen Kontrapunkt. Es hält in veränderter Form bis in die Gegenwart oder zumindest längere Zeit an (»Jahre später«) wie das Bedürfnis sich nackt zu zeigen in *The Strip-tease*; manchmal wird es beendet (»das war mein letzter Striptease«) oder das Ergebnis des Ereignisses wird im Bild gezeigt wie die nicht-operierte Nase in *The Plastic Surgery*. Dabei entsteht ein Wechselspiel zwischen Vergangenheit und Gegenwart, wie es typisch für das Genre der Autobiographie ist: zum einen durch die Ebene der allwissenden Erzählerin, die als Rückblickende das Ende der Geschichte kennt; zum anderen produziert die Erzählerin eine Typologie zwischen dem vergangenen Ereignis und der Gegenwart oder einer zumindest später folgenden Situation, die sich aus der Vergangenheit erklären lässt wie in *The Strip-tease*. Diese verschiedenen Zeitebenen entstehen also einerseits innerhalb des Textes selbst, andererseits aber auch durch das Bild wie in *The Plastic Surgery*. Hier wird durch das Profil sichtbar, dass es sich nicht um die damals vierzehnjährige, sondern um die erwachsene Erzählerin handelt, die auch die Geschichte erzählt. Doch der narrative Bogen reicht bis in die Gegenwart des Bildes hinein, an der wir als Rezipierende teilhaben.

88 Lejeune: »Der autobiographische Pakt«, S. 215.

89 Vgl. Doris Berger, die die Textebene der *Autobiographical Stories* einer genauen linguistischen Analyse unterzieht. Doris Berger: Expanded Narration. Die Foto-Text-Arbeiten von Sophie Calle. Diplomarbeit, Universität Wien 1998 (unveröffentlicht), S. 90, 92.

Durch die Sukzession der lebensgeschichtlichen Ereignisse innerhalb eines Textes oder innerhalb eines Textes in Kombination mit einem Bild entsteht eine autobiographische Narration.

Gleichzeitig entwickelt sich eine Sukzession und Narration der Texte untereinander. Zunächst auf der einfachen Ebene einer klassischen Autobiographie: Gerade in den verschiedenen Künstlerbüchern der *Autobiographical Stories*, sowohl in der früheren als auch in der erweiterten Version, sind die Geschichten fast durchgängig chronologisch geordnet. Die Buchform der visuellen Autobiographie ist mit dem literarischen Genre der Autobiographie noch stärker verbunden. So beginnen sie mit der Geschichte der Neunjährigen in *The Dutch Portrait*, laufen in zwar nicht strenger doch deutlich erkennbarer Folge zu den Erlebnissen der jugendlichen bis zu denen der erwachsenen Frau weiter und enden in der erweiterten Version mit der Geschichte *Room with a View* aus dem Jahr 2003 (Abb. 2.7). Es ist eine fast traditionelle Form der Ordnung, denn spätestens seit dem 20. Jahrhundert wird die chronologische Form der Erzählung des Lebens in der literarischen Autobiographie aufgebrochen. Doch wird sowohl in den räumlichen Bild-Text-Installationen als auch in den Künstlerbüchern deutlich, dass die Geschichten nach hinten hin offen bleiben und ständig erweiterbar sind. Unterbrochen wird die Chronologie von den zehn zusammengehörenden Geschichten mit dem Titel *The Husband.* Danach geht es erneut chronologisch weiter. So können wir nach und nach die Fragmente einer Lebensgeschichte zusammenfügen und bekommen die Illusion eines Lebenspanoramas vor Augen geführt. Diese Möglichkeit einer panoramatischen Blicksituation unterscheidet die *Autobiographical Stories* von anderen, autobiographisch codierten Arbeiten Calles.

Die Erzählung des Subjekts ist dabei keine heroische, die etwa wie im Bildungsroman die Entwicklung eines souveränen Subjektes nachzeichnen würde, sondern sie handelt eher von banalen Ereignissen, die aus Frauenzeitschriften, Tagebüchern oder Fotoromanen entnommen sein könnten. Dieses Interesse am Alltäglichen verbindet Calle mit der französischen »Spurensicherung« der 70er Jahre. Jedoch überführt sie die vermeintlich banalen Geschichten in die scheinbar intime Form des Geständnisses. Dabei entstehen verschiedene Narrationseinheiten: Die Texte bilden in ihrer Sukzession nicht nur in sich, sondern auch untereinander kleine einheitliche Erzählstrecken; auch auf syntagmatischer Ebene verknüpfen sie die verschiedenen Zeiten der Texte miteinander.

So scheint die Geschichte von *The Bathrobe* das fortzuführen, was in *Young Girl's Dream* schon seinen Anfang nahm. Beide Geschichten sind in der Version der Künstlerbücher hintereinander angeordnet. *Young*

Girl's Dream (1992, Abb. 2.8) steht als vierte Geschichte recht weit vorn:

»When I was fifteen I was afraid of men. One day in a restaurant, I chose a dessert because of its name: ›Young Girl's Dream‹. I asked the waiter what it was, and he answered: «It's a surprise«. A few minutes later he returned with a dish featuring two scoops of vanilla ice cream and a peeled banana. He said one word: ›Enjoy‹. Then he laughed. I closed my eyes the same way I closed them when I saw my first naked man.«

Die Geschichte über *The Bathrobe*, den Bademantel, die sich in den Künstlerbüchern und auch häufig in den Installationen anschließt, scheint den Akt des Augen-Schließens forzuführen:

»I was eighteen years old. I rang the bell. He opened the door. He was wearing the same bathrobe as my father. A long white terry cloth robe. He became my first love. For an entire year, he obeyed my request, and never let me see him naked from the front. Only from the back. And so, in the morning light, he would get up carefully, turning himself away, and gently hiding inside the white bathrobe. When it was all over he left the bathrobe behind with me.«

In der ersten Geschichte steht erneut eine Art Bild im Zentrum: »Jungmädchentraum« ist eine Metapher, die eine zarte poetische Imagination evoziert, aber durch die brutale »Nacktheit« des tatsächlichen »Bildes« oder »Nach-Bildens« eines männlichen Geschlechts ad absurdum geführt wird. Aus dem *Young Girl's Dream* wird eine demütigende Situation, in der die Scham des jungen Mädchens vorgeführt wird. Die Restaurantbesucher und der Kellner werden dabei zu Voyeuren. Die Fotografie zeigt das Dessert jedoch von oben, so dass die Betrachter/innen in die Position der Protagonistin rücken. Es ist eine Geschichte über die Verweigerung des Blicks und gleichzeitig über ein Initiationserlebnis, das die Erzählerin von der Kinderwelt in die sexuell aufgeladene Welt der Erwachsenen führt. In *The Bathrobe* wird diese »Rite de Passage« fortgesetzt.

Freud beschreibt in *Die Traumdeutung*, wie Wünsche immer mit »Erinnerungsspuren« besetzt sind.[90] Ist es hier die Erinnerung an das »Dessert«, welche die Erzählerin bei ihrem ersten Liebhaber die Augen schließen lässt? Oder lesen wir dies in die Geschichte hinein, weil wir uns durch die gelesenen Geschichten gleichsam fiktionale Erinnerungsspuren aneignen? Verschiedene Erinnerungsspuren scheinen sich zu

90 Sigmund Freud: Gesammelte Werke. Die Traumdeutung (1900), Frankfurt/Main 1963, Bd. II-III, S. 544.

überlagern: Das kindliche Begehren begegnet dem erwachsenen Begehren. Der in der Erinnerung präsente Vater generiert das abwesende Geschlecht des Liebhabers. Diese Leerstelle wird zum Schluss durch das Objekt ersetzt, als der Liebhaber verschwindet und den Bademantel als Spur seines Körpers hinterlässt. Womöglich ist der Bademantel von der Assoziation des Vaters erst befreit, als der Liebhaber ihn ihr überlässt; jetzt wird er zum Zeichen des abwesenden Liebhabers und dessen unsichtbaren Geschlechts. Plötzlich erinnert man sich wieder an die Leerstelle des männlichen Geschlechts in *The Amnesia* – die Verweigerung des Blicks scheint von einer Verweigerung der Erinnerung gefolgt zu sein. Die Präsenz des Phallus, sei es als Bild, sei es als Vater, sei es als tatsächliches Geschlecht, wird negiert. Die Motive von Absenz und Präsenz von Phallus, von Blick und von Erinnerung, von Intimität und Voyeurismus fangen an eine Kette zu bilden; die Geschichten beginnen zu kreisen, die Bedeutungen fangen an, sich aneinander anzuschließen.

Dieser Prozess wird verstärkt, wenn Calle in verschiedenen Ausstellungen und Präsentationsformen die einzelnen Bild-Text-Installationen der *Autobiographischen Geschichten* unterschiedlich kombiniert. Es entstehen dadurch ähnlich wie bei Höch Motivinseln bestimmter Themen, die bei Calle jedoch in der nächsten Präsentation wieder aufgelöst werden. So präsentiert sie in einer Ausstellung in Hannover *The Bathrobe* neben *The Dutch Portrait*, was die Assoziationskette wieder in eine andere Richtung gehen lässt:[91] Der abwesende Vater, der abwesende Phallus wird hier gesucht bzw. soll der tatsächlich schon existierende Vater durch eine andere Geschichte ersetzt werden. Doch auch unabhängig von Calles Hängungen beginnen die Betrachter/innen rhizomatische Strukturen zu produzieren und mit ihnen eigene Narrationslinien zu bilden. Denn nach dem Prinzip des »asignifikanten Bruchs«, wie es Gilles Deleuze und Félix Guattari beschreiben,[92] kann bei einem Rhizom jeder Punkt mit jedem verknüpft werden. Die scheinbaren Linearitäten und chronologischen Stringenzen werden brüchig. Die Rezipierenden und nicht die Autorin erzählen die Geschichten weiter. Je weiter die Struktur des Rhizomatischen um sich greift, desto mehr gerät die Position der Autorin in den Hintergrund. Denn was bedeutet die Verweigerung des Blicks, das Schließen der Augen für die visuelle Autobiographie tatsächlich? Die Scham des jungen Mädchens und später der jungen Frau wird zwar erzählerisch kurz angezeigt, jedoch ist sie nicht sichtbar. Im Gegensatz zu Rousseaus *Confessions* erfahren wir gerade nichts über die

91 Sophie Calle, Ausst.-Kat. Sprengel Museum Hannover, hg. von Inka Schube, Hannover 2002.

92 Deleuze/Guattari: Rhizom, S. 16, 17.

sexuelle Erregung der Erzählerin oder andere intime Gefühle. Und wenn doch, dann kreisen sie ständig um die Grenze des Zeigbaren und des Sichtbaren. Calle verweigert einen intimen Blick der Betrachter/innen in die Innenwelt der Erzählerin. Das Versprechen der autobiographischen Selbstentblößung wird nicht eingelöst; selbst das Versprechen der detaillierten Erinnerung wird in *The Amnesia* ad absurdum geführt. Es sind gerade die anti-autobiographischen Momente, von denen die *Autobiographischen Geschichten* handeln und die sie paradoxerweise generieren.

Was letztlich die Differenz der *Autobiographical Stories* zu den anderen autobiographisch codierten Arbeiten ausmacht, ist die Tatsache, dass Calle sich hier dezidiert mit dem literarischen Genre der Autobiographie auseinandersetzt, klassische Formen daraus nutzt und sie ähnlich einer modernen literarischen Autobiographie zugleich wieder demontiert. Sie nutzt spezifische Elemente des Genres wie etwa den autobiographischen Pakt, den sie allerdings auch in anderen Arbeiten einsetzt. Doch die durchgängige Perspektive des Rückblicks, die Thematisierung verschiedener Lebensstationen innerhalb einer längeren Zeitspanne und die panoramatische Form einer »Gesamtskizze« sind traditionell autobiographische Elemente, die in anderen Werken nicht in dieser Form und vor allem nicht gleichzeitig auftreten. Jedoch löst Calle diese Elemente wieder auf: Wenn sie die Geschichten wie einzelne Bausteine einer Autobiographie immer wieder neu und anders zusammenstellt und inszeniert, führt Calle die Konstruiertheit des Genres vor Augen. Die Demontage des Autobiographischen in den *Autobiographical Stories* unterläuft daher auch das vermeintlich Autobiographische innerhalb anderer Calle'scher Arbeiten: die visuelle Anti-Autobiographie wird zu einer Strategie der allgemeinen Selbst-Verunsicherung.

Annette Messagers Fragmente fiktiven Lebens: *Les Albums-collections* und *Les Travaux de l'atelier*

Künstlerin und Sammlerin – eine doppelte Identität?

»Sur les travaux de la chambre. Une double vie?« fragt Annette Messager in einer Zeichnung aus dem Jahr 1973 (Abb. 3.1). In der Tat scheint die Künstlerin in dieser Zeit ein Doppelleben zu führen. Die Zeichnung ist eine Art Planskizze und zeigt den Grundriss einer Zweizimmerwohnung, in den diverse Möbel und andere Gegenstände eingezeichnet sind. Sie veranschaulicht, wie die Zweiraumwohnung zum Schauplatz zweier Identitäten wird: *Annette Messager artiste* arbeitet in dem Esszimmer, während *Annette Messager collectionneuse* in dem Schlafzimmer agiert. Analog dazu werden in den beiden Räumen zwei unterschiedliche Werke produziert.

Das Esszimmer wird auf diese Weise zum Atelier der *Künstlerin Annette Messager* »geadelt«. Hier entstehen die Arbeiten *Les Pensionnaires*, die Zöglinge oder auch die Kostgänger. Als *Sammlerin Annette Messager* dagegen produziert sie den Werkkomplex *Les Albums-collections* im »chambre«, in ihrem Schlafzimmer. Die Sammlungen bestehen aus unzähligen, scheinbar intimen Alben, die Messager mit Bildern, Zeichnungen und Texten aus ihrem vorgeblichen Leben füllt. Mit der Präsenz der »persönlichen« Fotoalben im Schlafzimmer, einem Ort intimer Zurückgezogenheit, lässt Messager eine Rhetorik des Privaten entstehen – zumindest konzeptionell in der Zeichnung. Ausgestellt werden die Alben später im öffentlichen Raum des Museums. In ihnen entwirft Messager Fragmente einer visuellen Autobiographie, die von ihrer Hochzeit und Schwangerschaft, von ihrem Kind, ihren Liebhabern oder geheimen erotischen Wünschen zu erzählen scheinen. Zugleich versieht sie den Werkkomplex der *Albums-collections* explizit mit dem Vorzeichen der Sammlung. Messagers Text, der in die Zeichnung integriert ist, beschreibt, wie die ständig wachsende Sammlung ihr Leben zu illustrieren scheint:

»Dans la chambre *je cherche à posseder et m'approprier la vie* et les événements dont j'ai connaissance; continuellement *je dépouille, je rassemble, j'ordonne, je trie et je réduis le tout à l'état de nombreux Albums-collections.* [...] Les collections [...] se répondent entre elles, se modifient souvent, se contredisent parfois. Ni achevées, ni définitives elles sont pour moi la meilleure préservation possible et semblent se prendre pour *ma propre vie illustrée.*« [Hervorh. A.-E. K.]

Das »wirkliche Leben« der Annette Messager scheint sich also in den *Albums-collections* niederzuschlagen. Sie sind Instrumentarium und Zeichen der Lebensbemächtigung; aus diesem Grund bleiben sie ständig im Fluss und sind potentiell endlos. So entwickelt auch Messager eine prozessuale Autobiographie, die unabgeschlossen ist wie die von Sophie Calle. Doch im Gegensatz zu Calles überschaubaren *Autobiographical Stories*, die seit 1988 bis heute Jahr für Jahr um ein paar Geschichten erweitert werden, unterliegen *Les Albums-collections* einem stärkeren Wucherungsprozess – zumindest in den Jahren 1971-1976, in denen sie entstehen. Doch sie sind auf diesen Zeitraum konzentriert und werden danach nicht mehr weitergeführt. In ihrer Entstehungszeit hingegen scheinen sie sich zu verselbständigen und wachsen innerhalb weniger Jahre von 56 auf etwa 90 Albensammlungen an. In einem »Répertoire des Collections«, vermutlich aus dem Jahr 1971,[93] verzeichnet und benennt Messager 56 der Sammlungen (vgl. Textanhang); danach entstehen jedoch noch etliche unnummerierte.[94] In dieser Spannung zwischen Bildaneignung und dem Aufgehen in den ersammelten Bilderfluten entsteht das plurale Künstlerselbst von Annette Messager.

Les Albums-collections bestehen aus Bildern und Texten aus Zeitungen, Magazinen und Journalen, zeigen aber auch Spuren und Objekte des Alltags wie Einwickelpapiere, Rechnungen, Stoffproben oder Kochrezepte. Diese »Objets trouvés« und Bilder des Alltags wählt die Künstlerin aus, schneidet sie aus und ordnet sie, versehen mit handschriftlichen Titeln und manchmal auch Unterschriften, thematisch in selbstgefertigte Alben, Bücher und Hefte ein. Jede *Albums-collection* hat einen unterschiedlichen Umfang und besteht mal aus drei, mal aus zehn, zwanzig oder mehr Alben verschiedener Größe. Sie stellt jeweils eine Sammlung für sich dar, so dass die *Albums-collections* in ihrer Gesamtheit nicht nur *eine* Sammlung per se sind, sondern eine Sammlungs-Sammlung bilden.

Diese immense und gleichzeitig banal erscheinende Sammlung erzählt vorgeblich von Annette Messagers Leben, ihren Wünschen und Alltäglichkeiten: In *Mes dessins d'enfant* findet man bunte Kinderzeichnungen (Abb. 3.6); in *Mes dépenses quotidiennes* (Abb. 3.7) sammelt sie Rechnungen und kommentiert sie, jedoch schon in *Le mariage de*

93 Annette Messager. Comédie Tragédie. 1971-1989, Ausst.-Kat. Musée de Grenoble, Musée de la Roche-sur-Yon, Bonner Kunstverein, Kunstverein für die Rheinlande und Westfalen, Düsseldorf, Dijon 1989, S. 38. Das *Répertoire* ist nicht datiert, muss aber noch vor der Zeichnung von 1973 entstanden sein, da es weniger Sammlungen auflistet. Da die *Pensionnaires* mit dem Jahr 1971 datiert sind, vermute ich, dass die Auflistung in diesem Jahr entstanden ist.

94 Ich begrenze meinen Fokus mit Ausnahme zweier unnummerierter *Alben-Sammlungen* auf die 56 nummerierten *Albums-collections*. In der zitierten Zeichnung und dem Text *Double Vie* ist bereits von der Zahl 59 die Rede, doch eine definitive Angabe über den Umfang der *Albums-collections* zu machen ist auch nach genauer Recherche nicht möglich. Bei einem Atelierbesuch bei Annette Messager im Oktober 2001 fotografierte ich alle Sammlungen, die sich zu dem Zeitpunkt im Besitz der Künstlerin befanden und die sie als Komplex der *Albums-collections* führt. Darunter befand sich das Album Nr. 61, aus dem sich meine Mindestzahl ergibt. In Messagers Besitz befindet sich die Hälfte der 56 aufgelisteten Sammlungen aus dem *Répertoire*, die andere Hälfte ist in Privatbesitz oder in Museen. Ich fotografierte jedoch noch weitere 26 Sammlungen, die nicht nummeriert waren. Die derzeit jüngste Publikation über die *Alben-Sammlungen* von Marie-Laure Bernadac macht auch keine genaueren Angaben über die Gesamtzahl.

Mademoiselle Annette Messager (Abb. 3.3) wird deutlich: Es ist hier nicht die Künstlerin selbst zu sehen, sondern sie zeigt Zeitungsausschnitte verschiedener Hochzeiten. Sie überklebt die Namen der Bräute mit ihrem eigenen und träumt sich auf diese Weise wie ein junges Mädchen in die massenmedial reproduzierten Fotografien hinein, Auch *Ma vie illustrée* (Abb. 3.9) zeigt mitnichten Annette Messager oder »ihr Leben«, ja noch nicht einmal Fotoausschnitte aus Zeitungen – hier sind es erotische Trivialcomics, die sie mit eigenen Überschriften und kleinen Erzählungen in den Unterschriften versieht. Auf diese Weise entsteht eine Bricolage aus handschriftlichen Texten und kollektiven Bildern, aus Alltagsresten und Fundstücken vom Flohmarkt. Sie scheinen ebenso Spuren eines realen Lebens zu tragen wie sie gleichzeitig aus dem Reservoir der Klischees und Massenmedien schöpfen. Diese Fülle von Reproduktionen und Materialien breitet Annette Messager in Alben-Stapeln aus, die mehrere Kubikmeter einnehmen – weit mehr, als in einer Abbildung von 1972 zu sehen ist (Abb. 3.2).

Im »atelier« dagegen herrscht eine andere Ordnung. Hier gibt *Annette Messager artiste* vor, mit toten ausgestopften Spatzen zu experimentieren, die als ihre *Pensionnaires* unter der strengen Fuchtel einer mutter- oder gouvernantenähnlichen Autorität leben. Eine Preisausschreibung der Firma Woolmark, die den Künstlern und Künstlerinnen vorgab, in ihren Arbeiten Wolle zu verwenden, hatte Messager auf die Idee gebracht, die Spatzen wie Puppen in pastellfarbene Strickkleidung zu zwängen (Abb. 3.8).[95] Außerdem werden sie bei Ungehorsam auch schon mal auf kleinen Streckbänken gefoltert (Abb. 3.10) und per Stromstoß zum Spaziergang bewegt (Abb. 3.11). Die Behandlung der *Pensionnaires* bewegt sich zwischen Terror und Fürsorge, Zärtlichkeit und Folter.[96] Die Rolle der sadistischen Mutter erinnert gleichzeitig an ein Kinderspiel, denn die leblosen Tiere fungieren als makabrer Ersatz für Stofftiere, mit denen Annette Messager in späteren Arbeiten experimentieren wird: Wie jene »Übergangsobjekte«, die bei dem Kind die Ablösung der Mutter durch ein Objekt in Gang setzen, bekommen sie als lebendige Figuren eine Identität und eine Geschichte. Minutiös dokumentiert *L'artiste* ihre Aktivitäten mit den Spatzenkindern in einer Art Tagebuch, das in Form einer alltagsethnologischen Studie Ereignisse und Beobachtungen festhält (Abb. 3.12). Zeichnungen und Fotografien der »Promeneurs«, die mithilfe von

95 Grenier: Annette Messager, S. 49.

96 Vgl. Alma-Elisa Kittner: »Von der Folter zur Lust und der Lust an der Folter. Der zugerichtete Körper bei Annette Messager«, in: Alexandra Karentzos/Birgit Käufer/Katharina Sykora (Hg.): Körperproduktionen. Zur Artifizialität der Geschlechter, Marburg 2002, S. 171-173.

metallischen Mechanismen zum Spazierengehen gezwungen werden, ergänzen die scheinbare Dokumentation.

Diese beiden Werkkomplexe scheinen auf den ersten Blick in keiner Weise miteinander verbunden zu sein – so beschreibt es Messager anhand der Reaktion eines Freundes, der die Aktionen im »atelier« nicht mit denen im »chambre« zu verknüpfen weiß. Doch »wenn er damit nichts anfangen kann«, folgert die Künstlerin laut eigener Aussage damals, »heißt es vielleicht, dass es interessant ist«.[97] Daraus erklärt Messager die systematische Aufteilung ihres Werkes in das der *Annette Messager artiste*, die ihre puppenartigen Wesen erschafft und manipuliert, und das der *Annette Messager collectionneuse*, in der sie sich die Welt der Bilder und Klischees in den Massenmedien, die Welt der Haushaltswaren und trivialen Gegenstände aneignet.

Doch schließen diese beiden Identitäten und Werkkomplexe, die nur durch den Eigennamen *Annette Messager* zusammengehalten werden, einander tatsächlich aus? Messager bemerkt später selbst einen Zusammenhang: den zwischen der Taxidermie,[98] die sie in ihrem Atelier pflegt, und der Fotografie, die in *Les Albums-collections* eine große Rolle spielt.

»Heute ist mir klargeworden, dass Taxidermie und Fotografie aus denselben Ansprüchen hervorgehen. Die Taxidermie besteht darin, dass man einen fliegenden Vogel fixiert oder dass man die Gebärde eines Löwen festhält, der einer Beute auflauert. Auf dieselbe Weise hält die Fotografie Bewegung, hält sie Leben fest und bringt es zum Erstarren.«[99]

Messagers Aussage lässt sich an Fototheorien anschließen wie etwa die von André Bazin: Auch ihm gilt Fotografieren als eine Technik der Mumifizierung und sie gehört damit zur selben Klasse wie etwa Totenmasken.[100] Doch nicht nur der Akt des Einfrierens ist den beiden Verfahren gemeinsam, sondern die Konservierung macht die Dinge verfügbar und damit sammelbar. Zudem sind ausgestopfte Tiere bevorzugtes Sammelobjekt in sogenannten Volks-, Heimat- und Naturkundemuseen. So ordnet Messager in ihrem »musée personnel«, wie die Arbeiten in

97 »Gespräch mit Bernard Marcadé«, in: Ausst.-Kat. Annette Messager. Comédie Tragédie, S. 158-175, hier: 158.

98 Vgl. Duden. Das große Fremdwörterbuch, Mannheim 1994, S. 1345: »Taxidermie […]: das Haltbarmachen toter Tierkörper für Demonstrationszwecke (z. B. Ausstopfen von Vögeln).«

99 Ausst.-Kat. Annette Messager. Comédie Tragédie, S. 159.

100 André Bazin: »Ontologie des fotografischen Blicks«, in: Ders.: Was ist Kino? Bausteine zu einer Theorie des Films, Köln 1975, S. 21-27.

einer Ausstellung von 1973 genannt werden,[101] eine stattliche Anzahl der Spatzen fein säuberlich auf Tischen, sammelt ihre Federn, aus denen sie ein *Alphabet des plumes* konstruiert, und zeichnet die Aktivitäten mit den Vögeln minutiös auf.

Eine etwas genauere Zeichnung zu dem zweigeteilten Raum macht die sammlerischen Strukturen im »atelier« deutlicher, indem sie etwa die Reihungen der Spatzenkörper und des *Federalphabets* skizziert (Abb. 3.13). Auch hier ist also ein Teil von *Annette Messager collectionneuse* wirksam. Überdies bezeichnet sie auf dem Blatt die Aktivitäten mit den *Pensionnaires* mit dem Begriff »Montage«. Der Akt des Montierens findet jedoch auch in der Zusammenstellung der Alben statt. Ebenso ist der Begriff »dépouiller«, den sie den Aktionen mit den *Pensionnaires* zuordnet, durchaus zweideutig: »Dépouiller« heißt »sichten, genau durchzählen«, was auch für die *Albums-collections* gilt, die sie exakt auflistet und bezeichnet. Gleichzeitig bedeutet »la dépouille« »die Leiche«, die (sterblichen) Überreste« und bezieht sich auf die erstarrten toten Spatzen. Auf der anderen Seite der Wohnung, im »chambre«, werden die Tätigkeiten der *Collectionneuse* auf der Zeichnung wiederum mit »Rangement et Conservation« bezeichnet, was natürlich ebenso auf die Aktivitäten mit den *Pensionnaires* zutrifft.

Beide Werkkomplexe sind folglich von sammlerischen Strukturen gekennzeichnet; sie entstehen nicht nur gleichzeitig, sie scheinen einander auch zu bedingen, wie noch deutlich werden wird. Beide werden zudem in ähnlicher Weise ausgestellt: nämlich in Vitrinen, in denen man gemeinhin auch Sammelobjekte präsentiert (Abb. 3.14). Doch im Gegensatz zu den Spatzen-Installationen werden die *Albums-collections* überdies noch anders gezeigt: Messager fotografiert ausgewählte Blätter aus bestimmten Alben ab, kombiniert sie teils mit Originalblättern aus anderen Alben und hängt diese Bildakkumulationen als Installation an die Wand. So werden beispielsweise Zeichnungen aus dem Album *Comment mes amis feraient mon portrait* von Fotografien aus dem Album *Mes expressions diverses* gerahmt – einer Ansammlung von Film Stills, die meist Frauen mit dem Gesichtsausdruck des Schreckens, des Horrors und der Angst zeigen (Abb. 3.26). Das Porträt wird auf diese Weise mehrfach fiktionalisiert. Der Titel verweist auf den Konjunktiv: »Wie meine Freunde mein Porträt machen würden«. Gleichzeitig sehen wir tatsächlich 68 kleinformatige Zeichnungen, die vorgeblich von ihren Freunden stammen. Sie sind sehr reduziert und keiner Darstellungstradition inner-

101 Cinq musées personnels. Jean-Louis Bertholin, Christian Boltanski, Joel Fisher, Thomas Kovachevich, Annette Messager. Ausst.-Kat. Musée du Grenoble, Grenoble 1973.

halb der Kunstgeschichte verpflichtet, sondern wirken eher beiläufig, amateurhaft und wie in privaten Zusammenkünften entstanden. Sie zeigen jedoch durchgängig eine Frau, die an ihrem ovalen Gesichtsschnitt und langen dunklen Haar wiedererkennbar ist: mal schlafend, mal nachdenklich, mal im Profil oder auch nur auf die Augen reduziert. Cirka 55 gerahmte Fotografien in noch kleinerem Format sind um diese Zeichnungen gruppiert. Sie zeigen Film Stills von Frauen mit verschiedenen Gebärden und zumindest in einem Fall die Künstlerin selbst, die, zu einer Pose des Schmerzes erstarrt, pathetisch zum Himmel blickt. Sie reiht sich ein in die stereotypen Darstellungen der Gefühlswelten und unterscheidet sich in nichts von den fiktiven Foto- und Filmfiguren. Deshalb nimmt bei Messager die Auseinandersetzung mit dem Porträt im Gegensatz zu Höch und Calle keine konstitutive Rolle ein. Sie schließt sich vielmehr an die Reflexionen unterschiedlicher Klischees und Phantasmen an, die sie sich durch Sammeln und Kopieren aneignet.

»Les fantasmes de tout le monde!«[102]

Aus den Phantasmen aus Film und Fernsehen, Zeitschriften und Hochglanzmagazinen entwickelt die Künstlerin eine Narration des eigenen Lebens. Ist es vielleicht die Erzählung, das vorgeblich Autobiographische, das *Annette Messager collectionneuse* von *Annette Messager artiste* trennt? Denn wie bereits erwähnt widmen sich einzelne Alben vorgeblich biographischen Ereignissen wie Messagers Hochzeit, ihrer Schwangerschaft, ihrem Kind, ihren Reisen oder auch ihren Einkäufen, ihrem Schmuck, ihren Vorlieben und Abneigungen bestimmten Männern gegenüber. Die *Alben-Sammlungen* bestehen aus einer Fülle äußerst heterogener Fragmente, aus denen eine fragmentierte Narration entsteht. Die Betrachtenden können die Geschichten selber zusammensetzen und sind doch fast überfordert von der Fülle der Elemente.

Doch wovon handeln die Erzählungen der *Annette Messager collectionneuse*? Kann man hier tatsächlich von einer Autobiographie sprechen oder ist es eher ein Tagebuch? Und ist es überhaupt sinnvoll, angesichts dieser Heterogenität und Fragmentierung mit den Kategorien literarischer Genres zu operieren? Eines ist zumindest klar: *Les Albums-collections* rufen in ihrer Mischung aus Fotoalbum, Tagebuch[103] und Autobiographie Genres des Privaten auf. Die Form des selbstgemachten Buches, die

102 Zitat aus dem Gespräch mit Bernard Marcadé in: Ausst.-Kat. Annette Messager. Comédie Tragédie, S. 123.

103 Grenier: Annette Messager, S. 51.

handlichen Formate, die Possessivpronomina, mit denen sie versehen sind, suggerieren eine Intimität, die teils tagebuchartig, teils autobiographisch sein kann. In völlig anderer Weise als Hannah Höch oder Sophie Calle setzt Messager diese Rhetorik des Intimen ein, um damit eine »falsche« Biographie und ein »falsches« Innenleben zu entwickeln. »Il s'agit finalement toujours d'une fausse introspection«, so Messager in Bezug auf ihr gesamtes Werk.[104] Findet bei Höch eine starke Fiktionalisierung des gezeigten eigenen Lebens statt, führt uns Sophie Calle auf falsche Fährten, so ist Messager unter den drei Künstlerinnen diejenige, für die das »Intime« und das »Autobiographische« kulturelle Muster sind, in denen sich kollektiv geprägte Identitäten formulieren. Die »Künstlerin selbst« verschwindet hinter diesen Mustern, sie ist nur diejenige, die sie aufruft – und davon möglichst viele und widersprüchliche, wie sich noch zeigen wird.

So ist gerade das Medium *Fotoalbum* ein weit verbreitetes kulturelles Format, das mit Privatheit und Familiarität verbunden wird. Andererseits ist, darauf weist Michael Rutschky hin, »das Foto-mit-Unterschrift [...] ein Genre der Publizistik sowie des Familienalbums (worin sich [...] die archaische Aufteilung des sozialen Raums in Außen und Innen reproduziert).«[105] Rutschky meint mit dieser Aufteilung des sozialen Raums die Trennung des Öffentlichen vom Privaten – eine Konstruktion, die eher neuzeitlich als archaisch ist. Diese Dichotomie wird in Bezug auf Messagers Umgang mit Bildüber- und unterschriften interessant, weil sie diese beiden Sphären des »Außen und Innen« miteinander verbindet und auf spezifische Weise durchkreuzt. Im Falle von *Le Mariage de Mlle Annette Messager*, der *Album-Collection Nr. 1*, werden öffentliche Fotos durch die veränderte Überschrift manipuliert und dann in eine Art Familienalbum integriert (Abb. 3.3). In *Annette Messager pendant 9 mois* werden Fotografien schwangerer Frauen reproduziert (allerdings ohne Köpfe) und mit handschriftlichen Unterschriften versehen, die über den Monat der Schwangerschaft informieren wie etwa »début septembre« oder »en octobre« (Abb. 3.15). Die sozialen Räume von Messager werden als eine Konstruktion gezeigt, die sowohl das Private wie das Öffentliche durchdringt und sich in der Form verschiedener »personnages« trifft.

104 Aus dem Gespräch mit Bernard Marcadé in: Ausst.-Kat. Annette Messager. Comédie Tragédie, S. 123.

105 Michael Rutschky: »Foto mit Unterschrift. Über ein unsichtbares Genre«, in: Andreas Volk (Hg.): Vom Bild zum Text. Die Photographiebetrachtung als Quelle wissenschaftlicher Erkenntnis, Zürich 1996, S. 117-133, hier: 118.

Catherine Grenier beschreibt diese Verknüpfung folgendermaßen: »L'ensemble des cinquante-six *Albums* dessine l'identité d'une femme particulière – celle qui collectionne – tout en décrivant plus largement la féminité – son univers, ses caractères, ses travers.«[106] Über die Identität einer »bestimmten Frau«, die sammelnd tätig ist, wird das Bildarsenal der »Weiblichkeit« in enzyklopädischer Ausführlichkeit vor uns aufgerollt. Es beginnt in der Zählung des *Répertoire* mit dem Album *Le Mariage de Mlle Messager*, in dem die *Collectionneuse* die Namen der tatsächlichen Bräute mit ihrem eigenen überschreibt. Hier träumt sich ein junges Mädchen, das man früher abschätzig eine »midinette«[107] genannt hätte, wie Grenier treffend bemerkt,[108] in die bunte Welt der Frauenmagazine direkt in die Arme verschiedener junger Männer hinein. Die Identität eines jungen Mädchens wird entworfen, das nicht von seiner real stattgefundenen Hochzeit erzählt, sondern von seinen »geheimen Wünschen«, die direkt aus der Welt der Klischees stammen. Wir sehen weniger Spuren einer tatsächlichen Biographie, sondern vielmehr die Sehnsucht nach der Musterbiographie, nach der Anfang der 70er Jahre – und in den meisten Regionen der Welt bis heute – der Höhepunkt im Leben einer Frau in der Hochzeit besteht. Messager führt gleichsam die Identitätslosigkeit eines heranwachsenden Mädchens vor, dessen »vie secrète« vollkommen in den Stereotypen von Weiblichkeit aufgeht. Doch wird dies nicht im Sinne von Grenier gewertet, die von einer »moquerie de la femme par la femme«[109] spricht und darin sogar Verachtung – »mépris pour des attributs de la féminité«[110] – entdecken will. Spott und Ironie sind dabei sicherlich im Spiel, doch »Verachtung« würde der Heterogenität der Sammlung, die sich letztlich selbst neutralisiert, widersprechen. Gefühle wie Eifersucht, Schmerz, Angst und selbst Verachtung werden nur in ihren Klischees aufgerufen, als solche repräsentiert und als Gefühle der *Collectionneuse* ausgewiesen, jedoch nie als die einzige »wahre« Position der Erzählerin präsentiert.

Denn neben der »midinette« existieren noch andere Identitäten. Eine weitere »Personnage« der *Albums-collections* könnte das nun erwachsene Mädchen als Hausfrau und Mutter darstellen: In betont ernsthafter Weise werden in einer großen Anzahl der Alben praktische Ratschläge einer Frau gegeben, die sorgfältig ihren Haushalt führt. Anhand von Zeichnun-

106 Grenier: Annette Messager, S. 51.

107 Vgl. Pons. Großwörterbuch Französisch–Deutsch, Stuttgart 2004, S. 423: »Midinette [...] pej. Backfisch [...]; des lectures de midinette: Jungmädchenlektüre.«

108 Grenier: Annette Messager, S. 51.

109 Ebd., S. 56.

110 Ebd.

gen und Texten erzählt sie, wie sie erste Hilfe betreibt (*Mon médical pratique*), welche Pilze giftig sind und welche nicht (*Ma collection de champignons bons et de champignons mortels*, (Abb. 3.16), wie man eine Stoffsammlung zum Schneidern anlegt (*Ma collection de tissus*) und sie gibt weiterhin vielfältige praktische Ratschläge für den Haushalt (*Ma vie pratique*, Abb. 3.17). Sie ist eine Musterfrau, die alle Ratschläge jeglicher Journale beherzigt, sammelt, mit eigenen Erfahrungen abgleicht und übererfüllt. Die gleiche Musterfrau schreibt in *Tout sur mon enfant* brav Sentenzen aus Zeitschriften ab: Unter dem ausgeschnittenen Text »La Mère camarade« wird handschriftlich erklärt »Je suis la mère camarade« und unter »La Mère bonne femme« versichert die Schreiberin »Je suis la mère bonne femme« (Abb. 3.18). Wie eine Litanei wiederholt *La collectionneuse* die Qualifikationen, die einer Mutter zugeschrieben werden, in der ersten Person Singular »Je suis sage comme des images«, äußert Messager 1975[111] – »Ich bin brav wie die Bilder«. Die gelehrige Schülerin schreibt sich die gesellschaftlichen Forderungen, die an eine Mutter gerichtet werden, wie in einer Strafarbeit unermüdlich wiederholend ins Vokabelheft, um sich und uns von der eigenen Professionalität und Vorbildlichkeit ihrer Mutter-Rolle zu überzeugen. Der performative Akt soll die vorbildliche Übermutter hervorbringen – die zugleich ein Schulmädchen geblieben ist. Die vorgeblich autobiographischen Erinnerungen Messagers spiegeln daher die normativen Direktiven der Gesellschaft, die an die Frau gerichtet werden. Es ist die »*konnektive Struktur* eines gemeinsamen Wissens«, die laut Jan Assmann den mythischen und historischen Erzählungen der Kultur zugrunde liegt:[112] »Beide Aspekte [der Sozialdimension und der Zeitdimension in der konnektiven Struktur]: der normative und der narrative, der Aspekt der Weisung und der Aspekt der Erzählung, fundieren Zugehörigkeit oder Identität, ermöglichen es dem Einzelnen, »wir« sagen zu können.«[113]

Tatsächlich werden Teile der *Albums-collections* von Messager in einer späteren Künstlerbuchausgabe mit dem Titel »Nos témoignages« – »Unsere Beweise/Zeugen« – unter dem Zeichen des »Wir« veröffentlicht: *Les tortures volontaires* werden zu *Nos tortures volontaires* und *Mes clichés temoins* sind nun *Nos clichés temoins*.[114] Doch auch ohne diese explizite Veränderung der Possessivpronomina wird deutlich: *Les Albums-collections* speichern weniger das individuelle Gedächtnis, son-

111 Ausst.-Kat. Annette Messager. Comédie Tragédie, S. 57.

112 Jan Assmann: Das kulturelle Gedächtnis, München 1997, S. 16. Hervorhebung J. A.

113 Ebd., S. 16.

114 Hans-Ulrich Obrist (Hg.): Annette Messager. Nos Témoignages, Stuttgart 1995.

dern bilden größtenteils Bilder des kulturellen Gedächtnisses ab. »Les fantasmes d'Annette Messager, ce sont les fantasmes de tout le monde!« so Annette Messager, die damit die Unterscheidung des Kollektiven vom Individuellen obsolet erscheinen lässt.[115]

Das geschieht auch über den Akt des Kopierens, der hier ins Bild gesetzt wird – *La Collectionneuse* ist letztlich auch eine *Kopiererin*, die selbst von sich sagt: »Je copie, je recopie, je rerecopie […].«[116] Die visuelle Autobiographie ist bei ihr die Kopie einer Musterbiographie, die als die eigene ausgewiesen wird. Dass das Kopieren eine grundsätzliche Strategie der Vervielfältigung bei Messager ist, wird an anderer Stelle genauer analysiert werden. Hier ist zunächst wesentlich, dass die Kopie der Autobiographie durch den Akt des handschriftlichen Schreibens hervorgebracht wird. Auch das Tagebuch zeichnet sich in seiner klassischen Form durch die Handschriftlichkeit aus, die Unmittelbarkeit und Originalität suggeriert. In ihrer Binnenstruktur setzen sich die scheinbar autobiographischen Fragmente der *Alben-Sammlungen* aus Kopien und Objets trouvés vom Flohmarkt wie Tagebüchern, Reisebüchern und Fotoalben zusammen. Erst die Gesamtheit dieser Fragmente inszenierter Authentizität lässt den Eindruck einer Autobiographie entstehen. Dabei wird die Strategie des Kopierens durch das Handschriftliche zu einem Medium der Authentifizierung: Die Kopie bringt paradoxerweise ein »Original« hervor.

Doch es schleichen sich in den Prozess des Kopierens auch kleine Ungehorsamkeiten ein: »si vouz avez un enfant ou plusieurs« wird bei der *Collectionneuse* zu »si j'ai un enfant ou plusieurs«; dies lässt sich jedoch noch unter den Akt der gehorsamen Einschreibung subsumieren. Doch das Credo »Un enfant ça s'élève à deux« transformiert die Sammlerin zu »un enfant ça s'élève avec sa maman« – die Autorin greift ein und wird textuell im »je« und in »sa maman« sichtbar. Die gesellschaftliche Direktive wird hier buchstäblich durch die Autorinnen-Autorität umgeformt und auf die erste Person Singular zugeschnitten. Zudem tauchen neben diesen teils gehorsamen, teils widerspenstigen Einverleibungen Widersprüche auf: Während in *La grande aventure des 2 premières années de la vie* die vermeintliche Mutter den Fortschritt ihres Kindes bejubelt (Abb. 3.4), kratzt sie den fotografierten Kindern in *Les enfants aux yeux rayés* buchstäblich die Augen aus (Abb. 3.19). Fein säuberlich werden die Augenpartien der abgebildeten Kinder überkritzelt. Sie verletzt damit die in der Gesellschaft fast sakral konnotierte Sphäre der Mütter-

115 Aus dem Interview von Bernard Marcadé in: Ausst.-Kat. Annette Messager, Comédie Tragédie, S. 123.

116 Ebd., S. 57. Das Zitat stammt aus dem Jahr 1975.

lichkeit, was in der französischen Öffentlichkeit auch tatsächlich empörte Reaktionen hervorrief.[117] Ebenso wenig scheinen die pornografischen Phantasien in *Mes dessins secrets* in das Bild der mustergültigen Hausfrau zu passen (Abb. 3.20).

Das »Je« der Sammlerin, das sich so obsessiv die kollektiven Vorstellungen einverleibt, scheint weniger eine geschlossene Identität zu sein, sondern in sich viele »personnages« zu versammeln. Aus ihnen wird Messager später verschiedene andere Identitäten entwickeln: *La femme pratique* ist in der Sammlung *La vie pratique* vorweggenommen, *La touriste* ist bereits in der Sammlung der Reisehefte präsent und *L'amoureuse* kündigt sich schon in *Les hommes que j'aime* an. Dieser Pluralisierung des »Je«, das sich auf verschiedene Identitäten bezieht, steht die einheitliche authentifizierende Handschrift entgegen. Denn trotz des Kopierens legt die Handschrift einen autobiographischen Pakt nahe, zumal sogar der Name der Autorin in derselben Schrift auf dem Cover jeder *Album-collection* zu lesen ist. Es ist die Schrift der *Annette Messager collectionneuse*, die auch als solche auf jedem Titelblatt der Alben unterzeichnet. Sie eignet sich durch das »Je« Klischees und Normen an und pluralisiert auf diese Weise ihre Rollenzuschreibungen. Calles »Je« wirkt demgegenüber viel einheitlicher. Auch wenn es um eine Leerstelle kreist, ist es doch immer ein ähnliches »Ich«, das dies tut und das Geschichten erzählt, die einander nicht zu widersprechen scheinen.

Wenn wir jedoch den autobiographischen Pakt mit Messager schließen würden, ginge das nur mit der Annahme, dass nicht nur die Autorin mit der Erzählerin, sondern beide mit der Protagonistin zusammenfallen – doch die dargestellten Personen sind häufig Fremde und der Pakt bricht an dieser Stelle auseinander. Selbst wenn nicht Bilder, sondern Objekte oder Zeichnungen die Alben füllen, könnten Autorin, Protagonistin und Erzählerin zwar pro Album eine Einheit bilden. Dennoch widersprechen die Alben einander, wenn sie sich auf unterschiedliche Identitäten und unterschiedliche Zeiten beziehen. So verweist das handschriftliche »Je« zwar auf eine einheitliche Quelle, ist jedoch kein Garant dafür, dass diese Einheit tatsächlich existiert. Im Gegenteil: In der *Collection pour trouver ma meilleure signature*, testet *La collectionneuse* verschiedene Unterschriften aus und korrumpiert damit die vermeintliche Individualität und Authentizität der Unterschrift als Signatur (Abb. 3.21). Gleichzeitig passt diese Sammlung wie *Le mariage de Mlle Messager* zu dem Bild eines jungen Mädchens, das sich auf narzisstische Weise mit der Suche nach seiner Identität beschäftigt.

117 Vgl. Heinz Jocks: Annette Messager, Köln 2001, S. 17.

Ebenso wenig wie eine einheitliche Identität existiert hier eine chronologische Erzählung. Weder die simultan wirkenden Sammlung der *Albums-collections* noch ihre Reihenfolge, wie sie im *Répertoire* aufgelistet sind, bieten lineare, chronologische Ordnungsstrukturen. So beginnt das *Répertoire* mit der Hochzeit, kommt erst später zu den »eigenen« Kinderzeichnungen und führt die Schwangerschaft erst nach dem Album auf, in dem die Messager über »ihr« Kind erzählt. Sie endet jedoch mit *La semaine prochaine* mit einem Blick in die Zukunft. Wo immer ein retrospektiver Blick auftaucht wie in *Le mariage de Mlle Annette Messager*, in *Annette Messager pendant 9 mois* oder *Mes dessins d'enfant* erweist er sich als gefälscht und wird destruiert. Es ist vielmehr der »prähume«[118] Vorgriff und die prähume Produktion einer weiblichen Musterbiographie, die, wenn überhaupt, in der Zukunft der Künstlerin stattfinden wird: Eine Autobiographie im Futur – und das auch nur als Kopie.

Stärker noch als in den *Autobiographical Stories* von Sophie Calle wird bei Messagers *Albums-collections* statt einer chronologischen Narration eine rhizomatische Struktur entwickelt. Sie ist nicht wie bei Calle eine von mehreren Möglichkeiten, die Sammlungen zu verstehen, sondern das Rhizom wird hier zum Programm. Die ausufernden Sammlungen bilden ein ungerichtetes Netz unterschiedlicher Bezüge: So lassen sich die erotischen Zeichnungen *Mes dessins secrets* (Abb. 3.20) mit den softpornografischen Comics aus *Ma vie illustrée* verbinden (Abb. 3.9); gleichzeitig könnte man auch eine Linie zu den kosmetischen Foltern in *Les tortures volontaires* ziehen (Abb. 3.23, 3.24). An jeder Stelle können die Sammlungen nach dem Prinzip des asignifikanten Bruchs getrennt werden;[119] andersherum können sie potentiell immer weiter wachsen. Auch das Prinzip der Kartografie lässt sich in den Sammlungen finden, denn es gibt keine »genetischen Achsen und Tiefenstrukturen«,[120] die die Sammlungen hierarchisch strukturieren. Die Ansammlungen von Kopien breiten ein gefälschtes pluralisiertes Leben vor uns aus. Insofern stößt Annette Messagers Form der visuellen Muster-Autobiographie auch an die Grenze der Genres von Autobiographie und Tagebuch – nur als Zitat tauchen sie innerhalb der Sammlung auf: *Ma vie illustrée*, das man irrtümlicherweise als *die* Schlüsselsammlung unter den Sammlungen verstehen könnte, ist dabei genauso eine Sammlung unter vielen, weil sie nur eine weitere Facette der Trivialmythologie der Comics zeigt. Ebenso verhält es sich mit der Sammlung *Mes carnets de voyage*, die keine »echten« Reisetagebücher sind, sondern als Fake nur eine Ansammlung ge-

118 Grenier: Annette Messager, S. 56ff.

119 Deleuze/Guattari: Rhizom, S. 16, 17.

120 Ebd., S. 20.

fundener fremder Tagebücher darstellen. Ein weiteres Mal wird hier die Vorstellung der authentifizierenden Handschrift ad absurdum geführt, denn es sind fremde Handschriften, die auf andere Autoren und Autorinnen verweisen. Messager führt vor, wie mit einer Vielzahl von Identitäten eine homogene Autobiographie gar nicht möglich ist. 1976 beschreibt sie die Multiplizierung ihrer Identitäten folgendermaßen:

»Depuis quelques années il existe plusieurs Annette Messager: *Annette Messager Collectionneuse, Annette Messager Femme Pratique, Annette Messager Truqueuse, Annette Messager Artiste.* Je n'avais pas de *titres*, je m'en suis donnés, *je deviens ainsi une personne ›importante‹, bien définie.* Je trouve mon identité à travers *la multiplicité de ces personnages.*
Ces multiples Annette Messager me permettent de présenter en même temps des travaux de formes très diverses comme on a en nous beaucoup de personnages à la fois divergents et contradictoires.«[121] [Hervorh. A.-E. K.]

Einer dieser Titel, die sich Messager gegeben hat, um »wichtig« zu sein, ist der Titel der »Künstlerin«. *Les Pensionnaires* ist der Werkkomplex, in dem sie diese Identität zuerst zeigt.

Puppenspiele der Allmächtigen: *Annette Messager artiste*

Die Arbeit *Les Pensionnaires* entsteht zeitgleich mit *Les Albums-collections*, wie die Zeichnung *Une double vie?* zeigt (Abb. 3.1), und ist wie bereits erwähnt gleichsam die Rückseite der Sammlungen. *Les Pensionnaires* setzt sich aus mehreren Elementen zusammen: Dreidimensionale Objekte – die toten Spatzen – werden von Fotografien und Zeichnungen begleitet. Auch Texte, die in sauberer Handschrift in karierte Schulhefte geschrieben sind, gehören dazu. Objekte, Bilder und Texte beziehen sich aufeinander und bilden anders als *Les Album-collections* einen kohärenten Ausschnitt aus dem fiktiven Leben der *Annette Messager Artiste.* Sie widersprechen einander nicht, sondern bauen aufeinander auf und illustrieren nachvollziehbare Aktionen und Tagesabläufe. Die Erzählerin erscheint in den Texten als Lehrerin, Gouvernante oder als strenge, besorgte und zärtliche Mutter – es sind Facetten einer Identität, die homogen erscheint. Die Erzählerin ist gleichzeitig Akteurin und Protagonistin und wendet sich als solche explizit an eine Leserschaft. In einem der ersten Kataloge von Annette Messager, in dem fast der gesamte Werkkomplex der *Pensionnaires* gezeigt wird, sind die einzelnen

121 Ausst-Kat. Annette Messager. Comédie Tragédie, S. 24.

Erzählungen streng nach einem »Table des matières«, einem Inhaltsverzeichnis mit sechs nummerierten Kapiteln, geordnet.[122]

Das erste Kapitel mit dem Titel »Au lecteur« besteht allerdings nur aus dem simplen Satz: »A défaut d'autres qualités, mon récit reflète quelques expériences.« Die Erzählerin nimmt sich zunächst bescheiden zurück und gibt nur einige »Erfahrungen« oder auch »Experimente« und »Versuche« wieder. Diese »Erfahrungen« werden nun in den nächsten fünf Kapiteln dargestellt. So schildert das zweite Kapitel »En général il fait CHILP« die verschiedenen Zwitschertöne der Spatzen: Wie in einer wissenschaftlichen Studie notiert *L'artiste*, wann die Vögel welche Art von Geräuschen machen. Den »poupées«, wie Grenier sie treffend nennt,[123] werden wie im kindlichen Spiel menschliche Eigenschaften zugeschrieben: Das cholerische Schreien, das Nervosität anzeigen soll, das familiäre Rufen oder das Tschilpen als Mittel, ein Territorium zu verteidigen, wird von der Pseudo-Ethnografin *Annette Messager Artiste* genau beschrieben. Dies erinnert sowohl inhaltlich als auch in seiner penibel geordneten Form an die frühe Methode der Ethnologie, die durch »participant observation«, die sogenannte teilhabende Untersuchung, geprägt war. Der Ethnologe Bronislaw Malinowski, der diese Methode in den 1920er Jahren prägte, hielt seine Beobachtungen sorgfältig in Tagebüchern fest, während er mit den »Objekten« seiner Untersuchung zusammen lebte. Diese Basismethode der Ethnologie ist jedoch sehr subjektiv geprägt: »The diary which forms the basis for secondary listings of observations says as much about the ethnographer as it does the site and the subject of the fieldwork.«[124]

Die Absurdität dieser Erzählung wird durch die sachliche Beschreibung im Präsens und die Berichtform des Imperfekts gesteigert. Es wundert deshalb nicht, dass im »vierten Kapitel« auf die Schilderung des Spaziergangs, der für die Erzählerin mit fürsorglicher Aufregung verbunden ist, eine makabre Zeichnung mit einem »gefesselt« auf dem Rücken liegenden Spatzen folgt (Abb. 3.12). In »Quelques histoires« zeigen Konstruktionszeichnungen, wie man für die *Pensionnaires* Foltervorrichtungen für ihre Bestrafung baut. Die Brutalität ist gewollt: Die Mechanismen, so wird im Laufe von Messagers Erzählung deutlich, sollen die bewegungsunwilligen Spatzen per Stromstoß zum Laufen bringen. Diese Vermischung von Grausamkeit und Banalität schockiert

122 Ausst.-Kat. Cinq musées personnels, o.P.

123 Grenier: Annette Messager, S. 49ff.

124 So beschreibt es Kuchler in Bezug auf Sophie Calles tagebucheartige Aufzeichnungen etwa in *La filature*. Susan Kuchler: »The Art of Ethnography: The Case of Sophie Calle«, in: Alex Coles (Hg.): Site Specificity: The Ethnographic Turn, London 2001, S. 94-110, hier: 97.

und reizt gleichzeitig zum Lachen – denn womit hätten die hilflosen Spatzenleichen diese Behandlung verdient?

Gleichzeitig lässt dieses merkwürdige Verhalten an die ambivalente Rolle der Mutter in den *Albums-collections* denken. Ihre Folgsamkeit wird in den *Pensionnaires* konterkariert. »Il marche, il marche!«, jubelt *La collectionneuse*, die »Mutter« in der Sammlung *La grande aventure des 2 premières années de la vie* (Abb. 3.4), während gleich nebenan *Annette Messager Artiste* ihren Spatzenkindern Elektroschocks versetzt. Dagegen kommt die obsessive Hausfrau in *Les Albums-collections*, die den fotografierten Kindern symbolisch die Augen auskratzt, der Erzählerin von *Les pensionnaires* schon näher. Der Haushalt wird zum Tatort alltäglich-banaler Gelüste, die harmlose Hausfrau zur machtvollen Täterin: Die Gewalt im Banalen ist bei Messager ein Topos, der auch von anderen Künstlerinnen und Künstlern aufgegriffen wird wie etwa in Chantal Akermans Film über die biedere Hausfrau Jeanne Dielman.[125] Während der Sohn in der Schule ist, geht Madame Dielman, eine äußerst gewissenhafte Hausfrau, in der eigenen Wohnung der Prostitution nach und ermordet später einen ihrer Freier. Das Dunkle steckt hier im Alltäglichen; das Heim wird im Freud'schen Sinne unheimlich, weil es durchzogen ist von tiefer liegenden Triebkräften des Unbewussten, die sich im Nebensächlichen und Unspektakulären äußern.

Das Interesse am Abseitigen, Banalen ist symptomatisch für die Künstler- und Wissenschaftler/innengeneration der 70er Jahre. Gerade die französische Kunst der »Spurensicherung«,[126] in deren Umkreis sich auch Annette Messager bewegt hat, tritt als Archäologie des Alltags auf. Sie geht den »Abdrücken, Reflexen von Leben nach«, um »Bilder, Orte und Situationen des eigenen Lebens wieder wach[zu]rufen« und zu einem »Nachgraben der eigenen Erinnerung« anzuregen.[127]

»Quelques uns des clefs pour la promenade« lautet die Unterschrift zu einem Foto der *Pensionnaires*-Aufzeichnungen, das die Ästhetik der »Spurensicherung« aufnimmt. Verschiedene Schlüssel für die Mechanismen werden hier aufgereiht; später sieht man die Spatzenkörper auf archaisch wirkende, kinderspielzeugartige Installationen gespannt. In der folgenden Erzählung des »fünften Kapitels« endet die »Bonne matinée suivie d'une catastrophe« mit der Stillegung der Spatzen (Abb. 3.12) –

125 Chantal Akerman: Jeanne Dielman, 23 quai du Commerce, 1080 Bruxelles, 1975, 200 Min., 35 mm, Color.

126 Vgl. Metken: Spurensicherung.

127 Lambert Schneider: »Das Pathos der Dinge. Vom archäologischen Blick in Wissenschaft und Kunst«, in: Bernhard Jussen (Hg.): Archäologie zwischen Imagination und Wissenschaft: Anne und Patrick Poirier, Göttingen 1999, S. 51-83, hier: 53, 54, 56.

ihrer »Erholung« (*Le repos*, Abb. 3.8) – und ihrer »Bestrafung« (*La punition*, Abb. 3.10).

Die Spatzen-Sammlungen in der Vitrine könnten auch aus der Inszenierung einer so genannten Haushaltsauflösung von Christian Boltanski stammen, denn auch sie scheinen Dokumente einstiger Aktionen und des Lebens eines Individuums zu sein. In derselben Ausstellung, in der Messager 1973 ihre *Albums-collections* und *Pensionnaires* zeigte, präsentierte Boltanski in ähnlich dokumentarischer Form Objekte und Fotografien, die seine Kindheit rekonstruieren sollten. »Je voulais retrouver mon enfance«, beschreibt er sein Anliegen und schildert weiter, wie er zunächst alle restlichen Spuren seines Spielzeuges, seiner Bücher und seiner Kleidung sucht. Er ergänzt das Fehlende mit Fundstücken und Fotografien anderer »Kindheiten«, weil er zu dem Schluss kommt, dass die Erinnerungen, nach denen er sucht, nicht in seinem Gedächtnis, sondern in der ihn umgebenden Gegenwart liegen.[128]

Was Messager in ihren *Albums-collections* implizit zeigt – wie sich das individuelle im kollektiven Gedächtnis spiegelt – spricht Boltanski hier explizit aus. Nur mithilfe eines autobiographisch wirkenden Textes erklärt sich, warum er *Les 29 Habits que possédait François C.* wie Relikte seiner eigenen Kindheit ausstellt. Wir selber sollen uns in François wiederfinden. Doch während sich Boltanski retrospektiv auf eine bestimmte Phase seines Lebens konzentriert und die Fiktion des Authentischen offen legt, beziehen sich Messagers Sammlungen und Spatzen-Installationen nicht nur auf einen bestimmten Ausschnitt der Vergangenheit, sondern auf mehrere Phasen eines fiktiven Lebens, das bis in die Gegenwart andauert.

Während Boltanski eher auf banale und harmlose Kindheitserlebnisse anspielt, löst *Annette Messager artiste* mit ihrem grausam-kindlichen Spiel mit den Spatzenobjekten eher Gefühle wie Schrecken, Schock oder erleichterndes Lachen aus. Zum einen wirkt ihr Spiel wie das eines Kindes, das die elterliche Autorität persifliert. So führt sie damit in *Les Pensionnaires* eine gnadenlose Allmachtsphantasie vor, die im selben Moment lächerlich erscheint. Zum anderen scheint sie die allmächtige Mutter selbst zu sein. Dabei überkreuzt sich die mütterliche Autorität in den *Travaux de l'atelier* mit der ›auctoritas‹ der Künstlerin: Pygmaliongleich produziert sie Geschöpfe und kann über sie verfügen. Pygmalion ist allerdings ein männlicher Künstler und so konterkariert Messager den My-

128 »Tout se passe comme si les expériences que nous croyons personnelles étaient en fait communes à tous, et que les souvenirs que je recherche n'étaient pas dans ma mémoire, mais dans le présent qui m'entoure.« In: Ausst.-Kat. Cinq musées personnels, o. P.

thos mit der Rolle der »guten Mutter«. Doch hier erschafft und manipuliert die sadistische Mutter ihre Geschöpfe ebenso wie die autoritäre Künstlerin. Die Bestätigung der Autorschaft wird buchstäblich über die ›auctoritas‹ hergestellt: Wenn wir den »autobiographischen Pakt« schließen, bestätigen wir die Künstlerin als Subjekt ihrer Werke. Dies geschieht in dem Moment, in dem die Spatzen auf uns hilflos und gefoltert wirken. Nur wenn wir der Rhetorik der scheinbar authentischen Texte, Fotografien und Objekte nachgeben, wirkt das Spiel grausam. Die Künstlerin wird erst dann zur Künstlerin, wenn wir die »poupées« als belebt wahrnehmen. Die vorgebliche Authentizität wird dabei nicht nur durch die Objekte, die Erzählung, die Zeichnungen und die Fotografien erzeugt, sondern auch über den autobiographischen Pakt, der auch immer ein Pakt der Authentifizierung ist. Es sind Strategien, die bis heute funktionieren und trotz aller Dekonstruktion die Autorität des Künstlers oder der Künstlerin reproduzieren.

Auch Hannah Höch integriert in das *Lebensbild* verschiedene Puppen-Darstellungen, die unter anderem auf die destruktive Seite der Schöpferkraft verweisen (Abb. 1.1). Während Höchs Puppen explizit neben den Symbolen der Weltkriege stehen, sind Messagers und auch Calles autobiographische Geschichten nicht direkt mit politischen und historischen Ereignissen verknüpft. Dennoch zeigt sich in den »poupées« sowohl die produktive als auch die destruktive Seite der *Annette Messager artiste*. Während Höch direkt einen Totenschädel als Verbindung zwischen die Puppenfotos und die Fotos der Kriegsgräber setzt, sind es bei Messager die »poupées« selbst, deren Leichen den Tod darstellen. Als Produkt ihrer Schöpferin verweisen die Spatzen-Objekte dabei auch auf die Verletzlichkeit des Subjektes. In ihnen spiegeln sich die Selbsterschaffung und das zukünftige Verschwinden der Autorin in einem Zug.

Mit den Topoi des Verschwindens und des Todes zielt Messager auf ähnliche Themen wie Christian Boltanski, dessen Kleiderakkumulationen und Spuren vergangener Biographien doppelbödig sind. Auch er produziert seine »eigene« Biographie und bringt damit sowohl ihre Authentizität als auch sich selbst vorgeblich zum Verschwinden. Doch sowohl bei Messager als auch bei Boltanski entsteht eine Dialektik von Produzieren und Verschwinden: Sich seine eigene fiktive Biographie zu erschaffen ist einerseits eine Geste radikaler Selbstermächtigung, die in der Tradition einer selbstbewussten Künstler-Autorschaft steht. Andererseits vollzieht sich diese Geste unter dem Zeichen des Verschwindens. Nicht nur das zukünftige Verschwinden im Tod ist damit gemeint, sondern auch das Aufgehen im »Kollektiven«. Dieses »Kollektive« jedoch ist ebenso eine Konstruktion, die bei einem männlichen Künstler anders aussieht als bei einer weiblichen Künstlerin. So klammern die Narrationen Boltanskis die

Konstruktion von Geschlechtsidentität als soziale Rolle weitgehend aus und suchen in einer »großen Geste« das kollektive Bildgedächtnis einer westlich-europäischen Kultur zu fassen, die sich letztlich auf die Gruppe einer französischen, männlichen Mittelschicht aus Boltanskis Generation beschränkt. Messager fächert demgegenüber viele Rollen auf und benennt sie explizit. Sie unterwirft sich offensiv den Direktiven, wie diese weiblichen Rollen auszusehen haben.

Doch auch bei Messager gibt es eine »große Geste«, die über die Darstellung von Rollen hinausweisen will. Die parodistische Überführung zugerichteter und gefolterter Körper in den Alltag der harmlosen Hausfrau und Mutter lässt vermuten, dass Messager in den *Pensionnaires* den Mikrostrukturen von Gewalt und Zurichtung der Körper innerhalb der Familie nachgeht. Die Spatzen fungieren als dunkler Schatten, als Doppelgänger Messagers, an denen *L'Artiste* ihre sadistischen Seiten auszuleben scheint – gleichzeitig geschieht dies innerhalb einer pseudofamiliären Situation, in der die Banalität des Bösen umso deutlicher zum Vorschein kommt. Die harmlosen Spatzen bringen als unheimliche Doppelgänger das ehemals Vertraute aus der Vergangenheit zur Erscheinung. Gemeinsam mit dem »unschuldigen Vertrauen«, das die »Zöglinge« ihrer »fiktiven Mutter« entgegenbringen, verspüren die Betrachter/innen laut Catherine Grenier möglicherweise bei dem Anblick der schutzlosen Körper erneut die alltäglichen Verletzungen in der eigenen Kindheit.[129]

Die Erzählung: *La Double Vie d'Annette Messager racontée par A.*

Die konstruierten Spatzenpuppen und Federknäuel changieren zwischen Anwesenheit und Abwesenheit, zwischen Leben und Tod. Sie stehen für die Selbsterschaffung der Künstlerin und werden zu Instrumenten einer Selbstermächtigung, die der Selbstentleerung der *Collectionneuse* innerhalb der *Albums-collections* diametral entgegengesetzt ist. Anders gesagt: Ihr Schattendasein, dem sie unterworfen sind, spiegelt das Leben der *Annette Messager Collectionneuse* wider, die sich ihrerseits von den Direktiven der Gesellschaft disziplinieren lässt. So ergänzen die Erzählungen einander: Die gehorsame Übererfüllerin und Masochistin der *Alben-Sammlungen* wird von der sadistischen *Artiste* konterkariert. Die harm-

129 Grenier: Annette Messager, S. 51: »Les Pensionnaires sont de petits corps déchus, rendus dociles par la mort, au travers desquels nous ressentons, du fat des confidences innocentes de la mère fictive, toutes les blessures ordinaires de l'enfance.«

losen Sammlungen der Hausfrau und Mutter werden auf diese Weise bedrohlich. Die Spatzenspiele im »atelier« werden dagegen zum kindlichen Rollenspiel für die »Mère«, die uns in den *Albums-collections* begegnet. Dennoch verlieren die toten Körper der Tiere dabei nicht ihre unheimliche Ambivalenz.

In diesem spielerischen Doppelleben als *Artiste* und *Collectionneuse* wird Messager zu ihrem eigenen Schatten und ihrer eigenen Doppelgängerin. Annette Messagers Text, der in dem gleichen Katalog erscheint wie die sechs Kapitel ihrer *Pensionnaires*-Erzählung, zeigt dies besonders deutlich. Der Text mit dem Titel »*La Double Vie d'Annette Messager racontée par A.*« beginnt folgendermaßen:

»›Les petites filles jouent à la poupée,
les petits garçons jouent aux soldats,
les mamans sentent le parfum,
les papas sentent le tabac‹
aimait répeter A. petite fille en fredonnant.
Adolescente, A. oublia cette rengaine.
Plus tard, on pouvait surprendre Mlle A. chantonner sur ces mêmes paroles assez souvent. Elle les fredonnait ironiquement selon son humeur sur des airs gais ou mélancoliques du moment et s'amusait à les faire apprendre à ses pensionnaires.«[130]

Hinter Mademoiselle A. vermuten wir natürlich die Erzählerin Annette Messager, die hier in der dritten Person von sich spricht, wie es häufig auch in den einzelnen *Albums-collections* der Fall ist. Schon die Titel *Le mariage de Mlle Annette Messager* oder *Annette Messager pendant 9 mois* führen diese Form der Distanzierung ein. Auch Künstler wie Christian Boltanski oder Jean Le Gac sprechen in ihren fiktiven Biographien von »C. B.« oder »Le peintre«. Dieser Abstand suggeriert, dass es sich hier um eine sachliche Berichterstattung handelt, die nicht subjektiv gefärbt ist. Dies widerspricht nicht den Kriterien einer Autobiographie, wie Lejeune einräumt, auch wenn sie meist in der ersten Person Singular verfasst ist. Doch auch literarische Autobiographien werden häufig in der dritten Person erzählt, um einen größeren Abstand zwischen Subjekt und Objekt anzuzeigen.[131]

130 Ausst.-Kat. Cinq musées personnels, o. P.

131 Die Verwendung der dritten Person kann eine transzendente Perspektive einführen (die *Kommentare* von Cäsar) oder auch Bescheidenheit suggerieren, weil die Person hinter sich zurücktritt. Henry Adams' *The Education of Henry Adams* ist für Lejeune ein Beispiel für den »banalere[n] Ef-

Das zitierte Kinderlied, das im Präsens gehalten ist, dient »Mlle A.« als Vorbild für ihre *Pensionnaires*, deren Puppenhaftigkeit nun noch deutlicher wird. An dieser Stelle tritt erneut der ironische Bruch hervor, mit dem Messager den Umgang mit ihren Puppen als mädchenhaftes Spiel kennzeichnet und ihn zugleich mit dem alten »Phantasma der Moderne«[132] konfrontiert, in dem der pygmalionhafte Künstler-Puppenschöpfer meist männlich und die Puppe meist weiblich ist. Auch den Spatzenpuppen wird nun der Geschlechterunterschied beigebracht, genauso wie sie »toutes les choses utiles et indispensables de la vie courante« lernen wie das extra für sie erfundene Alphabet. Die Ebene der Erzählung über die *Pensionnaires* ist in der Zeit des Imperfekt gehalten. Das Tempus suggeriert eine abgeschlossene Handlung und zeigt die Ebene der fiktionalen Erzählung an. Die Erzählerin, die »Mlle A.« wie eine Journalistin interviewt, beschreibt das Treiben der »A.« aus der Distanz: Die aufgeregten Spatzen müssen notwendigerweise still gestellt werden und die ruhigeren zur Bewegung animiert werden. Natürlich ist den Spatzen nicht erlaubt, das »chambre« zu betreten, doch sie sind so erfolgreich abgerichtet, dass sie dieses unausgesprochene Gebot schon internalisiert haben. Nüchtern werden auch die Sammlungsaktivitäten im »chambre« erklärt. Einzig die Erwähnung, dass die Spatzen das ganze Dasein der »A.« auszufüllen scheinen und sie deshalb auch mit viel Sorgfalt und Mühe (»beaucoup de soin et d'insistance«) Fotos abzeichnet, weist auf die Ernsthaftigkeit ihres Tuns hin. Genau dies macht den Witz des Textes aus: Die Beschreibung der Banalitäten, die nüchterne Schilderung der Grausamkeiten, die sie den Spatzen zufügt, die aber notwendig sind, weil sie ja nur ihr Bestes will – all diese Wiederholungen von Handlungen, die in einem anderen gesellschaftlichen Kontext zwischen Mutter und Kind erwünscht sind, werden nun zur Groteske.

Zum Ende wird in dem Metatext eine noch größere Distanz zu der Figur hergestellt, weil er die Wahrheit der »Erzählungen« und Fotoalben in den *Albums-collections* selbst zur Disposition stellt: »Mlle A. était-elle mariée? Avait-elle eu un ou plusieurs enfants? […] Ce n'est pas sûr.«[133]

---

fekt der ironischen Spaltung oder Distanz«. Lejeune: Der autobiographische Pakt, S. 7.

132 Puppen Körper Automaten. Phantasmen der Moderne, Ausst.-Kat. Kunstsammlung Nordrhein-Westfalen Düsseldorf, hg. von Pia Müller-Tamm, Katharina Sykora, Köln 1999.

133 Ausst.-Kat. Cinq musées personnels, o. P. Weiter schreibt sie: »Ce qui est certain, c'est que tout est à sa place dans l'appartement de Mlle. […] ›L'ordre‹, dit A., ›me paraît très menacé, car toujours prêt à être dérangé, embrouillé.‹ La méticulosité et l'ordre sont pour elle plus inquiétants que

Doch auch die darauf folgenden Aussagen der »A.« werden von der Erzählerin in Frage gestellt: »Peut-être ses album-collections, ses ouvrages, ses pensionnaires, ses divers travaux de la maison ne sont-ils que le témoignage d'une demoiselle qui joue son rôle ou le fait croire sans déclaration trop définitive et pas trop masculine.«[134]

Der Text nimmt die Position einer außerhalb befindlichen Metaposition ein, in der die Frage nach dem Rollenspiel der Protagonistin gestellt wird. Indem die Erzählerin des Textes selbst vermutet, dass das vorgeblich real Beobachtete eine Fiktion ist, entsteht für die Betrachter/innen eine paradoxe Situation. In dem Text zu der Zeichnung *Une double vie* ist noch davon die Rede, dass die Sammlungen für die Erzählerin das beste Mittel seien, »ma propre vie illustrée« darzustellen. Doch auch wenn wir als Publikum nun annehmen, dass die Erzählerin in den kollektiven Rollen, die für sie bereitgestellt werden, aufgeht, wird genau das in Frage gestellt. So bezieht sich das »double vie« plötzlich nicht mehr nur auf die doppelte Identität, wie sie Messager im »Chambre« und im »Atelier« vorführt. Vielmehr geht es um ein Doppelspiel, das »A.« mit uns treibt, um die Rollen der braven und durchschnittlichen »Midinette« durchzuspielen. Der Begriff der Rolle, den die Erzählerin benutzt, verweist direkt auf eine Oberfläche und deutet gleichzeitig ein »Dahinter« an, das verborgen wird. Gerade die scheinbare Transparenz evoziert die Frage nach der »authentischen« Künstlerin. Doch nicht nur die Frage nach den Fakten einer Biographie bleibt offen, sondern auch die nach der Geschlechtskonstruktion. Die Antwort ist ein offensiver Umgang mit den »Qualifications de femmes«, wie der Titel einer Alben-Sammlung lautet. Den Klischees von »Weiblichkeit« begegnet Messager mit der Produktion verschiedener Identitäten. Daraus entsteht ein »Werk«, das sich die Heterogenität zum Programm macht.

toute confusion [...]. C'est pourqoui elle tente de n'entrependre que des ›activités ordonées.‹«

134 Ebd.

Strategien der Vervielfältigung

Zum Verhältnis von Fotografie und Autobiographie

Zwischen Referentialität und Textualität

Annette Messager treibt in den *Albums-collections* und den *Pensionnaires* ein Spiel mit der Fiktion verschiedener Identitäten. Ähnlich führen uns die *Autobiographischen Geschichten* von Sophie Calle auf verschiedene Fährten von Fakt und Fiktion und auch Hannah Höchs Rückschau im *Lebensbild* erscheint dokumentarisch und collagiert zugleich. Dass diese Gratwanderungen überhaupt entstehen können und wir den selbstinszenatorischen Pfaden der Künstlerinnen mit einer Neugier folgen, die etwas über »sie selbst« erfahren möchte, verdankt sich einer doppelten Ursache. In den drei analysierten Werkkomplexen greifen die Künstlerinnen nicht nur das Genre der Autobiographie auf, sondern sie benutzen dabei auch das Medium der Fotografie. Diese Verkoppelung ist keine zufällige, denn sie weist auf eines hin: Autobiographie und Fotografie sind auf mehreren Ebenen strukturell analog.[1] Beide scheinen etwas wieder zu holen oder zurückzuholen – sei es als sprachlich oder bildlich erinnertes Ereignis.

Fotografie und Autobiographie haben laut Timothy Adams »a strong felt relationship to the world«,[2] weil ihnen ein Bezug auf eine außertextuelle oder außermediale Realität unterstellt wird. Gilt die Fotografie seit ihrer Erfindung als prädestiniert, die Wirklichkeit abzubilden, erwarten Leser/innen einer Autobiographie, in ihr etwas vom »Leben« des

1 Timothy Adams ist einer der Ersten, der diese analogen Strukturen untersucht hat, allerdings von der Seite der Literaturwissenschaft aus. Er analysiert insbesondere den Einsatz von Fotografie in literarischen Autobiographien. Vgl. Timothy Dow Adams: Light Writing & Life Writing. Photography in Autobiography, North Carolina 2000. Teile daraus erschienen vorher in: Ders.: »Life Writing and Light Writing: Autobiography and Photography«, in: Modern Fiction Studies. Autobiography, Photography, Narrative, Bd. 40, Nr. 3, Baltimore 1994, S. 459-492.

2 Adams: Light Writing, S. 15.

Autors/der Autorin zu erfahren. Gerade diese Annahme führt jedoch dazu, dass die Frage nach dem Verhältnis von Fiktion und Faktizität in Bezug auf das Medium ebenso intensiv diskutiert wird wie in Bezug auf das literarische Genre.

Die angenommene Wirklichkeitsreferenz der Fotografie lässt sich auf ihr »indexikalisches Vermögen«[3] zurückführen, genauer gesagt auf die Tatsache, dass sie die chemisch-optische Spur eines Objektes ist, das notwendig vor der Kameralinse gewesen sein muss. Dieses gleiche Vermögen weckt zugleich den Verdacht, mittels der Bilder das Abbild von Wirklichkeit manipulieren zu können. Ging es bei der Erfindung der Fotografie zunächst um die Abbildung der Wirklichkeit, die Daguerre als einmaliges, nicht wiederholbares Abbild eines »Stillebens« gelang, so wurde erst mit Talbot die unendliche Reproduzierbarkeit dieses Abbildes möglich[4] und damit auch seine unendliche Wiederholung. Doch sowohl die Möglichkeit der mimetischen Abbildung als auch deren potentiell unendliche Reproduzierbarkeit ist mit der Frage verbunden, ob und wie der/die Fotograf/in in den Prozess eingreift.[5] Denn die scheinbar objektive Fotografie ist an dessen Subjektivität gekoppelt. Sechs Verfahren der Konnotation nennt Roland Barthes, die den Akt der Bildproduktion wesentlich beeinflussen, ja das Bild überhaupt erst herstellen. Darunter fallen Eingriffe und Entscheidungen wie die Fotomontage, das Positionieren von Objekten oder die ästhetische Bildkomposition, um nur einige Beispiele zu nennen.[6]

Diese Formen des Eingriffs rücken den Akt des Fotografierens in die Nähe eines Schaffensprozesses und lassen die Fotografie potentiell zu einem Kunstwerk werden. Doch mit der Möglichkeit der ästhetischen Gestaltung öffnet sich auch die der Vorspiegelung falscher Tatsachen.[7] Die Fotografie als Quelle der Geschichtswissenschaft gilt aus diesem Grund

---

3 Katharina Sykora: Unheimliche Paarungen. Androidenfaszination und Geschlecht in der Fotografie, Köln 1999, S. 65.

4 Vgl. Peter Herzog: »Der Einzelne und die Masse«, in: Volk: Vom Bild zum Text, S. 45-66, hier: 51, 52.

5 Vgl. Bruno Fritzsche: »Das Bild als historische Quelle«, in: Volk: Vom Bild zum Text, S. 11-24, hier: 16ff.

6 Roland Barthes: Le message photographique. Œuvres complètes, Bd. 1, 1942-1965, Paris 1994, S. 938-948.

7 Ein prominentes Beispiel für Manipulation ist die bekannte Fotografie Lenins, die ihn bei einer Ansprache an die Rote Armee am 5. Mai 1920 auf einer Tribüne zeigt. Es befand sich auch Trotzki auf der Treppe der Tribüne, doch wurden er und andere unliebsame Personen in späteren Reproduktionen wegretuschiert. Vgl. Fritzsche: »Das Bild als historische Quelle«, S. 18.

den Historikern bis heute als problematisch.[8] Ihre Zwitterstellung zwischen Faktizität und Fiktionalität führt dazu, dass ihr einerseits zugestanden wird, einen Blick in Realitäten geben zu können, die uns sonst verschlossen blieben, und auf diese Weise eine Verlängerung der Sinne zu sein. Andererseits wird das Dokumentarische fotografischer Bilder zunehmend bezweifelt, insbesondere seitdem die digitale Fotografie Einzug gehalten hat, bei der ein Referent nicht mehr notwendig gegeben ist. Künstlerische Arbeiten wiederum, die mit Fotografie arbeiten, können häufig schneller mit der Konnotation des Dokumentarischen belegt werden als die Malerei.

Diese Zwitterstellung teilt die Fotografie mit der Autobiographie, wie es Ingrid Hölzl in Bezug auf die »Autobiographie als Index« analysiert.[9] Auch der Autobiographie wird zunächst eine besondere Referentialität zugesprochen, die eine außertextuelle Welt indiziert – sei es das »Leben« oder die »Biographie« des Autors/der Autorin oder dessen/deren Existenz selbst. Bis ins 18. Jahrhundert hinein als dokumentarische Textsorte wahrgenommen, wurde sie in der Literaturwissenschaft zunächst als Subgenre der Biographie gehandelt.[10] Wegen ihres vorgeblich dokumentarischen Charakters wurde ihre »Kunstwürdigkeit« stark bezweifelt. So liest sich ein großer Teil der literaturwissenschaftlichen Autobiographietheorie bis in die 70er Jahre hinein als eine Auseinandersetzung mit der Frage, ob es sich bei ihr um ein Kunstwerk handelt oder nicht.[11] Die Abgrenzungsversuche zwischen Geschichts- und Literaturwissenschaft schien dabei eine mindestens ebenso große Rolle zu spielen wie der Untersuchungsgegenstand selbst. Denn als Dokument des »unmittelbar ge-

8 Vgl. Peter Burke: Augenzeugenschaft. Bilder als historische Quellen, Berlin 2003 (engl. Ausgabe 2001).

9 Ingrid Hölzl: »Autobiographie als Index«, in: Ich als Bild? Autobiographie und die bildliche Repräsentation des Ich im fotografischen Selbstporträt, (Manuskript des Dissertationsprojekts an der Humboldt Universität Berlin) S. 61ff. Kürzlich publiziert unter dem Titel: Der autoporträtistische Pakt: Zur Theorie des fotografischen Selbstporträts am Beispiel von Samuel Fosso, München 2008. Diese vornehmlich theoretisch ausgerichtete Arbeit analysiert erstmals die Dopplung des Indexikalischen im fotografischen Selbstporträt. Ich danke Ingrid Hölzl für ihre Anregungen und die Einsicht in ihr Projekt.

10 Vgl. Adams: Light Writing, S. XI. Vgl. Almut Finck: Autobiographisches Schreiben nach dem Ende der Autobiographie, Berlin 1999, S. 12ff.

11 Vgl. Gusdorf: »Voraussetzungen und Grenzen der Autobiographie«, S. 121-147. Vgl. Roy Pascal: »Die Autobiographie als Kunstform«(1959), S. 148-157, vgl. Elizabeth W. Bruss: »Die Autobiographie als literarischer Akt« (1974), S. 258-279, alle in Niggl: Autobiographie.

lebten Lebens«,[12] als »anschauliches persönlichstes Zeugnis eines Menschen«[13] wurde die Autobiographie von Literaturwissenschaftler/innen eher am Rande der Literatur verortet. Auf Historikerseite, darin vergleichbar mit der Fotografie, wurde die Autobiographie mit dem Argument vernachlässigt, zu fiktiv zu sein, um als »wahr« zu gelten. Erst im Zuge einer modernen Sprach- und Metaphysikkritik beginnt die Literaturwissenschaft den vorgeblich unmittelbaren Zugang des Subjekts auf sich selbst mittels der Sprache als Fiktion zu reflektieren.[14] Aus diesem Grund gilt laut Almut Finck die Autobiographie seit etwa zwei Jahrzehnten durch ihre prekäre Position zwischen Wirklichkeitsdarstellung und Fiktion in der Literaturwissenschaft als Paradegattung für die postmoderne Auffassung, dass die Realität als eine sprachlich verfasste Fiktion anzusehen ist.[15] Das erzählte Leben wird sowohl in der Erinnerungssituation als auch in der sprachlichen Veräußerung zu einer Fiktion; die vormals vorausgesetzte Authentizität und Unmittelbarkeit des Erzählten wird dadurch verunmöglicht. In der Rezeption herrschen allerdings nach wie vor große Unterschiede, was die Bewertung von Fakt und Fiktion in der Autobiographie anbelangt. Die populäre Rezeption begreift die Autobiographie immer noch als die Quelle einer »wahren« Erzählung. Auch andere Geisteswissenschaften wie die Kunstwissenschaft sind davon nicht ausgenommen und verstehen unter dem Begriff häufig eine nicht-fiktionale Erzählung.

Doch auch in der Literaturwissenschaft wird die Unterstellung einer vorhandenen Referentialität nicht völlig aufgegeben, obwohl sie bei der Autobiographie zunächst viel uneindeutiger erscheint als bei der Fotografie. Denn was sollte hier das vorgängige Objekt sein, auf das die Rede verweist, und wie sollte diese Vorgängigkeit aussehen? Eine prominente Antwort darauf fällt genau in die Zeit des »Aufstiegs« der Autobiographie zu einem Kunstwerk. Im Jahr 1975 entsteht die erwähnte und in meinen Werkanalysen bereits angewandte Theorie des »autobiographischen Paktes« von Philipp Lejeune. Lejeunes These, dass die Leser/innen mit den Autor/innen einen Pakt schließen, in dem die Identität von Autor/in, Ich-Erzähler/in und Protagonist/in textuell nahe gelegt und rezeptionell anerkannt wird, versucht die Gattung der Autobiographie wieder an einem außertextuellen, nicht-fiktionalen Ort zu verankern. Denn nach

12 Werner Mahrholz: »Der Wert der Selbstbiographie als geschichtliche Quelle« (1919), in: Niggl: Autobiographie, S. 72-74, hier: 73.

13 Ebd.: Ingrid Aichinger: »Probleme der Autobiographie als Sprachkunstwerk« (1970), S. 170-199, hier: 171.

14 Finck: Autobiographisches Schreiben nach dem Ende der Autobiographie, S. 11ff.

15 Ebd., S. 12.

Lejeune referiert der autobiographische Pakt nicht nur auf einen Autor, sondern auf dessen Eigennamen. Dieser Name ist es, der eine reale Verbindung zwischen Text und Außenwelt schafft. Da dies (die Identität) jedoch nicht nachweisbar ist, sondern nur aus der Rhetorik des Textes hervorgeht, ist der »autobiographische Pakt [...] die Behauptung dieser Identität im Text, die letztlich auf den Namen des Autors auf dem Umschlag verweist.«[16] Er bezeichnet eine reale Person, die rechtlich verantwortlich ist und dafür einsteht »[...] die Wahrheit und nichts als die Wahrheit«[17] zu erzählen. Lejeune greift auf eine juristische Formel zurück, um die Identität von Autor, Ich-Erzähler und Protagonist abzusichern.

Mit diesem Identitätspakt hat Lejeune zwar eine Strategie der Authentifizierung erfasst, mit der sich sowohl das »Wirklichkeitsangebot« der Künstlerinnen als auch das »Wirklichkeitsbegehren«[18] der Rezipierenden beschreiben lässt. Doch handelt es sich in erster Linie um eine Rhetorik des Authentischen, die noch weitere Strategien umfasst. Paul de Man hat 1979 als Erster kritisiert, dass Lejeune eine rhetorische Figur als eine juristische missversteht, indem er die Übereinkunft von Autor und Leser nicht als Trope, sondern als Sprechakt auffasse.[19] Der reziproke Akt der Vereinbarung zwischen Autor und Leser kann mit einem juristischen Code nicht erklärt werden.

Ein weiterer Kritikpunkt besteht darin, dass Lejeunes Bindung des Eigennamens an einen juristischen Personenstand und den Kontrakt der Herausgabe[20] indirekt auf eine traditionelle Vorstellung der Autobiographie verweist: auf Gusdorfs Definition der Autobiographie, die eine sich als erzählwürdig empfindende Person voraussetzt, mithin also das klassisch aufklärerische Subjektkonzept vertritt. Weibliche Autobiographinnen und andere Autor/innen, die bis in das 20. Jahrhundert hinein weder einen juristischen Status genießen noch dem vorherrschenden Subjektkonzept entsprechen, erscheinen deshalb nicht als autobiographiefähig.[21] Zudem aktiviert Lejeune mit dem Begriff der »Wahrhaftigkeit« Kategorien der Autobiographie, die in Theorie und Praxis längst außer Kraft gesetzt worden sind. Lejeune übersieht, dass Foucault zufolge ein Autor-

16 Lejeune: Der autobiographische Pakt, S. 40. Im Original: »Le pacte autobiographique c'est l'affirmation dans le texte de cette identité, renvoyant en dernier ressort au nom de l'auteur sur la couverture.« Ders.: Le pacte autobiographique, Paris 1975, S. 26.

17 Lejeune: Der autobiographische Pakt, S. 40.

18 Wagner-Egelhaaf: Autobiographie, S. 8.

19 De Man: »Autobiographie als Maskenspiel«, S. 135.

20 Lejeune: Der autobiographische Pakt, S. 38.

21 Gusdorf: »Voraussetzungen und Grenzen der Autobiographie«, S. 130ff.

name eben nicht ein Eigenname wie jeder andere ist,[22] sondern ein Feld »zwischen Beschreibung und Bezeichnung« eröffnet,[23] das stark semantisiert ist und sich ohne den kontextualisierenden Diskurs nicht denken lässt. Im Gegensatz zum Eigennamen geht, so Foucault, der Autorname nicht »vom Inneren des Textes zum äußeren Individuum«, sondern »schneidet die Grenzen des Textes zu«.[24]

Letztlich ist die literaturwissenschaftliche Kritik Einzelner an Lejeune auch deshalb so heftig ausgefallen, weil sie ihre Bemühungen, die Autobiographie gerade aus ihrer Festlegung auf die außertextuelle Referentialität zu lösen, durch ihn zunichte gemacht sahen. Auch die bereits genannte Grenze zwischen den Untersuchungs- und Gattungsgegenständen stand zu sehr im Mittelpunkt der Fragestellungen. So sind sowohl Fotografie als auch Autobiographie in ihrer Rezeption häufig vor die Frage des Entweder-oder gestellt worden. Ob das Pendel in Richtung Referentialität und Faktizität oder Textualität und Fiktionalität ausschlug – stets wurden das Genre wie das Medium einseitig bewertet. Wurden sie als Dokumente angesehen, verloren sie ihren Kunstcharakter; wurden sie dagegen als Produkte der Fiktion gesehen, verloren sie ihre Funktion als historische Quelle.

Als Kunstformen sind sowohl Autobiographie als auch Fotografie mittlerweile längst anerkannt. Die literaturwissenschaftliche Auseinandersetzung mit der Autobiographie ist kaum mehr zu überblicken, ebenso hat sich die Fotografie schon lange als künstlerisches Medium etabliert. Adams weist darauf hin, dass etymologisch beide Begriffe das »graphein« teilen. Genau dieser Aspekt des »Schreibens«, das gleichzeitig auch gestalterisches »Zeichnen« bedeutet, wird nun verstärkt wahrgenommen.[25]

Hat sich damit die Diskussion ausschließlich in Richtung Textualität und Fiktion verschoben? Wesentlich ist meiner Ansicht nach die Ambiguität des Genres und des Mediums: Als Zwitterwesen gehören sie sowohl zu dem Feld des Imaginären als auch dem des Realen. So oszillieren Fotografie und Autobiographie zwischen Fakt und Fiktion, zwischen Textualität und Referentialität. Es soll nicht auf die Referentialität zugunsten der Textualität verzichtet werden, »sondern bloß auf die illusorische Annahme eines unmittelbaren Zugangs zu einem nicht-sprachlichen Referenten.«[26] Nicht der Bezug zur Wirklichkeit wird aufgegeben, son-

22 Foucault: »Was ist ein Autor?«, S. 209.

23 Ebd., S. 208.

24 Ebd., S. 210.

25 Adams: Light Writing, S. 225.

26 Finck: Autobiographisches Schreiben nach dem Ende der Autobiographie, S. 39.

dern die Vorstellung der Wirklichkeit verändert sich, wenn sie als Konstruktion wahrgenommen wird. Auf der Seite des Bildes wird parallel dazu die Vorstellung einer im Bild objektiv darstellbaren Wirklichkeit aufgegeben. Deswegen schließen sich Textualität und Referentialität nicht aus. Vielmehr spielt das »Wirklichkeitsbegehren« sowohl beim Schreibenden als auch beim Rezipienten nach wie vor eine große Rolle. Es entsteht eine »Rhetorik« des Wirklichkeitsbegehrens, die »Wirklichkeitseffekte« erzielt.[27] Immer noch ist die Fotografie von diesem Begehren geprägt, das selbst mit der Digitalfotografie nicht zum Stillstand kommt.[28] Auf diese Weise bleibt die Spannung zwischen Fakt und Fiktion bestehen, denn in dem Einen gehen Autobiographie und Fotografie ebenso wenig auf wie in dem Anderen.

Doch wenn in visuellen Autobiographien Fotografie und Autobiographie zusammenkommen, schlägt das Pendel dann klar in Richtung Referentialität aus? Timothy Adams weist darauf hin, dass sich die Referentialität nicht unbedingt verstärkt, wie man zunächst annehmen könnte. Vielmehr wird statt einer gegenseitigen Selbstvergewisserung die verdoppelte Zwitterstellung von Fotografie und Autobiographie zwischen Fakt und Fiktion noch potenziert.[29] Auch wenn sich Adams in seiner Untersuchung auf die Verwendung von Fotografien innerhalb literarischer Autobiographien bezieht und deshalb das Verhältnis von Bild und Text und deren mögliche Hierarchien untereinander thematisiert, trifft dies meiner Ansicht nach auch auf die visuellen Autobiographien zu: Die inhärente Ambiguität von Autobiographie und Fotografie zwischen Fakt und Fiktion tritt bei ihrem Zusammenspiel umso stärker hervor.

»Hier und Jetzt« versus »Es ist gewesen«

Ein weiteres strukturelles Merkmal verbindet Fotografie und Autobiographie: die Gleichzeitigkeit des »Hier und Jetzt« mit dem »Es ist so gewesen«, wie es Roland Barthes in »Die Helle Kammer« beschreibt.[30] Für ihn ist die Fotografie ein fundamental indexikalisches Verfahren, das die »Emanation des Referenten«[31] vor Augen führt. »Das da, genau das, dieses eine ist's« scheint sie zu sagen, ohne zu sprechen, und *verweist* damit

27 Wagner-Egelhaaf: Autobiographie, S. 8.

28 Adams: Light Writing, S. 12, 13.

29 Ebd., S. XXI.

30 Barthes: Die helle Kammer, S. 87.

31 Ebd., S. 90.

nicht nur auf eine Wirklichkeit, *stellt* sie nicht *dar*, sondern *zeigt* sie.[32] Die Fotografie sei die »zweite Natur«[33] des Referenten, ja geradezu dessen »Auferstehung«[34] – und damit auch dessen Wiederholung. Die Vergangenheit des »Es ist gewesen« wird in die Gegenwart des Bildes überführt, ohne dass sie sich aufhebt. »Im Akt der Rezeption«, so Katharina Sykora, »kreuzen sich zwei Zeitebenen […]: Dem Moment der Nachträglichkeit des ›Es ist so gewesen‹ korrespondiert ein ›Hier und Jetzt‹, das erst im Moment der Bildbetrachtung seine Konstituierung erfährt.«[35] In diese Zeitformen von Vergangenheit und Gegenwart schreiben sich die Kategorien von Absenz und Präsenz, Leben und Tod ein. Das Medium der Fotografie ist für Barthes »falsch auf der Ebene der Wahrnehmung, wahr auf der Ebene der Zeit: eine gemäßigte, in gewisser Weise bescheidene *geteilte* Halluzination (auf der einen Seite »das ist nicht da«, auf der anderen »aber das ist sehr wohl dagewesen«): ein verrücktes, ein vom Wirklichen *abgeriebenes* Bild.«[36]

Dieses Spiel zwischen Absenz in der Gegenwart und gleichzeitiger Präsenz der Vergangenheit kann laut Adams – und er zitiert dabei den obigen Satz von Barthes – ebenso auf die Autobiographie bezogen werden.[37] Denn auch die Narration der Autobiographie bezieht ihre Dynamik aus dem Blick zurück, der die erinnerte Vergangenheit in die Präsenz des Textes überführt. Die Spannung zwischen Fakt und Fiktion entsteht somit zwischen der erinnernden Vergegenwärtigung, dem Versuch des Wieder-Holens, und dem Gewesenen, das sie erinnert. Doch statt tatsächlich über den Akt der Erinnerung die Vergangenheit reproduzieren zu können, ist die Erinnerung und mit ihr die Autobiographie von Lücken und Mängeln gekennzeichnet.[38] So referieren »autbiographische Erinnerungssätze […] zunächst auf die gegenwärtige, die erinnernde Redesituation, auch wenn sie vorgeben, einen vergangenen Sachverhalt unmittelbar zu beschreiben.«[39] Die »Katze Erinnerung«, wie sie Uwe Johnson nennt, ist »unabhängig, unbestechlich, ungehorsam. Und doch ein wohltuender Geselle, wenn sie sich zeigt, selbst wenn sie sich unerreichbar hält.«[40] Das Erinnern trifft immer wieder eine Auswahl, strukturiert sich ständig

32 Ebd., S. 12.

33 Ebd., S. 86.

34 Ebd., S. 92.

35 Sykora: Unheimliche Paarungen, S. 66.

36 Barthes: Die helle Kammer, S. 126 [Hervorh. R. B.].

37 Adams: Light Writing, S. 17.

38 Wagner-Egelhaaf: Autobiographie, S. 46.

39 Ebd., S. 12.

40 Uwe Johnson: Jahrestage. Aus dem Leben von Gesine Cresspahl, Frankfurt/Main 1970-1983, Bd. 2 (1971), S. 670.

neu und entzieht sich somit dem Zugriff.[41] In gewisser Weise entspricht dies dem ästhetischen Verfahren der Fotografie, denn auch hier wird ein Ausschnitt gewählt, montiert und manchmal retuschiert. Und so ist das Versagen des Gedächtnisses kein Mangel, sondern öffnet der Imagination und der Fiktion Möglichkeiten und ist sogar die Voraussetzung des Bündnisses zwischen Ästhetik und Vergessen.[42] Die Fiktion der Vergangenheit, das Erinnerte, wird aus der Gegenwart generiert und ist deshalb einem potentiell ständigen Wechsel unterworfen. Das »Leben« wird auf diese Weise zu einem wechselnden fiktiven Referenten. Doch letztlich wird er im autobiographischen Text – wie in der Fotografie – künstlich und künstlerisch still gestellt. Im Moment der Aufnahme wird bei der Fotografie etwas aus seiner Zeit herausgelöst und Teil eines wahrnehmbaren Objektes auf dem Bildträger.[43] Vergleichbar ist diese Bewegung mit dem Stillstand des kontingenten Lebens, das im Textkorpus der Autobiographie festgeschrieben wird.

Diese »Stillegung der Zeit«[44] in der Fotografie und der Autobiographie zeugt nicht nur von dem Da-gewesen-Sein und seiner Präsentation in der Gegenwart, sondern gleichzeitig auch von dem Verschwunden-Sein des Referenten. Denn die »Emanation des Referenten« in der Fotografie, so beschreibt es Barthes, ist letztlich »das lebendige Bild von etwas Totem«.[45] Weil sich dieses »Tote« auf den Standpunkt des Rezipienten im Hier und Jetzt bezieht, sind in der Fotografie »Zeichen meines

41 Das Erinnern »meint nicht das Archivieren und Speichern abgeschlossener und damit statisch gewordener Vergangenheiten, sondern wird verstanden als performativer Prozess, der seinen Gegenstand konstituiert, inszeniert, re-inszeniert und dabei ständig modifiziert und in dessen Verlauf immer wieder neue Modelle und Medien des Erinnerns hervorgebracht werden.« In: Erika Fischer-Lichte/Gertrud Lehnert (Hg.): »Einleitung«, in: Paragrana. Internationale Zeitschrift für Historische Anthropologie, Bd. 9: Inszenierungen des Erinnerns, H. 2/2000, S. 9-17, hier: 14.

42 Vgl. Wagner-Egelhaaf: Autobiographie, S. 46. Sie bezieht sich auf Pascal: »Die Autobiographie als Kunstform«, S. 155 und André Maurois: Aspects de la autobiographie, Paris 1930, S. 189-228. Zum Verhältnis von Vergessen und Ästhetik vgl.: Harald Weinrich: Lethe. Kunst und Kritik des Vergessens, München 1997. Anselm Haverkamp/Renate Lachmann (Hg.): Memoria – vergessen und erinnern, München 1993 (Poetik und Hermeneutik, Bd. XV). Vgl. Sybille Krämer: »Das Vergessen nicht vergessen! Oder: Ist das Vergessen ein defizienter Modus von Erinnerung?«, in: Paragrana, Bd. 9, H. 2/2000, S. 251-275.

43 Vgl. Sykora: Unheimliche Paarungen, S. 65.

44 Barthes: Die helle Kammer, S. 101.

45 Ebd., S. 88-90.

künftigen Todes enthalten«.[46] Zwischen diese Pole von Leben und Tod ist auch die Autobiographie aufgespannt. Versucht sie einerseits das – wenn auch fiktionalisierte – Leben zu fassen, so muss das autobiographische Projekt zwangsläufig scheitern, nicht nur weil es das Geschehene in der Erinnerung nicht einholen kann, sondern weil es den Endpunkt des Lebens, den Tod, nicht beschreiben kann. Der Tod als Telos ist der unerreichbare Horizont der modernen Autobiographie. Sie sucht ihn durch die Selbsterschaffung innerhalb der prozessualen Erinnerungsbewegung zu überschreiten, indem sie eben diese Erinnerungsbewegung (einer wiederum für die Betrachter/innen vergangenen Gegenwart) fixiert. Sie zielt auf eine Vergegenwärtigung im Rezipienten, der sich seinerseits wieder mit seiner eigenen Erinnerung und Endlichkeit konfrontiert sieht. Auf diese Weise nimmt sie ihr eigenes Ende, den Tod des Autors, vorweg und transzendiert ihn in der Verschiebung auf die »immerwährende« lebendige Rezeption.

In anderer Weise sieht Jacques Derrida den Tod der Autobiographie eingeschrieben. In einer Analyse der Autobiographie *Ecce homo* von Friedrich Nietzsche entwirft Derrida das Bild des Autobiographen, der sich zunächst nur selber zuhört und so zum *Oto*biographen wird (aus dem griechischen »oto« für »Ohr« und im Spiel mit der französischen Homophonie von »auto« und »oto«).[47] Auch bei Derrida ist es schließlich der Eigenname, der dem Gesagten eine autobiographische Identität verleiht. Es ist jedoch eine im Nachhinein zugeschriebene Identität, die erst am Ende des Lebens ihre abschließende Beschreibung erhalten kann. Der Autobiograph schreibt also zwischen seiner lebendigen Gegenwart und der Antizipation einer Post-mortem-Identität, mithin also »auf der Grenzscheide zwischen Leben und Tod«, so dass »die Autobiographie von der Doppelung Leben-Tod in konstitutiver Weise durchdrungen ist.«[48]

Für die Fotografie bedeutet diese Dichotomie von Verlebendigung und Mumifizierung, von Leben und Tod, dass sie bis ins 20. Jahrhundert als unheimlich wahrgenommen wird – Barthes beschreibt dies als »anstößig«.[49] Eben weil sie wie eine »animistische Praxis« den Referenten evoziert,[50] kann mit ihr auch sein Tod beschworen werden. Die »Emanation des Referenten« ist bei Barthes nicht zufällig an eine (auto)biogra-

46 Ebd., S. 95, 108.

47 Jacques Derrida: »Nietzsches Otobiographie oder Politik des Eigennamens«, in: Manfred Frank/Friedrich Kittler/Samuel Weber (Hg.): Fugen. Deutsch-Französisches Jahrbuch für Text-Analytik, Freiburg 1980, S. 64-98.

48 Wagner-Egelhaaf: Autobiographie, S. 72.

49 Barthes: Die helle Kammer, S. 92.

50 Sykora: Unheimliche Paarungen, S. 67.

phische Erfahrung gekoppelt, die gleichzeitig ihre Grenze markiert: an den Tod der Mutter, deren Präsenz er durch die Fotografie wieder in die Gegenwart holt. Zugleich lässt das Kindheitsfoto der Mutter sie ein zweites Mal sterben: »Gewiß, ich verlor sie in diesem Augenblick zweimal, in ihrer letzten Mattigkeit und in ihrem ersten, dem für mich letzten Photo; aber zugleich kehrte sich auch alles um, und ich fand sie endlich wieder, *wie in sich selbst* ...«.[51]

Das Genre der Autobiographie ist dagegen in keiner Weise als unheimlich charakterisiert worden. Selbst nach der Dekonstruktion von Subjekt und Realität wird sie als eine »Selbsttechnik«[52] verstanden, in der sich das Selbst im Prozess des Schreibens formiert. Die autobiographischen Elemente bilden in »Die helle Kammer« daher einen Gegenzug zum Unheimlichen. Mit der Autobiographie versucht Barthes gleichsam eine Ent-Unheimlichung der Fotografie; sie bildet den Subtext gegenüber seinem Anliegen, die Fotografie als »halluzinatorisch«, »verrückt« und »ekstatisch« zu charakterisieren. Denn nachdem in Barthes' Aufsatz zum *Tod des Autors* eben dieser als Referent verschwindet und sich nur als Schreibender im Prozess erkennen lässt, wendet er sich dreizehn Jahre später dem Medium der Fotografie zu, in der er den Referenten wieder auferstehen lässt.[53] In ihr lassen sich jene Merkmale wiederfinden, die traditionellerweise der Autobiographie zu- und inzwischen wieder abgesprochen wurden: Der obsolete Wahrhaftigkeitsanspruch der Autobiographie scheint in der Fotografie erfüllt zu sein. Hier findet Barthes »die Wahrheit des Gesichtes« seiner Mutter wieder, die »zweite Natur des Referenten«, die Unmittelbarkeit und »Beglaubigung von Präsenz«, ja sogar die »Wahrheit der Abstammung« und eine »Präsenz [...] metaphysischer Natur«.[54] So schießen auch dem hartgesottenen Semiotiker und Poststrukturalisten, wie Corey Creekmur bemerkt, beim Anblick der Fotografie eines geliebten Menschen die Tränen ins Auge.[55] Doch hat dies nichts mit einem »mismatch between theory and experience« zu tun und ist mitnichten aus der biographischen Verlusterfahrung des Todes zu er-

51 Barthes: Die helle Kammer, S. 81 [Hervorh. R. B.].

52 Vgl. Huck Gutman: »Rousseaus Bekenntnisse: eine Selbsttechnik«, S.118-143.

53 Vgl. Paul Eakin: Touching the world. Referentiality, Princeton 1992. Eakin liest »Die helle Kammer« mit dem autobiographischen Text von Barthes »Über mich selbst« zusammen. Vgl. ebd., S. 17ff.

54 Barthes: Die helle Kammer, S. 77, 86, 95, 97, 114.

55 Adams: Light Writing, S. 5. Adams zitiert Corey Creekmur: »I believe a photograph of a lost loved might have the affective power to make even a semiotician, who knows better, weep.«

klären, die einer Tröstung bedarf, wie Paul Eakin behauptet[56] – das wäre biographistisch gedacht und zu kurz gegriffen. Vielmehr findet der Rückgriff auf die Kategorien von Wahrheit, Evidenz und Zeugenschaft vor dem Hintergrund einer autobiographischen Konstruktion statt, die über die Fotografie eines zu reinstallieren sucht: den Autor.

Die Reproduktion von Autorschaft

Mit der »Emanation des Referenten«, so weist Katharina Sykora nach, vollzieht sich bei Barthes auch die »strukturelle Selbstemanation [...] im fotografischen Akt der Betrachtung.«[57] Barthes bringt seine Mutter auf zweierlei Weise wieder hervor, indem er sie durch die Rezeption des Fotos verlebendigt und sie »in jener Zeit der Krankheit« als sein »weibliches Kind« gleichsam »zeugt« und dabei das Wesen des Kindes auf der Fotografie wiederfindet.[58] Das christologische Motiv der »Auferstehung« des Referenten bezieht sich somit auch auf Barthes selbst, der zwar explizit auf der Ebene des Rezipienten, des »spectator«, spricht, sich aber durch den Akt der Verlebendigung der Fotografie als Autor erneut erschafft.

Dabei läuft die Reproduktion des Autors über die Imagination des Weiblichen. »Die naturalistische Bilder scheinbar automatisch generierende Kamera steht für den Körper der Mutter ein«, so Sykora.[59] »Apparatus photographicus und Apparatus maternalis«, die technische und die biologische Reproduktion, »müssen daher ihres Automatismus wieder entledigt werden, um den Autor zu reinstallieren.«[60] Denn wenn sich auch Autobiographie und Fotografie durch das »graphein« miteinander als Fakten und Fiktionen schaffende Medien verknüpfen, so ist das »Auto« der Autobiographie dem »Automatismus« der Fotografie zunächst weit entgegengesetzt. »Die Autobiographie, die aufgrund der von ihr intendierten Identität von Hauptfigur, Erzähler und Autor nachdrücklicher als andere Texte auf ihre Autorfunktion verweist,« so Martina Wagner-

56 Eakin: Touching the world, S. 4. Etwas polemisch stellt Eakin die Indextheorie als Tröstungsstrategie der Postmoderne dar: »When the austere tenets of poststructuralist theory about the subject came into conflict with the urgent demands of private experience Barthes turned for solace [...] to photography.«

57 Sykora: Unheimliche Paarungen, S. 73.

58 Barthes: Die helle Kammer, S. 82.

59 Sykora: Unheimliche Paarungen, S. 74.

60 Ebd.

Egelhaaf, »radikalisiert die Frage nach dem Produzenten des Textes.«[61] Die Produktion selbst jedoch ist, gleich wie man sie konnotiert, in jedem Fall zumindest in der Niederschrift des Textes an eine Person gebunden. In der Fotografie jedoch wird die Frage nach dem Produzenten zunächst an den Apparat abgegeben: Die automatisch generierte technische Reproduktion scheint mit der kreativen Produktion unvereinbar.[62] Nur der Moment des Auslösens installiert den Fotografen als Autor[63] – eine Autorschaft, bei der es jedoch, wie Barthes es als ebenso dramatisch wie banal beschreibt, um Leben und Tod geht: »DAS LEBEN/DER TOD: das Paradigma wird auf ein simples Auslösen beschränkt, jenes, das die Ausgangspose vom fertigen Abzug trennt.«[64] Doch dieser Akt lässt sich vom Fotografen nicht vollständig beherrschen, entsteht er doch in der »triadischen Fusion von Auslöser, Objekt und Apparat.«[65] Diesen »ambivalenten Status« teilt der Fotograf mit dem Betrachter, dem »zweiten Schöpfer des Fotografischen«, der »in einer sekundären Form der Autorschaft« den nur »einmal praktizierten, singulären Blick [des Fotografen] auf dasselbe Objekt« einnimmt: »Der einst lebendige Blick durch die Kamera wird durch den lebendigen des Betrachters reaktiviert.«[66]

Diese Reanimation des Fotografen und des Fotografierten durch den Betrachter schließt auf der bildlichen Ebene an das an, was Barthes auf der textuellen Ebene angekündigt hatte. Die Geburt des Lesers werde laut Barthes mit dem »Tod des Autors« bezahlt.[67] In dem Ort des Lesers findet das »Gewebe von Zitaten« einen Raum, »in dem sich alle Zitate, aus denen sich eine Schrift zusammensetzt, einschreiben, ohne dass ein einziges verloren ginge.«[68] Der »moderne Schreiber«, der seinen Text nur im Hier und Jetzt äußert und innerhalb dieser Gegenwart der Schrift selbst geboren wird,[69] wird im utopischen Raum des Lesers in seiner Gesamtheit aufgefangen. Diese Geburt des Lesers scheint Barthes in dem Akt der fotografischen Rezeption exemplarisch vorzuführen. Paradoxerweise reproduziert er dabei eine Form von Autorschaft, die sich der traditionellen Kategorien von Autobiographie bedient. Denn wenn die »Wahrheit des Bildes«[70] im Rezipienten erst zur Erscheinung kommt, ver-

61 Wagner-Egelhaaf: Autobiographie, S. 9.
62 Vgl. Sykora: Unheimliche Paarungen, S. 70.
63 Ebd.
64 Barthes: Die helle Kammer, S. 103.
65 Sykora: Unheimliche Paarungen, S. 71, 72.
66 Ebd., S. 72, 73.
67 Barthes: »Der Tod des Autors«, S. 193.
68 Ebd., S. 190, 192.
69 Ebd., S. 189.
70 Barthes: Die helle Kammer, S. 86.

gewissert sie auch die Wahrheit des Erzählten. Fotografische und autobiographische Autorschaft vergewissern sich in diesem Fall tatsächlich gegenseitig, allerdings nur, wenn wir Barthes' Fototheorie folgen. Gleichwohl ist die Fotografie vom Gedächtnis abgekoppelt, denn sie ist für Barthes mehr als das: Sie ist Beglaubigung.[71] Die Selbsterschaffung findet über die Beglaubigung in der Fotografie statt, denn der Schrift fehlt diese Gewissheit.[72] Nur über die Logik oder den Schwur[73] kann sie diese laut Barthes erlangen – und bei diesem Schwur handelt es sich letztlich um den autobiographischen Pakt, den wir mit Barthes schließen. Die »Auferstehung« der Mutter über das Bild, das den Betrachter/innen bewusst vorenthalten wird, findet über den autobiographischen Text statt. Die (autobiographische) Schrift wird über die Fotografie neu beglaubigt; sie verweist nicht auf einen Autor, sondern bringt ihn im Text hervor. Das doppelte Hier und Jetzt des »scripteur« und des »spectateur« wird an die autobiographische Vergangenheit beider gekoppelt und gelangt im Rezipienten zu einer neuen Montage, in der mehrere Zeiten aufblitzen.

An der exemplarischen Analyse des Textes von Barthes ist deutlich geworden, wie sich das Wieder-Holen von Zeiten, Referenten oder Objekten gleichermaßen fotografisch wie autobiographisch vollzieht: Zwischen Fiktion und Fakt, zwischen Vergangenheit und Gegenwart, Präsenz und Absenz, Tod und Leben schillernd, pointieren Autobiographie und Fotografie die Frage nach der Produktion und Reproduktion von Autorschaft. Ihr Zusammentreffen ermöglicht künstlerische Strategien der Vervielfältigung, die ich im Folgenden genauer fassen werde.

Das Leben wiederholen: Reproduzieren, Zitieren, Kopieren

Zwischen Reproduktion und Original

Die Reproduktionsmöglichkeit der Fotografie kann als eine andere Form der Wiederholung betrachtet werden, die im Zusammenhang mit der autobiographischen Erinnerung bei den Künstlerinnen in unterschiedlicher Weise eingesetzt wird.

In Hannah Höchs *Lebensbild* spielen verschiedene Ebenen der fotografischen Reproduktion eine Rolle. Zum einen prägen die zahlreichen Porträts der Künstlerin als alter Frau die Collage. Es ist die Position der

71 Vgl. ebd., S. 92.

72 Vgl. ebd., S. 117.

73 Vgl. ebd., S. 96.

sich erinnernden Erzählerin, die gewissermaßen die »Erzählzeit« der Collage anzeigt. Der Eindruck der erzählerischen Präsenz wird dadurch verstärkt, dass Höch in diesen Porträts die Betrachter/nnen meist direkt anzublicken scheint.

Eine andere Ebene der Reproduktion nutzt die Künstlerin, wenn sie einen großen Teil des fotografischen Materials, das sie in der Collage einsetzt, abfotografieren lässt. Zu dem abfotografierten Material gehören vor allem die zahlreichen Fotos aus Höchs Privatbesitz, die für die »erzählte Zeit« in der Collage stehen. Sie sind wie alle anderen Fotografien der Collage von dem Fotografenteam auf einem einheitlichen warmtonigen Fotopapier schwarzweiß abgezogen worden.[74]

Die Reproduktion lässt die abfotografierten Bilder untereinander kompatibel werden. Wörtlich und metaphorisch werden die Schnittkanten der unterschiedlichen Bildzeugnisse eingeebnet und leichter verfügbar – sie werden zum Material. Die Homogenisierung ist eine Form der Selbstdistanzierung. Um ihre eigene Person im *Lebensbild* in collagierter Form thematisieren zu können, stellt Höch fotografische Zeugnisse ihres Lebens und Werks konsequent auf die einheitliche Ebene des fotografisch reproduzierten Bildmaterials.

Die referentielle Ebene, die suggeriert, einen privaten Einblick in das Leben und Werk Hannah Höchs zu bekommen, geht jedoch im Schritt des Abfotografierens nicht verloren: Obgleich die Reproduktionen der Privatfotos theoretisch auf eine Fotografie referieren und nicht auf Hannah Höchs Präsenz vor der Linse, bleibt der Eindruck des Dokumentarischen erhalten. Nur weil die Fotografien teilweise stark vergrößert werden und damit eine Dimension annehmen, die das Original nicht gehabt haben kann, erkennt man zum Teil, dass es reproduzierte Fotografien sind. Insbesondere das Kleinkindporträt von Höch (Abb. 1.7), eine Atelieraufnahme um 1890, nimmt man als historische Aufnahme wahr. Wir rezipieren sie auf diese Weise als ein reproduziertes Selbstzeugnis. Dennoch lassen sich in den Fotos aus dem Familienalbum Hannah Höchs auratische Spuren erkennen. Walter Benjamin beschreibt sie für frühe Fotografien, die auch in Höchs Collage gezeigt werden: »Im flüchtigen Ausdruck eines Menschengesichts winkt aus den frühen Photographien die Aura zum letzten Mal.«[75] Selbst in der Reproduktion wirken Reste dieser Aura nach.

74 Die einzige Ausnahme bilden die Fotografien aus dem Motivkomplex, der die Ehe und das Reisen mit Kurt Matthies darstellt (Nr. 73-77).

75 Walter Benjamin: Das Kunstwerk im Zeitalter seiner technischen Reproduzierbarkeit (1936), Frankfurt/Main 1996, S. 21.

Die Nähe und Ferne, das Hier und Jetzt zeigen sich nicht nur bei den alten Familienfotos, sondern auch bei den bereits erwähnten Porträts von Hannah Höch aus dem Jahr 1971, kurz vor der Entstehung der Collage. In diesen Porträts ist die Erzählerin sehr präsent; sie lassen zugleich am stärksten die Nähe zu Barthes' Begriff des »Es ist so gewesen« erkennen, einem Begriff, der dem der Aura sehr nahe zu kommen scheint. Doch während sich die Aura auf die Gegenwärtigkeit des Kunstwerks bezieht, die in der Präsenz der Betrachtenden wahrgenommen wird, ist das »Es ist so gewesen« auf eine vergangene Wirklichkeit bezogen, die während des Betrachtens reaktiviert wird. Wir erkennen in den Porträts Höchs: »So hat sie im Jahr 1971 ausgesehen« – das indexikalische Moment bleibt trotz des Abfotografierens erhalten.

Zeitgleich zu den Porträts von Höch als alter Frau entstehen die Reproduktionen ihres Collagen- und Montagenwerks, von dem ein Teil in dem *Lebensbild* gezeigt wird (Abb. 1.8). Die Reproduktionen der Kunstwerke setzt Hannah Höch im *Lebensbild* ein, ohne dass eine Ent-Auratisierung im Sinne Benjamins wirksam wird. Im Gegenteil: Als einmalige Abzüge werden die vermeintlich ent-auratisierten Reproduktionen im »Hier und Jetzt«[76] der Collage aufgehoben und dadurch einer neuen Aktualisierung und Kontextualisierung unterzogen. In der Einmaligkeit des gegenwärtigen Kunstwerks *Lebensbild* erfahren sie eine Reaktualisierung und im »Hier und Jetzt« der individuellen autobiographischen Erinnerung eine Auswahl und Einordnung: Auf diese Weise bekommen die fotografischen Reproduktionen die Wirkung von Originalen.

Die Fotoabzüge der Orgel-Köhnes, Produkt und Spur eines handwerklichen Vorgangs, haben außerdem eine bessere Qualität als die Massenreproduktionen aus Magazinen: Die visuelle Autobiographie zielt durch ihr Bildmaterial nicht zuletzt auf Langlebigkeit. Zudem besteht das Bildmaterial aus dickerem Fotopapier und hat damit eine stark haptische Qualität. Die Schnittkanten sind im Original deutlich zu sehen und verwiesen auf den Eingriff der Künstlerin. Hannah Höch bezeichnet das *Lebensbild* aufgrund des besonderen Bildmaterials als eine »Collage mit Originalfotos«[77], als ein »Original-Foto Bild [sic]«[78] oder eine »Original-Fotomontage [sic]«[79]. Somit bringt das Abfotografieren und Fotografieren zwei scheinbar entgegengesetzte Bewegungen hervor: Um Höchs Le-

76 Walter Benjamin beschreibt den Begriff der Aura als »das Hier und Jetzt des Kunstwerks – sein einmaliges Dasein an dem Orte, an dem es sich befindet«. Diese »einmalige Erscheinung einer Ferne, so nah sie sein mag« fällt in der Reproduktion aus. Benjamin: Das Kunstwerk, S. 11.

77 Höch-Exemplar der Nummernliste BG HHC H2235/79.

78 Privatnotiz von Hannah Höch, BG HHC H2234/79.

79 Ebd.

ben und Werk in der Fotocollage darzustellen, geht das Reproduzieren einher mit einer Art des ›Originalisierens‹.[80] Die »Collage mit Originalfotos« wird durch ihr eigens hergestelltes Bildmaterial, deren Produzenten sogar im Bild selbst sichtbar sind, stark auratisch aufgeladen. Zwischen Reproduktion und Original oszillierend, wird die Fotografie zum Instrument autobiographischer Erinnerung. Auf ambivalente Weise verschmelzen Aura und »Es ist so gewesen« miteinander.

Gleichzeitig wird das Bildmaterial enthierarchisiert: Die Privatfotos werden ebenso behandelt wie das Collagen- und Montagenwerk, die Darstellungen von Haus und Garten ebenso wie die des Weltkriegs oder der Mondlandung. Die Wiederholung als Reproduktion ermöglicht eine Wiederaneignung, die auch eine Selbstaneignung ist. Die Privatfotos, die im Besitz der Künstlerin sind, werden durch die Reproduktion veröffentlicht. Mit ihnen – und dies gilt auch für die »Stilleben« der Miniaturen-Sammlung – wird die scheinbar private Innenwelt nach außen gekehrt. Die Reproduktion kommt hier einer Veröffentlichung gleich, die der als subjektiv verstandenen Autobiographie eine scheinbare Objektivierung gibt. Sich als Subjekt zum Sujet machen, eine der Grundvoraussetzungen der Autobiographie, findet bei Höch über die wiederholende Fotografie statt. Sich zu vervielfältigen heißt in diesem Sinne sich – genauer: eigene Bilder und Bilder von sich – zu reproduzieren und darüber ein neues Selbstbild zu formieren. Denn durch die Homogenisierung des Bildmaterials scheinen Leben und Werk stärker zusammenzufallen. In der offensiven Inszenierung dieser Symbiose entsteht ein stark autorschaftszentriertes Künstlerbild, das dennoch ständigen Dezentrierungen unterworfen ist.

80 Knut Hickethier weist darauf hin, dass in der Geschichte der Kunst und Ästhetik nicht die Wiederholung, sondern die Reproduktion der Gegenbegriff zum Original ist. Knut Hickethier: »The Same Procedure. Die Wiederholung als Medienprinzip der Moderne«, in: Jürgen Felix/Bernd Kiefer/Susanne Marschall/Marcus Stiglegger (Hg.): Die Wiederholung, Marburg 2001, S. 41-62, hier: 48.

»Je copie, je recopie ...«[81] - Aneignen und Besitzen

Annette Messagers Material der *Albums-collections* besteht nicht aus »Originalfotografien« oder Privatfotos, sondern zum größten Teil aus Bildern und Texten, die sie aus Zeitschriften und Illustrierten ausschneidet.[82] Die fotografischen Reproduktionen liegen schon vor und können von der Künstlerin in der Wahl des Ausschnitts oder der Komposition nicht mehr beeinflusst werden. Messagers Form der Aneignung ist daher die Akkumulation, die zeichnerische Kopie und die handschriftliche Kommentierung. Während sich bei Hannah Höch die autobiographische Bewegung des Sich-Veröffentlichens eher von innen nach außen, vom Privaten ins Öffentliche wendet, findet bei Annette Messager die Bewegung in umgekehrter Richtung statt. Die Sammlerin der Klischees privatisiert und subjektiviert die Außenwelt. Anders formuliert: Höch macht »sich« und »ihr Leben« zum Bildmaterial; Messager macht gesammeltes Material zu »sich« und »ihrem Leben«.

Ihre massenmedialen Vorlagen übersetzt die Künstlerin durch obsessives Abschreiben und Abzeichnen in das Medium der Zeichnung und der Handschrift. Dies geschieht in den Alben, deren Titel per se bereits auf Wiederholungen deuten: *Album-collection No 1*, *Album-collection No 2* oder *Album-collection No 3* ist auf den Deckblättern der unterschiedlichen Hefte, Pappkarten und Skizzenblöcke in Handschrift zu lesen. Dass die Künstlerin in ihnen die Kopie einer imaginären weiblichen Musterbiographie entwickelt, habe ich bereits skizziert. Jedoch gehen Messagers unterschiedliche Formen der Wiederholungen darüber hinaus. Wichtig ist nicht nur, *was* sie wiederholt, sondern *dass* sie wiederholt – und dies unermüdlich: Die Wiederholung als eine wesentliche Strategie in den *Albums-collections* zeigt sich zum einen durch das Abzeichnen und Abschreiben und zum anderen in den potentiell unendlichen Sammlungen gleicher Motive und Objekte.

Denn da jede *Alben-Sammlung* einem Thema zugeordnet ist, wiederholen sich pro Album und pro *Collection* die Motive gleichsam auf vertikaler Ebene. Unter dem Paradigma der Hochzeit versammelt Messager in der *Album-collection Le mariage de Mlle Messager* (Abb. 3.3.) fast austauschbare Zeitungssauschnitte unterschiedlicher Hochzeiten, deren Überschriften sie mit ihrem Signum versieht. »M. Yves Royer a épousé Mlle Annette Messager« ist als Bildüberschrift zu lesen, »Le mariage de M. Bernard Menuge et de Mlle Annette Messager« oder »Le mariage de

81 Ausst.-Kat. Annette Messager. Comédie Tragédie, S. 57.

82 Wenige Male produziert Messager selbst Fotografien wie in der *Album-collection Les approches* (Abb. 3.27).

M. Jean-Pierre Delbende et de Mlle Annette Messager« in einem nächsten Bild. Das Motiv bleibt gleich, die Aufnahmewinkel und die Gesichter ändern sich ein wenig, doch letztlich sind die Situationen, die sie zeigen, austauschbar – das Motiv des gesellschaftlichen Ereignisses bleibt unverändert und ebenso unverändert bleibt der Schriftzug »Annette Messager«, den die Künstlerin in die Bildüberschriften montiert. Die eigens geschaffenen Titel wiederholen entweder den Namen der Künstlerin oder sie verweisen durch die Possessivpronomina auf ihn. Doch weil die Gesichter klar zu erkennen sind, sehen wir nicht Annette Messager abgebildet, sondern verschiedene »Mademoiselles«. Die Montagen mit Messagers Namenszügen sind eindeutig Fakes. In den Ansammlungen von Hochzeiten, die alle vorgeblich von Annette Messager stammen, kollektiviert sich die Künstlerin; sie entgrenzt sich und übererfüllt durch die Wiederholung auf ironische Weise den Hochzeitsappell. Das gesellschaftliche Ereignis wird damit zur Farce.

Ob Parodie oder Identifizierung – die Strategie der Wiederholung, so Elisabeth Strowick, beschreibt stets eine Figur der Kritik.[83] So gibt es laut Gilles Deleuze »eine Tragik und eine Komik der Wiederholung. Die Wiederholung erscheint sogar immer doppelt, einmal im tragischen Geschick, das andere Mal im komischen Charakter.«[84] In der Akkumulation ironisiert Messager Rituale, in deren Zentrum die banalen Geschichten eines klischeeartigen Frauenlebens und darüber hinaus der geschlechterspezifischen Stereotypen schlechthin stehen. Die Zeichen von Weiblichkeit zirkulieren und wiederholen sich – doch unter der Hand der Sammlerin und Monteurin wird ihre proklamierte Ernsthaftigkeit und Wichtigkeit der Lächerlichkeit preisgegeben.

Zudem zeichnet Messager die akkumulierten Bilder mal detailliert, mal schematisch vereinfacht ab. Der Effekt der zeichnerischen Wiederholung hängt dabei von dem ab, was zeichnerisch reproduziert wird. Wenn *La collectionneuse* in der *Album-collection La grande aventure des 2 premières années de la vie* Fotografien eines Kindes abzeichnet, mit denen sie vorgeblich seine Entwicklung dokumentiert, gibt sie den anonymen Massenfotografien durch die handgefertigten Zeichnungen wieder die Aura des Originals. So bejubelt die vermeintliche Mutter neben ihrer Zeichnung die ersten Gehversuche »ihres« Kindes in der »78. Woche«

83 Elisabeth Strowick: »Wiederholung und Performativität. Rhetorik des Seriellen«. Vgl. http://www.thealit.dsn.de/lab/serialitaet/teil/strowick/strowick_druck.html vom 25.2.05.

84 Gilles Deleuze: Differenz und Wiederholung, München 1992, S. 32. Er bezieht sich dabei unausgesprochen auf das bekannte Zitat Hegels, dass sich die Geschichte wiederhole, und auf Marx' ebenso bekannte Ergänzung: einmal als Tragödie, einmal als Komödie.

(Abb. 3.4). Ein liebevoll gebastelter Einband mit bunten Blumenbildern gibt dem scheinbaren Tagebuch die Aura des Authentischen: Das Verhältnis von Reproduktion und »Original« wird hier umgekehrt. Das »Original« ist eine Abbildung, die in der Zeitschrift reproduziert ist; die Kopie ist deren authentifizierende Wiederholung. Die Kopie lässt nicht nur paradoxerweise aus dem Massenmedium ein Original werden, sondern sie produziert ein Original ohne originären Ursprung, eine Authentizität ohne Subjekt, eine Wiederholung ohne Urszene. *La collectionneuse* formuliert ihre Autorschaft über die Inszenierung des Verschwindens in der Kopie.

Ähnlich verfährt Messager auf der textuellen Ebene, die ebenso stark die Welt der Massenmedien spiegelt: Sie sammelt stereotype Texte, schneidet die Slogans aus, klebt sie ins Album und schreibt sie ab. Das »Hier und Jetzt« der Signatur, der Zeichnung und der Handschrift verweist dabei auf einen Referenten, der einmal da gewesen ist und sie produziert hat: auf die Präsenz der Autorin. Jedoch könnte das auch jede/r Andere gewesen sein und muss nicht unbedingt auf Annette Messager verweisen: Das Abzeichnen von Fotografien oder das Kopieren von Unterschriften zerstört die Vorstellung von Einmaligkeit und aktiviert sie im gleichen Zug. Messager schreibt zum einen ihre Gegenwart im buchstäblichen Sinne in die scheinbar autobiographischen Alben ein. Zum anderen verweist diese Gegenwart auf die Vergangenheit und Gegenwart der massenmedialen Klischees, die einerseits beständig bleiben und doch immer wieder zitiert, wiederholt und aktualisiert werden.

Das manuelle Abschreiben und Abzeichnen der Klischees ist im Sinne Judith Butlers ein performativer Akt, der eben diese Klischees immer wieder hervorbringt und sie gleichzeitig verändert.[85] Die gehorsame, fast masochistisch erscheinende Übererfüllung der Klischees, wie ich sie weiter oben dargestellt habe, wird dabei zu einer ironischen Kopie einer braven Musterfrau. Doch zugleich ist sie eine ebenso starke Inbesitznahme der Bilder und Texte, die eingeholt, überholt und besessen werden. Denn ebenso litaneiartig sind die Wiederholungen der Possessivpronomina: Das vorangestellte »ma«, »mes« oder »mon« zeigt die Aneignung gesellschaftlicher Formeln genauso an wie ihre Transformation in das Werk der *Albums-collections*. Zugleich wird durch sie die Präsenz der Autorin evoziert, deren Körper – im Gegensatz zur Collage Hannah Höchs – im Bild nicht vorkommt. Der performative Akt entfaltet bei Messager dabei auch ein magisches Potential. Er wirkt bei den akkumulierten Hochzeitsbildern wie eine Art absurder Beschwörung, die auch in den abgeschriebenen Texten wie etwa »Je suis une bonne maman« oder »Je suis la mère

85 Butler: Körper von Gewicht, S. 35ff.

camarade« wirksam werden soll. Für den wiederholten Text gilt laut Samuel Weber: »Unter dem Druck solchen wiederholten Fragens wird die vertraute Redewendung langsam unheimlich; sie hört auf, selbstverständlich zu sein [...]«.[86] Sie tritt aus dem Kontext heraus, so Weber weiter, und wird auf sich gestellt. Bringt die Wiederholung also den Kontext zum Verschwinden? Nein, sie entblößt nur die Vorherrschaft eines einzigen Kontextes.[87]

In der *Album-collection Les approches* wird die Obsession der Inbesitznahme durch die Fotografie und die Kopie umgekehrt (Abb. 3.27). *Annette Messager collectionneuse* versammelt hier Fotografien, die sie selbst produziert hat. Sie zeigen Männer auf der Straße, denen sich die Betrachtenden nähern, und zwar nur in einem bestimmten Ausschnitt: dem Teil zwischen Bauch und Oberschenkel, so dass ihr Hosenschlitz im Zentrum liegt. Je näher Messager mit der Kamera kommt, desto größer wird der Hosenschlitz; immer stärker wird die erotische Zone fokussiert. In einem zweiten Schritt zeichnet *La collectionneuse* sie ab; dabei rückt sie die Stelle des Geschlechts perspektisch noch näher heran. Auf diese Weise führt die Zeichnung die Fragmentierung des männlichen Körpers und den Voyeurismus wie eine imaginäre Kamera oder ein imaginäres Fernrohr weiter. Sie verstärkt sie sogar noch, weil nun an die Stelle des Apparatus unvermittelt das Auge der Künstlerin getreten ist: Der Voyeurismus der Kamera wird während des Zeichnens durch den des Auges abgelöst. Und auch als Betrachtende vergleicht man die fast abstrakten Zeichnungen mit den nebenstehenden Fotografien; man schaut sich die Falten und Wölbungen genau an und beginnt sich zu fragen, hinter welcher nun was für ein Genital steckt.

Doch nicht nur das: Im Akt des Abzeichnens – und Verwischens, wodurch ein Eindruck der Unschärfe entsteht – berührt Messager gleichsam die Genitalien der Männer. Diese Assoziation wird besonders deutlich, wenn Messager ihre Hände selbst mit ins Bild nimmt, die sich auf die Fotografien und Abzeichnungen legen (Abb. 3.27). Diese scheinbar direkte Berührung war es wohl auch, die laut Messager Empörung verursachte, als sie dieses Album zum ersten Mal als Installation ausstellte. »Das zweite [nach *Les enfants aux yeux rayés*], weswegen man mich in den Siebzigern angriff,« so beschreibt sie in einem Interview, »war das Bild von Hosenställen bei Männern. Davon machte ich Fotos auf der Straße, woraufhin mich sogar junge Leute in Ausstellungen als Hure be-

86 Samuel Weber: »Einmal ist Keinmal: Das Wiederholbare und das Singuläre«. http://www.hydra.umn.edu/weber/sam1.html (Stand: 07.05.2001).

87 Ebd.

schimpften.«[88] Die besitzergreifende Geste, die sich immer wiederholt und mit der sie den Männern gleichsam in den Schritt fasst, evoziert diese Reaktionen, weil sie die Referentialität der Fotografie als »touching the world«[89] buchstäblich nimmt: Mit der Abbildung wird auch das Abgebildete gezeigt, berührt und besessen. Die Machtstruktur, die damit etabliert wird, läuft dem Rollenverständnis der damaligen Zeit zuwider: Die voyeuristische Frau wird als Hure verworfen. Strukturell unterscheidet sich diese Geste jedoch nicht von den anderen Zeichnungen und Sammlungen massenmedialer Bilder. Die gehorsame Übererfüllung der Klischees, die scheinbare Unterwerfung unter die Bilder der Massenmedien zeigt hier nur ihre andere Seite: eine Obsession der Wiederholung, die alles wissen, alles sehen und besitzen will und deshalb jeden Körper, jedes Objekt zerlegt, so nah wie möglich fokussiert, fotografiert, abzeichnet und in Alben sammelt .

Insbesondere in dieser erotisch konnotierten Form der fotografischen Reproduktion und der zeichnerischen Aneignung wird eine andere Ebene der Wiederholung sichtbar, auf der sich die Figur der *Collectionneuse* abzeichnet. Mit einer Sammler*in* nämlich verbindet sich – gerade in der französischen Version – auch eine erotische Assoziation. In Eric Rohmers 1966 entstandenem Film *La Collectionneuse* wird dies plastisch dargestellt. Dort begegnet einer der Protagonisten, der Galerist Adrien, einer Sammlerin in dem Moment, in dem er ein Sammlerstück – die goldfarbene Skulptur einer nackten Frau – in der Hand hält; zugleich entdeckt er, dass in dem Zimmer gerade eine Frau mit einem Mann schläft: Die Sammlerin gibt sich ihrer Tätigkeit hin, Liebhaber zu akkumulieren. Bezeichnenderweise wird der Körper der *Collectionneuse*[90] mit der goldenen Skulptur analogisiert.[91] Im ersten Prolog wird er zudem fragmentiert vorgezeigt und damit zum begehrten Objekt. Im Bikini läuft die Sammlerin am Strand entlang; die Kamera tastet ihren Körper ab, fragmentarisiert ihn und heftet sich sofort an die Zone, die Messager in *Les Approches* bei den Männern fokussiert: das Geschlecht. Die Sammlerin Haydée setzt ihren Körper jedoch nicht nur ein, um zu akkumulieren, sondern ihr Ziel ist das Finden: »Je veux trouver – je peux me tromper«. In Anlehnung an den bekannten Picasso-Ausspruch »Ich suche nicht, ich finde« wird die Assoziation der etablierten Künstlerautorität aufgerufen,

---

88 Jocks: Annette Messager, S. 17.

89 Vgl. Eakin: Touching the world.

90 Gespielt von Haydée Politoff, deren Vorname zugleich der der weiblichen Hauptfigur ist.

91 Zum Verhältnis des Materials Gold zum weiblichen Körper vgl. Alexandra Karentzos: »Die Goldpanzer der Frauen – Zur Medialität der Geschlechter bei Klimt«, in: Dies./Käufer/Sykora: Körperproduktionen, S. 145-160.

jedoch gewendet. Ihr nächstes »objet trouvé« ist ein Antiquitätensammler, dem Adrien nicht nur eine antike Vase, sondern auch Haydee selbst anbietet. Daraufhin kommt es zu einem Wettstreit des Sammelns. Die *Sammlerin* verbringt die Nacht bei dem Sammler; Adrien wird trotz seiner moralischen Überheblichkeit eifersüchtig; zu guter Letzt zerschlägt Haydée die kostbare Vase, nachdem sie den Sammler ihrer *Collection* einverleibt hat. Im französischen Sprachgebrauch bedeutet »collectionner« auch »reihenweise bekommen« – und so bemerkt Adrien, der sich anfangs gemeinsam mit seinem Freund über Haydées Sammeltätigkeit empört, am Ende, dass sie alles bekommen hat: reihenweise Männer, die Vasen, seinen Freund und zuletzt ihn selbst.

Die Ambivalenz dieses Begriffes springt auch auf *Annette Messager collectionneuse* über.[92] Die Annäherungen an das männliche Geschlecht, *Les approches*, sind die neugierigen und sexualisierten Blicke einer Sammlerin auf ihre potentiellen Liebhaber. Das Umschlagen des Ernsten in das Komische über die Form der Wiederholung, wie ich es an dem Beispiel von *Le mariage de Mlle Messager* beschrieben habe, ist auch in dieser pornografischen Figur zu finden. So überschreitet der Ernst des authentischen »nackten Sex« in seiner Übersteigerung leicht die Grenze zur Parodie.[93] Plötzlich bekommt auch *Le mariage de Mlle Annette Messager* eine andere Tönung. Die Farce des gesellschaftlichen Rituals mit der immer gleichen und doch immer anderen Braut hebt sich klar ab – die unschuldige Braut ist im Gewand der *Album-collection* auch die nimmersatte Ehemannsammlerin, die den Männern zwischen die Beine greift.

---

92 In einem Interview mit Bernard Marcadé wird deutlich, dass Messagers Begriff der *Collectionneuse* tatsächlich in diesen Kontext gestellt wurde. Messager wehrt dies jedoch ab und betont die Eigenständigkeit ihres »Titels«: B. M.: »1973 beschlossen Sie, die Rolle wieder zu wechseln. Man hatte Sie ja sehr bald als ›Sammlerin‹ abgehakt, zweifellos wegen Rohmers Film ...« – A. M.: »Nein, nein, ich hatte mich selbst als ›Annette Messager, die Sammlerin‹ bezeichnet und unter dieser Bezeichnung eine ganze Serie gemacht.« In: Ausst.-Kat. Annette Messager. Comédie Tragédie, S. 162.

93 Vgl. Svenja Flaßpöhler: »Selbstvollendende Lustmaschinen. Zur materialistischen Utopie des pornographischen Körpers«, in: Kristiane Hasselmann/Sandra Schmidt/Cornelia Zumbusch (Hg.): Utopische Körper, München 2004, S. 281-298, hier: 288, 289.

Wiederholungszwänge

In diesem Sinne inszeniert sich auch Sophie Calle als eine *Collectionneuse*, selbst wenn sie sich nicht explizit so nennt. Die bereits erwähnte *Autobiographical Story The Amnesia* aus dem Jahr 1992 (Abb. 2.6) bezeichnet nicht nur den paradoxen Mangel an Erinnerung einer Autobiographin, sondern auch einer Männersammlerin, eines weiblichen Don Juan, die sich nicht an die Größe des Geschlechts der Männer erinnern kann: »No matter how hard I try«, verkündet die Erzählerin der *Autobiographischen Geschichte*, »I never remember the color of a man's eyes or the shape and size of his sex.« In dem Video *No Sex Last Night* von Sophie Calle und Greg Shepard aus dem gleichen Jahr[94] wird die Geschichte von *The Amnesia* in einer anderen und längeren Version erzählt.[95] Denn dort entspinnt sich zwischen Calle und Shepard ein Gespräch über Penisgrößen. Sie referiert, Schokolade essend:

> »Man weiß nie, ob er groß oder klein ist. [...] Da ich es jedes Mal vergesse, kann ich sie nicht vergleichen. [...] ich müsste zwei Penisse nebeneinander sehen, aber darum habe ich Männer noch nie gebeten. Wenn ich irgendwann mal denke, dass mein Sexleben vorbei ist [...], könnte ich alle Männer zusammenrufen, alle, die jemals in mir waren, ich könnte mir ihre Penisse ansehen und dann Vergleiche anstellen: Welcher war groß, welcher war angenehm, um ein Resümee zu ziehen. Ich bin nämlich sexbesessen.« [dt. A.-E. K.]

Die Calle'sche Männer-»Collectionneuse« verzichtet auf die Wissenslust und den Voyeurismus einer Messager, die die Geschlechtsteile der Männer fokussiert. Sie ironisiert hingegen gängige sexuelle Phantasien, wenn ihr die Größe des Geschlechts gerade nicht wichtig zu sein scheint. Überdies kokettiert Calle mit der großen Anzahl von Männern, die ihre Liebhaber waren, und stellt damit ihre Verführungskraft unter Beweis. Zugleich hebt sie damit den Kontrast zu dem Mann heraus, der neben ihr sitzt: Greg Shepard, der antriebsarme Junggeselle, verweigert sich in dem Video kontinuierlich und ebenso kontinuierlich durchzieht Sophie Calles Stoßseufzer »No sex last night« als Refrain das Roadmovie. Letztlich

94 *Double Blind* (1992); Video, Farbe, Ton, teilweise untertitelt, 76 Min.; in der auf 35-mm-Film kopierten Fassung: *No Sex Last Night*. Regie: Greg Shepard und Sophie Calle; Schnitt: Michael Penhallow, Greg Shepard, Sophie Calle; Produktion: Bohen Foundation, New York/Gemini Films: Postproduktion: San Francisco Art Space.

95 Vgl. Alma-Elisa Kittner: »No Sex Last Night. Sophie Calle und Greg Shepard auf Anti-Hochzeitsreise«, in: Hasselmann/Schmidt/Zumbusch: Utopische Körper, S. 263-279.

verführt sie ihn dennoch, wie man im Laufe von *No Sex Last Night* erfährt und wie es die *Autobiographische Geschichte The Erection* (1994/2000) erzählt: Allein die Tatsache, dass die beiden in Las Vegas heiraten und Calle nun eine verfügbare Ehefrau ist, ruft das Begehren bei Shepard wach: »Later he confessed that his desire sprang from the fact I was now his wife.« Die Geschichte endet mit den lakonischen Worten: »An erection was the first thing marriage had given me.«

Unter der Überschrift *The Husband* versammelt Calle zehn der *Autobiographical Stories*, die von der Begegnung bis hin zur Hochzeit und Trennung die Stationen der Beziehung erzählen. *The Erection* handelt von der Entstehung des Films *No Sex Last Night*, dessen Höhepunkt die Drive-In-Hochzeit von Calle und Shepard in Las Vegas bildet. Schon in der Geschichte über *The Hostage*, dem Hochzeitsgeschenk, wird das Thema der Heirat aufgegriffen.

Es ist auffällig, dass das Ritual der Hochzeit in den visuellen Autobiographien von Hannah Höch, Sophie Calle und Annette Messager eine prominente Rolle spielt. Alle drei greifen hier die Form der Wiederholung als ritualisierte Handlung auf. Die fotografische Reproduktion dient bei Messager und Calle dazu, das Ritual zu dokumentieren. Höch jedoch kommentiert das Hochzeitsritual häufig in ihren Arbeiten der 20er und 30er Jahre.[96] Im *Lebensbild* zeigt sie innerhalb des Collagen- und Montagenwerks die Reproduktion des Ölbilds *Die Braut* (1924-27, Nr. 7), das wie eine Collage gemalt ist. In der fotografischen Reproduktion ist der Unterschied jedoch nicht sichtbar. Die Fotografie zeigt die Braut als ein überdimensionales Kinderpuppengesicht auf einem kleinen Körper im Brautkleid; sie wird von ihrem starren »mechanical man«[97] als Bräutigam flankiert. Das gesellschaftliche Ritual des Frau-und-Mann-Werdens erscheint als eine gesellschaftskritische Attacke gegen die Rollenverteilung der Geschlechter. Zwar ist dies auch in der Reproduktion noch sichtbar, dennoch ist entscheidend, dass Höch den Topos der Hochzeit nur als Selbstzitat aufnimmt. Es ist eines von vielen Frauenbildern, das Höch in den zitierten Collagen zeigt, so dass die Kommentierung des Rituals in die distanzierte Form des retrospektiven Blicks auf das eigene Werk eingebunden ist. Dagegen versucht Annette Messager, sich das Ritual mit der Strategie der Akkumulation anzueignen. Als Nummer eins bildet die *Album-collection Le mariage de Mlle Messager* den Anfang

96 Etwa in: *Die Braut*, 1933, Fotomontage; *Bäuerliches Brautpaar*, 1931, Fotomontage; *Bürgerliches Brautpaar*, 1920, Aquarell.

97 Jula Dech: »Marionette und Modepuppe, Maske und Maquillage – Beobachtungen am Frauenbild von Hannah Höch«, in: Hannah Höch: Fotomontagen, Gemälde, Aquarelle. Ausst.-Kat. Kunsthalle Tübingen, hg. von Götz Adriani, Köln 1980, S. 79-96, hier: 86.

der anderen Sammlungen. Sie steht jedoch paradigmatisch für die Kollektivierung eines gesellschaftlichen Ereignisses, das, medial vermittelt, bis ins individuelle Leben hineinreicht und dort kopiert wird. Letztlich ist *Le mariage* deshalb eine Bildersammlung unter vielen.

Bei Sophie Calles *Autobiographical Stories* dagegen ist der Themenkomplex der Heirat besonders stark ausgeprägt. Das liegt zum einen daran, dass sie sich in ihren Arbeiten häufig mit Ritualen und Ritualisierungen – gerade auch der biographischen Ereignisse – auseinandersetzt oder neue entwirft. So treibt sie beispielsweise in *The Birthday Ceremony* (1980-1993) die Ritualisierung ihres Geburtstages auf die Spitze, indem sie die Anzahl der eingeladenen Gäste nach der Zahl ihres Alters bemisst und sie deren Geschenke in Vitrinen konserviert, beschriftet und schließlich ausstellt. Doch das Ritual der Hochzeit ist ein Phantasma, das Calle kontinuierlich verfolgt. In der *Autobiographischen Geschichte The Wedding-Dress* (1988) zeigt sie, nüchtern fotografiert, ein altmodisches Brautkleid. In *The Dreamwedding* (2002) tritt Calle als Braut in einem roten Brautkleid im Fughafen von Orly auf. *The Argument* (Abb. 2.9) wiederum zeigt die vergrößerte Fotografie des Hochzeitspaares Calle-Shepard im Cadillac vor der Drive-in-Wedding-Chapel.

Das Fest der Hochzeit an sich beruht wie jedes Ritual auf der kollektiven Wiederholung innerhalb der Gesellschaft. Diese Struktur wird jedoch überspitzt, wenn Calle in der *Autobiographischen Geschichte The Fake Wedding* (Abb. 2.10) die gleiche Hochzeit – nämlich ihre eigene – wiederholt und ein komplexes Verwirrspiel zwischen Fiktionalität und Authentizität in Gang setzt. Die »falsche Braut« Sophie Calle ist auf einem traditionellen Familien-Hochzeitsfoto auf den Stufen eines Gebäudes zu sehen, das sich im Text – natürlich – als Kirche entpuppt. Die Erzählerin erklärt:

»Our improvised roadside marriage in Las Vegas didn't allow me the chance to fulfil *the secret dream that I share with so many women: to one day wear a wedding dress*. So, on Saturday June 20, 1992, I decided to bring family and friends together on the steps of a church in Paris for a formal wedding picture. The photograph was followed by a mock civil ceremony performed by a real mayor and then a reception. The rice, the wedding cake, the white veil – nothing was missing. *I crowned, with a fake marriage, the truest story of my life.*« [Hervorh. A.-E. K.]

Wie so häufig bei Calle führt die Fotografie die Rezipierenden auf eine falsche Fährte, die vom Text entlarvt wird – mit dem Ziel, ihn und die dazugehörende Fotografie als wahr anzusehen. Ähnlich wie Messager bedient sich Calle einer kollektiven Wunschvorstellung, die von ihr selbst Besitz ergriffen hat und macht sie zum Teil ihres eigenen Lebens.

So ist die Hochzeit zwar ein Fake, doch als von ihr konstruierte und realisierte Fiktion hat sie stattgefunden, zumindest wenn man dem Text Glauben schenkt. Doch selbst wenn man dies nicht täte, existiert Sophie Calle als Braut auf dem gestellten Bild, das im Ritual der Heirat der Beweis und die Erinnerung an das Ereignis schlechthin ist. Die Fotografie bezeugt im Sinne Barthes' den Moment des »Es ist so gewesen«. Zumindest einen Moment lang haben die abgebildeten Menschen dort gestanden. Die Art ihrer Positionierung und Kleidung sind ein Indiz dafür, dass es sich um das Ritual der Hochzeit handelt. Calle überführt gesellschaftliche öffentliche Rituale in ihr privates Leben und verunklärt gleichzeitig die Grenze zwischen wahr und falsch, fremd und eigen. Das biographische Ereignis wird in anderer Weise als bei Messager als kollektive Wunschvorstellung inszeniert. Calle führt vor, wie durch den Akt des Fotografierens ein Ereignis nicht nur festgehalten, sondern auch hervorgebracht wird – ähnlich wie in einem performativen Sprechakt.

Zudem setzt Calle im Unterschied zu Messager die Repräsentation ihres eigenen Körpers als Medium der Authentifzierung ein. Der dargestellte Körper der Braut bezeugt die Evidenz des Geschehens und ist doch gleichzeitig ein »unechter« Körper, der nur über seine Maskierung eine Bedeutung suggeriert. Dennoch ist es der Körper der Künstlerin, die über den autobiographischen Pakt die Authentizität der Erzählung im Text verbürgt. Das autobiographische »Erinnerungsfoto« reiht sich ein in die unendlichen Wiederholungen des Rituals. Eben diese Bilder der gesellschaftlichen Wiederholungen sammelt Messager. Bei ihr kehrt sich das Verhältnis von Individuum und Gesellschaft, von Fake und Original, Sprache und Bild, um. Während die Zeitschriftenfotos tatsächlich stattgefundene Hochzeiten zeigen, wird das Fake, sie über den montierten Schriftzug als Messagers Hochzeiten auszuweisen, sofort erkennbar. Bei Calle dagegen wirkt das Foto »wahr« und nur der Text enthüllt uns, dass es sich um ein Fake handelt. Über die Person Sophie Calle erfahren wir jedoch genauso wenig, auch wenn unser voyeuristisches Verlangen immer neue Anreize erhält.

Gesteigert wird dies noch, wenn sie die falsche Hochzeit als »Krönung der wahrsten Geschichte ihres Lebens« bezeichnet. Doch welche Geschichte ist gemeint? Die des lange Zeit ungestillten Begehrens, in eine gesellschaftlich klar markierte Stufe eines neuen Lebensalters einzutreten? Ihre Bemerkung im Film *No Sex Last Night* nach dem kurzen Hochzeitsmoment im Cadillac in Las Vegas scheint dies nahe zu legen: »Erledigt«, so ihre Stimme aus dem Off, »ich werde verheiratet gewesen sein. Ich bin keine alte Jungfer mehr.« Oder bezieht sie sich mit dem Ausdruck der »truest story of my life« auf die *Autobiographischen Ge-*

schichten, die sie auch unter dem Titel *True Stories* ausgestellt hat?[98] Dann würde die *Autobiographische Geschichte Le faux mariage* als ihre »beste« gewertet. Wie häufig läuft auch hier der vermeintlich enthüllende Text der autobiographischen Geschichte an der Stelle, die die Leser/innen am meisten interessieren würde, ins Leere – ein weiteres ungestilltes Begehren, diesmal auf der Seite der Betrachter/innen. Die Heirat, der performative Akt par excellence, ist zumindest so nicht geschehen. Nur eines ist wahr: das Hochzeitskleid, das Calle auf der Fotografie trägt und das im Mittelpunkt ihres Begehrens steht.

Wichtig ist hier insbesondere die Kategorie der Wiederholung, die zwei Seiten des gleichen Geschehens zeigt: In der »eigentlichen« Hochzeit, die, wenn wir Text und Bild glauben, in Las Vegas stattgefunden hat und die wir in der *Autobiographischen Geschichte The Argument* sehen (Abb. 2.9), fehlen das Hochzeitskleid und die Trauzeugen, Familie und Kirche. Die zweite »falsche« Heirat ist einerseits Supplement der »eigentlichen« Hochzeit in Las Vegas und erfüllt die dazugehörigen Rituale. Andererseits wird sie zur »wahren Hochzeit«, weil sie die wahren Phantasmen sichtbar macht und sie erfüllt. In diesem Sinne ist die falsche Hochzeit die wahre. Zugleich ist sie als Ritual die Kopie aller »wahren« Hochzeiten, die sie sich zum Vor-Bild nimmt. Was das Original und was die Kopie ist, scheint letztlich nicht entscheidbar. Doch über die Fotografie, die Calles maskierten Körper abbildet, und über den autobiographischen Text findet eine Verlebendigung statt: die Authentifizierung eines Fakes. Und nicht nur das Fake, auch die Autorin Calle entwirft sich über die autobiographische Kategorie der Wahrheit, die über die Indexikalität der Fotografie und raffinierterweise über das Geständnis seiner Falschheit in Kraft gesetzt wird. Wenn Calle offen zugibt, dass dies ein Fake ist, dann muss es doch wahr sein – so könnte man meinen. Die scheinbare Wahrheit der Autobiographin und der Fotografie etabliert sich über die Lüge. In dem Moment jedoch, in dem wir uns auf die Frage von Wahrheit oder Lüge einlassen, bestätigen wir die Wahrheit der erzählten Geschichte.

Letztlich sind beide Hochzeiten gleich wahr und gleich falsch, denn das Calle'sche »Ich werde verheiratet gewesen sein« in *No Sex Last Night* verweist noch auf etwas Anderes. Sie nimmt einerseits eine Todesbewegung vorweg, die der Autobiographie und Fotografie inhärent sind: Das eingefrorene Bild – sei es das Video-Still der Heirat, sei es die Fotografie des *Fake Wedding* – hält den vergangenen Moment fest, der irgendwann einmal, beim Tod der Autorin, endgültig nicht wiederholbar

98 »True Stories« hieß Calles Einzelausstellung 1996 in Tel Aviv, Museum of Art.

sein wird und dem keine Bilder von anderen Hochzeiten mehr hinzugefügt werden können. Es ist »Perfekt« im Sinne des Tempus und bezeichnet eine abgeschlossene Handlung innerhalb einer Zeiteinheit, die bis heute – als Bild – andauert. Das falsche Familienalbum erzählt uns nur von dem Wunschtraum der Autorin, der einen Moment lang als Bild real wurde. In *No Sex Last Night* sagt sie noch weiter: »Eines Tages werde ich vergessen, was ich erlebt habe, [nämlich, dass sie Greg Shepard ein Tauschgeschäft vorschlagen musste, damit er sie heiratet. A.-E. K.] und weiß nur noch, dass mich einmal ein Mann genug begehrte, um mich zu heiraten.« Das ist im Sinne Baudrillards eine geradezu obszöne Aussage, die das Ritual entschleiert und es jeglicher Tiefe beraubt. Es wird unmittelbar zur zukünftigen Vergangenheit, zur Erinnerung, und in ein Zeichen überführt, das auf nichts verweist als auf seine Bildoberfläche. Wie es produziert wurde, wird vergessen sein, und nur die Oberfläche wird real sein. Hierin liegt die Wahrheit und Lüge der beiden Hochzeiten, denn genauso verhält es sich auch mit der Fotografie in *The Fake Wedding*. Die Ritualförmigkeit der Ehe, die sich stark über die Bilder versichert, wird auf die Spitze getrieben. Calle sammelt diese Bildtrophäen der Weiblichkeit in den *Autobiographischen Geschichten* und stellt sie als reale Bilder des Klischees aus. So fehlt auch nicht der rote Stöckelschuh, der Striptease oder die Aktzeichnung. Das Brautkleid ist da, »es ist so gewesen«, es ist wahr, und das ist, was zählt. Das Bild wird zudem zum Beweis von Shepards Begehren. Doch ebenso enthüllt auch Shepard das Ritual als eines, das nicht Ausdruck des Begehrens ist, sondern es erst hervorruft, wenn er Calle als Ehefrau, aber nicht als Frau begehrt. In *No Sex Last Night* beschreibt er, was Calle später in der Geschichte *The Erection* erzählt:

»Ich war heute Nacht sehr erregt. Ich dachte: Du bist meine Frau, du liegst neben mir. Allein die Tatsache, dass wir verheiratet sind und du neben mir liegst und ich dich haben wollte – ich dachte keine Sekunde daran, dich darum zu bitten. Ich hatte nicht das Gefühl, dich fragen zu müssen. Ich wusste einfach nur, dass ich dich haben wollte. Ich bekomme eine Erektion, sobald ich nur daran denke.«

Paul de Mans provokative Annahme, das Leben bringe nicht unbedingt die Autobiographie hervor, sondern man könne mit gleicher Berechtigung sagen, »das autobiographische Vorhaben würde seinerseits das Leben hervorbringen und bestimmen«,[99] scheint hier real zu werden. Das autobiographische Vorhaben besteht an dieser Stelle aus einem Ritual, das das Begehren in einer endlosen Schleife selbst generiert. Das per-

99 De Man: »Autobiographie als Maskenspiel«, S. 132.

formative Ritual der Heirat kann bewirken, sich tatsächlich »als Mann« zu fühlen und eine Frau zu begehren – eine Form der Performanz, die absurd wirkt, weil eben dieses Ritual zumindest in seiner romantischen Form das Begehren voraussetzt.[100]

Doch noch ein weiteres Ritual sei hier erwähnt, das Calle zu imitieren scheint und eine andere Form der Wiederholung evoziert: die psychoanalytische »Redekur«. Wenn Calles Geschichten wie bei der bereits analysierten Bild-Text-Installation *The Strip-tease* eine typologische Struktur aufweisen, in der ein Kindheitsereignis im Erwachsenenalter erneut zum Vorschein kommt, bietet die Künstlerin demonstrativ einen Bezug zu Sigmund Freuds Begriff der Wiederholung an. Denn laut Freud wiederholen sich Kindheitsszenarien zwanghaft im Erwachsenenleben. Der Unterschied zwischen Erinnerung und Wiederholung ist dabei zentral: Das, was sich der bewussten Erinnerung entzieht und widerständig bleibt, wiederholen die Klienten und Klientinnen im Leben. Es gilt, das vormals reale Ereignis im geschützten Raum der Analyse-Situation zu wiederholen, bis das Reale des verdrängten »Unbewussten« zum Vorschein kommt[101] – was Wiederholung war, soll Erinnerung werden. In der Neuinszenierung des Traumas wird das leidende Objekt zum aktiven Subjekt, allerdings unter der Kontrolle des Analytikers. Dadurch werden die Klient/innen vom »Wiederholungszwang« im Leben befreit und können sich erinnern. Ein wichtiger Schritt auf dem Weg zur Heilung ist dabei die sogenannte »Übertragung«. Damit die Wiederholung in der Analysesituation tatsächlich stattfinden kann, muss das traumatische Ereignis und eine der tragenden Rollen in dem vergangenen Drama auf sie oder ihn übertragen werden.

Nun befinden wir uns allerdings, wenn wir die *Autobiographischen Geschichten* lesen, in einer Galerie oder einem Museum und nicht in einer psychoanalytischen Praxis. Die Erzählerin in Calles Geschichten liegt nicht auf der Analysecouch und geht ihrem Assoziationsfluss nach, sondern bietet uns äußerst ausgefeilte Geschichten zur Interpretation an. Sie behält die Kontrolle und ist von Anfang an das aktive Subjekt. Sie entwirft dabei umgekehrt für uns die Rolle des Analytikers oder der Analytikerin. Immer wieder neue Rollen bietet Calle den Rezipierenden an,

100 Vgl. Kittner: »No Sex Last Night«, S. 276. Dort habe ich die Kategorie des Obszönen jedoch nicht auf das autobiographische Bekenntnis hin untersucht, sondern hinsichtlich der Utopie der Verfügbarkeit: In *No Sex Last Night* überblendet sich der utopische Raum »Amerika« mit der Verfügbarkeit des weiblichen Körpers in der Ehe.

101 Sigmund Freud: »Erinnern, Wiederholen, Durcharbeiten« (1914), in: Gesammelte Werke, Bd. 10. Frankfurt/Main 1963, S. 126-136, hier: S. 129.

die ihnen scheinbar die Macht geben, zwischen wahr und falsch zu unterscheiden.[102]

Das Material der Wiederholung besteht auch in dieser Lesart aus vorgeblichen Ereignissen und Handlungen. Calle greift dabei auf den Exhibitionismus der Konfession zurück und scheint ihr Leben in textuell verdichteter Form zu wiederholen. Die Fotografien sollen dabei die »Fakten« untermauern. Sie nutzt dabei auf der Bildebene ebenso wie Höch das angenommene »indexikalische Vermögen« der Fotografie. Doch will Calle die Grenze zwischen Fiktion und Realität verunklären, während Höch über die fotografischen Reproduktionen und die Porträts der »Erzählzeit« als alte Frau eine Aura zu reinstallieren sucht. Höchs Fotografien behalten den Charakter eines Familienalbums, obgleich ihre Bedeutung nicht darin aufgeht. Die Vielzahl der Höch-Porträts in verschiedenen Lebensstadien indiziert dabei sowohl die Präsenz der Künstlerin als auch ihre vergangene Lebenszeit. Solch ein Familienalbum existiert bei Sophie Calle nur als gezielte Fälschung, um das »Geständnis« notwendig erscheinen zu lassen. Denn wenn der Text das Fake enthüllt, wird auf diese Weise die autobiographische »Wahrheit« inszeniert. Auch Annette Messagers Fragmente einer Autobiographie sind offen vorgetäuscht. Doch sie setzt dafür massenmediale Reproduktionen ein, hinter deren Bildern und Texten sie verschwindet. Die Handlungen und Rituale des Frau-Werdens sind nur als Vor-Bilder der dargestellten anderen Körper sichtbar. Die Versicherung von Intimität und Authentizität findet bei Messager über die Bewegung des Zeichnerischen und Handschriftlichen statt. Die Illusion einer Autobiographie hat hier die Form eines vorgeblich originalen Manuskripts. Es scheint im unveröffentlichten Zustand des Privaten zu sein und verweist auf diese Weise auf die Präsenz seiner Autorin.

102 Wenn sich Calle in dem Selbstporträt *The Shadow* (1981) von einem Detektiv verfolgen und fotografieren lässt, geraten wir schnell selbst in die Rolle des Beobachters. Zu den Rollen des Detektivs oder Analytikers vgl. S. 179ff.

Doppelungen und Multiplizierungen

Strategien der Zusammenarbeit: Doppelspiele

Im Folgenden stehen verschiedene Formen von Doppelungen und Multiplizierungen im Mittelpunkt, die zeigen, wie sich in den untersuchten visuellen Autobiographien die Identität über die Differenz zum Anderen formiert. Denn eine Grundfigur der visuellen Autobiographie ist die Doppelung, in der sich eine reflexive Grundstruktur zeigt: Das Subjekt betrachtet sich als Objekt. Um eine Distanz zu sich selbst herzustellen, wird häufig die Position des Anderen gesucht – sei es über die Kamera, den Spiegel oder/und den Blick anderer Personen. Auf diese Weise entstehen doppelte Blicke, doppelte Bilder oder doppelte Geschichten. Messager nimmt hier eine Sonderstellung ein, weil sie nicht dezidiert mit anderen Personen zusammenarbeitet. Dass sich ihre Autorschaft jedoch über die Aneignung des Anderen in Form der Massenmedien entwickelt, ist bereits deutlich geworden. Im Weiteren führt dies bei ihr zu einer Multiplizierung von Identitäten, die wiederum bei Höch und Calle nicht in der Art zu finden ist. Die Ebene der fotografischen Reproduktion spielt bei den Doppelungen und Multiplizierungen erneut eine Rolle, jedoch setze ich sie nun in Bezug zur Zusammenarbeit mit Anderen. Bei Hannah Höch ist sie bereits thematisiert worden, um die Spezifik des Bildmaterials zu erklären, doch nun gerät die Struktur der Doppelungen stärker in den Blick. Daran schließt sich unmittelbar die Frage an, wie sich Autorschaft in der Strategie der Zusammenarbeit gestaltet.

Sophie Calle spielt auf verschiedenen Ebenen ein *Double Game*.[103] Es besteht auf der formalen Ebene zunächst in einer auffälligen Doppelstruktur in nahezu allen ihren Arbeiten. Sie bestehen aus Bild-Text-Installationen oder Objekt-Text-Installationen und sind deshalb grundsätzlich zweigeteilt. Bei den Bild-Text-Installationen werden auf diese Weise häufig unterschiedliche »Stimmen« generiert, denn der fast homogenen Erzählerinnenstimme stehen ästhetisch heterogene Bilder gegenüber, deren Herkunft meist unklar ist. Auch der lange Zeitraum, in dem die *Autobiographischen Geschichten* als »work in progess« enstanden sind und weiterhin entstehen, erklärt die Unterschiedlichkeit der fotografischen Inszenierungen. Doch im Gegensatz zu Hannah Höchs *Lebensbild*, in dem die Heterogenität aus dem Unterschied zwischen den Privatfotos und den »öffentlichen« Fotos entsteht, gibt es bei Calle kaum Fotografien, die privat erscheinen. Vielmehr könnte man sie formal in zwei

103 So nennt sie auch eines ihrer Künstlerbücher: Sophie Calle (With the participation of Paul Auster): Double Game, London 1999.

Gruppen einteilen: Entweder wirken die Fotografien eher nüchtern und zurückgenommen wie Spuren von Tatorten, wenn Calle etwa das Brautkleid, den Bademantel oder das phallisch anmutende Dessert zeigt. Oder sie sind derart inszeniert, dass sie in ihrer Professionalität distanziert erscheinen wie in der folgenden *Autobiographical Story Room with a View* (Abb. 2.7). Die Fotografie zeigt Sophie Calle im Negligé auf der höchsten Plattform des Eiffelturms stehend. Sie lehnt am Brüstungsgitter; ein Kissen ist wie ein Rahmen hinter den Kopf geklemmt, die Haare sind dekorativ unordentlich. Die Geschichte erzählt, wie sie eine Nacht auf dem Eiffelturm verbracht hat. Tatsächlich handelte es sich um eine Art Performance mit Beteiligung des Publikums, das ihr Gutenachtgeschichten erzählen sollte.[104] Die Fotografie stammt von dem Modefotografen Jean-Baptiste Mondino.[105] Genannt wird er in ihrer neuesten deutschen Ausgabe des Künstlerbuches *Wahre Geschichten* jedoch nur als Urheber der Fotografie auf dem Schutzumschlag, die einen nackten weiblichen Torso zeigt.[106] Auf der Innenseite dankt Calle ihm jedoch als »diskreten und großzügigen Urheber einiger Fotografien in diesem Band«.[107] Indem die Autorschaft Mondinos ausdrücklich erwähnt wird, nobilitiert Calle ihre Arbeit und rückt sie in den Kontext der Hochglanz-Modefotografie.[108]

Die ästhetische Heterogenität der Fotografien in den Arbeiten Calles leitet sich unter anderem aus der Zusammenarbeit mit unterschiedlichen

104 Am 5.10.2002 veranstaltete Calle in der »Nuit Blanche«, der offenen Nacht der Museen in Paris, eine Performance, bei der ich anwesend war. Die Regeln wechselten: In der Ankündigung hieß es, man solle der Künstlerin Gute-Nacht-Lieder singen, um sie zum Einschlafen zu bringen; bei dem Ereignis selbst wurde man jedoch durch ein Türschild streng angewiesen, ihr Geschichten erzählen, um sie vom Einschlafen abzuhalten: »No story – no visit«, war darauf zu lesen.

105 Mondino ist auch für einige Porträts von Sophie Calle verantwortlich, die als Plakate oder Cover benutzt werden wie etwa für die Ausstellung und den Katalog von *Sophie Calle. M'as-tu vue?* im Centre Pompidou, Paris, und Martin-Gropius-Bau, Berlin, 2003-2004.

106 Es ist das Bild aus der Geschichte *The Breasts*. In der Zeitschrift *Art press* wird Mondino jedoch als Urheber der Fotografie genannt. Vgl. Robert Storr: »Sophie Calle. La femme qui n'était pas là«/ »The Woman who wasn't there«, in: Art press, Nr. 295/2003, S. 23-28.

107 Die Danksagung ist auf der Innenseite der deutschen Ausgabe des Künstlerbuchs zu lesen. Sophie Calle: Wahre Geschichten, München 2002.

108 Die kühle Inszenierung der Fotografien ist sicher ein gewollter Kontrast zu den scheinbar intimen Geschichten. Andererseits kann man beobachten, dass in den letzten Jahren die »Glamour«-Ästhetik bei Calle zunimmt.

Fotografen her, von denen die meisten anonym bleiben. Doch Calle behält wie Höch die Regie über die Bildproduktion und bestimmt die Inszenierung der Objekte und Situationen. Auch wenn es heute üblich ist, dass Künstler und Künstlerinnen wesentliche Teile ihrer Arbeiten von anderen Mitarbeiter/innen produzieren lassen, ging Calle bis vor kurzem eher defensiv damit um. In einem »Artist talk« während ihrer Berliner Ausstellung im Martin-Gropius-Bau[109] sprach sie jedoch offen über ihre Arbeitsweise. Anhand ihrer Serie *The Hotel* beschrieb sie, wie sie zunächst die Ausschnitte mit einer kleinen Kamera fotografiert, auf dem Foto die für sie wesentlichen Stellen markiert und dann die gekennzeichneten Ausschnitte von einem professionellen Fotografen mit einer Mittelformatkamera fotografieren lässt – eine Arbeitsweise, die sie ihrer Aussage nach häufig anwendet. Dem entspricht, dass Calle nicht als Fotografin bezeichnet wird, sondern eher als Arrangeurin und Inszenatorin von Bildern. »[She] was an artist, but the work she did had nothing to do with creating objects commonly defined as art. Some people called her photographer, others referred to her as a conceptualist, still others considered her a writer, but none of these descriptions was accurate, and in the end I don't think she can be pigeonholed in any way.«[110]

Diese Beschreibung stammt nicht von einer Kunsthistorikerin oder einem Kunstkritiker, sondern von dem äußerst populären amerikanischen Autor Paul Auster, mit dem Calle Einiges verbindet. Denn ihre Strategie der Zusammenarbeit schließt weitere Koproduktionen mit ein, die zu Doppelautorschaften führen und weit über Werkstattarbeiten hinausgehen. Immer wieder integriert und re-inszeniert sie dabei die *Autobiographical Stories*. Seinem 1992 erschienenen Roman *Leviathan* stellt Auster zunächst eine Danksagung voraus: »The author extends special thanks to Sophie Calle for permission to mingle fact with fiction.« Seine Figur der Künstlerin Maria Turner, die in dem obigen Zitat beschrieben wird, ist im *Leviathan* eine obsessive Spuren- und Geschichtensucherin, die nicht davor zurückschreckt, Menschen tagelang zu verfolgen, sie in Hotelzimmern aufzuspüren und als verkleidetes Zimmermädchen deren Intimleben auszuspionieren – Szenarien, die Sophie Calle zuvor in ihren Werken *Paris shadows* (1978/79), *Suite vénitienne* (1980) oder *L'hôtel* (1981) entworfen hat. Paul Austers literarische Imagination entzündet

---

109 Fast jeder öffentliche Vortrag beginnt mit der Aufforderung der Künstlerin an das Publikum, ihr »personal questions« und keine »technical questions« zu stellen. So war es ebenfalls in ihrem Pariser Vortrag an der Sorbonne im Oktober 2001 und dem »Artist Talk« im Martin-Gropius-Bau am 20.9.2004.

110 Paul Auster: Leviathan, London 1992, S. 60.

sich sowohl an den »facts« – im Sinne einer tatsächlich existierenden Künstlerin und ihrer Werke – als auch an Calles visueller »fiction«.

Doch Calles »fiction« beginnt unter seiner Hand zu mutieren. Zum einen beschreibt Auster bestimmte Arbeiten Calles als biographische Fakten im Leben der Maria Turner. Zum anderen lässt der Autor seine Figur Maria neue Kunstwerke erfinden: Wenn Maria sich einer »chromatischen Diät« unterwirft, in der sie an jedem Tag nur Lebensmittel einer bestimmten Farbe zu sich nimmt, oder in ähnlicher Regulierungswut tageweise im Bann des Buchstaben »B« lebt, offenbart sich in ihr eine »recherche du ordre perdu«, in der sich die Ordnung der Dinge mit der Ordnung des Selbst verklammert. Diese Ordnungsobsession prägt Calles Werk, das auf (vorgeblichen) Ritualen basiert, doch Auster übersteigert dies sogar noch – das *Double Game* nimmt seinen Lauf. Sophie Calle treibt die Vorstellung, in Maria eine literarische Doppelgängerin gefunden zu haben, auf die Spitze, indem sie ihrerseits Austers Fiktionen in die Werke *The Chromatic Diet* (Abb. 2.21) und *Days Under the Sign of B, C & W* transformiert. So lautet ihre Antwort als Replik auf Paul Auster auf der Innenseite von *Double Game*: »The author extends special thanks to Paul Auster for permission to mingle fiction with fact.«[111]

Doch was sind dies für »Fakten«? In *B for Big-Time Blonde Bimbo* (Abb. 2.22) etwa inszeniert sich Calle als im Blümchenbett thronende Brigitte Bardot. Es ist die Re-Inszenierung eines Zeitungsbildes: In *Paris Match* vom 2.11.1989, so steht es in dem dazugehörigen Text, war dieses Porträt Brigitte Bardots, umringt von ihren Tieren, zu sehen. Erneut setzt Calle ihren Körper ein, um eine Rolle nachzuspielen, die diesmal direkt aus einem massenmedialen Kontext stammt. Die anderen auf dem Bett verteilten Körper wie eine Katze, Eulen oder ein Fuchs sind jedoch tot und ausgestopft – die Wiederholung wird zur komischen Überspitzung mit unheimlichen Zügen. Mit dieser Persiflage auf die Ikone Frankreichs produziert Sophie Calle ein Bild, das der literarischen Identität Marias einen, wenn auch maskierten, Körper verleiht. Gleichzeitig sprengt sie die Grenzen der amerikanisch geprägten Figur der Maria. Doch wer hat

111 Nancy Princenthal beschreibt dies als eine Form von »conversation«, die ein grundlegendes Element in Calles Werk sei. So hat auch Calles Arbeit *Les aveugles* einen »monospondence« des tauben Künstlers Joseph Grigely ausgelöst, der Calle 35 Postkarten schrieb, die sie 2 Jahre später erhielt und die in dem Magazin *Parkett* veröffentlicht wurden. Nancy Princenthal: »Talking Points. Conversation in the Art of Sophie Calle, Joseph Grigely, and Suzanne McClelland«, in: Art on Paper, Nr. 5, Mai-Juni 2001, S. 48-55 und 108, hier: 55. Ausschlaggebend ist dabei jedoch, ob das Gespräch unhierarchisch bleibt oder unter der Regie des Einen stattfindet, der sie schließlich als Werk veröffentlicht.

Marias Identität ins Leben gerufen und in wessen Körper schlüpft die maskierte Calle? Die Frage nach der Autorschaft der Kunstfiguren Maria Turner und Sophie Calle verknüpft sich mit der nach der Verschiebung von Identitäten und Körpern: Maria ist Calle, Calle wird zu Maria als Brigitte Bardot.

Eine neue Form des »Paragone« zwischen Literatur und Bildender Kunst, zwischen der Kunstfigur Sophie Calle und der literarischen Kunstfigur Maria Turner kommt in Gang, in dem Autor und Autorin versuchen, sich gegenseitig zu überbieten. Die doppelgängerische Wiederholung und deren Überbietung durch Auster und wiederum durch Calle produzieren eine Form spielerischen Wettbewerbs, der potentiell unendlich ist. So flicht Calle in ihre Nach-Inszenierungen der Maria Turner Motive der *Autobiographical Stories* ein. In *The Chromatic Diet*, in der sie die Diät nach Farben geordnet präsentiert, entdecken wir unter dem Tag Freitag, der der Farbe Gelb gewidmet ist (Abb. 2.21), als Dessert *The Young Girl's Dream* wieder (Abb. 2.8). Die tote ausgestopfte Katze aus der Brigitte-Bardot-Inszenierung spielt in der *Autobiographischen Geschichte The Cats* indes die Rolle einer Rivalin. Ein eifersüchtiger Liebhaber stellt die Erzählerin vor die Alternative, mit ihm oder der Katze das Bett zu teilen; als sie die Katze wählt, erdrosselt er das Tier. In der Objekt-Installation der *Autobiographical Stories* liegt dieselbe ausgestopfte Katze auf dem Bett.

In einem nächsten Schritt bittet Calle Auster, für sie einen »fictive character« zu entwerfen. Auster gibt ihr stattdessen »Personal Instructions for SC on How to Improve Life in New York City (because she asked ...)«. Diese Anweisungen führen zu Calles Arbeit *The Gotham Handbook* (1994). Das Pingpongspiel gegenseitiger »Ansteckung« zwischen Literatur und Bildender Kunst stellt Calle in ihrem Künstlerbuch *Double Game* dar. Darin druckt sie auch den Teil aus Austers *Leviathan* ab, in dem die Figur der Maria Turner entwickelt wird. Calle setzt jedoch den roten Korrekturstift an: Sie streicht die fiktiven Veränderungen Austers und damit seine Autorschaft aus und setzt ihre »Fakten« dagegen. Das können Datenveränderungen sein, wenn Auster das Ritual *The Birthday Ceremony* bei Maria Turner als biographisches Ereignis darstellt und sie mit vierzehn Jahren beginnen lässt, die Geschenke zu sammeln: Calle streicht »fourteen« aus und setzt ein »27« darüber, denn in diesem Alter hat sie vorgeblich die künstlerische Arbeit begonnen. Bei Austers Beschreibung der *Striptease*-Geschichte (»She wiggled her ass at them, she ran her tongue over her lips [...]«) fügt Calle streng hinzu: »over the top«. Wenn Auster schließlich Maria als Nebenfigur in einen anderen Teil seiner Geschichte einbindet, kommentiert Calle: »Too much imagination«, bis sie schließlich mit einem quer über das Blatt geschriebenen »Good bye Maria« die Figur verabschiedet.

Die Strategie, zwei Stimmen sprechen zu lassen, wählt Calle auch in dem bereits erwähnten Video *No Sex Last Night* aus dem Jahr 1992, das in Kooperation mit Greg Shepard entstand. Ein anderer Titel für das Video ist *Double Blind*, womit seine Doppelstruktur benannt ist. Die merkwürdige Mischung aus Road Movie und filmischem Reisetagebuch erzählt die Geschichte einer Nicht-Beziehung: Um Shepard zu überreden, mit ihr nach Kalifornien zu fahren und sie in Las Vegas zu heiraten, ihr sehnlichster Wunsch, lockt sie ihn damit, einen Film zu drehen, was wiederum sein größter Traum ist. Als sie die Reise antreten, herrschen jedoch derartige Kommunikationsprobleme zwischen den beiden, dass Greg Shepard und Sophie Calle eine je eigene Kamera benutzen, mit der sie ihre Reise durch Amerika dokumentieren. Die Kamera wird zum Kommunikationsersatz, der sie intime Geschichten erzählen und geheime Gefühle anvertrauen. Auf diese Weise entstehen zu gleicher Zeit zwei Reisetagebücher mit zwei Geschichten und zwei verschiedenen Blicken auf die Reise. Wieder sind die Rezipierenden aufgerufen zu entscheiden, wessen Geschichte sie nun mehr Glauben schenken, da sich diese häufig widersprechen.

Auch in dieser Arbeit reinszeniert Calle die *Autobiographical Stories*. Häufig erzählt sie bereits existierende Geschichten; andere werden in dem Film zum ersten Mal beschrieben und später in den Werkkomplex aufgenommen. So erzählt Calles Stimme aus dem Off die Geschichte *Bad Breath* (2000), die als Bild-Text-Installation erst acht Jahre später realisiert wird. Auch die bereits vier Jahre zuvor, 1988 realisierte Geschichte *The Love Letter* taucht auf sowie viele Geschichten, die im Jahr des Films als Teil der *Autobiographischen Geschichten* unter dem Titel *The Husband* produziert werden.[112]

Auffällig ist in den beiden Koproduktionen mit Greg Shepard und Paul Auster, dass Calle die Form der Doppelspiele wählt, um einige ihrer *Autobiographischen Geschichten* in einem neuen Kontext zu präsentieren und damit zu wiederholen. Auch wenn Auster nur zwei der *Autobiographischen Geschichten* zitiert, potenziert Calle deren Anzahl, indem sie einige der Geschichten in die Maria-Arbeiten integriert. Sie durchziehen

112 Es handelt sich um *The Resolution* (1992), *The Hostage* (1992), einen Teil von *Amnesia* (1992), *The Fake Wedding* (1992), *The Erection* (1994/1997) und *The Argument* (1992). Außerdem wird eine Geschichte aus der Arbeit *Douleur Exquise/Exquisite Pain* erzählt (1984-2003), die Calle als Installation erstmals 2003 in der Retrospektive *M'as-tu vue?* im Centre Pompidou in Paris und 2004 im Martin-Gropius-Bau in Berlin zeigt.

die Maria-Arbeit in der Form des wiederholenden Selbstzitats. Wie unter einem Wiederholungszwang stehend, muss Calle obsessiv jeden Raum autobiographisch besetzen und erzählt ihre Erlebnisse immer wieder von neuem. Die *Autobiographischen Geschichten* wuchern nicht nur untereinander und lassen dabei immer neue Bedeutungen entstehen. Sie verbreiten sich auch in Werken anderer Autoren und in verschiedenen Werken Sophie Calles.[113]

In dem *Double Game* mit Auster geht die Doppelung aus der Strategie der Wiederholung hervor; sie bedingen einander sogar. Die literarische Doppelgängerin dient Calle dazu, ihr eigenes Werk im Rahmen eines anderen zu wiederholen. Austers fiktives Szenario übersetzt Calle in ein vorgeblich reales, indem sie etwa behauptet, tatsächlich nach einer »chromatischen Diät« gelebt zu haben. Doch letztlich können wir nur die Produkte, die stilisierten Fotografien und Texte der Künstlerin wahrnehmen. Calle übersetzt ein fiktives Szenario der Literatur in ein fiktives der Bildenden Kunst. Austers Szenario dient dabei als Rahmen, in den sie ihre autobiographischen Fiktionen implantiert: Die Wiederholung wird zur ästhetischen Strategie, um den Raum mit Calles »individueller Mythologie« zu besetzen. Doch die Neu-Kontextualisierung schafft eine Distanz, die ihre eigene Obsession vorzuführen scheint. Die doppelte Autorschaft von Auster und Calle bringt ein ständiges Changement von Subjekt und Objekt hervor: Das Künstler-Subjekt Calle wird zum Sujet, zum Objekt der Auster'schen Fiktion, befreit sich daraus, ordnet sich wieder unter und so geht es immer fort. Dabei entstehen nicht nur zwei Autorschaften, sondern auch zwei Werke, denn Austers Erzählung wird ebenso zum ›Arbeitsmaterial‹ wie Calles Werk und Vita zu seinem wird.

Auch Hannah Höchs visuelle Selbsterzählung formiert sich über den Blick eines Anderen. Ihre Zusammenarbeit mit dem Fotografenpaar Armin und Liselotte Orgel-Köhne nutzt Höch, um mit unterschiedlichen Formen der Doppelung zu arbeiten, die die gesamte Collage durchziehen. Fast jedes Element der Collage ist zweimal vorhanden. Auf diese Weise

113 Das Selbstzitat ist nur eine von vielen Formen der Wiederholung, die sich in Calles Werk finden lassen. In der Arbeit *Douleur Exquise* (1984-2003) etwa wiederholt sie die Geschichte einer schmerzhaften Trennung so häufig, bis sie sich immer mehr verdichtet, verkürzt und schließlich verschwindet. Kontrastiert werden sie von den Unglücksgeschichten fremder Menschen, die Calle erzählen lässt. Calle führt hier die Strategie der Psychoanalyse vor, in der die Wiederholung auch als obsessives Immer-wieder-Erzählen wesentlich ist. In *Vingt Ans Après* aus dem Jahr 2001 lässt sich Calle erneut von einem Detektiv beschatten und wiederholt damit *La Filature/The Shadow* aus dem Jahr 1981.

scheint die Möglichkeit der potentiell unendlichen Reproduktion der Fotografie, der Multiplizierung, auf. Höch kommentiert gleichsam die Reproduktionsfähigkeit der Fotografie, wenn sie an einer Stelle der Collage eine unveränderte Doppelung einsetzt: Zweimal tritt die identische Figur der Künstlerin über die Schwelle eines Außenraumes in einen Innenraum (Abb. 1.11). Sie verweist darauf, dass jeder Doppelung auch eine Differenz inhärent ist. Wenige Motive werden in dem *Lebensbild* mehr als zweimal wiederholt, fast alle unterliegen der übergreifenden Struktur der Doppelung. Bei der doppelten Verwendung gleicher Fotografien zeigt dabei fast immer die eine Reproduktion einen Ausschnitt, die die andere verbirgt, und vice versa. Diese Strategie von Zeigen und Verbergen reflektiert das Grundthema der autobiographischen Collage *Lebensbild*, doch als Strategie der Vervielfältigung weisen die Doppelungen der Reproduktionen auf etwas Anderes. So lassen die Fotografien in jeweils neuem Zusammenhang verschiedene Bedeutungsschichten entstehen. Die Neukontextualisierung visualisiert gleichsam den Erinnerungsprozess: Wenn das gleiche Element mal an einem, mal am anderen Ort in unterschiedlichen Kontexten auftaucht, ist dies vergleichbar mit der Erinnerungsbewegung. In unterschiedlichen Zeiten erinnert man sich an die Dinge anders, so dass neue Semantisierungen entstehen. Der Prozess der ständigen Umwertung und Neukontextualisierung, letztlich der Neu*erzählung*, nimmt kein Ende. Die technoiden Formen der »Rohrfedercollage« (Abb. 1.2, Nr. 13) aus dem Jahr 1922 etwa fungieren innerhalb des Motivkomplexes von Naturwissenschaft und Technik mit der aufschießenden Rakete als Symbol konstruktiver kunsthandwerklicher Technik. Als kunstgewerbliche Übung mit der Rohrfeder während Höchs Studium entstanden, setzen die Formen einen Kontrapunkt zu dem Bild zerstörerischer Technik. Weiter unten jedoch neben dem gehäkelten Maskottchen »Ullsteinhund« (Abb. 1.2, Nr. 56) erinnert die gleiche Collage an einen konkreten Lebensabschnitt, und zwar an den Zeitraum, in dem Höch als Modezeichnerin beim Ullstein-Verlag arbeitete.[114] Wie Erinnerungsspuren tauchen einzelne Ausschnitte aus verschiedenen Motiven auf und vernetzen sich mit ihren unterschiedlichen Umgebungen.

In einer anderen Form der Doppelung stellt Höch Beziehungen zwischen zwei motivlich unterschiedlichen Fotografien her: Als Paare oder Pendants werden etwa Natur und Kunst oder Ding und Mensch in Analogie zueinander gesetzt. So wird das Porträt von Höchs Eltern als Silberhochzeitspaar in dem stummen Stickereipaar aus dem »Raritätenkabi-

114 Höch entwarf etwa Schnittmuster und Stickereivorlagen und produzierte zeitgleich ab 1916 ihre ersten Collagen aus den Resten der Muster. Ohff: Hannah Höch, S. 31.

nett« (Abb. 1.5) ironisch aufgenommen. Ähnlich hoheitsvoll wie die Eltern thront dieses Paar auf einer Beeteinfassung, die uns in der Bekrönung der »Braut« in der Collage »Das ewig Weibliche« (Abb. 1.2, Nr. 11) erneut begegnet. Wenn die Eltern bei der Silberhochzeit gleichsam zum »Raritätenstück« aus der Sammlung des Familienalbums werden, findet eine für Höch typische Ironisierung statt.

Auch die Verdoppelung des Blicks und der damit verbundene Perspektivwechsel werden im *Lebensbild* thematisiert. In der Mondlandungs-Collage etwa wird der Blick der Künstlerin vom Mond aus auf die aufgehende ferne Erde inszeniert – und zwar in doppelter Gestalt mit einem zweimaligen Blick durch die Lupe (Abb. 1.9). Einmal in größerer und einmal in kleinerer Gestalt schaut Höch den unterschiedlichen Stadien des Erdaufgangs zu. In dem ursprünglichen Foto, das ebenfalls von den Orgel-Köhnes stammt, betrachtet Hannah Höch durch die Lupe ihr eigenes Ausstellungsplakat, das die Collage *Strauß* zeigt.[115] Der *Strauß*, der im *Lebensbild* in Ausschnitten zitiert wird, besteht aus akkumulierten Augen, die den Blick der Künstlerin erwidern. Ihre eigene, als Plakat vergrößerte Collage durch die Lupe zu begutachten, ist schon per se ein Spiel zwischen Nähe und Selbstdistanzierung. Schaut Höch nun im *Lebensbild* vom Mond aus die Erde durch die Lupe an, rückt das Selbst in den Hintergrund, während das Changieren zwischen räumlicher Nähe und Ferne eine Steigerung erfährt: Die Ferne des Makrokosmos wird durch die Lupe näher geholt und mikroskopisch betrachtet. Die dadaistische Strategie des Schocks durch die Verzerrung der Perspektiven ist hier transformiert zu einer ironischen Selbstreflexion: Durch die Lupe des *Lebensbildes* schaut Höch gewissermaßen »von oben« in doppelter Gestalt auf sich selbst. So geht der Blick der uns näheren und größeren Höch über die Figur Neil Armstrongs hinweg zu der klein erscheinenden Erde, während links daneben die nun kleinere Gestalt Höchs auf die viel größere Erde schaut.

Es ist eine erneute Variation des Doppelblicks, wenn ein vieräugiger Höch-Kopf aus einem Fensterrahmen ragt (Abb. 1.4). Dabei zählt weniger das Objekt des Blickes und weniger die Unterschiedlichkeit dessen, was es uns zu sehen gibt; vielmehr baut Hannah Höch die dadaistische Methode des Perspektivsprungs in der archivalischen Collage zu einem konstanten Prinzip des Perspektivwechsels aus. Die Möglichkeit der Dekontextualisierung und Neukontextualisierung ist dabei unmittelbar mit dem anderen Auge eines Fotografen verknüpft. Über die Strategie der Zusammenarbeit entwickelt Höch verschiedene Formen der Perspektiven

115 Es ist das Plakat für die Ausstellung »Hannah Höch: Collagen aus den Jahren 1916-1971«, Akademie der Künste Berlin, 1971.

auf ihr Leben. Genau diese Kooperation reflektiert Höch in der Szene »Experimente« (Abb. 1.10) und den beiden Szenen, in denen sie fotografiert wird (Abb. 1.6). Sie zeigen den Entstehungsprozess der visuellen Autobiographie. Im Gegensatz zu Sophie Calle setzt Höch ihre Produktionspartner direkt ins Bild, doch zugleich werden sie vom Doppelspiel des Zeigens und Verbergens nicht ausgenommen. Armin Orgel-Köhne ist zweimal zu sehen; dagegen ist das Gesicht der Fotografin Liselotte Orgel-Köhne unter dem Hut verborgen. Als Gegenstück dazu ist ihr gerahmtes Porträt direkt über der Szene zweimal zu sehen. Weisen die Doppelungen über sich hinaus auf etwas Drittes hin?

Das Dritte, die Dritten

»*Jede Dualität basiert auf einem Dritten*«, so meint Mladen Dolar. Und weiter: »Das dritte Element ist zur selben Zeit aus der Spiegelbeziehung ausgeschlossen und als ein Fleck, ein Makel in diese einbezogen. Die Beziehung dreht sich um das Objekt, das die Lücke des Ausschlusses füllt und die Abwesenheit vergegenwärtigt.«[116] Unausgesprochen bezieht sich Dolar hier auf Jacques Lacans Theorie, in der die Begriffe des »Anderen« und des »Spiegelstadiums« zentral sind. Letzteres bezeichnet einen entwicklungspsychologischen Sprung, den das Kleinkind vollzieht, wenn es sich zum ersten Mal im Spiegel erkennt, obwohl es noch nicht sprechen kann, mithin noch keinen Begriff vom »Ich« hat. Dennoch imaginiert es sich in diesem vorsprachlichen »stade de miroir« als ein vollständiges Subjekt. Lacan fasst dieses Stadium exemplarisch als einen fundamentalen Akt der menschlichen Selbstkonstitution auf, die über diesen Akt der »Verkennung« (méconnaissance) »die Instanz des *Ich* (moi) auf einer fiktiven Linie situiert«.[117] Sich über ein Phantasma *von* sich selbst *mit* sich selbst zu identifizieren, ist nach Lacan Teil einer »wahnhaften Identität«, die in jeden Erkenntnisprozess hineinspielt.[118] Erst der Andere, die »symbolische Ordnung« der Sprache, löst den Menschen aus seinem autistischen »Spiegelstadium« und setzt ihn in ein dialektisches, interaktives Verhältnis zur Außenwelt.

116 Mladen Dolar: »Hitchcocks Objekte«, in: Slavoj Žižek/Mladen Dolar/Stojan Pelko u.a. (Hg.): Was Sie immer schon über Lacan wissen wollten und Hitchcock nie zu fragen wagten, Frankfurt/Main 2002 (franz. 1988), S. 27-44, hier: 31. [Hervorh. M. D.]

117 Jacques Lacan: »Das Spiegelstadium als Bildner der Ichfunktion«, in: Ders.: Schriften I, Berlin 1996 (franz. Erstausgabe Paris 1966), S. 63-70, hier: 69, 64.

118 Ebd., S. 63, 64, 67.

Mladen Dolar nutzt Lacans Theorie als Deutungsmatrix für den Film *Shadow of a Doubt* (1942) von Alfred Hitchcock. Die Protagonisten des Films, Nichte und Onkel, befinden sich in einer Spiegelbeziehung. Schon in den Anfangssequenzen wird dies deutlich, wenn Onkel Charlie mit dem Kopf nach rechts gewendet liegt, während seine gleichnamige Nichte zugleich den Kopf nach links dreht und dadurch eine Symmetrie entsteht. Die Spiegelungen der beiden setzen sich in dem Film weiter fort. Dagegen gibt es Dinge, die sich nicht verdoppeln: das Geld etwa, das ein verborgenes Rätsel symbolisiert, wie auch der Ring, der letztlich das Geheimnis eines Mordes lüften wird und zwischen den beiden Figuren der Nichte und des Onkels hin und her wandert. Die Doppelungsstruktur löst sich erst auf, als das Geheimnis zutage tritt.[119]

Man könnte nun mit Dolar, beziehungsweise Lacan, danach fragen, welche Elemente im *Lebensbild* nicht verdoppelt sind oder in keiner Pendant-Beziehung zueinander stehen. Das wäre jedoch wenig ergiebig, denn auffällig ist vielmehr etwas anderes Unsichtbares: Im Gegensatz zu *Shadow of a doubt* wird in Höchs *Lebensbild* die Doppelung nicht offen gezeigt. Das konsequente Oszillieren zwischen Zeigen und Verbergen, die durchgängigen Spiegelungen und Pendantbildungen sind nicht offensichtlich, sondern zunächst verborgen und zeigen sich erst bei intensiver Betrachtung der Collage. Die Doppelung selbst ist das unsichtbare Dritte, das sich nicht einfach auflösen lässt und zunächst nur auf sich selbst verweist. Worauf sie jedoch zielen könnte, ist das genannte Prinzip der Differenz. Die Fiktion einer imaginären Ganzheit des Ichs – sei es als geschlossene Autobiographie, sei es in der Geschlossenheit der Collage – entwirft die Künstlerin über die Darstellung pluraler Perspektiven. Zwar stellt bereits der zweimalige Abzug der Fotografie eine Doppelung dar, wie sie in der Figur der über die Schwelle tretenden Höch sichtbar wird. Doch in der Variation, die immer wieder das gleiche Motiv in einem neuen Ausschnitt oder einem neuen Kontext zeigt, wird ein Prinzip deutlich. Die Kategorie der Differenz an sich ist entscheidend: die Differenz der Perspektive, der Materie (Mensch-Tier, Mensch-Ding), der Proportionen, der Zeiten oder Räume. Doch worauf verweisen die Differenzen? Das Prinzip der Differenz durch Doppelung zielt auf mehrere Dritte und damit mehrere Differenzen.

Michel Foucaults Überlegungen kreisen darum, wie sich das Sujet/Subjekt aus seiner Objektivierung als Sujet/Stoff herstellt.[120] Dieses »Doppelleben als Objekt und als Subjekt (Subjekt sein heißt, sich selbst

119 Vgl. Dolar: »Hitchcocks Objekte«, S. 27-33.

120 Vgl. Foucault: Sexualität und Wahrheit, S. 78.

als Objekt betrachten zu können)«[121] beschreibt Huck Gutman anhand der *Bekenntnisse* von Jean-Jacques Rousseau. Während sich Rousseau in seiner Autobiographie dem unbedingten Willen zur Wahrheit *unter*wirft, *ent*wirft er sich gleichzeitig als souveränes Subjekt der Wahrheitsproduktion. Dagegen wendet sich in Höchs *Lebensbild* das Sich-Erkennen immer auch zu einem Verkennen. Der blinde Fleck des Blicks auf sich selbst ist es, den die Doppelungen umschreiben. Ähnlich beobachtet Gottfried Boehm in Bezug auf das Selbstbildnis, dass sowohl im Spiegel als auch im Foto-Porträt »ein Rest Fremdheit gegenüber uns selbst [...] unauflösbar«[122] bleibe. »Wir blicken in die Welt; dieses Blicken vermögen wir nicht seinerseits wieder zu sehen (wohl zu denken)«, so Boehm. Und weiter: »Dieser Mangel, die blinde Stelle in uns, bekundet jene Festung, in die sich das, was wir unser ›Ich‹ nennen, zurückgezogen hat.«[123]

Bei Lacan ist es insbesondere das Spiegel-Ich, das sich im »stade de miroir« auf sich zurückzieht. »Le stade« bezeichnet im Französischen sowohl »das Stadium« als auch das räumlich begrenzte »Stadion«. Lacan benutzt deshalb die Metapher eines »befestigten Lagers«, eines »Stadions« und bezeichnet damit die »Strukturen einer Befestigungsanlage« innerhalb des Spiegel-Ich, in dem sich »Mechanismen der Verdoppelung und der Isolation« finden.[124] Innerhalb der Autobiographie ist es jedoch nicht allein der Blick auf sich, der einen blinden Fleck aufweist. Auch das Leben (»bios«) kann innerhalb der Autobiographie von dem »Selbst« (»autos«) nicht beschrieben werden (»graphein«). Innerhalb des ästhetischen Prozesses zeigt sich jedoch diese Selbstbezüglichkeit nicht als negativer Mangel, sondern als konstruktive Möglichkeit, diesen Leerstellen auf mehreren Ebenen zu begegnen.[125]

Eine dieser vielen Formen der leeren Position des Dritten kann die Kamera sein, die im *Lebensbild* zumeist verborgen bleibt. Das Medium fungiert gleichsam als Spiegel, der die Doppelung erst möglich und sichtbar macht, um sie gleichzeitig zu überschreiten.[126] Eng mit der Kamera

---

121 Gutman: »Rousseaus *Bekenntnisse*«, S. 130.

122 Boehm: Bildnis und Individuum, S. 233.

123 Ebd., S. 234.

124 Lacan: »Das Spiegelstadium«, S. 68, 69.

125 Auch Lacan bewertet diesen Mangel nicht negativ, wie es zunächst scheint. Die »méconnaissance« wird vielmehr zur Voraussetzung eines Prozesses der Selbsterkenntnis, in den eine fiktionale Struktur eingeschrieben ist.

126 Ich löse mich an dieser Stelle von Lacans Theorie des Spiegelstadiums und des Anderen. Denn da Lacan die duale Einheit von Ich und Spiegel von dem Anderen unterscheidet – dem Dritten und Symbolischen, das die

verbunden ist das Fotografenpaar. Bei dem Spiel von Zeigen und Verbergen wird die Darstellung des Fotografen und der Fotografin deutlich unterschieden. Zwar nehmen beide eine aktiv blickende und produzierende Position ein: Der Fotograf wird rechts oben in der klassischen Künstler-Modell-Position gezeigt, wie er Höch fotografiert (Abb. 1.6) und ein anderes Mal mit ihr den großen Apparatus der Kamera bedient (Abb. 1.10), doch wird dieselbe Aufnahmesituation mit der Fotografin anders präsentiert.

»Frau Orgel bei der Arbeit – und so …« nennt Höch in der Nummernliste diese umgekehrte Künstler-Modell-Szene (Abb. 1.6). Die Bezeichnung deutet an, dass es noch um etwas Anderes als um den Akt des Fotografierens geht, das aber unausgesprochen bleibt. Sowohl die Künstlerin als auch die Fotografin stehen aufrecht und blicken nach unten. Wer hier wen fotografiert und anblickt, ist an dieser Stelle unklarer als in der Szene mit dem Fotografen, denn weder das fotografierende Subjekt noch das fotografierte Sujet sind genau erkennbar. Die Szene des Fotografierens, die den Blick auf Höch thematisiert, stellt paradoxerweise ein doppeltes Verbergen dar, nämlich der Fotografin und Hannah Höchs. Ihnen wird die Doppelung der medaillonartigen Porträts von Liselotte Orgel-Köhne gegenübergestellt. Sie setzen die Fotografin ins Bild und markieren damit zugleich an diesem Ort ihre Unsichtbarkeit. Die vier Elemente (einmal Höch, dreimal die Fotografin) bilden eine symmetrische, geschlossene Konstellation, so dass die Analogisierung von Höch und Fotografin und ihre symmetrische Einbindung in die Szene eklatant ist: Die Künstlerin inszeniert den Akt des Porträtierens als Konstruktion einer Leerstelle. In einer paradoxalen Bewegung schafft die Kamera eine Sichtbarkeit, die in diesem Falle auch die Sichtbarkeit der Leerstelle ist.

Sophie Calle spielt in den *Autobiographischen Geschichten* ebenso mit der Struktur von Zeigen und Verbergen. Hier verweist das offene Dritte auf eine ähnliche Leerstelle, jedoch mit anderen Mitteln. Es ist die Sehnsucht nach dem Wissen über sich selbst, danach, »den fotografischen Beweis meiner Existenz zu erbringen«, wie sie in dem Text der 1981 entstandenen Arbeit *The Shadow* sagt. Dort lässt sie sich von einem Detektiv beschatten, ohne dass er weiß, dass sie es weiß. Ähnlich der Heisenberg'schen Unschärferelation, laut der eine objektive Beobachtung unmöglich ist, weil man die Position eines Atoms in dem Moment seiner Sichtbarmachung verrückt, arrangiert Calle als Objekt der Beobachtung den Tag für den Detektiv. Wir erfahren zwar von scheinbar autobiogra-

Dyade aufbricht – kann der Spiegel nach seiner Theorie nicht das Dritte sein.

phisch besetzten Plätzen, an die sie den Detektiv führt, und auch die *Autobiographical Stories* erzählen von den vorgeblichen Gefühlen und Ängsten der Erzählerin. Aber wir erfahren von ihnen nur durch die Form der Verschiebung, die durch das Beobachtet-Sein entsteht. Die Unmöglichkeit, das Selbst und seine Erfahrung zu repräsentieren, wird bei Calle in verschiedenen Varianten visualisiert.

In den *Autobiographischen Geschichten* ist es die sprachlich strukturierte Erinnerung, die sich immer selbst verfehlt. Nicht nur die Wiederholung ist, wie Lacan sagt, eine ständige Verfehlung, auch die Erinnerung ist es. Sie konstituiert sich geradezu daraus. Obwohl die Bilder den Text häufig korrumpieren, beharrt die Erzählerin auf der Form des »Ich« und erzählt uns von ihren vorgeblichen Erinnerungen. Immer wieder versuchen die Betrachter/innen in den *Autobiographischen Geschichten* ein Geheimnis zu lüften, denn die Geschichten verweigern es, das Dritte, das sie aufrufen, sichtbar zu machen. Je nach Geschichte und Form der Inszenierung konstruiert Calle aus der Differenz zwischen Text und Bild ein jeweils anderes Drittes, auf das die Sehnsucht zielt. Bei *The Dutch Portrait* ist es die Suche nach dem »wahren« Vater, auf den sich das Begehren der Erzählerin richtet. Hier ist der Andere die »symbolische Macht«, wie sie Lacan beschreibt. In Form eines Briefes schiebt sich die Sprache zwischen die Erzählerin und der Vorstellung, die sie von ihrem Selbst hat. Doch das Geheimnis wird nicht gelüftet, die Dreierkonstellation bleibt bestehen und löst sich auch durch die Sprache nicht auf. Dagegen ist die Sprache in *The Fake Wedding* ein Medium, um das Hochzeitsbild als Täuschung zu benennen. Es ist ein gesellschaftlich normiertes Bild von Weiblichkeit, dem die Erzählerin entsprechen will und das in diesem Fall vorher abwesend war, aber dennoch realisiert wird. Der Abstand zwischen »sich« und dem »Bild von sich«, das man nicht besitzt, bezeichnet hier die Differenz. In einem ironischen Spiel, die »Andere« – die Braut als Signum des Weiblichen – zu sein, setzt Calle die Differenz offensiv als etwas Verfügbares und Herstellbares ins Bild. Wird hier etwas Verpasstes in dem nachgestellten Hochzeitsbild nachgeholt, ist es in *Young Girl's Dream* das Bild eines Zukünftigen, das beschworen wird: das männliche Geschlecht, dem der Teenager im Symbol des phallisch wirkenden Desserts begegnet.

So drehen sich die verschiedenen Geschichten immer wieder um die Suche nach einem imaginären Anderen. Das Andere jedoch ist immer schon vorbei oder generell abwesend; es war nie da und wird vielleicht jetzt, im nächsten Moment oder womöglich auch niemals stattfinden. Es wird durch alle Zeiten dekliniert und unter verschiedenen Vorzeichen immer wieder anders inszeniert – und zwar mit den gleichen *Autobiographischen Geschichten*. Calle produziert dabei laut Robert Storr die Struktur des Geheimnisses: »She thus gives us the structure of the secret, but not the secret itself. Here is a labyrinth with a walled-off chamber at its center, a maze without a core.«[127] Das Geheimnis wird zum Topos, ohne dass es tatsächlich eines zu entdecken gäbe.

Von der Rollenvielfalt zur Multiplizierung von Identitäten

Geheimnisvoll ist die Inszenierung Calles auch deshalb, weil ihr Körper in den Bildern zu den Geschichten zum größten Teil nicht zu sehen ist. Auf diese Weise entsteht ein Abstand zwischen den scheinbar enthüllenden Geschichten und der unsichtbaren Erzählerin. Die Objekte, die in den Fotografien zu sehen sind, treten an die Stelle der Erzählerin. Doch in einigen *Autobiographical Stories* tritt Calle selbst in verschiedenen Rollen auf. Als Stripperin verkleidet sie sich in *The Strip-tease*; als Braut ist sie sogar zweimal zu sehen: Außer in *The Fake Marriage* tritt Calle ebenso in *Dream Wedding* als Braut in Rot auf.[128] Auch hier dreht sich die Geschichte um eine Verfehlung. Das Bild bezeugt nur den Plan, am Flughafen von Orly zu heiraten; weil die Erlaubnis dazu nicht gegeben wurde – so der Text – wird dieser Wunsch erneut nur als Bild realisiert.

In dem *Double Game* mit Auster, das zwar nicht zu den *Autobiographischen Geschichten* gehört, aber dennoch von ihnen durchzogen ist, maskiert sich Calle als im Bett residierende Brigitte Bardot. In den neueren *Autobiographischen Geschichten* ist Calles Körper immer häufiger zu sehen und übernimmt damit eine authentifizierende Funktion. Doch ihre Maskierungen sind selbst in anderen Arbeiten keine irritierenden Identitätsspiele wie etwa bei Cindy Sherman. In *The Hotel* verkleidet sich Calle angeblich als Zimmermädchen, obwohl man sie selbst im Bild nicht sieht; in *La suite vénitienne* verfolgt sie jemanden wie eine maskierte Detektivin, was man nur in einem verschwommenen Bild sieht. Doch stets bleibt hinter den Maskierungen die Figur Calle als imaginärer Fluchtpunkt präsent. Die Vielfalt weiblicher Identität, die diese Kunstfigur vorführt, wird über die Erzählerin der Texte inszeniert und nicht ins Bild gesetzt: der schüchterne Teenager, die betrogene Geliebte, der einsame Single oder die heiratswillige Frau. Die Stereotypen bleiben dabei meist im Kontext eines bürgerlichen Weiblichkeitsbildes. Andere Klischees, die nicht hineinpassen wie etwa »die Schlampe« oder »die Domina«, feh-

127 Storr: »Sophie Calle. La femme qui n'était pas là«, S. 25ff.

128 Ihr zukünftiger Ehemann, so die Geschichte, wird in China leben, wo dies die traditionelle Farbe des Brautkleides ist.

len, doch genauso wenig gibt es »die Heilige« oder »die Mutter«, wie sie uns die Collagen in Höchs *Lebensbild* vorführen.

Auch dort wird eine Vielfalt weiblicher Rollen präsentiert. Die Klischees, die Messager sammelt und ihren Künstler-Ichs inkorporiert, reflektiert Höch in ihren Collagen. In Form der fotografischen Reproduktionen wird im Collagen- und Montagenwerk innerhalb des *Lebensbilds* eine Vielfalt an Frauenbildern aufgefächert. Die ausgewählten Collagen- und Montagenzitate in dem *Lebensbild* stammen aus den verschiedensten Werkphasen Höchs, doch eines haben sie gemeinsam: Köpfe stehen im Mittelpunkt, genauer gesagt: weibliche Köpfe. Sei es das dümmliche Schielen in der Montage »Deutsches Mädchen« von 1930 (Abb. 1.2, Nr. 4), das im naiven Baby-Blick in dem Bild der »Braut« (Abb. 1.2, Nr. 7) seine Fortsetzung findet, sei es die kokette, kopffüßlerische »Englische Tänzerin« (Abb. 1.2, Nr. 10), die sich mit der kuhäugigen Maske der Collage »Das ewig Weibliche« von 1970 verbindet (Abb. 1.2, Nr. 11), oder die einäugige »Süße« (Abb. 1.2, Nr. 45), die den Blick auf den stummen Schrei der weißhäutigen »Neuen Frau« der Montage »Entführung« (Abb. 1.2, Nr. 44) lenkt – die weiblichen Köpfe greifen das Leitmotiv des Höch-Porträts im *Lebensbild* auf. Das Bild der »Domina« in der Collage »Dompteuse« (Abb. 1.2, Nr. 5) kontrastiert das der »Heiligen« in der Collage »Die Priesterin« (Abb. 1.2, Nr. 46a) oder besser noch in »Keuschheit« (Abb. 1.2, Nr. 43). Direkt neben diesen Bildern taucht in der zitierten Pietà von Michelangelo (Abb. 1.2, Nr. 48) das Bild der »Mutter« auf. Diese Vielfalt der Frauenköpfe scheint, wie bereits erwähnt, fast in einer Art typologischem Verhältnis zu dem kompositorischen Rechteck zu stehen, in dem sich Höch im Kontext ihrer sozialen Beziehungen dargestellt. Die Reproduktionen der Collagen scheinen ein ironisches Statement zu dem zu sein, was wir in den abfotografierten Fotos aus dem Leben der Künstlerin sehen. Unversehens wird das collagenartige Bild der »Braut« mit dem repräsentativen Porträt der starren Eltern Höchs in der Fotografie der Silberhochzeit parallelisiert. Auch das Schnappschussfoto mit Raoul Hausmann liegt mit der »Braut« kompositionell auf einer Ebene – ist dies ein indirekter Kommentar zu deren Paarstruktur?

Die Homogenisierung des Bildmaterials auf eine einheitlich wirkende fotografische Ebene verstärkt den Eindruck, dass Höch uns eine Einheit von Leben und Werk vorführt – eine klassische Form der Künstlerbiographik, aber auch der künstlerischen Selbstinszenierung. Diese Lesart wird durch die Bezüge teils bestärkt und teils ironisch aufgehoben. Denn natürlich kann man die »Braut« nicht unbedingt mit Hannah Höch als naive Partnerin Raoul Hausmanns kurzschließen. Wichtig ist nur, dass diese möglichen Assoziationen aufscheinen. Die »Person Höch«, die sich hier darstellt, ist niemals eine mit sich selbst identische, sondern immer schon eine differierende, die sich in der Repräsentation einzelner Lebensphasen und Frauenrollen zeigt. Identität und Differenz sind in dem *Lebensbild* nicht zu trennen.

Annette Messager treibt in den *Albums-collections* und den *Pensionnaires* auch ein Rollenspiel, doch setzt sie dabei nicht die Repräsentation ihres Körpers ein. Sie sammelt die Rollen und Maskeraden, um sie sich anzueignen. Dabei scheinen schon unter dem Titel der *Annette Messager artiste* und *Annette collectionneuse* verschiedene Frauenrollen auf, die sich immer mehr verselbständigen: Wie Calle und Höch spielt Messager zwar mit ähnlichen Klischees von Weiblichkeit, jedoch benutzt sie diese, um ein Spiel mit verschiedenen Identitäten in Gang zu setzen. Ihre Strategien der Aneignung der Bilderwelt erweitern sich um eine Multiplizierung von Identitäten. Diese Multiplizierung geht aus einer Doppelung, »*la double vie*«, hervor. Das Doppelleben der *Annette Messager artiste* und *Annette Messager collectionneuse* ist in den *Albums-collections* und den *Pensionnaires* jedoch ein Ausgangspunkt, von dem aus mehrere Identitäten entstehen. Die beiden ersten Identitäten sind scheinbar aus einer Einheit entstanden: aus dem Namen Annette Messager. Doch aus der Spaltung entwickeln sich zunächst zwei weitere Identitäten, die Messager auch später noch erwähnt: *Annette Messager femme pratique* und *Annette Messager truqueuse*. Die *Praktische Hausfrau* zeigt die Sammlung *Mes chaussures*, die ebenso gut zur Sammler-Identität gehören könnte. Zur *Femme pratique* gehört auch nicht etwa *Ma vie pratique*, wie man vermuten könnte, sondern beispielsweise *Ma collection de genoux*, eine Sammlung gemalter Knie, die von einer Sammlung gemalter Brüste, Pos und Augen ergänzt wird. Die Körperfragmente ähneln den weiteren Zeichnungen der *Truqueuse* – der *Betrügerin* oder *Trickserin* – die uns schwarz-weiße Fotografien eines nackten, immer gleichen Frauenkörpers zeigt. Mal ist er mit der Zeichnung eines anderen Frauenkörpers bedeckt, mal präsentiert er sich blasphemisch mit Stigmata, schmückt sich mit aufgemalten Ringen oder lässt eine zudringliche, gemalte Hand über die Brust laufen.[129]

Aus dem Katalog einer Retrospektive von 1989 kann man erfahren, dass ab 1982-88 eine weitere Identität folgt: *Annette Messager colporteuse* mit den Serien der *Chimères,* den *Effigies* und *Trophées*.[130] In ihrer Retrospektive 1995 in Paris[131] liest man wiederum auf der Titelseite des

129 Diese Sammlungen sind 1975 entstanden.

130 Ausst.-Kat. Annette Messager. Comédie Tragédie, S. 65ff.

131 Annette Messager Faire Parade, Ausst.-Kat. Musée d'Art Moderne de la Ville de Paris, Paris 1995.

Katalogs von *Annette Messager amoureuse* und *Annette Messager paradeuse*. In einem Interview mit Robert Storr äußert sie sich im gleichen Katalog dazu: »Je m'appelle aussi *Annette Messager Colporteuse*, pourquoi pas *Annette Messager Amoureuse*, *Annette Messager Menteuse*, *Annette Messager Pleureuse … Paradeuse* bientôt!«[132] Die Retrospektive hieß denn auch *Faire Parade* und spielte damit auf die Gaukelei der verschiedenen Identitäten an. Bei jeder Retrospektive und auch bei anderen Einzelausstellungen scheint sich Messager eine weitere Identität zuzulegen. Die letzte entstand meines Wissens in der Hamburger Ausstellung *DépendanceIndépendance* 1999 mit einer großen Installation des gleichen Titels. In einem Interview im Katalog zu der Ausstellung sagt Messager:

»Heute sind diese Identitäten miteinander verwoben. Annette Messager ist ›*la gardeuse*‹ [etwa: *die Bewahrerin*]. Annette Messager gardeuse würde die Dinge so aufbewahren, wie man es zu Hause tut. *Es ist mehr als Sammeln*: Sie verwahrt Wolle, Tücher, Photos und ausgestopfte Tiere; sie hält alles zusammen.«[133] [Hervorh. A.-E. K.]

»Je joue le jeu«,[134] so benennt sie es selbst – die Multiplizierung ist zu einem Spiel geworden, das potentiell unendlich ist. Ihr Wunsch nach ständig anwachsenden Identitäten scheint sich erfüllt zu haben. So äußert sie 1974 zu den damals aktuellen Identitäten der *Collectionneuse*, *Femme pratique* und *Truqueuse*: »[Elles] correspondent à mes trois activités actuelles […].« Ihr Ziel sei: »[…] une collection d'appellations qui me représenteraient la marque de toutes mes occupations passées […].«[135] Die Identitäten sollen Anzeiger der verstreichenden Lebenszeit sein, ihre Akkumulation ein Speicher der vergangenen Aktivitäten: Messager sammelt Identitäten. Doch was heißt das genau? Immer häufiger betont Messager, dass sie schlicht eine breite Palette ihrer Persönlichkeit zeigen, die im Alter immer vielfältiger wird.[136] Der konzeptuelle Ansatz, mit jeder Identität ein anderes Werk zu schaffen, wird damit zurückgenommen; andererseits führt der ständige Zuwachs an Identitäten das Konzept einer geschlossenen Künstler-Persönlichkeit noch weiter ad absurdum. Doch

132 Ebd. S. 70.

133 Annette Messager. DépendanceIndépendance, Ausst.-Kat. Hamburger Kunsthalle, Hamburg 1999, Interview mit Catherine Tran, o. P.

134 Ausst.-Kat. Faire Parade, S. 79.

135 Unveröffentlichter Text aus der Edition Dudweiler 1974, Archiv des Centre Pompidou, CCI: AQ D-6602.

136 Viele Identitätsbezeichnungen werden später nur in Interviews benannt und nicht in den Titeln einzelner Arbeiten.

Messagers Name ist heute mehr als bekannt. Die erfolgreiche Künstlerin, hat eine »Handschrift« entwickelt, an der man sie erkennen kann: eine Identität. Mit einer neuen Identitätsbezeichnung entsteht heute kein »neues«, dazugehöriges Werk mehr, sondern die Bezeichnung wird auf das bestehende Werk angewendet, das auf diese Weise charakterisiert und mit Bedeutung aufgeladen wird. So hat *La Gardeuse* in der Arbeit *DépendanceIndépendance* (1999) »etwa fünfhundert Elemente ihrer früheren Arbeiten zur raumgreifenden Installation [...] zusammengetragen.«[137] Sie »bewahrt« und wiederholt hier Elemente aus früheren Arbeiten.[138]

Anfang bis Mitte der 70er Jahre hat Messagers Identitätsmultiplizierung in den *Albums-collections* zwar auch einen spielerischen Charakter, jedoch ordnet sie den Identitäten verschiedene *Collections* zu. Auf diese Weise produziert sie vielfältige Identität-Werk-Einheiten. Sehr deutlich zeigt Messager dies in dem Katalog ihrer Retrospektive 1989 in Grenoble, für dessen Konzeption sie verantwortlich zeichnet. In chronologischer Reihenfolge präsentiert sie dort Werke aus den Jahren 1971-1989 und bringt sie in eine lineare Narration: So beginnt sie mit der Zeichnung *Une double Vie* (Abb. 3.1) und den Arbeiten der *Collectionneuse,* die auf die Zeit 1972-74 festgelegt werden. Unter der Identität *Femme pratique 1973-74* werden nun die Sammlungen *Ma vie pratique und Mes travaux d'aiguille* gezeigt – in den *Albums-Collections* werden sie noch als Werk der Sammlerin ausgegeben. Im Jahr 1975 beginnt die Ära der *Truqueuse* mit den beschriebenen Körperbemalungen. Erst für die Jahre 1976-78 situiert Messager plötzlich *L'Artiste* mit den Arbeiten *Le feuilleton, le cauchemar* – farbigen Montagen aus Klischeebildern des Films oder der Presse – und den farbig abgemalten Bildern des Glücks von *Le bonheur illustré*. Weiter folgt nur noch *La colporteuse* mit diversen damals aktuellen Arbeiten.[139]

Der Katalog suggeriert eine genaue Abfolge von Identitäten mit bestimmten Zeitphasen, denen Arbeiten zugeordnet werden. Die Narration der Identitäten gleicht einer Retrospektive aus der Sicht der Künstlerin. Die Identitäten werden jedoch stets anderen Werken zugeordnet – *L'artiste* war uns zunächst als Produzentin der Spatzenpuppen begegnet,

---

137 Sebastian Giesen: »Wunderkammer der Assoziationen«, in: Ausst.-Kat. Annette Messager DépendanceIndépendance, o. P.

138 Die fotografierten Körperfragmente erinnern an *Mes voeux*; die ausgestopften Ratten lassen an die *Pensionnaires* denken, um nur zwei Beispiele zu nennen. Dennoch handelt es sich nicht um eine Retrospektive, wie Giesen es nennt (vgl. Anm. 137), sondern nur um eine Wiederaufnahme einzelner Motive.

139 Vgl. Ausst.-Kat. Annette Messager. Comédie Tragédie.

die mit der Sammlerin am Anfang der Multiplizierung stand; hier wird sie lediglich in eine chronologisch begrenzte Zeitphase eingebaut. Die ursprüngliche Dichotomie wird nur in der Skizze *Une double vie* gezeigt, verliert jedoch ihre Rolle als Ursprungsszenario. Die Identität der *Annette Messager Artiste* gerät noch stärker in den Hintergrund.

Eine andere Ordnung der Identitäten tritt in Messagers Künstlerbuch *Nos Témoignages* in Erscheinung, das 1995 publiziert worden ist.[140] Aus dem »Mes« wird ein »Nos« – unter diesem Vorzeichen werden zwei *Albums-collections* erneut präsentiert. *Nos tortures volontaires* sind als drastische Darstellung freiwilliger Foltern schon aus den *Albums-collections* bekannt und werden hier unter der Identität *Annette Messager Femme Pratique 1972* gezeigt. *Nos masques* dagegen, eine Serie aus den 90er Jahren von Bildern, die unterschiedlichste Maskierungen von Menschen bei Banküberfällen zeigen, ist nun der Identität der *Annette Messager collectionneuse* zugeordnet, die hier im Jahr 1993-1994 angesiedelt wird: Alte Identitäten werden neuen Arbeiten zugeordnet; aktuelle Arbeiten werden historisiert.

Während in den 90er Jahren die Selbsthistorisierung eine eher spielerische Form annimmt, ist das Konzept der Multiplizierung in den 70er Jahren anders ausgerichtet. Die Auseinandersetzung mit der Kunst, Philosophie und Politik der 68er-Bewegung hat Messager geprägt und ist ihren Arbeiten ablesbar.[141] Zugleich setzt sie sich mit dem zu der Zeit immer noch starken Widerspruch auseinander, Frau und Künstlerin zugleich zu sein. Sherry Conkelton beschreibt dies folgendermaßen: »Her division was a critique of the separation of art and life – the bedroom collections were clearly artworks as well and were exhibited as such – and this act was a challenge to any arbitrary principle of definition, such as geographical location or gender.« [142]

Die Kritik an der Trennung von Kunst und Leben ist eine avantgardistische, die in den 60er Jahren aufgegriffen wurde und in den folgenden Jahren kulminierte. In Frankreich waren an den politischen Ereignissen verschiedene Künstler/innen beteiligt, mit denen Messager zusammenarbeitete und deren Arbeiten sie zumindest rezipierte. Zu ihnen gehörte nicht nur Christian Boltanski, sondern auch der Kurator Harald Szeemann, dessen Begriffsprägung der »individuellen Mythologien« sie eben-

140 Hans-Ulrich Obrist (Hg.): Annette Messager. Nos Témoignages, Stuttgart 1995.

141 Vgl. Ausst.-Kat. Annette Messager. Comédie Tragédie, S. 114ff.

142 Sheryl Conkelton: »Annette Messager's Carnival of Dread and Desire«, in: Annette Messager, Ausst.-Kat. County Museum of Art Los Angeles, The Museum of Modern Art New York, hg. von Sheryl Conkelton/Carol S. Eliel, Los Angeles/New York 1995, S. 9-44, hier: 11.

so kannte wie die Fluxus-Bewegung. In Paris arbeiteten mehrere Künstler/innen an neuen Methoden, Kunst und Leben stärker einander anzunähern und wandten sich im Zuge dessen von der Malerei ab. Claire Legrand beschreibt die »Scène parisienne« aus den Jahren 1968-1972 unter anderem anhand der Kollaborationen von Boltanski, Messager, Gina Pane, Sarkis, Jean Le Gac und Ben Vautier, um nur einige zu nennen.[143] Sie entwickeln narrative Strategien, die sie den Massenmedien entwenden, greifen in den städtischen Raum ein und kritisieren die isolierte Position der zeitgenössischen Kunst in Paris. »Connaissez-vous Joseph Beuys?« fragt Sarkis auf einem Schmierpapier, das er 1969 im Salon de Mai ausstellt – und das ist zu dieser Zeit keine rhetorische Frauge.[144] Zwei Jahre später stellt in diesem Salon auch Messager aus; nur ein Jahr später präsentiert sie in der Galerie Boutique Germain neun ihrer *Pensionnaires*.[145] Im Jahr 1973 zeigt Messager die *Pensionnaires* erneut im Musée Rude in Dijon – hier stehen sie im Kontext einer Gruppenausstellung mit Christian Boltanski und Jean Le Gac. Die toten Spatzen sind säuberlich auf einer Platte aufgereiht, die in einer Art archäologischen Ausgrabungsstätte, einem Graben innerhalb des Museums, liegt.[146] So schaut man von oben auf die quasi-archäologischen Alltagsforschungen der Messager herunter. Auch Künstler wie Boltanski und Jean Le Gac sammeln Spuren einer fiktiven Biographie. Le Gac konstruiert dabei das Leben und Werk eines fiktiven Malers, den er darstellt und der er zugleich ist. In Texten und Bildern mit an Jaques Tati erinnernder Leichtigkeit und Ironie parodiert er etwa in *Der Maler* (1973) »die privilegierte Rolle des Gemäldes als Gegenstand des humanistischen Bildungskanons«.[147] Zwischen Ehrfurcht vor »der Kunst« und Selbststilisierung schwankend, spricht er in der dritten Person Singular über sich als »Landschaftsmaler«, der meint »zum großen Künstler bestimmt zu sein«: »Ich weiß nicht, woher ihm diese fixe Idee kam. Sicher ist, daß ihn die Situation des Malers (nicht sein Werk) von früh an intrigiert hatte. In seiner Kindheit kamen ihm die wenigen Maler, die er nach der Natur arbei-

143 Claire Legrand: »Chronique«, in: Une scène parisienne 1968-1972, Ausst.-Kat. Centre d'histoire de l'art contemporain, Rennes, hg. von Jean-Marc Poinsot, Rennes 1990, S. 15-74.

144 Ebd., S. 16.

145 Ebd., S. 54.

146 Vgl. Annette Messager, Christian Boltanski, Jean Le Gac, Ausst.-Kat. Musée Rude, Dijon 1973. Vgl. Ausst.-Kat. Une scène parisienne, S. 136, 137.

147 Susanne Düchting: Konzeptuelle Selbstbildnisse, Essen 2001, S. 173.

ten sah, immer wie richtige Erscheinungen vor.«[148] Auch Le Gac führt ein Doppelleben vor; allerdings spielt die fiktive Erzählung – mal aus der Perspektive eines neutralen Erzählers, mal aus der eines »Sonntagsmalers« – eine zentrale Rolle.

So unterschiedlich die narrativen Strategien der Künstler/innen auch sind, so ähnlich sind doch ihre Ziele: Die Trennung von Kunst und Leben aufzuheben impliziert eine Verabschiedung vom traditionellen Künstler- und Werkbegriff, den schon zehn Jahre zuvor die Situationisten unter Guy Debord scharf attackiert hatten. Der gerade 21-jährige Debord hatte in Zusammenarbeit mit Asger Jorn 1952/53 seine *Mémoires* veröffentlicht, in denen er Fragmente von Bildern und Texten aus Stadtplänen, Detektivromanen und Schauernovellen vermischt und neu zusammensetzt.[149] Die revolutionäre Anti-Kunst soll die kulturelle Dichotomie von »High and Low«, Privat und Öffentlich, Kultur und Natur, Mann und Frau, Bourgeois und Arbeiter endgültig beseitigen. Als Antworten darauf entstehen kollektive Arbeiten,[150] konzeptuelle Interventionen, die auf eine werklose Kunst zielen, und ironische Künstler-Biographien von Boltanski und Le Gac, die bei Messager eine Zuspitzung erfahren.

Die bewusste Banalität der Bilder und Klischees, die Hinwendung zu »minderwertigen« Alltagsmaterialien sind das, was die *Albums-collections* und auch viele der späteren Arbeiten Messagers mit der zeitgenössischen Kunst teilen. Doch Messager treibt das heterogene Material gleichsam in ihre Identität(en) hinein und generiert auf diese Weise eine heterogene Künstlerfigur. Damit geht vor allem eine Enthierarchisierung einher, die nicht nur das Material, sondern auch die Identitäten in Bezug auf die Geschlechterdifferenz betrifft. Das unterscheidet Messager von ihren Künstlerkollegen: Messager interessiert sich für weiblich konnotierte Materialien und für »L'art du peuple«, weil sich in ihnen die »Minderwertigkeit«[151] spiegelt, die ihr zumindest in dieser Zeit auch als weibliche Künstlerin zugesprochen wird. Die »Midinette« widmet sich allem Möglichen außer der Kunst – denn die kommt in den *Albums-collections* nicht vor. »Bewußt habe ich Bereiche angesprochen, die man bisher als uninteressant betrachtet hat«, so Messager 1989. Sie zählt dazu

»das Nähen, zu wissen, wie man gefällt, das Kochen etc., alles rangiert auf der gleichen Ebene: Gefühle, Ereignisse, unterschiedlichste Sachen, alles ist gleich-

148 Text aus Jean Le Gac: *Der Maler*, 1973, Foto-Text-Geschichte in 10 Bildern, Bild 1, in: Ebd., S. 174.

149 Guy Debord/Asger Jorn: Mémoires, Kopenhagen 1959.

150 Legrand: »Chronique«, S. 18.

151 Ausst.-Kat. Annette Messager. DépendanceIndépendance, darin: Gespräch von Catherine Tran mit Annette Messager, o. P.

wertig, ohne Präferenz. Meine Daseinsbedingung verlangte von mir, zart zu sein, zurückhaltend, gelehrig, ich habe das Spiel respektiert, um deutlich zu machen, dass mir nichts anderes übrig blieb, als Charme vorzutäuschen.«[152]

»Weiblich-Sein« ist bei Messager eine Maskerade, die sie paradoxerweise offen legt und mit der sie dem Widerspruch von Frau- und Künstlerdasein begegnet. Dem Identitätskonzept eines Künstlers mit einem erkennbaren Stil setzt Messager die Heterogenität ihrer Identitäten und ihrer verschiedenen »Werke« entgegen. Was sie verbindet, ist der beständig wiederholte Name *Annette Messager*, der ein Teil der Identitätsbenennung bleibt. Die Grenzen des Messager'schen Werkes werden jedoch durch die Multiplizierung schwer fassbar. Sie werden immer wieder von neuem zugeschnitten – und diese multiplizierte Neu-Begrenzung zeigt letztlich ihre Formulierung der Autorschaft. Der Widerspruch wird zum Programm. Sheryl Conkelton beschreibt dies folgendermaßen: »Mixing the personal and the cultural, Messager articulated the contradictory impulses to emulate models that represent maturation and socialisation and to resist that process of assimilation.«[153] So konterkariert die harmlose Stickerei die sadomasochistische Pornografie und die hingebungsvolle Mutter die aggressive Geste, mit der sie Kinderfotos die Augen ausstreicht.

Heterogenität und Anonymität der Künstlerfigur ist gerade im Frankreich der 60er und 70er Jahre nicht gefragt: »Patrie des iconoclastes, la France n'est pas celle du déni de l'artiste,« so charakterisiert es Catherine Grenier.[154] Der Künstler, so Grenier weiter, solle an seinem Stil erkennbar sein, seine Biographie müsse sich an Legenden anschließen lassen.[155] Künstler wie Pablo Picasso, deren Stilwechsel als Ausdruck universaler Meisterschaft wahrgenommen werden, sind eher die Ausnahme – und sie sind männlich. Bei Künstlerinnen, so pointiert es Ellen Maurer am Beispiel Hannah Höchs, wird Heterogenität zumeist als Unentschlossenheit und Zeichen künstlerischer Schwäche rezipiert.[156] So nutzt Messager die Diversität ihrer Künstlerfigur und ihres benutzten Materials als politische Strategie, sich gegen den Markt zu stellen, der einen erkennbaren und

---

152 Ins Deutsche übersetztes Zitat von 1976 in: Doris Krystof: »Sammlerin, Künstlerin, Trickserin, Hausiererin, praktische Frau«, in: Ausst.-Kat. Ich ist etwas Anderes, S. 144-149, hier: 144. Franz. Original in: Ausst.-Kat. Annette Messager. Comédie Tragédie, S. 24.

153 Conkelton: »Annette Messager's Carnival«, S. 15.

154 Grenier: Annette Messager, S. 66.

155 Ebd.

156 Maurer: Hannah Höch. Jenseits fester Grenzen, S. 78.

einheitlichen Stil fordert. In einem Interview schildert sie es folgendermaßen:

»[...] ich behandelte Fotos, Zeichnungen und kleine Collagen gleichwertig. Ich muß noch hinzufügen, daß dies Anfang der 70er Jahre geschah, als die Concept art tonangebend und Reinheit und Härte, also etwas sehr Männliches, gefragt waren. Man sollte sein ganzes Leben lang dasselbe tun und nur eine Technik verwenden. [...] Diesem Zwang widersetzte ich mich, indem ich genau das Gegenteil tat und die unterschiedlichsten Dinge machte.«[157]

Sich einer geforderten einheitlichen Identität zu entziehen, richtet sich demnach sowohl gegen das Identitätskonzept »Künstler« als auch gegen das der »Frau«.

»Die Differenz und die Wiederholung«, so schreibt Gilles Deleuze 1968, »sind an die Stelle des Identischen und des Negativen, der Identität und des Widerspruchs getreten.«[158] Die Identitäten sind seiner Ansicht nach nur »simulacres«, Trugbilder: »Alle Identitäten sind nur simuliert und wie ein optischer ›Effekt‹ durch ein tieferliegendes Spiel erzeugt, durch das Spiel von Differenz und Wiederholung.« Er plädiert dafür, dass alle Wiederholungen in »einem Raum koexistieren [...], in dem sich die Differenz verteilt.«[159] Deleuze zeigt sich schon hier als Kritiker einer Repräsentations- und Identitätspolitik. Die Differenz soll zur eigenständigen Kategorie werden, die sich nicht aus dem Einen ableitet, sondern eine eigene Form der Repräsentation des Vielen bildet.

Diese Identitätskritik findet bei Messager nicht nur in der Multiplizierung der Identitäten statt, sondern paradoxerweise auch in Form einer Autobiographie, einem Genre, das das Konzept von Identität und Subjektivität mit hervorgebracht hat. Die Heterogenisierung wird mit einer fiktiven Autobiographie verbunden, die sich widerspricht. Der Widerspruch, das Heterogene und das Banale werden bei Messager in der Autobiographie verschmolzen: Das Banale wird erzählwürdig, die Erzählung des »Frauen«-Materials gewinnt Bedeutung. Die Autorin der Autobiographie zeigt sich in dem Namen *Annette Messager*, deren Prädikationen sich jedoch ständig ändern: eine Mischung aus Differenz und Wiederholung. Trotz der Kritik an einem homogenen Autorschaftskonzept sind Messagers Arbeiten von Anfang an auf eine Öffentlichkeit im Kunstkontext ausgerichtet, in dem sie ausgestellt werden. Auch wenn sich Messager über das fotografische Material zu entgrenzen und zu anonymisieren scheint, ordnet sie es über das Genre der fiktiven Autobiographie. Dabei

157 Jocks: Annette Messager, S. 31.

158 Deleuze: Differenz und Wiederholung, S. 11.

159 Ebd., S. 12.

gewinnen die Bilder ebenso wie die gesammelten Dinge in der Autobiographie eine Präsenz, die auf die Autorin rückverweist.

Die verschiedenen Formen der Wiederholung, das Reproduzieren, Zitieren oder Kopieren, sind – so lässt sich zusammenfassen – Ermächtigungsstrategien, in denen sich insbesondere Calle und Messager die Vor-Bilder in Form von Ritualen oder Klischees in Massenmedien aneignen. Sie entstehen auf der Folie eines Anderen, das auch in Koproduktionen und Doppelautorschaften Gestalt annehmen kann. Bei Höch und Calle wird die Zusammenarbeit mit Anderen in Doppelstrukturen sichtbar, die auf etwas Drittes zu weisen scheinen: Die Selbstdarstellung wird als Leerstelle inszeniert. So kreisen die Arbeiten der drei Künstlerinnen in verschiedener Weise um die Nicht-Repräsentierbarkeit des Selbst. Denn die Selbst-Ermächtigung ist ebenso eine Entmächtigung: Im Nachahmen und Reproduzieren formiert sich ein Selbst, das zugleich sein eigenes Verschwinden ins Bild setzt. Die scheinbare Identität wird durch den Blick und die Aneignung des Anderen sichtbar, jedoch in einer künstlerischen Form der »méconnaissance« wieder aufgehoben. Messager entwickelt daraus eine Vielfalt von Identitäten, während Höchs Form der Selbstdarstellung zunächst stark autorschaftszentriert erscheint. Doch obwohl sich ihr Bildmaterial nicht aus massenmedialen Klischees, sondern aus ihrem reproduzierten Privatarchiv herleitet, weist Höch dennoch auf die Leerstelle der Selbstrepräsentation. Ihr Spiel von Zeigen und Verbergen konstruiert vermeintlich Privates und Öffentliches, das sie zugleich destabilisiert. Calle arbeitet mit diesen Kategorien auf textueller Ebene, indem sie »falsche Geständnisse« produziert, die von der Fotografie bestätigt werden sollen. Sie nutzt die Indexikalität des Fotografischen, um die Rollenvielfalt als »wahre« autobiographische Maske zu inszenieren. Während Calle hinter diesen Masken verschwindet, werden sie bei Höch in ihren zitierten Collagen nur vorgeführt. Messager dagegen entwirft eine Vielfalt von Rollen, die sich auch in verschiedenen Werk-Künstler-Einheiten spiegeln. Sie richtet sich gegen die Stereotypisierung von Weiblichkeit und verknüpft damit eine Kritik am Kunstsystem, das eine wahrnehmbare Identität fordert. Die Ambivalenz von Vervielfältigen und Verschwinden ist bereits im Genre der Autobiographie und dem Medium der Fotografie angelegt. Wie sich die Strategie des Sammelns dazu verhält, soll im Folgenden untersucht werden.

Sammeln – Verschwinden

Das Ich und die Dinge

Anwesende Dinge, abwesende Körper

Findet eine Vervielfältigung des Ichs statt, indem es sich in den Objekten entgrenzt? Oder verschwindet es in ihnen? Diese Fragen stellen sich bei folgender Beobachtung: In den visuellen Autobiographien von Hannah Höch, Annette Messager und Sophie Calle sind Dinge auf unterschiedliche, dennoch jeweils sehr auffällige Weise präsent. Es handelt sich dabei um Alltagsmaterialien wie Verpackungen oder Zettel, um Nippes-Figuren oder einzelne Kleidungsstücke, mithin um Materialien, wie sie spätestens seit den Objektcollagen des Kubismus von verschiedenen Künstlern und Künstlerinnen aufgegriffen und in das Kunstwerk integriert werden.[1] Während bei Höch die Dinge im *Lebensbild* ausschließlich fotografisch abgebildet werden, stellen Calle und Messager ein Spannungsverhältnis zwischen Fotografie und dreidimensionalem Objekt her.

Als Fotografien sind die Dinge bei Calle in den Bild-Text-Installationen dargestellt. Doch sie verstärkt deren Präsenz, wenn sie in einer anderen Version der *Autobiographical Stories* die dreidimensionalen Objekte selbst in einem Raum installiert und in ein Verhältnis zu den autobiographischen Texten setzt. Das Ensemble der Dinge – verschiedene Möbel, Kleider und Souvenirs – bildet dabei eine Art intimen Raum und wie bereits erwähnt war die Installation in der großen Berliner Retrospektive mit *The Bedroom* betitelt (Abb. 2.16ff.). Mittels der autobiographischen Texte werden etwa der weiße Bademantel aus *The Bathrobe*, die blonde Perücke aus *The Strip-tease* oder das niederländische Ge-

1 Hubertus Gaßner sieht das Ding als Gebrauchsgegenstand insbesondere in der kubistischen Skulptur eintreten. So führt Picassos *Absinth-Glas*-Serie von 1914 die Mischung von Fiktionalem und Realem der Collagen ab 1912 fort. Nachbildungen von Gegenständen (in Bronze gegossene ›Trinkgläser‹) werden mit realen Gegenständen verknüpft, die nicht verändert sind (z.B. der auf dem Glas liegende Absinthlöffel). Vgl. Hubertus Gaßner: »Die scheinbaren Dinge«, in: Dinge in der Kunst des 20. Jahrhunderts, Ausst.-Kat. Haus der Kunst München, München 2000, S. 29-77, hier: 36.

mälde aus *The Dutch Portrait* mit autobiographischer Bedeutung aufgeladen. Dies geschieht in den Foto-Text-Installationen zwar auch, jedoch ist die Wirkung der Authentifizierung durch die Objekte in der dreidimensionalen Version eine andere, wie sich noch zeigen wird.

In ähnlicher Weise werden auch bei Hannah Höch die repräsentierten Dinge autobiographisch aufgeladen, obwohl sie auf der Ebene der Fotografie bleiben. So lässt sie einzelne Objekte aus ihrem so genannten »Raritätenkabinett« für das *Lebensbild* fotografieren und setzt sich mit ihnen zum Teil auch in Szene. Der als »Höch mit Glasei« benannte Ausschnitt (Abb. 1.2, Nr. 90, Abb. 1.11) etwa zeigt, wie sie ein eiförmiges Objekt in ihren nach oben gestreckten Händen hält und hindurch schaut. In der Doppelung der Fotografie darunter, in der das Glasei in einem näheren Ausschnitt zu sehen ist, spezifiziert Höch es in der Nummernliste: »Glasei 1894 von Tante J. in Weimar bekommen«. Der eiförmige Gegenstand, so erfahren wir hier, ist ein altes Erinnerungsstück – ein persönlicher Gegenstand, durch den sich Höchs vergangene Lebenszeit in der Collage kristallisiert. Zudem macht Höch in der Nummernliste die Objekte mit dem Zusatz »Aus dem Rarit« kenntlich: Diese Dinge gehören zu einer spezifischen Form der Sammlung. Doch auch ohne diese Bezeichnungen ist im *Lebensbild* zu erkennen, dass es sich nicht um Alltags- oder Gebrauchsobjekte handelt wie etwa bei Messager.

Messager akkumuliert in ihren *Albums-collections* nicht nur Fotografien, sondern auch Dinge, die Spuren ihres unmittelbaren Alltags zu sein scheinen. »Den Beweis meiner Existenz zu erbringen«, ein Credo innerhalb einer Arbeit Calles,[2] scheint auch auf Messager zuzutreffen, besonders in ihren Sammlungen von Einwickelpapieren von Orangen (*Mes papiers des oranges mangées*; Abb. 3.28) oder ihren Kassenbons und Einkaufszetteln (*Mes dépenses quotidiennes pendant 1 mois*, Abb. 3.7). Die praktische *collectionneuse* klebt aber auch Stoffproben in ihre Alben wie in *Ma collection de tissus* oder Wollproben in *Mon guide du tricot*, die sie mit farbigen Zeichnungen ergänzt. Im Gegensatz zu Calles Objekten müssen sich die Dinge bei Messager in die Alben legen oder dort einkleben lassen und sich dadurch der Zweidimensionalität der Buchform fügen. Dennoch sind sie stofflich fassbar und produzieren den Effekt des Authentischen: Lösen die Dinge, wie es Monika Wagner behauptet, das Bild, »das über die Massenmedien eine unvergleichliche Verbreitung erfährt«, ab und werden sie statt seiner in den Bereichen eingesetzt, »in denen Versprechen von Authentizität oder Beglaubigungen

2 Dies sagt die Erzählerin in Calles Arbeit *La filature*.

von Echtheit eine Rolle spielen«?[3] Messagers *Albums-collections* versprechen zwar einen Einblick in das private Leben der Künstlerin und Sammlerin zu geben, doch entsteht dabei keine Opposition zwischen Bild und Stoff. Denn sowohl massenmedial verbreitete Bilder als auch physische Stoffe sind das Material dieser fiktiven Autobiographie. Die Sammlungen von Bildern und Dingen eröffnen verschiedene Formen der Repräsentation, die auf die abwesende Sammlerin verweisen. Als unterschiedliche Authentifizierungsformen entwickeln sie gerade in ihrer Gesamtheit eine rhetorische Überzeugungskraft, die uns glauben macht, es handele sich hier um »echte« Spuren und Zeugnisse. Letztlich fallen dadurch auch die akkumulierten Bilder und Zeichnungen unter die Kategorie der »Dinge«. Sie zeugen von einer sammelnden Autorin, die das Bild- und Objektmaterial[4] ausgewählt, Alben angelegt und darin die Dinge eingeklebt oder gesammelt hat. Gerade die handgemachte, amateurhaft wirkende Bastelarbeit erzeugt den authentischen Charakter der *Albums-collections*. Durch ihre handwerkliche Entstehung, die deutlich sichtbar ist, gehören die Alben selbst genauso in die Welt der Dinge wie ihr Inhalt. Die Spuren des manuellen Prozesses wie Kleben, Zuschneiden, Zusammenheften, Umschläge-Falten und Bemalen verweisen unmittelbar auf eine Produzentin, die den Objekten vorgängig ist.

Ihre ähnliche manuelle Herstellung und eine ähnliche Tonigkeit lassen die Alben homogen wirken. Die Umschläge sind zum größten Teil aus bräunlichem Packpapier oder grauer Pappe (Abb. 3.25); seltener sind sie schwarz oder bunt bemalt. Doch die Inhalte der Alben lassen sich unterscheiden, denn selbst wenn man die Bilder-Sammlungen zu den Dingen zählen kann, werden sie dennoch anders behandelt: Die gesammelten Fotos werden häufig von Messagers Kommentaren begleitet; andere Bilder werden direkt von ihr verändert, wie die Bemalungen in der Sammlung *Les enfants aux yeux rayés* (Abb. 3.19) zeigen. Der Prozess der Aneignung spielt bei den Sammlungen fotografischer Reproduktionen eine größere Rolle als bei den (Ab)Zeichnungen und den Objekten, die eher neutrale Dokumentationen zu sein scheinen. So legt Messager etwa die Verpackungspapiere der Orangen in die betreffende

3 Monika Wagner: Das Material der Kunst. Eine andere Geschichte der Moderne, München 2001, S. 10.

4 Ich würde auch die Bildausschnitte aus Magazinen und Zeitungen als Material bezeichnen. Wagner bezeichnet hingegen als Material nur »diejenigen natürlichen und artifiziellen Stoffe, die zur Weiterverarbeitung vorgesehen sind. Material ist demnach der Ausgangsstoff jeder künstlerischen Verarbeitung. Alles, Rohstoffe wie industriell produzierte Waren, Pflanzen, Tiere und Menschen oder Energie, kann zum Material der Kunst werden.« Ebd., S. 12.

Sammlung nur ein, ohne sie zu verändern. Während die Fotos eher auf kollektive Strukturen und Rituale wie bei *Le mariage de Mlle Annette Messager* verweisen, scheinen die gesammelten Quittungen oder Stoffproben dagegen unmittelbar das Alltagsleben der Autorin zu spiegeln. Es sind Alltagsspuren, die von einem vergangenen Leben und vergangenen Momenten zeugen. Sie evozieren die Anwesenheit der Autorin ebenso wie sie ihre Abwesenheit deutlich machen. Wagner sieht in den Materialien die Schichten von Vergangenheit und Gegenwart aufeinanderstoßen:

»Vor allem Materialien, die eine eigene Geschichtlichkeit besitzen, gewinnen in den Bildkünsten zunehmend an Bedeutung. Sie sind *materielle Zeugen eines anderen, gewesenen Zustandes*. Das heißt, sie selbst haben in einem anderen Kontext, an einem anderen Ort oder in einer anderen Zeit etwas erlebt oder erlitten. Dem verdanken sie offenbar ihre Beweiskraft. Derartige Authentizitätskonzepte spielen in den Künsten offenbar vor allem dann eine Rolle, wenn es um *das Gedächtnis* […] geht. Viele Künstler […] argumentieren mit der *Authentizität des Vergangenen in der Präsenz physischer Materialien*. Sie intensivieren damit den *Mythos des Unmittelbaren* und seiner affektiven Qualitäten, unter der Maßgabe, daß Vergangenes in die Gegenwart durchschlägt.« [5] [Hervorh. A.-E. K.]

Mit »Materialien, die eine eigene Geschichtlichkeit besitzen«, meint Wagner in ihrem Kontext Christian Boltanskis Form der »Spurensuche«, die mit der Ansammlung von Kleidern, Fotos oder anderen Gebrauchsgegenständen die Präsenz abwesender Körper beschwört. So bedeckte Boltanski 1989 im Basler Museum für Gegenwartskunst den Fußboden eines Saales mit Kleidern, auf die die Besucher/innen treten mussten, wenn sie die Installation sehen wollten. Sie bekamen den unheimlichen Eindruck, mit den Füßen auf abwesende Körper zu stoßen.[6] Dabei ist »la petite mémoire«, wie Boltanski seine Evokationen individueller Geschichten nennt,[7] auch mit dem übergroßen Ereignis des Krieges und der massenhaften Vernichtung von Menschen verbunden: Seine »Spurensuche« erhält ihre Bedeutung durch ihre Verbindung mit »la grande histoire«.[8] Doch Boltanski arbeitet auch in seinen fiktiven Dokumen-

5 Monika Wagner: »Bild – Schrift – Material. Konzepte der Erinnerung bei Boltanski, Sigurdsson und Kiefer«, in: Birgit Erdle/Sigrid Weigel (Hg.): Mimesis, Bild, Umschrift. Ähnlichkeit und Entstellung im Verhältnis der Künste, Köln 1996, S. 23-40, hier: 25.

6 Vgl. Metken: Spurensicherung, S. 28, 29.

7 Ebd., S. 45, 46.

8 Diese Assoziationen kommen von den Rezipierenden, während Boltanski häufig behauptet, nicht Kunst »über«, sondern Kunst »nach« dem Holocaust zu machen. Allerdings zitiert ihn Metken in »Spurensicherung« auch

tationen des eigenen Lebens oder fremder Biographien, mit denen man nicht sofort den Holocaust assoziiert, mit ähnlichen Materialien – sowohl in Form von gegenständlichen Dingen als auch in Fotografien. In der *Vitrine de réference* etwa versammelt er Dinge aus seinem vorgeblich eigenen Leben;[9] in der Arbeit *François C. (Les 29 Habits que possédait François C.)*[10] sind etliche Fotografien von Kleidungsstücken zu sehen. Auch sie sind an kollektive gesellschaftliche Erinnerungen gebunden, doch hier eher an vergleichsweise harmlose wie die der Lebensphasen von Kindheit und Schulzeit.

Es ist erstaunlich, wie die Akkumulationen von Dingen in der europäischen und US-amerikanischen Kunst der 60er und 70er Jahren in zwei völlig komplementäre Richtungen weisen: Zum einen arbeiten die Künstler/innen mit dem Anhäufen von Dingen das Verschwinden und die Ermordung der jüdischen und politisch unerwünschten Bevölkerung durch die Nationalsozialisten auf; zum anderen spiegeln sie die Wohlstandsgesellschaft der Nachkriegszeit, deren kapitalistische Massenproduktion Müllberge hinterlässt. Beide Formen von Destruktion und Produktion – so ließen sich die Strategien der Akkumulation deuten – scheinen Folgen der Massenindustrialisierung zu sein, die in einer radikalen Kapitalisierung Individuen als »menschliche Ressourcen« betrachtet: als verfügbares Menschenmaterial. In einem Fall ist es die industrielle Zerstörung von Körpern, die Massen an »Materialien« hinterlässt, die von den Nationalsozialisten akribisch gesammelt worden sind. In dem anderen Fall thematisieren die Akkumulationen – beispielsweise des Künstlers Arman – die massenhafte Produktion von Waren, die das Subjekt den Dingen entfremdet und es selbst zu einem Ding werden lässt, das Dinge konsumiert.[11]

So liest sich ein großer Teil der theoretischen Auseinandersetzungen mit den Dingen im zwanzigsten Jahrhundert als ein Reflex der zunehmenden Entfremdungserfahrung des Menschen von sich selbst und den Objekten, mithin also als eine Erfahrung seiner zunehmenden Selbstverdinglichung. Marx' Analyse, dass sich der Arbeiter in dem Ford'schen

---

mit folgender Aussage zu seiner Arbeit *Le Nouvelliste du Valais* über die Schweizer: »Voher habe ich Werke über tote Juden gemacht. Aber ›Jude‹ und ›tot‹ paßt zu gut zusammen, ist zu einleuchtend. [...]«, in: Ebd., S. 25. Es ist anzunehmen, dass Boltanski mit Absicht widersprüchliche Aussagen trifft, um den semantischen Raum seiner Arbeiten offen zu halten.

9 Vgl. Ausst.-Kat. Une scène parisienne, Abbildung S. 75: Die *Vitrine de référence*, 1972, versammelt unter anderem Fotos, Haarknäuel, Stoffteile.

10 Ausst.-Kat. Grenoble Cinq musées personnels.

11 In keiner Weise möchte ich damit den Massenmord durch die Nationalsozialisten relativieren, sondern ich weise lediglich auf die beiden unterschiedlichen Konnotationen der Akkumulationen hin.

Arbeitsprozess von seinem hergestellten Produkt entfremde, verfolgt zwar ein völlig anderes Ziel als Heideggers Klage darüber, dass der Mensch das »Dinghafte des Dinges« nicht mehr wahrnehmen könne.[12] Doch gehen diese Auseinandersetzungen von einer ähnlichen Diagnose aus, die noch Hélène Cixous' Forderung nach einer spezifisch weiblichen Praxis, »die Lektion der Dinge zu empfangen«,[13] zugrunde liegt: Der Subjekt-Objekt-Dualismus hat in seiner industriezeitlichen Ausprägung einen Keil zwischen das Ich und die Dinge getrieben. Die Folge ist eine Selbstentfremdung des Subjekts, das weder in der Lage ist souverän über die Dinge zu verfügen noch sie in ihrem Sein zu belassen. Diese Diagnose verklammert beide Bewegungen der künstlerischen Akkumulationen, die auf die historische Erfahrung massenhafter Destruktion und die zeitgenössische Erfahrung der Überproduktion verweisen. Beide zielen auf das abwesende Subjekt, das nicht (mehr) Agens seiner Geschichte ist. Das schließt jedoch künstlerische Praktiken nicht aus, die eine Annäherung oder Wiederaneignung der Dinge in Gang zu setzen – im Gegenteil, die Auseinandersetzung mit den Dingen spielt bis heute in der zeitgenössischen Kunst eine wesentliche Rolle.[14]

Sicher muss in Bezug auf die jeweiligen künstlerischen Strategien differenziert werden, *was* akkumuliert wird und in welchem Kontext die Akkumulationen stehen. Kleiderberge suggerieren etwas Anderes als Campbell's Suppendosen, Einwickelpapiere von Orangen lassen nicht die gleichen Assoziationen entstehen wie Haarbürsten – Materialien setzen je nach dem Kontext, in dem sie auftauchen, unterschiedliche Assoziationen frei, besitzen aber nicht per se eine »eigene Geschichtlichkeit«. Ganz im Gegenteil deuten etwa die warenkritischen Akkumulationen der Pariser Gruppe »Les Nouveaux Réalistes«, zu denen unter anderem Daniel Spoerri, Arman und Jean Tinguely zählen, darauf, dass die Materialien keine geschichtsbildenden Objekte mehr sind. Vielmehr »gerät« mit den

12 Martin Heidegger: »Das Ding« (1950), in: Gesamtausgabe. Veröffentlichte Schriften 1910-1976. Bd. 7. Vorträge und Aufsätze, Frankfurt/Main 2000, S. 167-187, hier: 168. Heidegger spricht in dem Vortrag von der »Vernichtung des Dings«. Er meint damit nicht, dass die Dinge zuvor schon einmal erkannt worden wären, sondern »daß die Dinge überhaupt noch nie als Dinge dem Denken zu erscheinen vermochten.« Die Wissenschaft, so Heidegger, lasse die »Dinge als das maßgeblich Wirkliche« nicht zu. Ebd., S. 172.

13 Hélène Cixous: Weiblichkeit in der Schrift, Berlin 1980, S. 11.

14 Vgl. Ausst.-Kat. Dinge in der Kunst des 20. Jahrhunderts.

Worten Walter Benjamins »die geschichtliche Zeugenschaft der Sache [...] im Zuge ihrer massenhaften Reproduktion ins Wanken«.[15]

In diesem Sinne lassen sich Annette Messagers *Albums-collections* einer Form von Akkumulation zuordnen, in der die Warenhaftigkeit der Dinge ausgestellt wird, um über sie Strukturen der Identitätsformierung offen zu legen. Angeregt wird sie dabei von dem *Nouveau Roman* der 60er Jahre, der »die Dinge nicht mehr als funktionale Objekte im Hinblick auf ein für den Menschen sinnhaftes Ganzes deutet, sondern nur mehr als disparate Formen, Farben, Oberflächen in ihrem bloßen Dasein« sieht.[16] Georges Perec, einer seiner prominentesten Vertreter, den auch Calle in einer ihrer Arbeiten zitiert,[17] schildert in seinem Roman *Les Choses. Une histoire des années soixante* (1965), wie seine Protagonisten daran scheitern, sich über den Erwerb unerschwinglicher Dinge die ersehnte großbürgerliche Identität zuzulegen. In dem Maße, wie ihnen die Welt abhanden gekommen ist, kommen ihnen die Dinge vermeintlich entgegen: »Ihre Gefühlswelt, ihr Geschmack, ihr Arbeitsplatz, alles trug sie den Dingen entgegen, die sie bis dahin nicht gekannt hatten. Sie achteten darauf, wie die anderen sich kleideten; sie sahen in den Schaufenstern Möbel, Nippes, Krawatten; sie träumten vor den Anzeigen der

---

15 Benjamin: Das Kunstwerk im Zeitalter seiner technischen Reproduzierbarkeit, S. 13.

16 Doris Grüter: Autobiographie und Nouveau Roman. Ein Beitrag zur literarischen Diskussion der Postmoderne, Münster/Hamburg 1994, S. 52. Grüter beschreibt weiter, wie »an die Stelle des allwissenden auktorialen Erzählers ein Erzähler [tritt], der Dinge und Figuren lediglich von außen wahrnimmt, dessen Blick gleichsam an der Oberfläche der Dinge haften bleibt, ohne sie sich anzueignen.« Das menschliche Selbstbewusstein erscheine nur mehr als Spiegel der Eigenschaften der Objekte. So beschreibe Alain Robbe-Grillet in seinem Roman *La Jalousie* das Gefühl der Eifersucht (= franz. »jalousie«) über den Gegenstand der Jalousie, durch die der Ehemann den Blick auf seine Frau und den Nachbarn richtet. Ebd., S. 53, 55.

17 In der Arbeit *Journées sous le signe du B, C, W* liegt in der Fotografie der »W-Installation« das Buch *W ou le souvenir d'enfance* von Georges Perec auf dem Tisch. Perec reflektiert in dieser fiktiven Autobiographie die Verfolgung und Ermordung seiner Familie durch die Faschisten, die er als Kind in drastischer Weise erlebte und in verschiedensten Heimen nur knapp überlebte. Die Folge dieses Verlustes der Kindheit ist ein Verlust wesentlicher Kindheitserinnerungen. Die auch in den folgenden Romanen, etwa in *La vie mode d'emploi*, intensive Beschäftigung Perecs mit den Dingen und den in ihnen konservierten oder verlorenen Erinnerungen lässt sich unter anderem an diese traumatische Erfahrung rückbinden.

Immobilienmakler.«[18] Doch ihre Gefühlswelt und ihr Geschmack kommen aus der Welt der »Undinge«, wie Vilem Flusser die Welt der Information nennt[19] – aus der Zeitung:

»Sie machten sich nichts vor: sie waren das richtige Publikum für den *Express*. [...] Wo hätten sie ein genaueres Spiegelbild ihres Geschmacks, ihrer Wünsche finden können? Waren sie nicht jung? Waren sie nicht reich, einigermaßen? Der *Express* bot ihnen alle Merkmale des Komforts: flauschige Bademäntel, glanzvolle Entmystifizierungen, modische Badestrände, exotische Küche, praktische Tips, [...], hübsche Kleidchen, Tiefkühlgerichte, elegante Kleinigkeiten, Gesellschaftsklatsch, allerletzte Ratschläge.«[20]

In einer Umkehrung der Ordnung von Subjekt und Objekt werden nicht die Dinge für die Menschen hergestellt, sondern die Menschen sind für die Dinge da: »Für diesen Lachs, für diesen Teppich, für diese Kristallgläser hatten vor fünfundzwanzig Jahren eine kleine Angestellte und eine Friseuse sie zur Welt gebracht.«[21] Während Perecs Helden versuchen, ihre Identität über Dinge zu produzieren, um in eine andere gesellschaftliche Schicht aufzusteigen, sammelt Messager Dinge, die auf eine Formierung von Geschlechtsidentität zielen. Sie verwendet dabei Objekte, die »eine Produktions- und Nutzungsgeschichte außerhalb des Kunstwerks« besitzen, und transformiert sie auf eine Weise, dass sie zum »Speicher von Geschichte« werden.[22]

Doch wessen Geschichte ist es und in welcher Form tritt sie auf? Zum einen knüpft Messager mit ihren Sammlungen wie *Mes papiers d'oranges mangées* (Abb. 3.28) an die Kunstgeschichte an: Dadaismus und Surrealismus wurden seit den 50er Jahren im angloamerikanischen Raum und in den 60er Jahren in Frankreich besonders von den bereits genannten »Nouveaux Réalistes« rezipiert, die sich teils auch »Neo Dada« nannten.[23] So könnten die bunt bedruckten Einwickelpapiere ebenso das Material für eine Collage von Hannah Höch abgeben. Und ähnlich wie Kurt Schwitters' Fahrkarten haben auch die Kassenzettel von

18 Georges Perec: Die Dinge, Bremen 2001, S. 34.

19 »Undinge dringen gegenwärtig von allen Seiten in unsere Umwelt, und sie verdrängen die Dinge. Man nennt diese Undinge ›Informationen‹.« Vilém Flusser: Dinge und Undinge, München/Wien 1993, S. 81.

20 Perec: Die Dinge, S. 41.

21 Ebd., S. 85.

22 Wagner: Das Material der Kunst, S. 14.

23 Vgl. Joachim Jäger: »›Refreshing and Delicious‹. Nouveau Réalisme und Pop-art«, in: Das XX. Jahrhundert. Ein Jahrhundert Kunst in Deutschland, Ausst.-Kat. Neue Nationalgalerie Berlin, Berlin 1999, S. 516-524, hier: 519.

Messager eine funktionelle Ästhetik. Zwar sind »Objets trouvés« bei Messager nicht am Strand gefundene Holzstücke, sondern alte Tagebücher, Reisenotizen und Schulhefte anderer Leute, die sie auf Flohmärkten findet,[24] doch ihr Interesse am Nebensächlichen und Abseitigen teilt sie mit den Dadaisten und Surrealisten. Ähnlich wie Höch wendet sie sich nicht nur industriellen Massenprodukten und deren Bildern zu, sondern auch den »Kurzwaren« einer handarbeitenden Dame. Schon Höch hatte in ihren frühen und teils auch späteren Collagen Schnittmuster, Spitze und andere kunsthandwerkliche Elemente benutzt wie etwa in der Collage *Weiße Form*, die aus Fragmenten von »Musterfilets« und Tüllarbeiten besteht. Als Zitate fließen sie in das *Lebensbild* ein (Abb. 1.2, Nr. 14). Im Unterschied zu Höch belässt Messager das Banale im Status der Sammlung, ohne es in die ästhetische Gesamtkomposition einer Collage zu überführen oder es wie die Surrealisten zu fetischisieren. Messagers Stoffmuster-Sammlungen wirken durch ihre Akkumulation in den selbstgemachten Alben eher wie Anleitungen und persönliche Arbeitsbücher für den täglichen Gebrauch. Sie verweisen auf vergangene oder zukünftige Handlungen. »Als abgenutztes behauptet auch das industrielle Massenprodukt seine individuelle Geschichte«, [25] so Wagner – die Dinge werden zum Zeichen von Produktion und Konsumption.[26] Wie Messagers Sammlungen von Einwickelpaper verweisen die Abfallsammlungen und Assemblagen der »Nouveaux Réalistes« auf das »Festfrieren von Handlungen«.[27] So halten Spoerris Tableaus aus Geschirr und Speiseresten Spuren vergangener Essensrunden fest.

Annette Messagers Materialien und deren Bilder heben sich dennoch von den Akkumulationen der »Nouveaux Réalistes« ebenso ab wie von denen Christian Boltanskis. Denn ihre angesammelten Dinge führen »Weiblichkeit« als soziale Konstruktion vor. *La collectionneuse* destilliert die Produktion von Geschlechtsidentität in einer Art banaler Wunderkammer mit Kosmetiksachen, Kinderfotos, Tagebüchern oder Immobilienanzeigen. Die Dinge verweisen auf eine spezifisch weiblich codierte Erfahrungs- und Handlungswelt, die sich vornehmlich im häuslichen Bereich abspielt und auf den Privatraum bezogen ist. Die materielle Grundlage der Ungleichheit der Geschlechter, wie sie in Frankreich und Deutschland in den 60er und 70er Jahren diskutiert wurde und die sich vornehmlich auf die Arbeitsbedingungen und Rechte von Frauen bezieht, scheint bei Messager wörtlich genommen zu sein: Sie führt das Sediment

24 Aus einem Gespräch der Autorin mit Annette Messager im Oktober 2001.

25 Wagner: Das Material der Kunst, S. 61.

26 Wagner bezieht dies auf Arman. Ebd., S. 64, 65.

27 Jäger: »Nouveau Réalisme und Pop-art«, S. 517.

der unterschiedlichen Materialien vor, in denen sich die Geschlechterdifferenzen kondensieren. Dabei stellt Messager die Materialien zwar als Schichten der Weiblichkeitsformierung dar, doch im Gegensatz zu Verena Stefans autobiographischem Text *Häutungen*, der in den 70er Jahren im feministischen Kontext auch in Frankreich rezipiert wurde, gilt es nicht diese Rollen- und Identitätszuschreibungen abzustreifen, um zu einem »ursprünglich weiblichen Kern« zu gelangen.[28] Genauso wenig führen die differenten Materialien zu einer »parole de femmes«, einer spezifisch weiblichen Sprache im Sinne Hélène Cixous', die die »Ökonomie des Nahen [...] hinterfragen« will und eine Poetik des nebensächlichen Dinges einfordert.[29]

Dennoch führt Messager ihr Interesse am Marginalen und Banalen auf ihre Position als Frau und Künstlerin zurück: »Ich habe mich immer schon für die abgewerteten Künste interessiert. Als Frau war ich von vorneherein eine abgewertete Künstlerin [une artiste dévalorisée]. Da ich einer Minderheit [minorité] angehöre, zieht mich das sogenannte Minderwertige, das Wertlose an [...].« [30] Diese Kritik an der Hierarchie der Dinge führt sie dazu, alle Medien zugleich zu benutzen: Objekte, Zeichnungen, Fotos und Malerei – eine Strategie der Enthierarchisierung, die Messager bis heute anwendet. In diesem Sinne sind auch ihre Sammlungen eine »entschiedene Mischung«, in Anlehnung an Raoul Hausmanns Ausspruch, den Höch in ihrer Collage *Meine Haussprüche* mit den Worten zitiert: »Gefährlich ist nur eine unentschiedene Mischung.«[31]

Dabei ist interessant, wie Messager die Materialien mit anderen Bedeutungen versieht. Ähnlich wie bei den Dadaisten, die die Malerei als die »Expressionen eines Esels« schmähten, »der sich in Ölfarbe ewig in endliche gute Stuben verpflanzen will«,[32] und wie bei Jean Le Gacs Parodien auf Landschaftsmaler ist bei Messager die Auseinandersetzung mit der Malerei präsent. In der Alben-Sammlung *Instruments et materiaux pour mon visage. Changement et préservation* zeigt Messager Fotografien eines spezifisch weiblichen Instrumentariums, wie es zunächst scheint: *Instrumente und Materialien für mein Gesicht. Veränderung und Vorbeugung* (Abb. 3.29). Verschiedene Tuben und Pasten sind in den

28 Kristina Schulz: »Feminismuskonzeptionen in den 1970er Jahren im deutsch-französischen Vergleich«, in: Feministische Studien, H. 1/2003, S. 98-110, hier: 101.

29 Cixous: Weiblichkeit in der Schrift, S. 14, 15.

30 Ausst.-Kat. Annette Messager. Comédie Tragédie, S. 163.

31 Höch zitiert zwar einen Ausschnitt dieser Collage auch im *Lebensbild*, jedoch nicht den, der diesen Ausspruch zeigt.

32 Wagner zitiert eine Äußerung von Raoul Hausmann, 1918. Wagner: Das Material der Kunst, S. 59.

Fotografien zu sehen, auch die obligatorischen künstlichen Wimpern fehlen nicht. Doch zeigt Messager auch Dinge wie Sicherheitsnadeln, die sie benutzt, damit die Kleidung besser anliegt – zumindest beschreibt es die Erzählerin in dem handgeschriebenen Text unter der Fotografie. Wenn man jedoch genauer hinschaut, fällt auf, dass die Schminkutensilien von Farbkästen und Ölfarben für Maler/innen fast nicht zu unterscheiden sind. Als Kommentar ist unter einer der Tuben zu lesen: »C'est un tube de crème pour paraître plus bronzé [...]. Et c'est très gras. [...]« – das könnte fast eine ironische Bemerkung zum prekären Künstlerinnenstatus sein, wenn man »gras« nicht nur als harmloses »fettig«, sondern auch in seiner Bedeutung als »zu dick aufgetragen« oder sogar doppeldeutig im Sinne von »schlüpfrig« und »schmierig« begreift.

Auch Claes Oldenburg beschäftigte sich seit 1963 mit Farbtuben, und zwar mit Entwürfen für die Skulptur einer Tube mit herausspritzender Farbe, die er schließlich 1985 in einer überdimensionalen Tuben-Skulptur aus Bronze und Stahl umsetzt. Die Tube liegt nicht, sondern steht aufgerichtet auf ihren stählernen Farbwürsten. Oldenburg thematisiert hier nicht nur die »Befreiung« der Farbe aus der Tube, sondern spielt gleichzeitig mit dem sexuellen Code des phallisch heraustretenden, hier erstarrten Materials.[33] Bei Messager, die Oldenburg rezipiert und geschätzt hat,[34] behält die Tube ihre ursprünglichen Proportionen in der Fotografie; sie liegt auf einer nicht näher definierbaren Fläche und wird zum Signum des »Changement«: Farbe ist hier das Material der Maskierung als Frau, die sich dadurch als Künstlerin zum Kunstprodukt stilisiert. Die gleichen Zeichen und Phänomene setzen verschiedene Geschlechtsidentitäten und Künstlerbilder in Szene. Dabei werden die unterschiedlichen Dinge bei Messager, sei es in fotografierter oder in dreidimensionaler Form, zu einer Bricolage des »Weiblichen« formiert. Das Gigantomanische eines Oldenburg ist ihr laut eigener Aussage fremd; ihre Rhetorik der Überwältigung äußert sich stärker über die Akkumulation.[35]

---

33 So deutet es Wagner in Abgrenzung zu Linda Benglis' Umgang mit der amorphen Masse einer austretenden Farbe. Dies ist eines der wenigen Beispiele, bei denen Wagner auf die Formierung und Dekonstruktion von Geschlechtsidentität über die Materialien eingeht. Wagner: Das Material der Kunst, S. 50.

34 »Aber es ist wahr, daß ich die unförmigen Gebilde von Dubuffet ebenso gerne mochte wie Oldenburgs allererste, aus Stoffen flüchtig geschneiderte Alltagsdinge, die Näh- und Schreibmaschinen. Ich selbst ließ Wörter aus Stoff herunterhängen.« So Messager in: Jocks: Annette Messager, S. 46, 47.

35 »Im Vergleich zu Dubuffet arbeitete Oldenburg in großen, in amerikanischen Dimensionen. Für mich war es etwas grundsätzlich Neues, daß je-

Die Vergegenwärtigung der Autorin findet dabei ebenso stark über die Dinge wie über die Bilder statt. Doch anders als die manipulierten und kommentierten Fotografien verweisen sie auf ein handelndes Subjekt in seiner Alltagswelt, das die Dinge benutzt und konsumiert hat. Die Akkumulationen der Alben lassen die Objekte auratisiert erscheinen, denn sie gewinnen eine Unmittelbarkeit, die auf einen Referenten zurückverweist. Insofern nutzt Messager sowohl Dinge als auch Fotografien, um die zitathafte Oberflächenstruktur von Weiblichkeit zu repräsentieren und sie gleichzeitig an referentielle Elemente zurückzubinden. Es wäre daher müßig danach zu fragen, ob es sich bei Messagers Dingen *entweder* um Simulacren *oder* um referentielle Zeichen handelt. Hal Foster kritisiert dieses Wahrnehmungsschema des Entweder-oder zu Recht in Bezug auf fotografische Kunst und auf Pop Art.[36] Am Beispiel Andy Warhols macht er deutlich, dass sich Referentialität und das Vorführen von Simulacren nicht ausschließen. Messager schließt sich, ohne sich konkret auf Foster zu beziehen, dieser Sichtweise an:

»Zwar gilt Warhol als Pop-Ikone. Für mich ist er aber ein expressionistischer Künstler [...]. Weil bei Warhol der Bezug zum Tod ausgesprochen stark ist. [...] Auf Katastrophen kapriziert, spielte er damit ebenso wie mit der Multiplikation von Aufnahmen, wodurch diese recht bedrückend wirken. Warhols ganze Arbeit ist so expressionistisch wie dramatisch [...].«[37]

Katastrophen-Bilder sind bei Messager zwar weniger zu finden, doch ihre Abzeichnungen aus sadomasochistischen Illustrierten oder fotografischen Ansammlungen von kosmetischen »Folterungen«, denen sich Frauen unterziehen, wirken oft nicht weniger traumatisch (Abb. 3.23, 3.24). So sind auch die *Albums-collections* von beidem geprägt: Sie führen die Simulacren, die Trugbilder von Weiblichkeit, vor und binden sie zugleich an einen referentiellen Status. In seiner irritierenden Heterogenität ver-

mand Dinge wie eine kleine Steckdose derart aufblähte. Dieser Hang zur Gigantomanie, der mir selbst fremd ist, imponierte mir. Wenn es bei mir gigantisch wird, so geschieht dies per Akkumulation zahlreicher Materialien. Das einzelne Foto habe ich jedoch nie vergrößert.« Ebd.

36 »Most accounts of postwar art based in photography divide somewhere along this line: the image as referential *or* as simulacral. This reductive either/or constrains such readings of art, especially in the case of pop [...].« Foster entwickelt in Bezug auf Warhol alternativ den Begriff des »traumatic realism«, bei dem er das Serielle mit Lacans Terminus der Wiederholung des Traumatischen zusammenschließt. Hal Foster: The Return of the Real. The Avant-Garde at the End of the Century, Cambridge/Massachusetts/London 1996, S. 128-132.

37 Ebd., S. 60.

weist er auf die verschiedenen Annette Messagers und reflektiert damit das Kunstsystem und die gesellschaftliche Realität, in denen sich die Künstlerin damals bewegte.

Durch die Lupe schauen I: Das Leben als Miniatur

Eine völlig andere Art der Dinge stellt Hannah Höch im *Lebensbild* dar und auch der Bezug zu ihnen ist ein deutlich anderer als bei Messager oder Calle. Zwar hat Höch wie erwähnt in ihren Dada-Collagen kunsthandwerkliches, häufig weiblich konnotiertes Material eingesetzt. Doch zwei andere Kategorien von Dingen, die zugleich zwei unterschiedliche Formen von Sammlungen darstellen, sind für das *Lebensbild* weitaus bedeutsamer. Die eine, die das Verhältnis der Künstlerin zu den Dingen einschlägig repräsentiert, ist eine Art Wunderkammer en miniature, die Höch besaß und die sie das »Raritätenkabinett« nannte. »Mein Rarit hat einen ganz bestimmten Charakter. Weil ich das von Kind an bis heute gesammelt habe«, so Höch.[38] Darin bewahrte sie alles, »was sie interessierte, affizierte, inspirierte«, darunter Wertvolles und »Wertloses, Andenken, Objets trouvés, Mögliches und Unmögliches«.[39] Im Dadaismus hat sich Höchs Blick für das Abseitige und Nebensächliche zuallererst sichtbar entfaltet. Doch Höchs »Raritätenstücken« war insbesondere eines gemeinsam: Die Dinge hatten meist Setzkastengröße und spiegelten damit die Vorliebe der Künstlerin für so genannte »Minis«. Diesen Begriff benutzte Höch sowohl für kleine Dinge als auch für ihre teils briefmarkengroßen Aquarelle, Zeichnungen, Collagen und Montagen.[40] Die Mini-Raritäten sind in erster Linie Sammelobjekte, deren Menge im Laufe ihres Lebens zunahm. Sie sind ebenso wie das »Raritätenkabinett« fotografisch dokumentiert. Auch äußert sich Höch wie in dem obigen Zitat häufig zu dem »Rarit«, so dass es sich hier zunächst nicht um eine fiktive Konstruktion handelt, sondern um Dinge, deren Existenz sich rückverfolgen lässt. Zweifellos werden sie in der Collage dennoch transformiert, fiktionalisiert und spielerisch eingesetzt, doch die Ausgangslage ist von Beginn an eine andere.

Im *Lebensbild* spielen die winzigen »Raritätenstücke« als Fotografien eine prominente Rolle: Sie nehmen sowohl zahlenmäßig als auch mit ihrem Format als Blow-up einen großen Platz ein. Höchs Nummern-

38 Aus dem unveröffentlichten Tonbandprotokoll der Orgel-Köhnes.

39 Eva Keller-Woelfle: »Aus dem ›Rarit-Schrank‹ der Hannah Höch«, in: Dech/Maurer: Da-da zwischen Reden, S. 288.

40 Vgl. Ohff: Hannah Höch, Abb. 28, 29.

liste verzeichnet zwölf Rarit-Elemente in der Collage, darunter etwa eine »Uhrspindel« und verschiedene Nippesfiguren aus Glas oder Porzellan. Doch berücksichtigt man deren Multiplizierungen in der Collage, sind es siebzehn, ohne sicher sein zu können, wirklich alle entdeckt zu haben. Die kleinen Sammelobjekte sind im *Lebensbild* zum Teil in ihrem Miniatur-Format belassen und schwierig zu finden; andere sind wie die Privatfotos stark vergrößert und auf den ersten Blick nicht sofort als Miniaturen zu identifizieren. Die Vergrößerung der Minis spiegelt Höchs Form des Sammelns wider, das in einer Umkehrung der Hierarchien dem vermeintlich Banalen einen wichtigen Platz einräumt.

Denn während die Raritätenminis als Blow-up größer, in ihrer Menge zahlreicher und damit im buchstäblichen Sinne raumeinnehmender werden, wird Höchs zweite Sammlung im *Lebensbild* nur in verschwindend kleiner Form gezeigt: Die Rede ist von Hannah Höchs Kunstsammlung. Sie ist nur ein einziges Mal in dem Element »Kleine Galerie« (Abb. 1.4) in ihrer Hängung in Höchs Flur zu sehen. Abgesehen von ihren eigenen Arbeiten besaß Höch Kunstwerke und umfangreiche Dokumentationsmaterialien ihrer Künstler-Freunde: von Kurt Schwitters und Raoul Hausmann über Theo van Doesburg, Johannes Baader, Hans Arp und Sophie Taeuber-Arp, die im *Lebensbild* in Porträts neben der »Kleinen Galerie« zu sehen sind. Vor allem waren dadaistische und konstruktivistische Arbeiten in Höchs Besitz.[41] Diese kunsthistorisch außerordentlich wichtige Sammlung wird jedoch im *Lebensbild* in derart verkleinerter Form gezeigt, dass die Kunstwerke fast nicht zu erkennen sind. Dass Höch hier erneut eine Doppelung einsetzt, indem sie zwei Fotos der »Galerie« hintereinander montiert, die den Flur länger und die Sammlung größer erscheinen lassen, ändert nichts an dem Eindruck. Die Existenz dieser Sammlung wird gleichsam nur als visueller Verweis in den Blick genommen und im Privatraum ihres Hauses situiert. Höch verkehrt hier »High and Low«, wenn die »wichtige« Kunstsammlung im *Lebensbild* zur Miniatur wird, während die Miniaturen übergroße Dimensionen einnehmen. Sie sollen aus diesem Grund genauer betrachtet werden.

An einer Stelle treten die Raritätenstücke geballt in einer Art Stilleben auf; ansonsten sind sie über die gesamte Bildfläche verteilt (Abb. 1.5). Als Blow-up erscheinen sie gehäuft zwischen den beiden großformatigen Porträts von Hannah Höch aus den Jahren 1924 und 1925.

41 Die Arbeiten galten während der Herrschaft der Nationalsozialisten ebenso wie ihr eigenes Werk als »entartet«. Höch gelingt es, die zu dieser Zeit gefährliche Sammlung von Arbeiten und Dokumenten über den Krieg zu bewahren, so dass sie wie heute in der Berlinischen Galerie den Grundstock für das Dada-Archiv bildet. Vgl. S. 38, Anm. 14.

Zwischen Höchs Gesichtern breitet sich das bereits erwähnte Stickereipärchen aus, das eine ähnliche Größe wie die danebenstehenden Höch-Porträts einnimmt. Die herrschaftliche Rahmung – es handelt sich um die Abbildung einer Beeteinfassung aus Höchs Garten, die dort heute noch zu finden ist – erweckt den Eindruck, dass es dort zu thronen scheint. Zwischen den beiden Höch-Porträts drängen sich laut Benennung in der Liste des Weiteren »die ungarischen Väschen (Segals Mutter)«, »Tinte-Sand, Porzellan, Grossmutter [sic]«, »Porzellankörbchen« und »Porzellankommödchen, Grossmutter [sic]« (Abb. 1.2, Nr. 63-67a). Ein formales Pendant zu dem Stickereipaar bilden die Figurinen »Glaskunst-Tanz«, die ein ähnlich großes Format besitzen (Abb. 1.2, Nr. 67a). Höch hat ausgewählte Miniaturen zunächst zu »Stilleben« komponiert und von den Orgel-Köhnes fotografieren und dokumentieren lassen. Als Montage im *Lebensbild* bilden sie durch ihre Vergrößerung spielerische Analogien zu anderen Elementen,[42] wie auch das Stickereipärchen die erwähnte Silberhochzeit-Fotografie der Eltern aufnimmt. Zudem scheint das Raritätenstück eine Art Publikum für die Figurinen zu bilden, die den »Glastanz« aufführen. In beiden Fällen sind die Miniaturen einerseits ein »stummes« Stilleben, bei dem eindeutig zu erkennen ist, dass es sich um unbelebtes Material handelt. Andererseits werden sie durch das Blow-up mit anderen Elementen analogisiert, so dass sie wie der »Glastanz« einen eigentümlich belebten Charakter bekommen.

Höch hat den Dingen auch in anderen Arbeiten einen personalen Charakter gegeben, insbesondere in jenen Aquarellen und Gemälden, in denen sie einige ihrer Raritätenstücke darstellt. So ist das »Glasei« nicht nur im *Lebensbild* an exponierter Stelle gleich zweimal zu sehen. Auch im Aquarell »Stilleben mit blauem Glasei« taucht es auf (1922) oder in Verbindung mit der Dadapuppe im Aquarell *Die Puppe Balsamine* (1927). Die »persönlichen Gegenstände Höchs verleihen den Bildern einen Portätcharakter«, so Ellen Maurers treffende Beobachtung. Auch Maurers Annahme, dass in diesen gleichsam personalisierten Stilleben

42 Andere Raritätenstücke wie das »Yankee Polish Zebra« (Nr. 8), ein Glasschwan und eine Glasschlange sowie das Figürchen »Heiliger mit den Mäusen« (Nr. 53) dienen zur Verschleifung fotografischer Schnittkanten; sie wiederholen teils Formen nebenstehender Motive oder bilden spielerische Elemente. So sagt Höch über das »Yankee Polish Zebra« (Nr. 8): »Das ist ein polnisches, altes [...] Pferdchen – aus dem Rarit. [...] Aus den Zwanzigern ist das! Dann die Zebrapferdchen [die nebenstehende gleichnamige Collage, Nr. 9]: Weil die doch so'n bisschen sehr verrückt tanzen, habe ich diesen Schwan davor getan, damit sie so was wie einen Schrecken davor haben.« Aus dem unveröffentlichten Tonbandprotokoll der Orgel-Köhnes.

die »Gleichwertigkeit und Eigenwertigkeit« der Dinge zum Tragen kommt, mithin eine »Wahrnehmungspluralität« entworfen wird, ist einleuchtend.[43] Sie stellt jedoch weiterhin in den Selbstporträts und Stilleben Höchs eine »Verschmelzung von Porträt und Umraum« fest, die sie als »Versinnbildlichung energetischer Urmaterie« deutet, »aus der die Gestalt wie eine augenblickliche Materialisierung dessen hervorbricht, was Urstoff des Lebens sein mag.«[44] Die Lebensphilosophie Henri Bergsons steht für diese Deutung Pate, dessen Sprachduktus der Jahrhundertwende Maurer übernimmt und mit der sie Höchs Verhältnis zu den Dingen erklären will. Höch hat Bergsons Theorien sicher gekannt und formuliert in den 20er Jahren ähnliche Gedanken zu der »ständigen Umformung« des Menschen.[45] Doch während Höchs Notizen die zu der Zeit gängige, teils vereinfachende Rezeption der Bergson'schen Gedanken widerspiegeln, ist es zu kurz gegriffen, wenn Maurer die Enthierarchisierung der Dinge in Höchs Bildern auf Nietzsches und Bergsons »Definition des Lebens als endloser Prozeß in einem Materie gebärenden und vernichtenden universalen Kontext« zurückführt.[46] Sie hebt damit die zuvor richtig beschriebene Pluralität der von Höch dargestellten Dinge, Menschen und Tiere auf und sieht sie in einem »wogenden Lebensstrom« aufgehen.[47] Die dargestellten Differenzen und heterogenen Strukturen in Höchs Arbeiten werden eingeebnet, was paradoxerweise dem konstatierten Prinzip der Differenz zuwiderläuft.

Abgesehen von dieser problematischen Interpretation der heterogenen Dinge in Höchs Arbeiten ist unzweifelhaft, dass die Künstlerin das Eigenleben der Gegenstände sehr geschätzt hat, wie an einigen ihrer Aufzeichnungen deutlich wird. So notiert sie:

43 Maurer: Hannah Höch. Jenseits fester Grenzen, S. 54, 56, 57.

44 Ebd., S. 53.

45 Diese Notiz von Hannah Höch zitiert Maurer ebenda. Notizbuch von Hannah Höch, BG HHC.

46 Maurer: Hannah Höch. Jenseits fester Grenzen, S. 53.

47 »Damit wird die Differenz der Seinsformen aufgehoben zugunsten einer ›Kontinuität des Verfließens‹, die homogene, gebundene und hierarchische, androzentrische Weltsicht abgelöst von einer komplexen, geprägt von einer Vielfalt von Qualitäten, Perspektiven und Wesenheiten«. Ebd., S. 56. Maurer zitiert Bergson nur nach Otto Friedich Bollnow: Die Lebensphilosophie, Berlin/Göttingen/Heidelberg 1958, S. 17. Auch Karoline Hille kritisiert Maurers Umgang mit Bergsons Lebensphilosophie in Bezug auf Höchs Werk. Sie schlägt stattdessen Salomo Friedlaenders Philosophie als Bezugspunkt vor. Vgl. Hille: »Ein Kaleidoskop der unbegrenzten Möglichkeiten«, S. 160, 161.

»Jeder Gegenstand ist eine Lebensäußerung, die weiter wirkt und ihre Ansprüche geltend macht wie ein gegenwärtig lebendiges. Und je mehr Gegenstände du besitzt, desto mehr Ansprüche hast du zu befriedigen. Nicht nur sie dienen uns, sondern auch wir müssen ihnen dienen. Und wir sind oft viel mehr ihr Diener, als sie die unsern.«[48]

In Bezug auf das *Lebensbild* muss Äußerungen wie dieser jedoch visuell genauer nachgegangen werden. So spielt bei den stillebenartig arrangierten Raritätenstücken die schon skizzierte Analogisierung und damit Verlebendigung der Dinge eine besonders große Rolle. Die Objekte verweisen zugleich auf ein Ereignis und einen bestimmten Lebenszeitpunkt in Höchs Vita. Durch die Informationen in der Nummernliste wie »Glasei 1894 von Tante J. in Weimar bekommen« setzen die Rezipierenden das Glasei unwillkürlich in einen Zusammenhang mit der Autorin, die es demzufolge als Kind geschenkt bekam. Wenn nun die 83-jährige Höch mit dem Ei in der Hand zu sehen ist, findet damit nicht nur eine erneute Analogisierung von Ding und Ich statt, sondern es entstehen verschiedene Zeitschichten: Die Vergangenheit des dargestellten Dings trifft auf die Gegenwart der darstellenden Collage. Höch ruft damit eine besondere Form zeitlicher Kontinuität auf, die man – und derart kommt Henri Bergson doch ins Spiel – mit dem Begriff der Dauer fassen könnte. Die Dauer als »zeitliche Ausdehnung der Existenz von Dingen und Prozessen«[49] ist zwischen dem Zeitpunkt und der Unendlichkeit angesiedelt. Bei Bergson ist die Vergangenheit als Dauer beständig präsent, denn er fasst sie wesentlich gedächtnishaft und ontologisch auf.[50] Die »durée« eines Erlebnisses verändert sich jedoch, denn nicht das Erinnern des früher Erlebten, sondern das aktuale Erleben des Erinnerns steht im Vordergrund. »Indem es [das Gedächtnis] uns in einer einzigen Anschauung vielfältige Momente der Dauer erfassen lässt, hebt es uns heraus aus dem Flusse der Dinge [...]«, so Bergson.[51] In dieser Gegenwärtigkeit zieht das Gedächtnis verschiedene Formen der »durée« in einem einzigen Augenblick zu-

48 Undatierte Notiz Höchs, BG HHC H1784/79.

49 Nicolas Pethes/Jens Ruchatz (Hg.). Gedächtnis und Erinnerung. Ein interdisziplinäres Lexikon, Hamburg 2001, S. 112.

50 Erik Oger: »Einleitung«, in: Henri Bergson: Materie und Gedächtnis, Hamburg 1991, S. IX-LVII, hier: XIII. Den Begriff der Dauer hat Henri Bergson in allen seinen Werken umkreist. In seinem ersten Text *Zeit und Freiheit* (1889) wird die Dauer als zwischen Zeit und Raum stehend und wesentlich als Kontinuität definiert; in *Materie und Gedächtnis* (1896), worauf ich mich beziehe, ist die Dauer als Gedächtnis beschrieben. Die Dauer als Leben ist das Thema in *Schöpferische Entwicklung* (1907).

51 Bergson: Materie und Gedächtnis, S. 227.

sammen. Im Gegensatz zum Gedächtnis des Moments, das für Handlungen notwendig ist, wird die »wirkliche Zeit« nur im Gedächtnis der Dauer erfahrbar. Insofern gewinnt das Objekt seine Bedeutung in dem aktuellen Kontext der Erinnerung innerhalb der Collage *Lebensbild*.

In der Szene mit dem Glasei sehen wir zunächst, wie Höch durch den Gegenstand blickt (Abb. 1.11). In der Doppelung darunter ist jedoch nur der Ausschnitt ihrer Hände mit dem Ei zu sehen; außerdem ist er vergrößert und rückt näher heran: Nun sind es die Betrachter/innen, die gleichsam durch das Glasobjekt schauen. Höchs Gestus des Anschauens wird in leicht veränderter Form von den nebenstehenden Gliederpuppen, den Manichini, aufgenommen, die ihre »Hand« über die Augen heben. Sie reproduzieren damit – wiederum in doppelter Form – Höchs Geste des Ausschau-Haltens, wir wir sie in der kleinen Figur am Tor sehen. In dem Kontext des mehrfachen Blickens und Ausschau-Haltens wirkt das Ei wie eine kondensierte Zeitkapsel, in der sich eine Form von Dauer materialisiert, die bis in die Gegenwart reicht: Das Raritätenstück ist fast so alt wie Höch bei der Entstehung der Collage. Die Künstlerin blickt mit diesem Objekt gleichsam auf ihre eigene Lebenszeit, die in den Dingen als materialisierte Formen der »durée« überdauert.

Doch erschöpft sich die autobiographische Aufladung des Objektes nicht in einem nostalgischen Souvenirwert? Der Mythos des Souvenirs lebt von der Vorstellung, dass durch den Gegenstand historische in private Zeit umgewandelt wird.[52] Dieser Mythos wird von Jean Baudrillard scharf kritisert. Höchs Glasei gehörte ihm zufolge zur Gruppe der »singulären, barocken, volkskundlichen, exotischen oder alten Objekte. […] Das alte Objekt« – für Baudrillard der Gegenpol zum modernen Objekt – ist »in seinem Verhältnis zur Vergangenheit ausschließlich mythologisch.«[53] Baudrillard schließt sich damit an Roland Barthes' Vorstellung des Mythos an, der dem Objekt seine Geschichte entzieht.[54] Der historischen Entleerung begegnet das »alte Objekt« mit der »Wärme«[55] einer scheinbar individuellen Geschichte. Doch diese Wärme ist doppelbödig. Als »echte Bestandteile unserer Modernität« bilden »alte Objekte« mit

52 Vgl. Susan Stewart: On Longing: Narratives of the Miniature, the Gigantic, the Souvenir, the Collection, Durham 1993: »Temporally, the souvenir moves history into private time.« Ebd., S. 138.

53 Jean Baudrillard: Das System der Dinge. Über unser Verhältnis zu den alltäglichen Gegenständen, Frankfurt/Main u. New York 1991 (zuerst 1968), S. 95.

54 Vgl. Roland Barthes: Mythen des Alltags, Frankfurt/Main 1964 (zuerst 1957): »Der Mythos entzieht dem Objekt, von dem er spricht, jede Geschichte. Die Geschichte verflüchtigt sich aus ihm.« Ebd., S. 141.

55 Baudrillard: Das System der Dinge, S. 97.

dem »›Stimmungswert‹ Historizität«[56] gleichsam die Rückseite der modernen funktionalen Gegenstände, die sich innerhalb des geschichtslosen Warenflusses nicht voneinander unterscheiden. So hat das alte Objekt in der Moderne die Aufgabe »die Dimension der Zeit und der Dauer dar[zustellen].«[57] Es beschwört die Zeit als Atmosphäre und wird zum Zeichen.

Die moderne Verehrung des alten Objekts ist bei Baudrillard daher das Symptom einer regressiven Flucht. Es suggeriert eine abgeschlossene Zeit, ein Perfektum, in das man sich rettet, ja es stellt sogar eine sublime Filiation her, in der man den »Mythos des [ahistorischen] Ursprungs« wiederzufinden glaubt. Deshalb ist das alte Objekt »genau genommen und allezeit ein ›Familienporträt‹«.[58] Es ist »narzisstische Regression, die Ausschaltung der Zeit, der imaginären Meisterung der Geburt und des Todes.«[59] Der Vorliebe für alte Objekte steht Baudrillard konsequenterweise ebenso misstrauisch gegenüber wie der für die Sammlung. Auch in ihr suggeriert der »private Imperialismus« mit »domestizierten Zeichen der Vergangenheit« eine Kontrolle über die Zeit, die das geschichtsunbewusste Subjekt längst verloren hat.[60]

Mit seiner Diagnose, dass die Dinge – und mit ihnen die stillgestellte Zeit – innerhalb des bürgerlichen Interieurs verfügbar zu sein scheinen, mag Baudrillard im Recht sein. Aber diese Verfügbarkeit ist im Medium der Collage nur als Fiktion zu haben. In Höchs *Lebensbild* verweisen die Dinge gerade auf den Tod, auf die verstreichende und verstrichene Zeit, ohne ihn regressiv zu leugnen. Die Objekte zehren von der Doppelstruktur, als Stilleben eine »Nature morte« zu sein und gleichzeitig Verlebendigung zu evozieren. Weil diese Ambivalenz auch für das Medium Fotografie gilt, sind die Raritätenstücke doppelt stillgestellt und verlebendigt: als Fotografien und Objekt. Doch sie suggerieren – wie der »Glas-Tanz« – zugleich Bewegung; sie sind Objekt und gleichzeitig Porträt, verfügbar und eigensinnig zugleich.

Diese mehrdeutige Zeitstruktur greift ein weiteres Mal die Doppelstruktur von Leben und Tod in der Autobiographie auf. Sie ist bei Höch am wenigsten metaphorisch gedacht, denn die visuelle Autobiographie entsteht am Ende ihres Lebens, so dass der Tod als ein nahe liegender Bezugspunkt im Bild erscheint. Nicht zufällig sind in der Leserichtung der Nummernliste »Die rechte Hand und der Knochenmann«, das Skelett

56 Ebd., S. 95.
57 Ebd., S. 96.
58 Ebd., S. 97.
59 Ebd., S. 98.
60 Ebd., S. 109.

und die Hand oben links als erstes Element benannt.[61] Damit lässt sich auch erklären, warum ein anderes Raritätenstück derart häufig auftaucht: Die »Uhrspindel«, per se ein Verweis auf die verstreichende Zeit, ist allein viermal in verschiedenen Größen und Zusammenhängen zu sehen und wird als solche zweimal in der Nummernliste genannt: »Goldschmiedearbeit, Uhrspindel aus dem Rarit« (Abb. 1.2, Nr. 25) heißt sie in ihrer vergrößerten Form oben rechts. Raoul Hausmann hatte Hannah Höch ein Armband aus filigranen Uhrspindeln geschenkt, von dem dieses Element ein Fragment darstellt.[62] In der oberen rechten Ecke ist die Spindel so groß wie ein Porträt. Sie rahmt den Ausschnitt aus der Collage *Trauer* von 1967 (Abb. 1.2, Nr. 24) und bildet in ihrer Form und Größe ein Pendant zu dem erwähnten Skelett mit der Hand und der Blume auf der gegenüberliegenden Seite. Als Symbol für Vergänglichkeit ist sie des Weiteren zwischen den Kreuzen des Ersten und Zweiten Weltkrieges zu sehen (Abb. 1.2, Nr. 18). Ebenso winzig bildet die Uhrspindel in dem mittigen großen Porträt von Hannah Höch einen Teil der ornamentalen und vogelartigen Gebilde, die aus dem Kopf der Künstlerin emporsteigen (Abb. 1.2, Nr. 60). Schließlich hinterfängt sie in der Form eines Fotogramms die Pietà Michelangelos (Abb. 1.2, Nr. 48) und ist auf diese Weise wiederum mit dem christlichen Motiv des Todes verbunden. »Der Tod ist eine durchaus dadaistische Angelegenheit«, diesen Ausspruch von Richard Huelsenbeck zitiert Höch in ihrer Collage *Meine Haussprüche* (1922) und ebenso im *Lebensbild*, das den entsprechenden Ausschnitt zeigt. Sie benennt damit ein Leitthema der Collage, denn nicht nur der physische Tod ist damit gemeint, sondern, wie Jula Dech es für *Meine Haussprüche* beschreibt, das Zerstören vorhandener Ordnungen.[63] In dem *Lebensbild* ist der Tod in verschiedenen Kontexten als historisches und zerstörerisches einerseits, als individuelles und kontinuierliches Ereignis andererseits gedacht und bildet zugleich den konstitutiven Horizont der autobiographischen Fiktion.

In ihrer zeitlichen Mehrdimensionalität lassen sich die Raritätenstücke im Sinne Gaston Bachelards als »Miniaturen« lesen. Sie sind »Miniaturbild[er] des Seins«,[64] genauer gesagt: Miniaturbilder der Höch'schen Lebenszeit. Die Verlebendigung des Dinges, wie es Bache-

61 Zu diesem Element in der Collage äußert Höch: »Mir kann jetzt immer mal was passieren, da mache ich mir nichts vor.« Aus dem unveröffentlichten Tonbandprotokoll der Orgel-Köhnes.

62 Aus einem Gespräch der Autorin mit den Orgel-Köhnes, Juni 1998.

63 Dech: »Hannah Höch ist eine durchaus dadaistische Angelegenheit!«, S. 120.

64 Gaston Bachelard: Poetik des Raumes, Frankfurt/Main 1987 (zuerst 1957), S. 160.

lard anhand der Beschreibung einer Blume durch einen Botaniker darstellt, kann eine »warme Innerlichkeit«[65] kreieren, jedoch nicht jene, die Baudrillard angreift. Vielmehr skizziert Bachelard eine Poetik des Intimen, die aus der Miniatur erwächst und wesentlich Fiktion ist. Aus der literarischen Miniatur, so Bachelard, wachsen Bilder, die wimmeln und andere Bilder hervorrufen. Sie wird per se zum Zeichen der poetischen Imaginationskraft, denn »die miniaturenbildende Einbildungskraft ist eine natürliche Einbildungskraft.«[66] Die »Befreiung von allen Verpflichtungen der Dimensionen [...] ist das charakteristische Merkmal der Phantasietätigkeit«, die diese Bilder generiert.[67] An diese Lesart der Miniatur als poetisches Verfahren knüpfen Susan Stewarts Gedanken zum Souvenir an. Auch das Souvenir generiert Fiktionen – und zwar die Erzählung des Selbst:

»The souvenir may be seen as emblematic of the nostalgia that all narrative reveals – the *longing for its place of origin.* Particularly important here are the functions of the *narrative of the self*: that story's lost point of identity with the mother and its perpetual desire for reunion and incorporation, for the repetition that is not a repetition. The souvenir seeks distance (the exotic in time and space), but it does so in order to transform and collapse distance into proximity to, or approximation with, the self. *The souvenir therefore contracts the world in order to expand the personal.*«[68] [Hervorh. A.-E. K.]

Das mythische Objekt, in dem sich, wie ebenso Baudrillard kritisch bemerkt, die Suche nach dem Ursprung verdichtet, kann den Ausgangspunkt für eine Selbstfiktionalisierung bilden. Höchs miniaturistische Fiktion der Autobiographie sucht im Detail, dem Souvenir, die Lebenszeit zu verdichten. Sie schließt damit an das poetische Verfahren des Pars pro toto an: Der Makrokosmos wird im Mikrokosmos repräsentiert. Es sind die Details und die winzigen Dinge, die zum einen die Fiktionalisierung auslösen und sie zum anderen darstellen. »Die Lupe«, so beschreibt Bachelard das auslösende Moment, »ist die Vorbedingung eines Eintritts in die Welt«.[69] Eine Montage im *Lebensbild*, die zeigt, wie Höch durch die Lupe das Aufgehen der Erde vom Mond aus betrachtet, visualisiert den bildgenerierenden Perspektivwechsel (Abb. 1.9). Höch äußert dazu bereits im Jahr 1929: »Am liebsten würde ich / der welt

65 Ebd., S. 160.

66 Ebd., S. 156.

67 Ebd., S. 161.

68 Stewart: On Longing, S. XII. Stewart bezieht sich insbesondere auch auf Baudrillard und Bachelard. Vgl. Ebd., S. XIV.

69 Bachelard: Poetik des Raumes, S. 161.

heute demonstrieren, wie sie eine biene / und morgen wie der mond sieht / und dann / wie viele andere geschöpfe sie sehen mögen. [...].«[70] Im Sinne des Perspektivwechsels fungiert auch das alte Glasei als Lupe, wie sie Bachelard beschreibt: »Die Lupe des Botanikers ist die wiedergefundene Kindheit. Sie gibt dem Botaniker den vergrößernden Blick des Kindes zurück.«[71] Was Baudrillard als regressiv verurteilt, wird in der Fiktion der Autobiographie zum poetischen Instrument. So zitiert Bachelard das Prosagedicht von André Pieyre de Mandiargues mit dem Titel *Das Ei in der Landschaft*. Hinter der Fensterscheibe sieht der Träumer kleine »Zysten im Glas«, »jene Körner«, die »das ganze All deformieren« und wie eine längliche Katzenpupille wirken.[72] Und Bachelard fragt weiter: »Durch diese gläserne Spindel, durch diese Katzenpupille gesehen – was wird aus der Außenwelt? [...] Aus der Miniatur der gläsernen Zyste läßt der Träumer eine Welt entspringen« und »zwingt die Welt ›zu den ungewöhnlichsten Kriechbewegungen‹«.[73]

Höch bedient sich der verschiedenen Formen der Lupen, die Bachelard erwähnt: buchstäblich der des Katzenblicks, mit dem sich Höchs Blick verschränkt, der des Blicks durch die Lupe in der Mond-Montage oder der des Blicks durch das Ei (Abb. 1.9-1.11). Das Glasei ist nicht nur ein Souvenir, das die Kindheit evoziert und sie als »collage made of presents« neu erzählt.[74] Das Glasei wird zur »Miniatur der gläsernen Zyste«, durch die Höch schaut und in der sie liest: Die visuelle Autobiographie ist eine Miniatur der »durée«, in der Gegenwart und Vergangenheit das Glas der Raritätenstücke beschlagen. Susan Stewart beschreibt die Bewegung der Zeitschichten folgendermaßen: »The souvenir involves the displacement of attention into past. The souvenir is not simply an object appearing out of context [...] rather, its function is to envelop the present within the past. Souvenirs are magical objects because of this

70 Hannah Höchs Credo ist 1929 in dem holländischen Katalog der Ausstellung *Hannah Höch* der Galerie de Bron, Den Haag, übersetzt und publiziert worden. Vgl.: Berlinische Galerie (Hg.): Hannah Höch: Eine Lebenscollage, Bd. 2, S. 365.

71 Bachelard: Poetik des Raumes, S. 161.

72 Ebd., S. 162, 163.

73 Ebd., S. 163.

74 Stewart sagt zu dem Verhältnis von Souvenir und Kindheit: »The souvenir is used most often to evoke a voluntary memory of childhood [...]. This childhood is not a childhood as lived; it is a childhood voluntarily remembered, a childhood manufactured from its material survivals. Thus it is a collage made of presents rather than a reawakening of a past.« Stewart: On Longing, S. 145.

transformation.«[75] Doch sind die Raritätenstücke nicht im wörtlichen Sinne dazu gedacht, Höchs gesamte Lebenszeit zu materialisieren – zumal sie als »magische Objekte« auf den Ort des Ursprungs nur verweisen und ihn letztlich verfehlen: »The place of origin must remain unavailable in order for desire to be generated.«[76] Sie bezeichnen hingegen das Prinzip der ausschweifenden Mikromanie, das Prinzip durch die Lupe zu schauen und sie dabei im gleichen Zug zu entwerfen. »Die Aufmerksamkeit für sich allein ist ein Vergrößerungsglas«, so Bachelard.[77] Diese »Miniaturmetaphysik«[78] strukturiert auch die visuelle Autobiographie. In der Miniatur der visuellen Autobiographie sehen wir einen Teil des Höch'schen Mikrokosmos, für den auch die Betrachter/innen gleichsam eine Lupe brauchen.

Doch die autobiographische Lupe gleicht nicht nur dem mikroskopischen Instrument des Botanikers, sondern auch der des Detektivs. Die mikropoetische Lupe aus der Hand legend, greifen wir nun zur kriminologischen Lupe von Sophie Calle, bei der die Dinge zu Spuren eines Tatorts werden.

Durch die Lupe schauen II: Autobiographie als Tatort

Ein roter Eimer, Stöckelschuhe, auf dem Boden verstreute Bücher, dazwischen ein hingeschleudertes schwarzes Telefon – Sophie Calles Gegenstände in der Objekt-Installation *Autobiographical Stories* sind weder Miniaturen noch Raritäten. Es sind Alltagsdinge aus einem fingierten Interieur, Dinge, die sie sonst in der Bild-Text-Version in fotografierter Form zeigt. Die Gegenstände aus den Fotografien sind aus dem Bild herausgetreten und haben sich in einem Raum verteilt (Abb. 2.14ff). Das niederländische Gemälde aus *The Dutch Portrait* hängt nun an der Wand, das Brautkleid aus *The Wedding Dress* ist auf einem Bett ausgebreitet, das Dessert aus *Young Girl's Dream* steht als Wachsnachbildung auf einem Tisch. Andere Objekte wie die blonde Perücke aus *The Strip-tease*, eine Schreibmaschine, eine Krawatte oder ein Fernseher verteilen sich auf den diversen Möbelstücken und dem Boden. Ein großer, langsam verwelkender Blumenstrauß sticht in Auge und Nase (Abb. 2.17). Zwischen der Möbelkonstellation von Tisch und Stuhl auf der rechten und dem Sofa mit Sessel und niedrigem Tisch auf der linken Seite stehen mittig

75 Ebd., S. 151.

76 Ebd.

77 Ebd., S. 164.

78 Ebd., S. 167.

zwei Betten. Der kleine Tisch mit dem gerahmten Porträt, der sie trennt, wirkt wie ein Nachttisch. Das linke Bett ist nicht bezogen, die sichtbare Matratze weist Brandspuren auf. Eine tote ausgestopfte Katze liegt darauf. Auffällig sind die kleinen weißen Schilder, die neben jedem Objekt auf den Möbeln oder auf dem Fußboden zu sehen sind (Abb. 2.18). Sie wirken wie Ziffernschilder in den Vitrinen eines archäologischen oder ethnologischen Museums, die häufig für kleindimensionierte Ausstellungsobjekte benutzt werden. Weil sie jedoch nicht hinter Glas, sondern im Raum verstreut sind, scheinen sie eher Spuren eines Tatorts zu kennzeichnen: Auch an Unfallorten oder Schauplätzen von Verbrechen werden die Spuren mit solchen Schildern markiert und gesichert.

Doch in Calles Installation scheint der Fall bereits gelöst zu sein. Die Ziffern auf den Schildern werden entschlüsselt, indem sie auf die ebenfalls nummerierten Texte der *Autobiographischen Geschichten* verweisen. Die Texte sind auf einer Art Sockel in Brusthöhe zwischen Raum und Publikum fixiert (Abb. 2.16). In den Katalogabbildungen der Installation ist dieses Element meist nicht zu sehen. Für die Wahrnehmung der räumlichen Situation ist es jedoch wesentlich, denn mithilfe dieser Schranke entsteht eine Trennung zwischen dem intim wirkenden Raum und der »Öffentlichkeit«. Wie Schaulustige an einem Tatort können sich die Betrachter/innen nur begrenzt nähern; ihr Voyeurismus wird durch die Schranke aktiviert und zugleich im Zaum gehalten. Daher wirken die Objekte dennoch wie hinter Glas ausgestellt und gleichsam gerahmt: Die Betrachter/innen stützen sich mit dem Arm auf die architektonische Grenze, wenn sie sich neugierig in den Raum beugen; dann wiederum schwenken sie den Blick zurück auf die autobiographischen Texte, die auf dem Podest angebracht und dadurch hervorgehoben sind. Einer Aussichtsplattform vergleichbar, kann man von dort aus das Panorama betrachten, das durch diese Inszenierung des Blicks erst generiert wird.

Auf diese Weise entsteht eine zwischen Nähe und Ferne changierende Blickbewegung, die die Konstruktion des »privaten« und des davon getrennten »öffentlichen« Raumes nachzeichnet. Jedoch ist das raumstrukturierende »Ding« Schranke und Träger der Enthüllungen zugleich. So dient es dazu, die autobiographischen Geschichten auszustellen und das vorgeblich »Private« zugänglich zu machen. Die Setzungen von privatem und öffentlichem Raum fangen jedoch an zu oszillieren, wenn die räumliche Grenze zugleich darauf deutet, dass es möglicherweise gerade diese Geschichten sind, die uns nichts von Calle erfahren lassen. Denn paradoxerweise wird die konstruierte Trennung durch eine Linie von Texten gezogen, die gerade das zu unterlaufen scheinen, was sie markieren. Sie enthüllen scheinbar Privates, doch das Geheimnis, das hinter der Ansammlung der Dinge zu stecken scheint, wird durch das Lesen der Geschichten nur scheinbar gelöst. Wie in den Textanalysen deutlich geworden ist, kreieren die Geschichten meist weitere Geheimnisse und Leerstellen. So bleibt das Geheimnis der Herkunft der Erzählerin, wie es in *The Dutch Portrait* beschrieben wird, auch in der Objekt-Version bestehen; nur wird durch die Gegenständlichkeit das Begehren angekurbelt, den »echten« Brief, der hinter dem Gemälde hervorlugt, selber in die Hand zu nehmen und zu lesen. Doch das ist dem Publikum verwehrt; die Dinge bleiben im Raum als Indizien für ein Geschehen stehen, das durch die Texte nur scheinbar aufgelöst wird.

Das »Es ist so gewesen« des fotografischen Mediums verschiebt sich bei den dreidimensionalen Objekten auf ihre Präsenz im »Hier und Jetzt«, das darauf deutet: »Etwas ist gerade geschehen«. Wirken die Geschichten dadurch »echter«? In den Bildunterschriften diverser Kataloge wird die Arbeit häufig als »Installation mit Originalobjekten« bezeichnet.[79] Gerade in Verbindung mit Calles Spiel von Fakten und Fiktionen erscheint das gewagt, denn was könnte der Begriff des Originals hier bedeuten? Sind es die originalen Objekte, die wir aus der Bild-Text-Version kennen? Und was würde das für eine Rolle spielen? Für Betrachter/innen, die die Foto-Version gesehen haben, ist etwa das weiße Brautkleid aus *The Wedding Dress* wiederzuerkennen wie auch das rote Hochzeitskleid aus *The Dream Wedding*. Offensichtlich ist jedoch auch, dass das Dessert aus *Young Girl's Dream* nicht aus Eis besteht, sondern eine Wachsnachahmung ist[80] – im Kontrast zu der Fotografie, die »echtes« Eis mit einer »echten« Banane zeigt. Auch die Geschichte der auf dem Eiffelturm verbrachten Nacht von *Room with a View* wird nur von einem gängigen Kitsch-Objekt bezeugt: durch das touristische Souvenir eines Eiffelturms in Miniaturformat (Abb. 2.16). Die Dinge sind mitnichten »Originale«, die eine reale Begebenheit bezeugen könnten. Sie verweisen auf Handlungen, die in den Fotografien nur selten gezeigt werden, in der Objekt-Installation jedoch überhaupt nicht zu sehen sind. Die Perücke aus *The Strip-tease* steht für den Tanz der Stripperin, die auf der Fotografie abgebildet ist. Auch das Ritual mit dem (Ex-)Ehemann der Erzählerin ist in der Fotografie von *The Divorce* zu sehen: Dort hält eine Frauenhand von hinten den Penis eines urinierenden Mannes (Abb. 2.11). Die Erzählerin

79 So etwa in: Die wahren Geschichten der Sophie Calle, Ausst.-Kat. Museum Fridericianum Kassel, Kassel 2000, S. 74, oder in: Ausst.-Kat. Dinge in der Kunst des XX. Jahrhunderts, S. 363.

80 Es könnte auch Plastik sein, aber Sophie Calles Anweisungen, welche Objekte zu welchen Geschichten gehören, sind für *Young Girl's Dream*: »Plate with desert made of wax on table if house or in vitrine with faience if museum installation«. Dokumentation der Galerie Arndt & Partner, Berlin.

– so die Geschichte – lebt ihre Phantasien, ein Mann zu sein, in dem Ritual aus, beim Urinieren ihres Ehemannes seine Position einzunehmen und den Penis zu führen. Der Fotoausschnitt zeigt das »Auffangbecken« des Strahls nicht; in den Objekt-Versionen taucht es dagegen als Eimer auf, der wahlweise rot oder blau ist. Die Dinge zeigen demnach manche Objekte aus den Fotografien; manchmal verweisen sie nur auf sie, doch die damit verknüpften Handlungen bleiben unsichtbar. Die Anwesenheit der Dinge beschwört die Abwesenheit der Handlungen, von denen die Geschichten erzählen.

Dieser rätselhafte Eindruck wird noch gesteigert, wenn Calle die Möbel mit weißen Laken bedeckt. Die abstrakte Leere des »White Cube« zieht gleichsam stofflich in die Installation ein, so dass die auf dem weißen Fond platzierten Objekte noch stärker inszeniert wirken (Abb. 2.15).[81] Das könnte einfach auf die Abwesenheit einer Person hindeuten, denn auch bei längeren Reisen wird dies gemacht – dieses Bild aus alten Spielfilmen wird zumindest aufgerufen. Die Laken verstärken jedoch zugleich den Eindruck eines Tatorts, dessen Spannung wie in einem Kriminalroman von einer (abwesenden) Leiche ausgeht. Auch nach einem Todesfall werden die Möbel der Wohnung mit Laken bedeckt, um sie pragmatischerweise vor Staub zu schützen, obwohl sie ebensogut die Assoziation von Totentüchern aufkommen lassen. Doch in der Installation *Bedroom* scheinen die verstreuten Gegenstände und besonders das verbrannte Bett Spuren einer dramatischen Handlung zu sein. Irgendetwas ist hier passiert, doch wir haben den entscheidenden Moment verpasst und sind zu spät. Ein offensichtlich totes Element ist die ausgestopfte Katze. Auch der Strauß, an dem die Spuren der verstreichenden Zeit sichtbar sind, strahlt Vergänglichkeit aus. So schweben in Calles *Bedroom* wie in Höchs *Lebensbild* Zeichen des Todes. Die Objekte werden ebenso wie bei Höch autobiographisch aufgeladen und stoßen mit ihren verschiedenen Zeiten, aus denen sie stammen, aufeinander. Doch während bei Höch die Thematisierung des Todes mit dem retrospektiven Blick am Ende des Lebens verbunden ist, wird sie in Calles Installation mit dem Paradigma des Krimis verknüpft.

81 Ich beziehe mich auf die Version der Installation in Calles erster Retrospektive in Deutschland in München, Haus der Kunst und Kassel, Museum Fridericianum: *Die Wahren Geschichten der Sophie Calle*, 2000, sowie der Münchner Ausstellung *Dinge in der Kunst des XX. Jahrhunderts*, 2000, (Abb. 2.15) und der letzten großen Einzelausstellung Calles *M'as-tu vue?* in Berlin, Martin-Gropius-Bau, 2003/2004 (Abb. 2.16-2.19). In diesen Versionen der Installation waren die Möbel mit Laken bedeckt. In früheren waren sie unbedeckt wie etwa in der Austellung *True Stories* im Tel Aviv Museum of Modern Art, Tel Aviv 1996 (Abb. 2.14).

Beide Genres, sowohl die Autobiographie als auch der Krimi oder Detektivroman, operieren mit dem Code von wahr und falsch. Beide fragen nach der Wahrheit oder nach der Wahrhaftigkeit, die sich in Form des Geständnisses äußern kann. Und hierin liegt der Kunstgriff Calles: In dem Zusammenziehen der beiden Genres werden die autobiographisch aufgeladenen Dinge zu Spuren eines »Falles«. Zwar ist die Zielrichtung einer Kriminalgeschichte, die Lösung, nicht die gleiche wie das Authentizitätsversprechen der Autobiographie. In diesem »Fall« ist es jedoch die Geschichte einer Ich-Erzählerin, die wir entschlüsseln wollen. Sie gibt uns gleichsam eine Lupe und lässt uns zum Detektiv ihres Romans werden. Denn direkter als in den Fotografien scheinen die Dinge Spuren zu sein, die auf die abwesende Akteurin und ihr Leben verweisen. Mit diesen Spuren an der Hand beginnen wir die Geschichten weiterzuerzählen, die Calle konstruiert: Calle ist eine Spurenproduzentin.[82] Wir befinden uns, so Knut Ebeling »[...] mitten in einem Kriminalroman und nicht in einem Familienalbum – oder in dem Kriminalroman, den seit Freud jedes Familienalbum darstellt.«[83]

Und in der Tat: Das Porträt auf dem »Nachttisch« zwischen den Betten stellt Sigmund Freud dar (Abb. 2.19).[84] Calle ruft explizit die Geständnistradition der Psychoanalyse auf – auch sie ist auf der Suche nach einem unsagbaren Geheimnis, einem traumatischen Erlebnis, das durch die analytische Wiederholung in die Erinnerung gerückt werden soll. Auf die Erzählung eines Traumas verweist ein anderes Porträt, das neben der Fotografie von Freud steht. Es ist die Profilaufaufnahme Sophie Calles aus *The Plastic Surgery* (Abb. 2.3) – die Geschichte einer verhinderten Schönheitsoperation, die an der Erzählerin im Teenageralter vorgenommen werden sollte und nur wegen des Selbstmords des Chirurgen scheitert. In der Rolle der Autobiographin müsste die Erzählerin betroffen sein. Ihr Ton ist jedoch, um mit Cathrin Pichler zu sprechen, »sterilisiert, gereinigt von Freude, vom Erschrecken, von der Trauer«.[85] Sie gleicht

82 »Sophie Calle ist Produzentin von Dokumenten – von Dokumenten wohlgemerkt, die im Nachhinein den Anschein von Fiktionen wie Wahrheit oder Wirklichkeit produzieren können.« Knut Ebeling: »Indiz und Intrige. Zur Archäologie des Intimen bei Sophie Calle«, in: Sophie Calle, Ausst.-Kat. Sprengel Museum Hannover, Hannover 2002, S. 143-162, hier: 145.

83 Ebd., S. 144.

84 In der Version der Berliner Ausstellung *M'as tue vue?* im Martin-Gropius-Bau 2004.

85 Cathrin Pichler: »Der Spur auf der Spur. Zur Erinnerungsarbeit in Projekten von Sophie Calle«, in: Zwischen Erinnern und Vergessen. Verschiebungen, Verdichtungen, Antizipationen, Rückblicke, Kunstforum Bd. 128, Oktober-Dezember 1994, S. 227-233, hier: 227.

eher einer teilnahmslosen Kommissarin, die den Fall des »Selbst« aufrollt, ohne ihn lösen zu wollen. Es bleibt den Betrachtenden überlassen, das kühle Geständnis der traumatischen Erfahrung mit der Präsenz der abgebildeten Erzählerin im Porträt zu verknüpfen.

Ein besonders gutes Beispiel für den fast dokumentarischen Sprachstil Calles ist die Geschichte *The Argument* (Abb. 2.9), in der die Erzählerin knapp berichtet, woher die auf den Boden geschleuderten Dinge stammen:

»Tuesday, March 10th, 1992, at 11:50 a.m., he threw the following in my direction: an empty tea kettle, a butcher's block, a yellow love seat, four pillows, a biography of Bruce Nauman and a black phone. When the phone hit the wall, I understood it would be preferable to meet his request and listen. By 1:00 p.m., everything was back in order except for a hole left in the wall. I hid this last bit of evidence with our wedding picture.«

Die genaue Zeitangabe, die sachliche Aufzählung der Gegenstände, schließlich die Vertuschung des »Beweises« erinnern stark an Formen des Detektivromans. Wie das Anknüpfen an die Psychoanalyse geschieht dies jedoch so offensichtlich, dass es nicht verwundert, wenn ihre Arbeiten in den Kontext des »Indizienparadigmas« gestellt werden.[86] Carlo Ginzburgs einflussreicher Aufsatz aus dem Jahr 1979 liest unter dem Begriff des »Indizienparadigma« die psychoanalytische, detektivische und eine kunsthistorische Zuschreibungsmethode von Giovanni Morelli zusammen, die sich letztlich als eine medizinische entpuppt. Laut Ginzburg steht Morelli Pate für ein »epistemologisches Modell«, das sich im 19. Jahrhundert entwickelt hat. Morelli war Arzt, beschäftigte sich jedoch um die Jahrhundertwende mit kunsthistorischer »Gegenstandssicherung«, wie sie heute noch genannt wird,[87] und konnte mit seiner Methode erfolgreich Originale von Kopien unterscheiden. Nicht an den auffälligen Merkmalen, so die These, sondern an den Details wie Ohrläppchen oder

86 Ebeling konstatiert und kritisiert diese Rezeption. Auf diese Kritik werde ich im Folgenden zu sprechen kommen. Ebeling: »Indiz und Intrige«, S. 144.

87 Vgl. Hans Belting/Heinrich Dilly/Wolfgang Kemp u.a. (Hg.): Kunstgeschichte. Eine Einführung, Berlin 1988. Der gesamte Teil 2 befasst sich mit der »Gegenstandssicherung«; Willibald Sauerländer vergleicht den Kunsthistoriker mit einem kriminalistischen Spurensicherer. Gegenstandssicherung heißt für ihn: »Rekonstruktion der historischen Identität eines zunächst nicht näher bestimmten Kunstwerks aus vergangener Zeit mit Mitteln der Wissenschaft.« Willibald Sauerländer: »Die Gegenstandssicherung allgemein«, in: Ebd., S. 47-57, hier: 47.

Fingernägeln zeige sich der wahre Produzent des Kunstwerks. Der Künstler verrate sich bei Morelli wie ein Verbrecher durch seine Fingerabdrücke.[88] Doch geht es bei Ginzburg nicht um Kunst und nicht einmal darum, *was*, sondern *wie* etwas gedeutet wird. Die Symptome bei Freud,[89] die Indizien bei Sherlock Holmes und die Details bei Morelli – sie sind für Ginzburg moderne Ausformungen eines uralten Paradigmas: der Aufmerksamkeit für ein bedeutungsträchtiges Detail, das eine Spur darstellt. Für Ginzburg ist die Spur die Urform des Erzählens, das, so seine unbeweisbare Hypothese, wie er selber zugibt, sich aus dem Spurenlesen frühgeschichtlicher Jäger-Gesellschaften speist. Der Spuren lesende Beobachter, so Ginzburg, organisiere seine Daten so, »dass eine erzählende Sequenz entsteht, deren einfachste Formulierung sein könnte: ›Jemand ist dort vorbeigekommen.‹«[90] Auf dieses Erkenntnismodell stützten sich nicht nur Kriminalroman und Psychoanalyse, sondern auch die Humanwissenschaften, die im Gegensatz zu den Naturwissenschaften unreproduzierbare und individuelle Gegenstände untersuchen.[91] Das Indizienparadigma ist also auch ein wissenschaftliches.

Calle bewegt sich mit ihren Arbeiten in der Nachfolge der künstlerischen »Spurensicherung« und verschiebt deren Ästhetik des Dokuments und der Spur in eine andere Richtung. Als Dokumente und Spuren produzierende Künstlerin lässt sie sich jedoch zunächst allzuleicht an das Indizienparadigma anschließen, was Ebeling kritisiert: »Indem man nach der Authentizität der Bilder fragte und nach der Wirklichkeit der Texte, hat man Sophie Calles inszenierte Dokumente mit historischen Dokumenten verwechselt.«[92] Wenn man an diesem Punkt stehen bliebe, wäre die Kritik berechtigt. Fragt man jedoch weiter, warum dies passiert, und bewertet man diese Rezeption als Symptom für die Wirkung, die Calles Arbeiten auslösen, kommt man ihrer Strategie besser auf die Spur: Es sind die Fallen des Autobiographischen, die ich skizziert habe – denn Calle verknüpft das Genre des Krimis nicht nur mit der Psychoanalyse, sondern auch mit dem Genre der Autobiographie, die ebenso das »Indizienparadigma« aufruft, wenn sie vorgibt, ein authentisches Selbstzeug-

88 Carlo Ginzburg: »Spurensicherung. Der Jäger entziffert die Fährte, Sherlock Holmes nimmt die Lupe, Freud liest Morelli – die Wissenschaft auf der Suche nach sich selbst«, in: Ders.: Spurensicherungen. Über verborgene Geschichte, Kunst und soziales Gedächtnis, Berlin 1983, S. 61-96, hier: 63.

89 Freud hatte Morelli rezipiert, bevor er die Psychoanalyse entwickelt. Vgl. Ginzburg: »Spurensicherung«, S. 65.

90 Ebd., S. 70.

91 Ebd., S. 72ff.

92 Ebeling: »Indiz und Intrige«, S. 144.

nis zu sein. In der Installation der *Autobiographischen Geschichten* überformt Calle das Indizienparadigma gleichsam mit der Strategie des Autobiographischen und überbietet es zugleich. Auf diese Weise verstärkt sie die Rhetorik des Wirklichen und damit das »Wirklichkeitsbegehren« der Rezipierenden.

Dabei sind es nicht nur die Texte, welche die Bilder und Objekte zu Tatorten werden lassen. Calle produziert zwar das Wirkliche als Effekt seiner Aufbereitung und Dokumentation.[93] Aber dies geschieht nicht, wie Ebeling folgert, über den Primat des Textes, der hierarchisch über den Bildern oder Objekten stehen würde.[94] Vielmehr wird das »Wirkliche« zum einen über den autobiographischen Pakt produziert, der aus dem Zusammenschluss von Text (Erzählerin), Bild/Objekt und Künstlername besteht. Zum anderen ist es in der Objekt-Installation der *Autobiographischen Geschichten* vor allem die Auswahl und die Inszenierung der Dinge, die Bedeutungen und Geschichten generieren. Die Gegenstände selbst sind mit teils übereindeutigen Assoziationen konnotiert. Allein die Tatsache, dass zwei Betten im Mittelpunkt stehen, weckt vielfältige Assoziationen und setzt Geschichten im Kopf der Betrachter/innen in Gang. Dazu sind die Objekte wie die Brautkleider, die Stöckelschuhe oder der Büstenhalter weiblich konnotiert. Wir befinden uns in einem Kriminalroman mit einer offenbar weiblichen Protagonistin, die ihre intime Unterwäsche, ihre Maskierungsobjekte und ihre »Bettgeschichten« vor uns auszubreiten scheint. Manche der Texte von Calle unterstützen diese Narrationen, andere unterlaufen sie und setzen neue frei.

Zugleich kreiert Calle mit dem Anschluss an Wissensproduktionen wie etwa an das Indizienparadigma ein ganzes Bedeutungsarsenal, das sie vorführt. Die Künstlerin nutzt das Indizienparadigma, um es mit der Autobiographie zu verbinden und Fiktionen des Selbst zu kreieren. Die kriminologische Fiktionalisierung ist letztlich ebenso eine poetische, die darauf zielt, nach dem Prinzip der Lupe Narrationen entstehen zu lassen. Die wissenschaftliche Lupe als Teil der »Objektivitätsdisziplin« (und damit des »Indizienparadigma«) hat laut Gaston Bachelard nichts mit der poetischen Lupe gemeinsam, durch die man alles zum ersten Mal sieht und ins poetische Staunen gerät.[95] Doch bei Calle wird die transformierende Lupe der Fiktion mit der scheinbar dokumentierenden Lupe der Kriminologie und der Autobiographie verbunden. In anderer Weise als bei Höch ist Calles visuelle Autobiographie ebenfalls eine narrative Verdichtung.

---

93 Ebd., S. 145.

94 Ebd., S. 144.

95 Bachelard: Poetik des Raumes, S. 161.

Die Dinge, insbesondere die Kleider, erzeugen den Eindruck von Menschenleere. Auch diese Leere lässt sie wie Zeugen eines Tatorts erscheinen, wie es Walter Benjamin am Beispiel von Atgets Fotografien beschreibt.[96] Der Betrachter ist beunruhigt, so Benjamin weiter, und braucht »Wegweiser«, eine obligate Beschriftung.[97] Doch Calles Texte täuschen nur vor, diese Wegweiser zu sein, denn das, was »wirklich« geschehen ist, kann – ähnlich wie in einem Kriminalfall – nur verfehlt werden. Dieses Verfehlen ist auch den autobiographischen Geschichten inhärent, wie ich an anderer Stelle gezeigt habe. In der Verfehlungs-Inszenierung, wie sie uns in der Objekt-Sammlung vorgeführt wird, ist es das Ding, das den Verlust nachträglich konstruiert. Der Verlust besteht in der vergangenen Handlung, die indiziert wird und dennoch unsichtbar bleibt.

Als Zeugen einer unwiederholbaren Vergangenheit unterscheiden sich Calles Objekte radikal von den Raritäten Höchs. Wenn bei Höch die Dinge zwar ebenso zum Generator für Narrationen werden, die den »mythischen Ursprung« des Subjekts verfehlen müssen, so lösen sie doch keine Beunruhigung aus. Der retrospektive Blick betrachtet die Dinge aus der Ferne und tritt zugleich in eine engere Beziehung zu ihnen. Höchs Objekte erscheinen vielmehr gesättigt und lösen als »kuriose« Dinge eher einen neugierigen als einen detektivischen Blick aus. Dagegen scheinen sich Annette Messagers Dinge dazwischen anzusiedeln. So heterogen ihre Sammlungen sind, so unterschiedlich sind die Reaktionen, die sie auslösen. Ist man zunächst von der Strategie der Übererfüllung und Überfülle, mit der sie den Weiblichkeitsklischees zu entsprechen versucht, zum Teil amüsiert, zum Teil gelangweilt und überfordert, wirkt im nächsten Moment das gleiche Vorgehen beim Anblick der zerkratzten Kindergesichter oder sadomasochistischen Zeichnungen verstörend. Doch wie formieren sich die diese unterschiedlichen Formen der Dinge zu einer Sammlung und wie treten sie in Beziehung zu anderen Sammlungen?

96 Benjamin: Das Kunstwerk im Zeitalter seiner technischen Reproduzierbarkeit, S. 21.

97 Ebd.

Die visuelle Autobiographie als Sammlung

Überkreuzungen des Sammlerischen und des Autobiographischen

Der Begriff »Ding« kommt aus dem althochdeutschen »dinc« oder »thing« und bezeichnet das Gericht und damit eine Versammlung freier Männer.[98] Auch das althochdeutsche »samanon« bedeutet »zusammenbringen, versammeln, vereinigen«. Allerdings zielt es auf das englische »the same«: auf »die gleiche Beschaffenheit«, auf »dasselbe«.[99] In seiner Definition des Sammelns greift Walter Benjamin diese Figur auf, denn ihm zufolge lösen die museale Sammlung und die Privatsammlung das Ding aus dem Materialfluss der Welt, damit es mit anderen Dingen »dasselbe« bilden kann: »Es ist beim Sammeln das Entscheidende, daß der Gegenstand aus allen ursprünglichen Funktionen gelöst wird, um in die denkbar engste Beziehung zu seinesgleichen zu treten.«[100] Die meisten Sammlungstheorien knüpfen daran an[101] wie auch Krzysztof Pomians bündige Formulierung:

> »[…] eine Sammlung ist jede Zusammenstellung natürlicher oder künstlicher Gegenstände, die zeitweise oder endgültig aus dem Kreislauf ökonomischer Aktivitäten herausgehalten werden und zwar an einem abgeschlossenen, eigens zu diesem Zweck eingerichteten Ort, an dem die Gegenstände ausgestellt werden und angesehen werden können.«[102]

Dasselbe gilt für die Dinge, die Annette Messager sammelt. Sie nimmt die Dinge aus dem Material- und Bildkreislauf heraus und fügt sie in die *Albums-collections* ein. Ihr Sammeln richtet sich gegen die Kontingenz des Lebens, was in bestimmten *Albums-collections* besonders deutlich wird. In der Alben-Sammlung *Bilder und Comics von Frauen, gefunden am 14. Juni in Zeitschriften und Magazinen* dokumentiert Messager nicht nur die geläufigen Weiblichkeitsklischees der Zeit, sondern hebt zugleich die Momenthaftigkeit des Tages hervor, an dem sie produziert wurden.

---

98 Duden: Das Herkunftswörterbuch, Mannheim 1963, S. 111.

99 Ebd., S. 586. Das germanische »sin« steckt darin, eine adverbiale Form von »immerwährend, heftig und stark« (vgl. »Sintflut«), was für den Aspekt des Obsessiven in der Sammlung interessant ist.

100 Walter Benjamin: Das Passagen-Werk (1927-1940), 2 Bde, Frankfurt/Main 1982, Bd. 1, S. 271.

101 Vgl. auch Baudrillard: Das System der Dinge, S. 110ff.

102 Krysztof Pomian: Der Ursprung des Museums. Vom Sammeln, Berlin 1988, S. 16.

Die Stereotypen werden damit in einen Abstand zur Gegenwart gerückt und in ein Verhältnis zu anderen Sammlungen gesetzt.

Der Sammler,[103] wie ihn Walter Benjamin charakterisiert, nimmt den Kampf gegen die Zerstreuung auf.[104] Das Sammeln trägt Sinn, Ordnung, Begrenzung, Zusammenhang und Erklärung in das Zerstreute.[105] Gleichwohl ist es zweischneidig. Das Ding wird zwar vor dem Verschwinden gerettet, jedoch geschieht dies auf Kosten seiner Lebendigkeit: In der Sammlung wird das Ding stillgestellt. Sehr lebendig beschreibt Benjamin in seiner Rede »Ich packe meine Bibliothek aus« den Tod des Dinges: »Es ist die tiefe Bezauberung des Sammlers, das einzelne in einen Bannkreis einzuschließen, in dem es, während der letzte Schauder – der Schauder des Erworbenwerdens – darüber hinläuft, erstarrt.«[106] Das erjagte Ding ist tot und wird mumifiziert. In dieser Beschreibung Benjamins unterscheiden sich die Jäger nicht so sehr von den Sammlern. Messager verbindet den Prozess des Mumifizierens in der Taxidermie – der Tierpräparation, die ja oftmals das Ziel des Jägers ist – mit dem Medium der Fotografie. »Beide Mittel fixieren die Bewegung und frieren das Leben ein. Es ist ein doppeltes Spiel des Lebens und der Versteinerung«, meint Messager und stellt damit die beiden Techniken auf eine Ebene, mit denen sie in den *Albums-collections* und den *Pensionnaires*, den ausgestopften Spatzen, arbeitet.[107] Wenn sie dann behauptet, Sammeln sei zweifellos eine Art und Weise, um gegen den Tod anzukämpfen,[108] ist das nur ein scheinbarer Widerspruch, denn die Verlebendigung des Mumifizierten gehört ebenso zur Grundstruktur der Sammlung. Der Sammler nämlich erlebt die Eingliederung des ersammelten Objekts in seine Ordnung als dessen »Wiedergeburt«.[109] Besonders eindrücklich beschreibt Benjamin das Gefühl des Sammlers, sich als rechtmäßiger Be-

103 Ich benutze den Begriff des »Sammlers« zunächst in der männlichen Form, weil er zum einen mit Individualität und Singularität verbunden wird, so dass es unpassend wäre, konsequent von Sammler/innen zu sprechen. Zum anderen jedoch ist der Begriff des Sammlers eindeutig männlich konnotiert, wie ich später ausführen werde.

104 Benjamin: Das Passagen-Werk, Bd. 1, S. 279.

105 So resümiert es Matthias Winzen: »Sammeln – so selbstverständlich, so paradox«, in: Ausst.-Kat. Deep Storage, S. 10-19, hier: 10, 11.

106 Walter Benjamin: »Ich packe meine Bibliothek aus. Eine Rede über das Sammeln«, in: Ders.: Lesezeichen. Schriften zur deutschsprachigen Literatur, Leipzig 1970 (zuerst 1931), S. 9-19, hier: 10.

107 Ausst.-Kat. Annette Messager. DépendanceIndépendance, o. P.

108 Auf zwei Hochzeiten tanzen. Jean-Michel Alberola, Bertrand Lavier, Annette Messager, Ausst.-Kat. Kunsthalle Zürich, Zürich 1989, S. 38.

109 Benjamin: »Ich packe meine Bibliothek aus«, S. 11.

sitzer eines Buches zu sehen, sobald es einmal in seine Ordnung eingegliedert ist.

»Von den landläufigen Erwerbsarten wäre für Sammler die schicklichste das Ausleihen mit anschließendem Nichtzurückgeben. Der Buchausleiher großen Formats, wie wir ihn hier vor Augen haben, erweist sich als eingefleischter Büchersammler nicht etwa durch die Inbrunst, mit der er den zusammengeborgten Schatz behütet und allen Mahnungen aus dem Alltag des Rechtslebens mit Taubheit begegnet, sondern weit mehr dadurch, daß auch er die Bücher nicht liest.«[110]

Der Sammler erstrebt »die Erneuerung des Daseins«[111] durch die Dinge, doch im selben Zug werden sie stillgestellt. In der Sammlung lässt sich somit eine Doppelstruktur erkennen, die das Bewahren und Lebendig-Erhalten mit der Mumifizierung und Stillstellung verbindet. Sie pendelt zwischen Konservierung und Kontingenz, zwischen Leben und Tod, wie auch der Sammler selbst »dialektisch gespannt [ist] zwischen Ordnung und Unordnung.«[112] Diese Doppelstruktur habe ich bereits als spezifisch für die Autobiographie und die Fotografie offen gelegt. Auch die Autobiographie und die Fotografie sind Versuche, Momente des Lebens aus dem kontingenten Zeitfluss herauszustellen und sowohl zu vergegenwärtigen als auch stillzustellen. Das Changieren zwischen dem »Hier und Jetzt« und dem »Es ist so gewesen« lässt sich nun auch auf die Sammlung erweitern. Das Herausziehen eines Momentes oder eines – autobiographisch konnotierten – Objektes ist das erste gemeinsame Merkmal von Autobiographie und Sammlung. Das nächste ist die spezifische Doppelstruktur des Bewahrens, Konservierens und Vergegenwärtigens auf der einen Seite und des Stillstellens und Mumifizierens auf der anderen Seite, die mit dem Herausziehen einhergeht.

Schließlich wird meist behauptet, die Sammlung stünde dabei in einem besonderen Verhältnis zu dem sammelnden Subjekt. Denn in der Sammlung zeige sich die Identität des Sammelnden. Sammlungen seien materialisierte Gedächtnisse, die eine identitätsbildende Funktion hätten.[113] Hier kommt nun explizit die Person des Sammlers ins Spiel. Der Sammler – so die Legende – erblickt sich selbst in den Dingen und identifiziert sich mit ihnen. Wenn er sich buchstäblich in den Sammler-

110 Ebd., S. 12.

111 Ebd., S. 11.

112 Ebd., S. 10.

113 Justus Stagl: »Homo Collector: Zur Anthropologie und Soziologie des Sammelns«, in: Assmann/Gomille/Rippl: Sammler – Bibliophile – Exzentriker, S. 37-55, hier: 41.

stücken zu »objekt-ivieren« scheint, ist dies ebenso mit der autobiographischen Strategie vergleichbar: Dort ist das Subjekt der Erzählung zugleich das Objekt der Betrachtung; es veräußert sich und stellt sich in der und durch die Autobiographie gleichsam heraus. Benjamin und in seiner Nachfolge Baudrillard gehen davon aus, dass der Sammler die Objekte »ist«, die er sammelt. Für Baudrillard ist der Sammler sogar das wesentliche Stück der Kollektion: »Die Sammlung besteht aus einer Reihe einzelner Glieder, das letzte jedoch, das abschließende Stück, ist die Person des Sammlers selbst. Andererseits ist er dies nur insoweit, als er sich für jedes aufeinander folgende einzelne Stück stellvertretend einsetzt.«[114]

Zwischen Singularität und Serie changierend, wird der Sammler mit seinen begehrten Objekten in eins gesetzt. Lässt sich aber diese Annahme überhaupt schlüssig begründen? Und wie wäre dies überhaupt verifizierbar? Die Identifikation des Sammlers mit den gesammelten Objekten kann nur als Selbstaussage nachgewiesen werden, die wir schlicht glauben können oder eben nicht. Um die Identität des Sammlers mit seiner Sammlung nachvollziehen zu können, sollten wir das Subjekt des Sammlers genau kennen. Wir müssten zugleich die Bedeutung der gesammelten Dinge herauskristallisieren, die sich jedoch ohne die Analyse des Kontextes der Sammlung und ihrer ästhetischen Konfiguration durch den Sammler meist nicht erschließt – Zirkelschlüsse und unzulässige Psychologisierungen[115] wären vorprogrammiert. Doch ebenso wie bei der Autobiographie geht es hier nicht um eine Realität, die nachprüfbar wäre. Vielmehr ist die beschworene Einheit von Sammler und Sammlung eine Konstruktion, in der die Beziehung zwischen Mensch und Objekt mythisiert wird. Die verlorene Verbindung des modernen Menschen mit den Dingen scheint in dem Prozess des Sammelns wieder hergestellt zu sein. Wie der Allegoriker, so beschreibt es Benjamin, vereint der Sammler die zusammengehörigen Dinge.[116] Zugleich situiert Benjamin den Sammler im bürgerlichen Interieur des 19. Jahrhunderts, in dessen »Plüschgelassen«

114 Baudrillard: Das System der Dinge, S. 116.

115 Im Unterschied zu legitimen psychologischen Studien etwa von Werner Münsterberger, der bei einzelnen Klienten den »Entstehungsbedingungen nach[geht], die zur Ursache für die zwanghafte Beschäftigung des Sammlers mit seinen Objekten hinführen.« Münsterberger sieht das Sammeln als zwanghaftes Handeln, das aus Traumata entstehe und die Spannung zwischen Ich und Es für kurze Zeit reduziere. Vgl. Werner Münsterberger: Sammeln, eine unbändige Leidenschaft. Psychologische Perspektiven, Berlin 1995 (zuerst engl. 1994), S. 24-27. Die psychischen Ursachen des Sammelns (und die Frage nach dessen Pathologisierung) sind jedoch nicht Thema meiner Überlegungen.

116 Benjamin: Das Passagen-Werk, Bd. 1, S. 279.

oder »Höhle [...] die Dinge langsam Besitz von der Wohnung ergreifen.«[117] Weil Baudrillard das Sammeln ebenso als ein (klein)bürgerliches Verhalten ansieht, – jedoch in zugespitzt negativer Form – attackiert er das Sammlertum als eine »Regression« und »leidenschaftliche Ausflucht«, bei dem der Gegenstand zum »schönsten Haustier« wird, der seinen Besitzer folgsam spiegelt: »Kurz, er ist wie ein Hund, von dem nur noch die Treue übriggeblieben ist.«[118] Trotz der Diagnose, dass sich der Sammler in einem erbärmlichen Status der Selbsttäuschung befindet,[119] bleibt Baudrillard jedoch der Vorstellung einer Spiegelung des Ichs in den Dingen verpflichtet.[120]

Eine kritische Geschichte des Sammelns ist noch nicht geschrieben;[121] und so moniert Pomian zu Recht, dass sich ein Großteil der Literatur über das Sammeln mit der »Person« und dem »Geschmack« des Sammlers auseinandersetzt,[122] mithin also einem Biographismus verfällt, die dem Umgang mit dem Künstlermythos nicht unähnlich ist. Festzuhalten bleibt, dass sich die Gleichsetzung von Sammler und Sammlung bis heute gehalten hat. Wenn Künstler/innen das Sammeln als künstlerische Strategie einsetzen, wird in der kunsthistorischen Rezeption der Sammlermythos häufig umstandslos auf sie übertragen. So meint etwa Dörte Zbikowski: »Sammeln ist stets biographisch motiviert und damit Ausdruck der Persönlichkeit des Ausführenden in seiner historischen

117 Ebd., S. 286, 288.

118 Baudrillard: Das System der Dinge, S. 115.

119 »Wenn der Sammler nie ein hoffnungsloses Opfer der Manie ist, dann gerade deswegen, weil er Gegenstände sammelt, die ihn an der Regression bis zur Totalität der Abstraktion (bis zum Delirium) hindern. Ebenso kann das Gespräch, das er mit den Gegenständen führt, nie über das Dürftige und Kindische seines Engangements hinausreichen. [...] Wenn also ›jener, der nichts sammelt, ein Kretin ist‹, so ist der Sammler ebenfalls ein armer Kerl und Sonderling.« Ebd., S. 136.

120 »Er [der Gegenstand] ist auch ein idealer Spiegel, da er nicht nur die tatsächlichen, sondern die erwünschten Bilder reflektiert.« Ebd., S. 115.

121 Einer Flut von Ratgebern für Kunst-Sammler/innen stehen nur vereinzelte reflektierende Studien gegenüber. Vgl. Sabine Kampmann/Annelie Lütgens: Sammlerkult – Sammlermythen, Kritische Berichte 4/2006, darin vgl. Wolfgang Ullrich: »Ikonographie des Konsumbürgertums«, S. 45-49. Vgl. auch marktkritische Strategien wie die des Berliner Poster Verlags, der auf den Hype des Kunstsammelns mit dem Verkauf von Künstlerpostern für 10 € reagiert: http://www.berlinerposterverlag.com/ (Stand: 17.7.2008).

122 Pomian: Der Ursprung des Museums, S. 10, 11.

Zeit.«[123] Die Selbstkonstitution über die Sammlung, so beschreibt es Winzen, beschränkt sich dabei nicht nur auf die Gegenwart, sondern richtet sich auch auf die Zukunft: »Die systematisierte Anhäufung von Objekten soll immer auch die symbolische Kontinuität des sammelnden ›Subjekts‹ in die Zukunft hinein sichern.«[124] In ähnlicher Weise, wie laut Foucault der Autorname die Grenzen des Textes zuschneidet,[125] scheint die Sammlung die Ränder des Ichs zu bezeichnen. Nicht »Ich ist etwas Anderes«, sondern »Ich bin derselbe« oder auch »Ich werde derselbe gewesen sein« scheint die sammlerische Geste auszudrücken. Derrida beschreibt diese präspektive Ausrichtung an der Zukunft für die Autobiographie. Aus einer fiktiv posthumen Position heraus versucht der Autobiograph, seine Identität zu definieren und damit die Bedeutungen des eigenen Lebens stillzustellen.[126] Vor dem Hintergrund des Sammlermythos verstärkt sich in der sammlerischen Autobiographie die Pendelbewegung zwischen Kontingenz und Stillstellung, zwischen Gegenwart und Futur. In diesem Sinne ist Höchs Blick durch das Glasei auch der Blick eines Sammlers, wie ihn Benjamin beschreibt: »Man hat nur einen Sammler zu verfolgen, der die Gegenstände seiner Vitrine handhabt. Kaum hält er sie in den Händen, so scheint er inspiriert durch sie, scheint wie ein Magier durch sie hindurch in die Ferne zu schauen.«[127]

Doch dieser Blick geht nicht nur versonnen in die Ferne, sondern auch nach außen in Richtung Öffentlichkeit. »Das Sammeln gehört nun offenbar zu den hervorbringenden, erzeugenden Tätigkeiten«, so Manfred Sommer in seiner philosophischen Abhandlung zum Sammeln. »Denn die Sammlung ist ein ›Werk‹; sie ist das, worauf das kolligierende Tun abzielt und was bleibt, wenn dieses Tun längst aufgehört hat.«[128] Das Herausstellen der Dinge aus dem Kreislauf ist zugleich ein Exponieren des Selbst.[129] Auch hier begegnen wir wieder der These, dass das Selbst und die Dinge in der Sammlung miteinander verknüpft sind. Doch impliziert Sommer mit dem »Herausstellen« bereits die Inszenierung der Sammlung. Im Begriff des »Werks«, den der Philosoph benutzt, scheint auch das »Kunstwerk« mitzuschwingen, dennoch meint er damit schlicht

123 Dörte Zbikowski: »Sammeln als künstlerische Strategie. Positionen der Gegenwartskunst«, in: Götz Adriani (Hg.): KunstSammeln, Karlsruhe/Ostfildern-Ruit 1999, S. 205-214, hier: 212.

124 Winzen: »Sammeln – so selbstverständlich, so paradox«, S. 10.

125 Foucault: »Was ist ein Autor?«, S. 210.

126 Derrida: »Nietzsches Otobiographie«, S. 73, 75.

127 Benjamin: Das Passagen-Werk, Bd. 1, S. 275.

128 Manfred Sommer: Sammeln. Ein philosophischer Versuch, Frankfurt/Main 1999, S. 195.

129 Ebd., S. 61, 64.

»etwas Hergestelltes«. Auch die Autobiographie taucht bei Sommer als das »Hergestellte« auf: als eine analoge, geistige Form des Sich-Sammelns. Es werden in der Autobiographie zwar keine Dinge gesammelt, doch »läßt sich das, was in der Selbstbesinnung geschieht und getan wird, durchaus nach der Analogie mit Prozessen begreifen, bei denen verstreute Dinge zueinander finden oder zusammengebracht werden.«[130]

Wichtig in dem Aufeinandertreffen von Autobiographie und Sammlung ist die Kategorie der »Anschauung«, die Sommer für das Sammeln als wichtiges Merkmal ausmacht: »Vieles, was vorher zerstreut war, wird so bewegt, daß es nachher beisammen ist. Andererseits vollendet sich dieses Zusammen*kommen* in einem Zusammen*sein* um der Anschauung willen: Was nun da ist, bleibt auch da und kann betrachtet werden. Diese Art zu sammeln nenne ich ästhetisch.«[131] Auch Pomian betont in seiner Definition der Sammlung, dass der Blick die Sammlung konstituiert: Die Gegenstände werden gesammelt, »damit sie den Blick auf sich ziehen«.[132] Dieser Gedanke ist entscheidend: Die sammlerische Tätigkeit rechnet mit einer potentiellen Öffentlickeit ebenso wie die autobiographische Lust am Betrachtet-Werden.[133] Bei repräsentativen Sammlungen von Machtträgern und Institutionen mag dies selbstverständlich sein; doch auch Privatsammlungen sind auf eine Repräsentation hin ausgerichtet. Sie treffen sich darin mit der Autobiographie, die, so intim sie sich gebärden mag, immer auch ein repräsentatives Genre bleibt. So hat Eberhard Roters auf einem Höch-Symposion zu den umfangreichen Sammlungen der Künstlerin zu Recht bemerkt: »Wenn sie es [das Veröffentlichen ihres Nachlasses] nicht gewollt hätte, dann hätte sie nicht alle diese Dokumente aufgehoben.«[134] Roters spricht hier von den Sammlungen Höchs, die ihre Notizen, Modezeichnungen, Kameras, Eintrittskarten oder Zahnbürsten beinhalten.[135]

Mit der Ausrichtung auf die Öffentlichkeit ist eine Intention verbunden, sich in das öffentliche Gedächtnis einzuschreiben: Der Sammelnde will wie die Autobiographen und Autobiographinnen seinen Tod transzendieren und etwas Bleibendes in der Öffentlichkeit hinterlassen, das er selbst erzeugt hat. Um sich die Zukunft als eine vergangene vorstellen zu können, wird ein posthumer Standort, wie ihn Derrida be-

130 Ebd., S. 126.

131 Sommer: Sammeln, S. 8.

132 Ebd., S. 20.

133 Vgl. Gusdorf: »Voraussetzungen und Grenzen der Autobiographie«, S. 122.

134 Roters bei der Podiumsdiskussion in: Dech/Maurer: Da da zwischen reden zu Hannah Höch, S. 231.

135 Vgl. dazu Burmeister: »Hannah Höchs System der Erinnerung«.

schreibt,[136] eingenommen, der einzig als eine fiktive Position verstanden werden kann: Über sich zu sprechen, als wenn man gestorben sein wird, ist ein Kunstgriff, der Narrationen generiert. Der Horizont der Vollständigkeit oder Totalität in der Autobiographie ist dabei das entscheidende Moment. Ich erinnere hier noch einmal an Hannah Höchs Äußerung zu dem *Lebensbild*: »Wenn schon, dann will ich wirklich, was mich so stark beeindruckt hat im Leben, [...] erfassen [...].«[137] Dieses »alles«, das Höch hier implizit ausspricht, bezeichnet die Dimension der Autobiographie, die eine »Gesamtskizze des Lebens geben will«.[138] Sie verbindet sich auf dieser Ebene mit der Vollständigkeitsobsession der Sammlung. Denn während der oder die Autobiograph/in eine Gesamtheit des Lebens bieten will, treibt den Sammler die Obsession der Vollständigkeit der Sammlung an. Mit den Worten Benjamins: »Was den Sammler angeht, so ist ja seine Sammlung niemals vollständig; und fehlte ihm nur ein Stück, so bleibt doch alles, was er versammelt, eben Stückwerk [...]«.[139]

So ist die Sammlung nach hinten hin offen ebenso wie das Ende der Autobiographie nur der imaginäre eigene Tod sein kann, den man nie schreiben können wird. Das Serielle der Sammlung lässt sie potentiell unendlich werden, doch eben dieses letzte, immer fehlende Glied der Sammlung ist Baudrillard zufolge der Motor, der das Sammeln vorantreibt:

> »Man sollte überlegen, ob die Sammlung überhaupt dazu angelegt wird, um vollendet zu werden [...]. Während das Vorhandensein des beschließenden Stückes im Grunde auch das Ende des Sammlers bedeuten würde, gestattet ihm dieses fehlende letzte Glied nur das Vorspielen seines eigenen Todes durch dieses Objekt; das heißt aber, dieses Ende zu beschwören.«[140]

Wenn sich die Autobiographie als Sammlung darstellt wie bei Calles Objekt-Installation, dann wird diese Überlegung sprichwörtlich: Denn tatsächlich erweitert sich die Sammlung mit Calles fortschreitendem Leben und den Ereignissen, die sie als erzählwürdig ansieht. Die Sammlung wird entweder abgeschlossen sein, wenn die Autorin das Ende bewusst setzt oder wenn sie nicht mehr weiter sammeln kann, weil sie nicht mehr existiert. Darin liegt auch das Unheimliche, wenn man Calles Installation

136 Derrida: »Nietzsches Otobiographie«, S. 73, 75.

137 Aus dem unveröffentlichten Tonbandprotokoll von Liselotte und Armin Orgel-Köhne.

138 Gusdorf: »Voraussetzungen und Grenzen der Autobiographie«, S. 130.

139 Benjamin: Das Passagen-Werk, Bd. 1, S. 279.

140 Baudrillard: Das System der Dinge, S. 118, 119.

als Tatort wahrnimmt: Zum einen wird der Eindruck erweckt, jemand, womöglich die Protagonistin der Geschichten, sei bereits gestorben. Zum anderen assoziieren die Betrachter/innen mit der Tatort-Situation einen »Fall«, der mit seiner »Lösung« abgeschlossen sein wird. Die Sammlung ist damit offen und geschlossen zugleich; und es ist die Beschwörung des eigenen Todes der Autorin, die diese Ambivalenz erzeugt.

Die Strukturen des Sammlerischen und des Autobiographischen, so lässt sich zusammenfassend sagen, überkreuzen sich in ihrer Ambivalenz von Offenheit und Geschlossenheit, Kontingenz des Lebens und Stillstand. Sammler/innen und Autobiographinnen/Autobiographen nehmen einen Moment oder ein Objekt aus dem Lebensfluss heraus, um es in einen potentiell öffentlichen Raum zu stellen und die Blicke darauf zu lenken. Damit exponiert sich das Selbst in der Autobiographie und der Sammlung. Seine Identität, so nehmen es zumindest die Rezipierenden wahr, wird von außen durch die Autobiographie und die Sammlung gefasst und formiert. Doch diese Identität ist für ein Publikum gestaltet – eine Sammlung ist daher ebenso eine Selbstinszenierung wie eine Autobiographie. Künstler/innen spielen mit diesem Sammlermythos: Womöglich lässt sich in Analogie zu dem »autobiographischen Pakt« von einem »sammlerischen Pakt« sprechen, den wir mit dem Sammler oder der Sammlerin, dem Künstler oder der Künstlerin eingehen, wenn wir an die Identität von Sammler und Sammlung glauben. Die Künstler/innen evozieren solch einen Pakt zumindest, um spezifische Selbstnarrationen zu entwickeln.

Narrationen der sammlerischen Autobiographie

Doch was passiert zwischen dem Herausziehen der Dinge aus dem kontingenten Materialfluss und ihrem Ausstellen? Gibt es eine Rhetorik der sammlerischen Autobiographie oder der autobiographischen Sammlung? *Annette Messager collectionneuse* beschreibt ihre sammlerische Tätigkeit im »chambre«, dem Schlafzimmer ihrer Wohnung, folgendermaßen: »[…] Dans la chambre je cherche à posseder et m'approprier la vie et les événements dont j'ai connaissance, continuellement je dépouille, je rassemble, j'ordonne, je trie et je réduis le tout à l'état de nombreux albums-collections […].«[141]

»Dépouiller«, »rassembler«, »ordonner«, »trier«, »réduire« – genau durchsehen, ansammeln, ordnen, sortieren und reduzieren, das sind die Bewegungen der *Annette Messager collectionneuse*, mit denen sie sich

141 So der Text in Messagers Zeichnung *Double vie?* Vgl. Abb. 3.1.

»das Leben aneignet« (»m'approprier la vie«). In der Beschreibung wirken diese Bewegungen systematisch; in den kontinuierlich wachsenden *Albums-collections* nimmt diese Beschreibung Gestalt an. Der Prozess des Sammelns, wie ihn Messager schildert, ähnelt den Prinzipien der klassischen Rhetorik. Bis in das 19. Jahrhundert hinein beeinflussen sich die antike Lehre der Redekunst und die Poetik. Ursprünglich als Gegensätze gedacht,[142] ist jedoch sowohl die Kunst der freien Rede (Rhetorik) als auch der gebundenen Rede (Poetik) von antiken Poetiken wie etwa der des Aristoteles als auch von Rhetoriken wie der des Quintilian geprägt. Quintilian beschreibt in seinem Text *Institutio Oratoria* (95 n. Chr.) die einzelnen Schritte, wie man eine Rede entwirft, den Entwurf umsetzt und die Rede schließlich hält. Die Redner bekommen praktische Anweisungen, wie sie ihren Stoff finden (»Inventio«), das Material ordnen und gliedern (»Dispositio«), es stilistisch ausgestalten (»Elocutio«), es schließlich erinnernd in der freien Rede wiedergeben (»Memoria«) und im Vortrag (»Actio«) gestenreich deklamieren (»Pronuntiatio«).[143] In Anlehnung an Quintilian werden zuletzt im Barock Regelpoetiken entwickelt, die zwar bis ins 19. Jahrhundert nachwirken, doch ihre festen Regeln lösen sich in dieser Zeit auf und ihr konkreter Anweisungsgestus wird obsolet. Dennoch beeinflussen antike Mnemotechniken die künstlerischen Entwürfe von »Gedächtnisorten« weiterhin und auch philosophische und kulturwissenschaftliche Auseinandersetzungen um den Begriff der Allegorie und des Symbols knüpfen an die antike Tropenlehre innerhalb der Rhetorik an.[144]

Quintilians Anweisungen bestimmen auch die Rhetorik der Sammlung, doch ist dieser Prozess bisher nur für das 16. Jahrhundert erforscht worden und bezieht sich hauptsächlich auf das Verhältnis zwischen »Memoria« und Sammlung. Lina Bolzoni analysiert, wie »zwischen dem 16. und 17. Jahrhundert die *ars memoriae* und das Sammeln sich gegenseitig beeinflussen, sich ineinander spiegeln und miteinander Modelle und Anregungen austauschen, sowohl in der Praxis als auch auf der Ebe-

---

142 Vgl. Aron Kibédi Varga: »Visuelle Argumentation und visuelle Narrativität«, in: Wolfgang Harms (Hg.): Text und Bild, Bild und Text, Stuttgart 1990, S. 356-367, hier: 356.

143 Gero von Wilpert: Sachwörterbuch der Literatur, Stuttgart 1964, S. 579. Vgl. Frances Yates: Gedächtnis und Erinnern. Mnemonik von Aristoteles bis Shakespeare, Weinheim 1990 (zuerst 1966).

144 Vgl. dazu Claude Levi-Strauss: Tristes Tropiques, Frankreich/Main 1981 (franz. 1955); vgl. Walter Benjamins Allegoriebegriff im Passagen-Werk oder Ernst Cassirers Auseinandersetzung mit dem Symbol in: Wesen und Wirkung des Symbolbegriffs, Darmstadt 1956. Vgl. Anselm Haverkamp (Hg.): Die paradoxe Metapher, Frankfurt/Main 1998.

ne theoretischer Systematik.«[145] So nehmen mnemotechnische Traktakte die Form der Sammlung als Gedächtnisbild auf[146] und andersherum entsteht etwa Giulio Camillos berühmte »Idea del Theatro« – die »Sammlung als theatrum memoriae« – aus rhetorischen Vorgehensweisen.[147] Drei Schritte lassen sich laut Bolzoni ausmachen: die Auswahl des Materials, seine Zerlegung und die neue Zusammenfügung des so gewonnenen Materials innerhalb einer Ordnung.[148] Das Auswählen des Stoffes, das Ordnen, Kombinieren und verdichtete Darstellen, das die Bewegung des Sammelns kennzeichnet, erweist sich als eine Strategie, die an rhetorisch-poetische Verfahren anknüpft. Aus dieser Perspektive erscheint der Bezug des Sammlerischen zur Autobiographie in neuem Licht. Die rhetorische Kategorie der »Memoria« bleibt hier von besonderem Interesse, denn sie führt in den neueren literaturwissenschaftlichen Untersuchungen zu einer veränderten Vorstellung von Gedächtnis und Erinnerung.[149] Die antike Mnemotechnik hat eine spezielle Technik entwickelt, Raum, Bild und Schrift zusammenzuführen: Der Redner soll sich, um sich an den Text seiner Rede erinnern zu können, eine räumliche Anlage wie etwa ein Haus vorstellen und in den Räumen dieses Hauses – den »loci« – Gegenstände und Bilder – »imagines agentes« – verteilen, die Teile seiner Rede versinnbildlichen. Während der Rede werden im Geiste die »loci« und »imagines« abgeschritten und vergegenwärtigt. Dieses Modell der Memoria hat der Literaturwissenschaft den Impuls gegeben, sowohl die konkrete »textuelle Architektur« von Literatur zu untersuchen als auch darüber hinaus »die kulturelle Wissensordnung als immer wieder aktivierte und fortgeschriebene Topografie von *loci* und *imagines* [zu] denken.«[150] Martina Wagner-Egelhaaf beschreibt den Einfluss des Memoria-Modells auf die Autobiographie folgendermaßen:

»Für die Autobiographie bedeutet dies, dass zum einen der *autobiographische Text selbst als räumliche Anlage eines Gedächtnismusters* fungiert, das bestimmte Inhalte an eine *textuelle Topographie* bindet wie z.B. *Elternporträts* an den – topologisch gesprochen – *›Eingang‹* des Textes, und dass zum anderen der individuelle autobiographische Text die im kulturellen Gedächtnis ab-

145 Lina Bolzoni: »Das Sammeln und die ars memoriae«, in: Andreas Grote (Hg.): Macrocosmos in Microcosmo: die Welt der Stube. Zur Geschichte des Sammelns 1450 bis 1800, Opladen 1994, S. 129-168, hier: 32

146 Vgl. ebd., S. 146.

147 Vgl. ebd., S. 141.

148 Vgl. ebd., S. 142.

149 Vgl. Wagner-Egelhaaf: Autobiographie, S. 13.

150 Ebd., S. 14.

gelegten Imagines aufruft und auf diese Weise das individuelle Gedächtnis aus dem kollektiven speist.«[151] [Hervorh. A.-E. K.]

In den untersuchten visuellen Autobiographien lassen sich bisweilen ähnliche Topologien finden, die die Gedächtnismuster autobiographischer Texte aufnehmen. Die verschiedenen Anordnungen der Objekte in den Sammlungen der Künstlerinnen lassen sich dadurch rhetorisch rückbinden und in ein Verhältnis zur Autobiographie setzen. So stellt Sophie Calle ähnlich wie in literarischen Autobiographien die Geschichte ihres Ursprungs – genauer gesagt: das Geheimnis ihrer Herkunft, wie es in der Installation *The Dutch Portrait* präsentiert wird – an den Anfang der Künstlerbücher. Aber auch in der Objekt-Installation ist dies häufig die erste Geschichte. Das ist besonders deutlich an der Nummerierung zu erkennen, die dem simultan wirkenden Ensemble aus Gegenständen eine Leserichtung zuweist. *The Dutch Portrait* hängt häufig an der linken Wand (Abb. 2.16). Calle nimmt hier die Lesebewegung von links nach rechts auf, so dass der museale Raum vereinzelt nach textuellen Topologien strukturiert ist.

Doch neben den textuellen Topologien spielt die Simultaneität der Installation bei Calle eine ebenso große Rolle. Sie scheint der rhetorischen Ordnung zuwiderzulaufen; jedoch nimmt sie den Installationsraum als einen Ort der Memoria mit einzelnen »imagines« fast wörtlich, auch wenn hier das sukzessive Abschreiten durch die nummerierten Texte und nicht durch Bilder nahe gelegt wird. Doch das Ensemble der Objekte lässt sich auf einen Blick erfassen, so dass man verschiedene Elemente miteinander verbinden kann. Gegenüber von *The Dutch Portrait* hängt in der Objekt-Installation meist das Gemälde aus der Geschichte *The Hostage* (Abb. 2.16, 2.17). In anderen Versionen nimmt es an Stelle von *The Dutch Portrait* die linke Wandseite ein. Die Verbindung dieser beiden Porträts aus unterschiedlichen Geschichten lässt unabhängig vom Text, der zu ihnen erzählt wird, die Menschenleere des Installationsraumes umso stärker hervortreten. Zugleich wirken die Porträts weniger an die Texte gebunden, vielmehr nehmen sie als (reproduzierte) Gemälde stärker Bezug zum musealen Umraum. Insgesamt treten die Texte in der Objekt-Installation der *Autobiographischen Geschichten* eher in den Hintergrund. Stattdessen werden die Dinge durch den schweifenden Blick verbunden und entwickeln neue Verbindungen und Assoziationsketten. So tritt der Eindruck eines gewaltsamen Geschehens bei der ausgestopften toten Katze stärker hervor, weil sie auf dem verbrannten Bett liegt: Die Geschichte des eifersüchtigen Liebhabers, der die Katze er-

151 Ebd.

drosselt, wird durch die Verbindung mit dem Jugendbett der Erzählerin, auf dem ein Mensch verbrannte, dramatisch gesteigert. Das auffällige Rot des Eimers aus *The Divorce* sticht ebenso hervor wie das grelle Rot des Brautkleides aus *The Dream Wedding*, so dass man hier eine Verbindung zu suchen beginnt. »In my fantasies, I am a man« – die Fantasie, von der *The Divorce* erzählt, setzt einen Kontrapunkt zur Geschichte von der *Traumhochzeit*, in der der Wunsch der Erzählerin, zu heiraten, erneut scheitert und sie allein auf dem Flughafen von Orly zurück bleibt. Die Intimität eines gemeinsamen Paar-Rituals, das Pinkeln zu zweit, ist nur in der Geschichte *The Divorce/Die Scheidung* zu haben, die mit dem stillgestellten Bild oder Objekt zugleich das Ende des Rituals festhält.

Die verschiedenen Kleidungsstücke – das rote und das weiße Brautkleid, der Bademantel und der »Herrendiener« mit der darauf abgelegten Männerkleidung (Abb. 2.16, 2.17, 2.19) – wirken in ihrer Häufung und Objekthaftigkeit intensiver als sie es in den Bild-Text-Installationen sind. Während in den Text-Bild-Installationen die Heterogenität der Gegenstände in der zweidimensionalen Fläche der Fotografie zurückgenommen wird, tritt in der Objekt-Installation die Verschiedenartigkeit der Gegenstände stärker hervor. Dadurch werden bestimmte Geschichten hervorgehoben; andere wie etwa *Room with a View* geraten in den Hintergrund, wenn sie nur durch ein kleines Souvenir repräsentiert werden. So können zwar, ähnlich wie ich es bereits für die Bild-Text-Installationen nachgezeichnet habe, auch hier viele Objekte mit anderen in Beziehung gesetzt werden, doch die rhizomatischen Narrationen bekommen andere Gewichtungen. Denn in den Bild-Text-Installationen ist das Rhizomatische zum einen auf die Verbindung der Texte untereinander bezogen, da diese sehr viel präsenter sind; zum anderen unterstützen die vielfältige Kombinierbarkeit der einzelnen Text-Bild-Installationen, ihre Serialität und formale Homogenität das rhizomatische Prinzip. Dagegen ist das »Prinzip der Konnexion und der Heterogenität« – was bedeutet: »Jeder beliebige Punkt eines Rhizoms kann und muß mit jedem anderen verbunden werden.«[152] – bei der Objekt-Installation nicht derart beliebig: Das von Geschichte zu Geschichte springende Auge ist durch die unterschiedliche Präsenz der Objekte motiviert. Nur in den unterschiedlichen Inszenierungen der Objekt-Installationen in den diversen Museumsräumen wird deutlich, dass die Objekte prinzipiell dennoch austauschbar bleiben: Die »dispositio«, die Anordnung, ändert sich auch hier ständig und bringt dadurch eine andere »narratio« hervor. Insofern ist das Prinzip des Rhizoms dem der Rhetorik nicht entgegengesetzt, allein die Vorläufigkeit der Ordnung und der »Geschichten« tritt darin offen zu Tage.

152 Deleuze/Guattari: Rhizom, S. 11.

Auch für Aleida Assmann ist das Sammeln ein ästhetisches Prinzip. Es wird allerdings von der Struktur des Gewebes unterschieden, da das Sammeln eine Form sei,

> »dessen Grundstruktur in einer konstitutiven Heterogenität und dem Nebeneinanderstellen des Inkompatiblen besteht. Es scheint, daß der poetologischen Leitmetapher des Strukturalismus, dem Gewebe, der Begriff des ›Sammelns‹ als eines weiteren wichtigen Textprinzips an die Seite gestellt werden muß.«[153]

Die Vorstellung des Gewebes ist der Figur des Rhizoms verwandt. Das Nebeneinander gleichwertiger Strukturen zielt hier wie bei dem Rhizom weder auf ein Sinnzentrum noch auf ein einheitliches Subjekt. In erster Linie bezieht sich jedoch das Gewebe auf Texte,[154] wenn auch in einem sehr erweiterten Textbegriff. Dagegen ist das Rhizom als eine übergreifende epistemologische Kategorie gedacht, die das Denken von Vielheiten dem des Einheitlichen vorzieht und das »Rhizom machen« an die Stelle eines metaphorischen Begriffs von Rhizom setzt.[155]

Wo lässt sich jedoch die Sammlung ansiedeln? Insbesondere in der klaren Definition des Rhizoms bei Deleuze und Guattari lassen sich einige Gemeinsamkeiten zur Sammlung erkennen. So können bei beiden Figurationen heterogene Elemente unhierarchisch nebeneinander stehen. Nach dem Prinzip des »asignifikanten Bruchs« ist das Rhizom wie die Sammlung im Spannungsfeld von Offenheit und Geschlossenheit angesiedelt. Es äußert sich bei der Sammlung darin, dass sie je nachdem, welche Narrationen sie entwickelt, geschlossen wirken kann, selbst wenn sie potentiell nach hinten offen ist. Auch das sammlerische Ensemble der Objekte in Calles *Autobiographical Stories* ist einerseits geschlossen, weil es in einem abgetrennten Raum präsentiert wird. Doch im Vergleich mit den früheren Versionen der Objekt-Installation erkennt man andererseits, dass das Ensemble im Laufe der Jahre kontinuierlich wächst und

153 Assmann/Gomille/Rippl: Sammler – Bibliophile – Exzentriker, S. 10. Worin sich das Sammeln als Textprinzip vom Gewebe, respektive vom Rhizomatischen unterscheidet, führen die Autorinnen nicht weiter aus.

154 Vgl. Roland Barthes: »Text heißt Gewebe; aber während man dieses Gewebe bisher immer als ein Produkt, einen fertigen Schleier aufgefaßt hat, hinter dem sich, mehr oder weniger verborgen, der Sinn (die Wahrheit) aufhält, betonen wir jetzt bei dem Gewebe die generative Vorstellung, daß der Text durch ein ständiges Flechten entsteht und sich selbst bearbeitet; in diesem Gewebe – dieser Textur – verloren, löst sich das Subjekt auf wie eine Spinne, die selbst in die konstruktiven Sekretionen ihres Netzes aufginge.« In: Ders.: Die Lust am Text, Frankfurt/Main 1986 (zuerst 1973), S. 94.

155 Seidel: Rhizom (Stand: 23.02.2005).

potentiell offen ist. Während die Installation in Tel Aviv im Jahr 1996 noch relativ überschaubar ist, wirkt sie acht Jahre später in Berlin durch die gestiegene Anzahl der Objekte wesentlich dichter (Abb. 2.16ff.). Doch meist wird die anwachsende Zahl der Elemente durch die Barriere begrenzt; in Tel Aviv ist es sogar eine Stellwand (Abb. 2.13). Diese Begrenzungen geben dem Ensemble gleichsam einen Rahmen. Dabei ist die Sammlung nicht nur nach hinten offen, auch sammlungsintern finden sich, wie oben gezeigt, verschiedene Formen der Narration. Sie lassen verschiedene »Eingänge« und »Ausgänge« zu, zwischen denen man sich vielfältig narrativ bewegen kann. Wesentlich ist demnach auch in dem Objekt-Ensemble, dass sich wie in den Bild-Text-Installationen lineare und rhizomatische Narrationen nicht ausschließen. »Es gibt also die verschiedensten Verkettungen [...] von Rhizomen und Wurzeln«,[156] wie es Deleuze und Guattari ausdrücken – die linear und hierarchisch gedachte »Wurzel« und das Rhizomatische können nebeneinander existieren.

Darin ist Calles Installation mit Höchs Collage *Lebensbild* vergleichbar, denn auch dort stehen lineare neben rhizomatischen Narrationen. Hannah Höchs *Lebensbild* lässt sich – abgesehen davon, dass es Sammlungen *zeigt* – zum einen als eine Art der Sammlung begreifen, weil sie das Ergebnis von Stoffsammlung, Anordnung und Ausstellung ist. Darüber hinaus ist es im Gegensatz zu Calles Installation in seiner Form als Collage eine Sammlung, genauer gesagt: Seine parataktischen sammlerischen Strukturen ähneln der einer »archivalischen Montage«. Diesen Begriff hat Benjamin Buchloh geprägt,[157] allerdings nicht in Bezug auf Hannah Höchs *Lebensbild*, sondern auf das *Album*, das in den 30er Jahren als Sammlung und Ordnung von Zeitungsausschnitten zu bestimmten Themen und visuell analogen Formen entstand.[158] Das Nebeneinander

156 Deleuze/Guattari: Rhizom, S. 25.

157 Benjamin H. D. Buchloh: »›Atlas‹. Warburgs Vorbild? Das Ende der Collage/Fotomontage im Nachkriegseuropa«, in: Ausst.-Kat Deep Storage, S. 50-60, hier: S. 55.

158 Neben der deutschen Version des Aufsatzes zu der archivalischen Collage von 1997 existiert noch eine englische Version von 1999, in der sich Buchloh auf Hannah Höchs *Album* aus den 30er Jahren bezieht. Das *Album* besteht aus einem Exemplar der Zeitschrift »Die Dame«, die Höch mit fotografischem Material überklebt, das sie sammelt und nach Themen wie ›Die neue Frau‹, Körper, Technik oder ornamentalen Strukturen ordnet. (Vgl. Gunda Luyken (Hg.): Hannah Höch. Album, Ostfildern-Ruit 2004.). Buchloh äußert dazu: »Höch's project distinctly points toward the earlier existence of a variety of artistic strategies that attempted to accomodate large quantities of found photographs and to organize them in an

disparater Elemente widerspricht laut Buchloh zutiefst »der ursprünglichen Forderung der Avantgarde nach Unmittelbarkeit, Schock und Brechung«.[159] Daraus entspringt, so Buchloh weiter, ein neuer Bildtypus, der ab 1925 – unter anderem mit Höchs *Album* – entsteht und in den 60er Jahren erneut aufgegriffen wird: die »Collage als Archiv«.[160] Während die Montage und Collage der Dadaisten wie etwa Höchs *Schnitt mit dem Küchenmesser* »den dynamischen Prinzipien des Schocks und der visuellen Verfremdung« folgt, funktioniert die archivalische Collage mit Bildzitaten nach den Regeln von Verzeichnissen und Katalogen.[161] Buchloh beobachtet das Aufgreifen der »Collage als Archiv« in den 60er und 70er Jahren etwa in Gerhard Richters *Atlas* (1971) oder Marcel Broodthaers *Section publicité* (1969). Diese »Fotosammlungen« zeichnen sich, so Buchloh, entweder durch Kontinuität und Homogenität oder durch Heterogenität aus.[162] Dies trifft jedoch weder auf seine Beispiele von Richter oder Broodthaers noch auf Hannah Höch zu. Buchloh übersieht, dass gerade das Zusammenspiel von heterogenem Material und homogenisierender Form bei den meisten archivalischen Collagen von Bedeutung ist.

In Bezug auf Höchs *Lebensbild* habe ich bereits gezeigt, wie diese beide Prinzipien die Collage prägen: Sowohl die Homogenität der einheitlich fotografischen Oberfläche als auch die Heterogenität der abgebildeten Objekte und Fotografien sind wesentlich. Das Prinzip, heterogene Elemente zu versammeln, gehört jedoch auch zum Rhizom: »Die Bestandteile werden also nicht miteinander vermischt, zu einem Amalgam vergossen, sondern bleiben – freilich nicht unverändert – als Heterogenität in der Konnexion erhalten, sie werden eben nicht vereinigt (und auch nicht wiedervereinigt), sie bleiben statt dessen als Vielheiten bestehen.«[163] Was Jörg Seidel hier für das Rhizom beschreibt, gilt in gleicher Weise für die archivalische Collage *Lebensbild.* Simultan lassen sich die heterogenen Motive des *Lebensbildes* erfassen, auch wenn der Blick dabei beweglich und schweifend vorgeht. Die disparaten Elemente erscheinen zum einen unverändert und bleiben in ihrer Heterogenität nebeneinander bestehen; zum anderen werden sie durch ihre Auswahl und Anordung, ihre Verdichtung und Transformation zu einer Sammlung. Dabei wahren einige Elemente der Fotocollage, wie die großen Porträts, die Grenze des Bildrahmens, andere jedoch sind am Rand an-

archival manner.« In: Ders.: »Gerhard Richters Atlas: The Anomic Archive«, in: October, R. 88, 1999, S. 117-145, hier: 118.

159 Buchloh: »›Atlas‹. Warburgs Vorbild?«, S. 50.

160 Ebd., S. 58.

161 Ebd.

162 Ebd., S. 50, 55.

163 Seidel: Rhizom.

geschnitten, so dass sie über den Bildrand hinaus weisen und potentiell weiterlaufen könnten: Das Prinzip der offenen und zugleich geschlossenen Sammlung ist hier erkennbar.

Dagegen scheint Höchs Liste zu dem *Lebensbild* eine lineare Struktur vorzugeben, schon allein weil sie nach Nummern vorgeht (vgl. Liste zu Abb. 1.2). Diese Nummernliste mit den Erklärungen und Kommentaren zu den einzelnen Motiven hat die Künstlerin nach Beendigung der Collage selbst erstellt.[164] Es gibt zwar keine Hinweise darauf, dass Höch diese Erklärungen als zwingend notwendig und zum Kunstwerk gehörend angesehen hat.[165] Doch allein der Fakt der Aufzählung und Benennung, wie es auch Annette Messager in ihrem »Répertoire« der *Albums-collections* macht, verstärkt den archivalischen Charakter der sammlerischen Autobiographie. Zudem fertigte Höch eine Folie an, auf der sie die Nummern eingetragen hat und die man über das *Lebensbild* legen kann (Abb. 1.2).[166] Während der Entstehungszeit der Collage hat die Künstlerin zugleich ihr Privatarchiv gesichtet und geordnet sowie die Arbeiten, die sich in ihrem Besitz befanden, dokumentieren lassen.[167] Dass Höch die Liste zum Verständnis des *Lebensbildes* gefertigt hat, lässt sich womöglich auch im Kontext dieses umfassenden Prozesses des Aufräumens, Archivierens, Benennens und Nummerierens am Ende ihres Lebens- und Sammelwerkes begreifen.

Vor allem ist jedoch an der Liste erkennbar, welche Richtungen Höchs Blicke einschlagen. Die Nummernliste gibt dem *Lebensbild* weniger eine neue Ordnung; vielmehr zeichnet sie zum Teil die schon vorhandene Ordnung der Collage nach: Höch beginnt in ihrer Zählung oben links, wo sie mit der Darstellung des Skeletts in ihrer Hand den Tod thematisiert (Abb. 1.2, Nr. 1). Sie nimmt damit eine textuelle Leseposition ein und hat zumindest an dieser Stelle die Collage danach strukturiert: »Die rechte Hand und der Knochenmann« heißt dieses Element, das da-

164 Im Hannah-Höch-Archiv der Berlinischen Galerie existiert die Originalliste, die Höch auf einer Schreibmaschine getippt hat. Diese Liste ist nicht auf Anregung der Orgel-Köhnes entstanden, wenngleich das Fotografenpaar plante, ein Buch zur Entstehung der Collage *Lebensbild* zu publizieren. BG HHC H2235.

165 So wurde diese Nummernliste bisher nur einmal im Schlossmuseum Gotha in der Ausstellung *Hannah Höch. Eine Lebenscollage* im Jahr 1998 gezeigt.

166 Auf dieser Folie beruht auch die Kopie der Orgel-Köhnes (Abb. 1.2).

167 Aus einem Gespräch der Autorin mit Armin Orgel-Köhne am 24.6.2005. Die Orgel-Köhnes haben aus diesem Grund auch fast alle anderen Werke, die in dieser Zeit Höchs Besitz waren, für sie fotografisch dokumentiert.

mit auf den retrospektiven Blick der Autobiographie angesichts des nahenden Lebensendes anspielt. Das Motiv des Todes am »Leseanfang« gibt im Gegensatz zu Calles Thematisierung der Kindheit und Herkunft den Tonus eines zugleich rückwärts wie vorwärts gewandten Blickes an: Aus der Position des zukünftigen Todes blickt die Erzählerin in die Vergangenheit.

Zugleich lässt Höchs Richtung der Nummernliste an die Anordnung von Bildszenen in so genannten »pluriszenischen Bildern« des 15. und 16. Jahrhunderts denken. Sie sind der Leserichtung angepasst, so dass deren Szenenfolge innerhalb eines Bildes meist von oben links nach rechts unten wandert.[168] Folgt man Höchs Nummernliste, entdeckt man diese Ordnung einer pluriszenischen Bilderreihe, die oben links beginnt, nach rechts weiterläuft, eine Ebene weiter nach unten springt, dann nach links läuft und sich in Schlaufen bis nach unten rechts an das Ende bewegt. In solch einer pluriszenischen Bilderreihe wurden häufig Lebensgeschichten erzählt wie etwa Heiligenviten und -legenden:

»In narratologischer Hinsicht besitzen Biographien eine sehr einfache kumulativ-parataktische Struktur: einzelne Szenen (Bilder) hätten [...] weggelassen werden können, ohne den Gesamtverlauf zu tangieren. Es handelt sich nicht um eine zentrale *intrigue*, die Handlung ist nicht auf ein Ziel gerichtet [...].«[169] [Hervorh. A. V.]

Wenn auch Hannah Höchs Collage eine kumulativ-parataktische Struktur besitzt, so ist doch die Leserichtung der Nummern im Gegensatz zu den Bildreihen aus dem 15. Jahrhundert, von denen Aron Kibédi Varga hier spricht, nicht chronologisch. Angesichts der historischen Distanz ist dies nicht erstaunlich; auffällig ist vielmehr, dass Höch überhaupt diese Form einer Leserichtung wählt. Von oben links nach oben rechts ergibt sich dadurch in der ersten Reihe eine Lesebewegung, die man mit folgenden Schlagworten skizzieren könnte: Vergänglichkeit und Frieden, kontrastierende Frauenbilder zwischen Tänzerin, Dompteuse und ›Deutschem Mädel‹, Zeit und ›dadaistischer Tod‹, historische Ereignisse der Mondlandung, der Kernspaltung, Vernichtung und Tod in beiden Weltkriegen, Garten und Natur, Dada-Puppen-Spiel und Selbstspiegelung, Frieden und Trauer, Künstler-Modell-Szene, Dichotomie von Natur und Kunst. Man könnte dies noch weiter fortführen, ich breche an dieser Stelle jedoch ab, denn dass auch in der scheinbar linearen Struktur der Nummern eine grundsätzliche Heterogenität und Offenheit angelegt ist, die verschiedene Erzählstränge zulässt, ist deutlich genug geworden. Zugleich lassen sich

168 Vgl. Varga: »Visuelle Argumentation und visuelle Narrativität«, S. 360.
169 Ebd., S. 361.

aber auch Verbindungen innerhalb der genannten Themenkomplexe ziehen, die eigene Narrationen entwickeln. So lässt sich die Technikfaszination Hannah Höchs an dem Start der Mondrakete und Höchs Montage, die sie auf dem Mond zeigt, erkennen. Dies wird jedoch von der Darstellung der Weltkriege konterkariert, die wiederum das Schöpfertum des Menschen, wie es sich in Höchs »Dada-Puppen«-Fotografie zeigt, in einem bedrohlichen Licht erscheinen lassen.

Auch die Struktur der Wiederholung ist in pluriszenischen Bildern angelegt. Die »narratio« entsteht laut Varga dann, wenn mindestens zwei verschiedene Momente in derselben Bildreihe dargestellt sind. Sieht man dann dieselbe Figur in Wiederholung, lassen sich die Momente zu einer Narration zusammenziehen[170] – Comics funktionieren bis heute so. Varga nennt als weiteres Prinzip die Darstellung verschiedener architektonischer Räume, in die dieselbe Figur gesetzt werden kann, um eine Narration entstehen zu lassen.[171] Bei Höch existieren ebenso verschiedene architektonische Räume, allerdings springt der Blick durch die Perspektivwechsel ständig hin und her. Dennoch: Auch im *Lebensbild* wird in dieser einfachen Form Narration erzeugt, wenn die Betrachter/innen die immer wiederkehrende Figur der Künstlerin identifizieren und in unterschiedliche Räume und Zeiten einbinden.

Die rhetorischen Schritte von Stoffsammlung, Anordnung und Verdichtung werden in der künstlerischen Sammlung bei Höch, Messager und Calle in unterschiedlicher Weise eingesetzt und verdeutlicht. Bei allen drei Künstlerinnen ist das Produkt des Sammelns auch die Sammlung selbst – was sich zunächst banal anhört, zeigt im Kontext der Rhetorik wichtige Unterschiede an: Denn es sind hier jeweils andere Kategorien der Rhetorik wichtig. Während in der Antike bis zum Barock jede Kategorie innerhalb der Werk- oder Rede-Produktion unverzichtbar war, wird das Sammeln als künstlerisches Verfahren moderner und zeitgenössischer Kunst zu einer Strategie, die einzelne Schritte in dem Prozess bevorzugt und herausstellt. So findet der Prozess der Stoffsammlung bei Höch vorher statt; bei Messager wiederum werden verschiedene Schritte sichtbar und miteinander kombiniert.

Annette Messagers *Albums-collections* könnte man im rhetorischen Sinne als Stoffsammlungen betrachten. Das Sammeln besteht zunächst im Stoff-Sammeln und bezeichnet damit die »inventio« der Rhetorik, die Ideen- und Themenfindung. Im weiteren Prozess kristallisiert sich die Form der Sammlung heraus, in der die Dinge angeordnet und kombiniert

170 Vgl. ebd., S. 362.

171 Vgl. ebd.

werden – die »dispositio«, durch die auch die »narratio« entsteht. Messagers *Albums-collections* sind beides: Die Heterogenität ihres Materials lässt sie als Stoffsammlungen erscheinen. Doch die Masse der *Alben-Sammlungen* kann man als ersten Eindruck zwar simultan wahrnehmen, aber nicht genau betrachten. Dafür muss man einzelne Alben in der linearen Struktur eines Buches nacheinander in die Hand nehmen und durchblättern. Zwar werden die Alben in den Ausstellungen meist in Vitrinen präsentiert und an einer ausgewählten Stelle aufgeschlagen, so dass die Betrachter/innen sie nicht durchblättern können, doch allein die Buchform lässt die Assoziation einer sukzessiven Struktur entstehen. Zugleich wählt Messager eine weitere simultane Installationsform für die Alben. Die Künstlerin zeigt sie als archivalische Collagen, doch anders als Höch präsentiert sie zugleich eine Auswahl der »Quellen« in den Vitrinen. Sie nimmt einzelne Blätter aus bestimmten Alben heraus, fotografiert sie in manchen Fällen ab, rahmt sie einheitlich und formiert sie zu archivalischen Collagen. Auf diese Weise werden Teile der Sammlung in den Collagen buchstäblich aufgeblättert. Diese sammlerischen Anordnungen kennt man insbesondere seit der so genannten »Spurensicherung«; bis heute ist diese Form der Bildsammlung als Wand-Installation eine gängige künstlerische Praxis. Messager jedoch zeigt die Alben meist zusätzlich zu den archivalischen Collagen. Die *Albums-collections* werden einerseits als Sammlung per se ausgestellt – wenn die Bücher in den Vitrinen liegen – und gleichzeitig werden sie zum Stoff neuer Anordnungen, in denen Messager näher herantritt und einzelne Alben und deren Details fokussiert. Sie führt den erneuten Prozess der Auswahl, Kombination, Verdichtung und Hängung, bei dem auf die Gesamtmenge der *Albums-collections* als Stoffsammlung zurückgegriffen wird, direkt vor Augen.

In den archivalischen Collagen zeigt Messager entweder einzelne Alben in Ausschnitten oder sie kombiniert zwei Alben-Sammlungen miteinander. So konfrontiert sie beispielsweise die Ansammlung der Kinderbilder mit den durchgestrichenen Augen (*Les enfants aux yeux rayés*) mit den vorgeblich eigenen Kinderzeichnungen (*Mes dessins d'enfant*) (Abb. 3.6, 3.19). Das Durchstreichen lässt ein maskenartiges Feld über den Augen der Kinder entstehen. Die Sorgfalt der Streichungen wirkt in dem neuen Kontext zeichnerisch und tritt in eine Beziehung zu den Kinderzeichnungen. Die vermeintliche Autorschaft der Künstlerin in ihrer Kindheit tritt in Konkurrenz zu derjenigen der erwachsenen Künstlerin. Der wenn auch sorgfältige, so doch aggressive Akt des Vernichtens der Kinderblicke streicht gleichsam die Idylle der pittoresk wirkenden bunten Kinderzeichnungen aus.

Doch auch die Anordnung der Bilder eines einzigen Albums kann verstörend wirken. In der archivalischen Collage aus der Alben-Sammlung *Les tortures volontaires* erzielt allein die Akkumulation von Zeitschriftenbildern kosmetischer Zurichtungen, denen sich dort die Frauen anscheinend freudig unterziehen, einen grotesken Effekt (Abb. 3.23, 3.24). Ähnliches gilt für die Akkumulation der Zeichnungen aus sadomasochistischen Pornomagazinen (Abb. 3.30). Buchlohs Definition der archivalischen Collage, die nahelegt, dass sie im Gegensatz zu denen der Dadaisten weniger schockierend und dadurch auch weniger kritisch sei, muss deutlich widersprochen werden. Messagers Ansammlungen in den archivalischen Collagen sind ein Beispiel dafür, dass sie ebenso erschreckend und gesellschaftskritisch wirken können. Die Zurichtungen des weiblichen Körpers, seine Fragmentierung und pornografische Darstellungsweise haben gerade durch die ›Archivierung‹ eine intensivere Wirkung.

In diesem Zusammenhang ist eine ähnliche Form der Distanzierung und Annäherung erwähnenswert, die Hannah Höch mit dem *Lebensbild* vollzieht. Nachdem sie die Collage fertiggestellt hat, bestimmt sie mithilfe von Passepartouts und Pappwinkeln im Bild 38 Ausschnitte (Abb. 1.12). Diese Ausschnitte entstehen zwar auf Anregung des Fotografenpaars Orgel-Köhne und werden von ihnen in Schwarz-Weiß-Fotografien festgehalten und später vergrößert,[172] jedoch zeigen sie deutlich Höchs Blick auf das *Lebensbild.* Die Ausschnitte haben unterschiedliche Hoch- und Querformate und fokussieren teils größere, teils sehr kleine Details. So erfährt etwa das Detail des »Technikmännchens« in dem abfotografierten Ausschnitt ein Blow-up (Abb. 1.14). Auch kleine Motivkomplexe wie die Zeit der Ehe mit Kurt Matthies werden vergrößert. Andere Ausschnitte lassen ursprünglich figurative Details wie Höchs Hände in Kombination mit Teilen der »Rohrfedercollage« und dem »Schneekristall« plötzlich wie abstrakte Collagen erscheinen (Abb. 1.13), die an Höchs Arbeiten aus den 50er Jahren erinnern. Das *Lebensbild* wird zu einer Art Material- und Bildfundus, den die Künstlerin mit Abstand erneut betrachtet, um einzelne Motive und neue Themenkomplexe herauszugreifen und zu fokussieren. Sie greift auf die Collage wie auf eine Stoffsammlung zurück, entwirft daraus neue Bilder und eignet sich das *Lebensbild* durch diese Näherung erneut an. Das Verhältnis von Distanznahme und Näherung, Stoffsammlung und Neuordnung, Simultaneität und Linearität

---

172 Die Anregung steht im Zusammenhang mit Orgel-Köhnes Plan, ein Buch zu der Entstehung der Collage *Lebensbild* zu publizieren. Die Buchform erforderte wiederum eine lineare Struktur. Armin Orgel-Köhne hatte zunächst selbst das *Lebensbild* systematisch in Viertel, Achtel etc. unterteilt, was Höch jedoch nicht gefiel. Sie griff ein und legte die Ausschnitte selber fest. Aus einem Gespräch der Autorin mit Armin Orgel-Köhne am 24.6.2005.

ist mit Annette Messagers verschiedenen Inszenierungen der *Albums-collections* vergleichbar. Der entscheidende Unterschied ist jedoch, dass bei Messager die beiden Präsentationsformen im musealen Raum meist gleichwertig nebeneinander stehen.[173] Höchs Ausschnitte sind dagegen Teil eines Spiels, das aus der Zusammenarbeit mit den Orgel-Köhnes entsteht und kein gleichwertiger Bestandteil der Collage ist.[174]

Dennoch ist bemerkenswert, dass Höch auch hier wie in der Nummernliste in der Reihenfolge der Ausschnitte zunächst oben links beginnt. Der erste Ausschnitt zeigt das besagte Skelett, die Hand und die Sonnenblume zusammen mit Teilen des Collagenwerks; der zweite fokussiert nur einen Teil der Sonnenblume mit den »Pferdchen aus dem Mini-Museum« (Abb. 1.2, Nr. 3). Das Motiv des Todes wird dadurch ausgeblendet, stattdessen zeigt das Detail eine heitere Stilleben-Collage. Der dritte Ausschnitt wiederum präsentiert ausschließlich die Hand der Künstlerin, die das Skelett hält. Wie in der Nummernliste wandert Höch mit der Festlegung der Ausschnitte weiter nach rechts zur Szene mit den Dada-Puppen (Abb. 1.2, Nr. 21, 22). Doch dann macht sie einen großen Sprung nach links zu dem Collagenwerk mit der Collage »Das Ewig Weibliche« (Abb. 1.2, Nr. 11) und geht weiter zu dem erwähnten abstrakten Ausschnitt (Abb. 1.13) Von da an findet die Auswahl der Ausschnitte eher in Pendelbewegungen statt: Von der Mond-Montage geht es beispielsweise wieder nach rechts oben, aber diesmal zu der Fotografier-Szene »Herr Köhne bei der Arbeit« (Abb. 1.2, Nr. 26 und Abb. 1.6). Höchs Blick durch die Lupe, während sie auf dem Mond steht, wird dadurch direkt mit dem Kamerablick parallelisiert. Wenn man diese beiden Ausschnitte nebeneinander stellt, wird der fotografische Blick auf Höch – den schließlich die gesamte Collage *Lebensbild* darstellt – mit dem Changement von Nähe und Ferne in Beziehung gesetzt, mit der sich

173 Auch bei Calle findet ansatzweise der Rückgriff auf eine Sammlung statt. Der Materialfundus scheinen ihre »Tagebücher« zu sein, die sie zwar nicht ausstellt, jedoch erstmals in dem Ausstellungskatalog *M'as-tu vue?* zeigt. Bildmotive wie etwa *The Wedding Dress* oder *The Fake Marriage* begegnen hier in der intimen Form des Tagebuchs; teils werden die autobiographischen Geschichten dazu erzählt. Die »Tagebücher« sind dem Werkkomplex der *Autobiographischen Geschichten* jedoch nicht neben-, sondern untergeordnet und scheinen nur die Authentizität der *Autobiographischen Geschichten* zu versichern. Vgl. Ausst.-Kat. Sophie Calle. M'as tu vue?, S. 41-58.

174 Was für eine Rolle die Ausschnitte bei Höch gespielt haben, lässt sich nicht endgültig entscheiden. So haben die Orgel-Köhnes diese erst sehr viel später in Farbe abgezogen, so dass Höch auch nicht die Möglichkeit hatte, die Ausschnitte mit der Collage zusammen auszustellen.

Höch den Mond durch die Lupe anschaut: der mikroskopische Blick ist auf das ferne Selbst gerichtet.

Auf diese Weise entstehen wieder neue, nicht notwendig lineare Narrationen des Bildes. Die vielfältigen Beziehungen der einzelnen Elemente untereinander treten noch deutlicher hervor. Denn die Strukturen des *Lebensbildes* sind zwar teils rhizomatisch, doch das »Prinzip des asignifikanten Bruchs« gilt hier nicht. Während dieses Prinzip »gegen die übersignifikanten Einschnitte, die die Strukturen voneinander trennen«[175] gerichtet ist, sind Höchs genau komponierte orthogonale Strukturen meist mit Bedeutung geladen. Das widerspricht zwar nicht dem Prinzip des Rhizoms, denn auch dort werden immer wieder neue Formationen mit Sinnbezügen gebildet. Doch es ist Höch selbst, die diese Formationen in den Ausschnitten herstellt und bestätigt. Sie legt die Struktur der Collage offen und zeigt, dass bestimmte Linien und Verbindungen nahe liegend sind und andere nicht. Höchs Kompositionsprinzipien und ihre Blickführung werden daher noch deutlicher erkennbar – sie stellt sich als Autorin des Bildes dar, die sein »concetto« kennt.

Sammeln als Konstruktion von Autorschaft

Diese Beobachtung weist auf einen wesentlichen Unterschied zwischen dem Rhizom und der Sammlung hin. Die Struktur des Rhizomatischen führen Deleuze und Guattari ein, um unter anderem die Vorstellung eines einheitlichen Subjekts zu verabschieden: »Seid nicht eins oder viele, seid Vielheiten! Macht nie Punkte, sondern Linien!«, lautet die unmissverständliche Aufforderung.[176] Das Rhizom formiert sich zwar ständig neu, jedoch ist es nicht von einem Zentrum oder einer Hierarchie geprägt, die diese Umordnungen auslösen oder dirigieren würde.[177] Im Gegensatz dazu scheint die Sammlung auf ein Subjekt zu verweisen, das auswählt, anordnet, gliedert und verdichtet. Die beschriebenen Narrationen stellt jemand her, gleich ob sie linear oder rhizomatisch sind – so nehmen wir zumindest an. Dass uns hier ein agierender Mensch die Sammlung zeigt, ist unbestritten. Doch konstruiert sich über die Art und Weise der Narrationen des Sammelns auch eine Autorschaft. Gerade in der autobiographisch konnotierten Sammlung fällt die Vorstellung eines sammlerischen

175 Deleuze/Guattari: Rhizom, S. 16.

176 Ebd., S. 41.

177 So sind etwa im Wildgansschwarm immer wieder unterschiedliche Tiere an der Spitze, und wird ein Teil eines Ameisenstroms zerstört, füllt sich die Lücke umgehend.

Subjekts, das die Form der Sammlung entwirft, mit dem Wirklichkeitsangebot des autobiographischen Referenten zusammen. Wie ich weiter oben gezeigt habe, ist der Mythos des Sammlers von der Vorstellung geprägt, es existiere eine Einheit zwischen dem Ich und den Dingen. Deshalb können die Dinge auf den Sammler verweisen. Diesen Mythos rufen die Künstler/innen auf und er wird ebenso bei den Betrachter/innen aktiviert. Doch was ist das Spezifische an dieser sammlerischen Autorschaft? Was passiert, wenn sich der Referenzcharakter der Sammlung mit dem der Autobiographie verbindet? Findet hier ähnlich wie in der Kopplung von Autobiographie und Fotografie eine mögliche Doppelung des Referentiellen statt? Oder verschwindet das sammlerische Subjekt hinter seinen Dingen?

Zunächst einmal entstehen aus der Mischung zweier verschiedener Formen von Narrationen, der sukzessiv-linearen und der rhizomatischen, auch verschiedene Autorschaftskonstruktionen. Auf der Rezeptionsebene jedoch wird häufig eine geschlossene Form der Autorschaft des Sammlers konstatiert. Wenn Christoph Asendorf betont, dass der Sammler mithilfe der Sammlung »eine Geschlossenheit gegen die prinzipielle Schrankenlosigkeit des Warenverkehrs«[178] setze, entwirft er damit implizit eine Vorstellung vom geschlossenen Selbst des Sammlers. Hubertus Gaßner knüpft daran an und behauptet, dass Künstler/innen ebenso wie Sammler/innen »schatzbildend«, und zwar »im Sinne der Kapitalakkumulation unproduktiv« seien und »die realen Dinge der Warenzirkulation entzieh[en] [...], um sie allein dem ›unproduktiven‹ Betrachten, das auch nicht konsumiert, zuzuführen.«[179] Gaßner bezieht sich bei der Vorstellung, dass sich hierbei die »Treue zum Ding« und ein »subversiver Protest gegen das Typische, Klassifizierbare« zeige, auf Benjamin.[180] Allerdings zieht der Kunsthistoriker die Parallele von Sammlern und Künstlern nur zu den Objekt-Künstlern und -Künstlerinnen. Nur sie seien mit dem Sammler vergleichbar – im Gegensatz zu den Künstlern, die mit fotografischem Material arbeiteten.[181] Der Objekt-Künstler sperre sich

178 Christoph Asendorf: Batterien der Lebenskraft. Zur Geschichte der Dinge und ihrer Wahrnehmung im 19. Jahrhundert, Gießen 1984, S. 39.

179 Gaßner: »Die scheinbaren Dinge«, S. 35.

180 Ebd., Gaßner zitiert hier: Walter Benjamin: »Lob der Puppe. Kritische Glossen zu Max von Boehns ›Puppen und Puppenspiele‹«, in: Ders.: Über Kinder, Jugend und Erziehung, Frankfurt/Main 1969, S. 213-218, hier: 216.

181 Gaßner: »Die scheinbaren Dinge«, S. 35. Da diese Äußerungen Gaßners im Kontext zu der Ausstellung »Dinge in der Kunst des XX. Jahrhunderts« entstanden, die er im Jahr 2000 zusammen mit Stephanie Rosenthal im Haus der Kunst, München, kuratiert hat, dient die Abgrenzung

ebenso wie der Sammler »gegen die Warenform der fotografischen Abbildungen, in der die realen Dinge mit ihrer physischen Einmaligkeit und Ortsgebundenheit ebenso verschwinden wie der Gebrauchswert der zu Waren gewordenen Dinge im Tauschwert.«[182] Folgt man Gaßner gilt es also »das Reale« und »das Einmalige« darzustellen.

Gaßner überträgt weiterhin Benjamins Unterscheidung zwischen dem Sammler und dem Allegoriker auf seine aufgestellte Dichotomie zwischen Objekt-Künstler und Foto-Künstler. Wie der Sammler sei nur der Objekt-Künstler in der Lage »die Dinge wieder herzustellen und ihnen ihre Integrität, innere Einheit und Bedeutung zurückzugeben«. Der Foto-Künstler verhalte sich dagegen wie ein Allegoriker, der versuche die »ihrer Bedeutung beraubten Dinge zu neuen Sinnbildern [zu] montier[en], denen man die Bruchlinien und konstruierte Einheit ansieht [...]«.[183]

Damit formuliert er ein hehres Ziel – der Mythos des Sammlers, der allein den Bruch zwischen Ding und Welt zu kitten vermag, scheint hier erneut auf. Doch Gaßner übersieht zum einen, dass Benjamin die Unterscheidung zwischen Allegoriker und Sammler letztlich wieder aufhebt.[184] Zum anderen führt Gaßners Begriff von den Dingen zu einer traditionellen Vorstellung von Autorschaft. Das künstlerisch sammelnde Subjekt wird zu einem Produzenten von Einheit, Bedeutung und Zusammenhang – mithin eine Form der Autorschaft, die uns bei dem klassischen Konzept der Autobiographie schon begegnet ist. Hier ist es »meine persönliche Einheit, das geheimnisvolle Wesen meiner Person«,[185] die es in einem als gegeben vorausgesetzten Lebenszusammenhang zu entdecken gilt. Über die Vorstellung einer einheitsstiftenden Sammlung scheint ein Autorkonzept wieder eingeführt zu werden, das sich etwa mit den Kategorien von

zur Fotografie vermutlich auch dazu, das Ausstellungskonzept zu legitimieren. Die Ausstellung beschränkte sich fast ausschließlich auf Installationen oder Assemblagen dreidimensionaler Dinge. Nur vereinzelt waren fotografische Positionen wie die von Anna und Bernhard Blume zu sehen oder malerische wie die von Konrad Klapheck. Vgl. Ausst.-Kat. Dinge in der Kunst des XX. Jahrhunderts.

182 Ebd., S. 35.

183 Ebd.

184 »Der Sammler vereint das Zueinandergehörige; es kann ihm derart gelingen, über die Dinge durch ihre Verwandtschaften oder durch ihre Abfolge in der Zeit zu belehren. Nichtsdestoweniger aber steckt [...] in jedem Sammler ein Allegoriker und in jedem Allegoriker ein Sammler. Was den Sammler angeht, so ist ja seine Sammlung niemals vollständig; und fehlte ihm nur ein Stück, so bleibt doch alles, was er versammelt hat, eben Stückwerk, wie es die Dinge für die Allegorie ja von vorneherein sind.« Benjamin: Das Passagen-Werk, Bd. 1, S. 279.

185 Gusdorf: »Voraussetzungen und Grenzen der Autobiographie«, S. 134.

»Zusammenhang« und »Einheit« bis hin zu Wilhelm Dilthey rückverfolgen lässt.[186] Hermeneutische Konzepte von Autorschaft werden implizit auch auf das Sammlertum angewandt.

Gegen dieses geschlossene Konzept von Sammlung und sammelndem Subjekt sprechen die Beobachtungen an den Sammlungen der Künstlerinnen, die, wie ich gezeigt habe, zwischen Offenheit und Geschlossenheit changieren. Zum anderen, so zeigt es sich innerhalb der neueren Sammlungsforschung (auch außerhalb des Kunst-Kontexts), gibt es »die Sammlung« und damit auch »den Sammler« nicht. So weist etwa Staffan Müller-Wille nach, dass Carl von Linnés Sammlung – lange Zeit als eine klassische Sammlung in »Tableauform« im Sinne Foucaults angesehen – einen offenen Charakter hatte. Dabei stellt »die Fixierung von Taxonomien bei gleichzeitiger Mobilisierung der Dinge keinen Widerspruch« dar. Vielmehr stellt Müller-Wille in der Sammlung eine »beständige Unruhe« fest »indem die Dinge darin ein- und austraten, ihre Plätze miteinander tauschten und so zu immer neuen Konstellationen zusammenfanden«.[187]

Ebenso muss auch der Mythos des Sammlers genauer untersucht und einer Revision unterzogen werden. Wenn der Sammler sich über die Rhetorik der Sammlung als Autor hervorbringt, knüpft er auch hier an eine Tradition an. Ich skizziere an dieser Stelle nur einen historischen Moment, an dem eine Form sammlerischer Autorschaft entsteht. Eine historische Linie dieser spezifischen Form der Autorschaft führt zu dem literarischen Verfahren der scholastischen »Compilatio«, das noch in der Zeit des Humanismus angewandt wird und sich zu einem eigenen Genre entwickelt. In der »Compilatio« werden »Exzerpte wichtiger Werke versammelt und unter didaktischem Aspekt zugänglich gemacht«.[188] Die Zu-

186 »Einheit« und »Zusammenhang«, »Bedeutung« und »Erlebnis« sind nach Dilthey die Bausteine der »Selbstbiographie«: »Kurz, es gibt Zusammenhänge, die ganz unabhängig von der Aufeinanderfolge in der Zeit, den direkten Beziehungen des Sichbedingens in ihr die Teile des Lebensverlaufs zu einer Einheit sich verknüpfen. So wird die Einheit des Lebensverlaufs erlebt und in solchen Erlebnissen hat sie ihre Sicherheit.« Wilhelm Dilthey: »Das Erleben und die Selbstbiographie« (1906-1911), in: Niggl: Autobiographie, S. 21-32, hier: 21.

187 Staffan Müller-Wille: »Carl von Linnés Herbarschrank. Zur epistemischen Funktion eines Sammlungsmöbels«, in: Anke Te Heesen/Emma C. Spary: Sammeln als Wissen, Göttingen 2001, S. 22-38, hier: 23.

188 Monika Gomille: »Philisides in Arkadien: Der Autor als Sammler – Der Sammler als Autor«, in: Assmann/Gomille/Rippl: Sammler – Bibliophile – Exzentriker, S. 325-346, hier: 328

sammenstellung und Ordnung übernimmt die Person des Kompilators, wie ihn Monika Gomille beschreibt:

»Die Methode der *compilatio* weist die für das Sammeln typische Struktur auf; sie vereinigt heterogenes Material, ohne dessen komplexe und widersprüchliche Vielfalt einem homogenisierenden Zugriff zu unterwerfen. [...] Widersprüche sind unter diesem Gesichtspunkt geradezu unvermeidlich; der Kompilator unternimmt jedoch nichts, um die Vielstimmigkeit der von ihm präsentierten Texte zu reduzieren.«[189]

Der sammelnde Kompilator bringt sich damit als ein Autor hervor. Er übernimmt dabei den Habitus der »recitatio«, der Wiederholung vorgefundener Meinungen und distanziert sich vom Inhalt, für die er keine Verantwortung übernimmt.[190] Die zitierten »auctores« werden namentlich ausgewiesen und durch sie erhält die »Compilatio« ihren Wert der »Authentizität«, so Gomille.[191] Wichtiger ist für den Nutzen jedoch die »ordo«, die Ordnung, die der Kompilator den gesammelten Texten gibt. »Der universale Gestus [der compilatio] [...] basiert auf einem klassifikatorischen Doppelverfahren: Der Dekomposition aller verfügbaren *auctoritates* und ihrer Subordination unter die verschiedenen Klassen des Wissens.«[192] Über die Herstellung der Ordnung wird die Tätigkeit des Kompilators nobilitiert: Er wird zum »actor« und schließlich zum »auctor«.[193] Autorschaft bedeutet in diesem Konzept die »Vereinigung disparater Wissenselemente unter Gesichtspunkten, die nur dem Ingenium des Sammlers transparent sind«.[194] Sie entsteht, so zeigt Gomille, unter den Bedingungen von Tradition und Kanonisierung: »In beiden Kontexten ist die Praxis des Sammelns zentral, und zwar in zweierlei Hinsicht: als Strategie der Aneignung kulturellen Wissens, die ja immer auch Kanonisierungsprozesse impliziert, und als Verfahren der Klassifizierung und Präsentation dieses Wissens.«[195]

Weit davon entfernt Annette Messagers *Albums-collections* in den scholastischen Kontext zu stellen, lässt sich durch diese historische Folie dennoch erkennen, wie Messager gleichsam eine »Anti-Compilatio« entwickelt. Die »auctoritates« sind hier die bildlichen und textuellen Appelle der Massenmedien, die als originale Texte erachtet werden, abge-

189 Ebd., S. 330.
190 Vgl. ebd.
191 Ebd., S. 329.
192 Ebd.
193 Ebd., S. 331, 332.
194 Ebd., S. 339.
195 Ebd., S. 325.

schrieben, abgezeichnet und kopiert werden. Sie werden zugleich Messagers Ordnung unterworfen und über diese Ordnung stellt sich die Künstlerin dar. Daher scheinen die Sammlungen zunächst auf eine Sammlerin, *Annette Messager collectionneuse*, zu verweisen, die auf jedem der Alben ihren »Titel« hinterlässt. Vergleichbar mit der Autobiographie wird den Betrachtern und Betrachterinnen ein außerhalb der Sammlung liegender Referenzpunkt vorgespiegelt. Sammlung und sammelndes Subjekt, der ausgewiesene Titel und der Name, mit dem die Sammlung bezeichnet und unterschrieben wird, werden in eins gesetzt: Wir schließen einen »sammlerischen Pakt«. Doch zugleich wird dieser Pakt destabilisiert, denn Messagers Sammlungen widersprechen einander. Die Sammlerin scheint eine brave Hausfrau zu sein, während sie jedoch in einer anderen *Album-collection* wie eine sadistische Frau Kindern die Augen durchstreicht oder wie eine Voyeurin den Schritt der Männer fokussiert. Die Kontingenz der gesammelten Stoffe ruft multiple Identitäten hervor und weist gerade nicht auf die fest umrissene Form eines »auctor«-Sammlers und seines »Werkes«. Messagers Sammlungen erscheinen deshalb heterogen, weil sich in ihnen verschiedene Identitäten ausdrücken, von denen jede ihre eigene Sammlung formiert und die nicht von der Identität der *Annette Messager collectionneuse* zusammengehalten werden. Vielmehr sind die Sammlungen Messagers verbunden mit anderen Texten und Sammlungen. Sie weisen über sich hinaus auf den kulturellen Kanon massenmedialer Gedächtnisbilder und Klischees. Die Autorin erschafft sich über die Sammlung, indem sie in dem Objekt vergegenwärtigt erscheint – zugleich hebt sie ihre Identität auf und verschwindet hinter den heterogenen Sammlungen. Dies wird in keiner anderen Alben-Sammlung derart sichtbar wie in der *Collection pour trouver ma meilleure signature* (Abb. 3.21). Wenn Messager verschiedenste Signaturen für die Gestaltung ihres Namens erprobt, verliert die Unterschrift ihre Funktion als Ausweis von Individualität und Originalität, obwohl sie in ihrer Handschriftlichkeit authentisch zu sein scheint. Die Künstlerin stellt dagegen beides zur Disposition und weist sie als gemachte Objekte aus – ja, sie scheint sogar verschiedene Künstlersignaturen zu kopieren, die man wiederzuerkennen glaubt, womit man letztlich scheitert. Sie ruft damit das Bildarsenal der Künstlersignaturen samt seiner Ironisierungen in der Moderne auf, durch die etwa Duchamps Signatur des Urinoir bekannt geworden ist. Zugleich ist es konsequent, wenn die Identitäten-Sammlerin auch eine Unterschriften-Sammlerin ist, die an »auctoritates« erinnert, deren Signaturen in der europäischen Kunst bekannt sind. Es handelt sich dabei zumeist um Signaturen von Künstlern, denn die der Künstlerinnen sind weniger bekannt. Ist es genau diese Form der Aneignung über das Sammeln, die eine spezifische Sammler*innen*-Identität entstehen lässt?

Denn ebenso wie Künstlerinnen spielen auch Sammlerinnen in der bisherigen Geschichte des Sammelns eine untergeordnete Rolle. »Der Sammler«, so wird in der meisten Forschungsliteratur deutlich, wird implizit als männliche Figur gedacht. Exemplarisch dafür stehen Pomians Ausführungen, mit denen er seine stark rezipierte Untersuchung zum »Ursprung des Museums« beginnt. Er referiert gängige gesellschaftliche Vorurteile gegenüber dem Sammler, die ihn als »harmlosen Besessenen« sehen, »der seine Zeit damit verbringt, Briefmarken einzusortieren, Schmetterlinge auf Nadeln zu spießen oder sich an erotischen Drucken zu delektieren.«[196] Stellt man sich unter diesem Typus des Sammlers eine Sammlerin vor? Wohl kaum. Explizit männlich ist dann der »Herr der guten Gesellschaft, Erbe mit Schloß und wertvollem Mobiliar«, den Pomian weiter erwähnt.[197] Hier kommen wir der Ursache, warum der Sammler männlich konnotiert ist, schon näher. Pomians Fokus liegt auf der Klassenzugehörigkeit des Sammelnden und sein Anliegen ist es, die marginale Bedeutung der Privatsammlungen gegenüber den repräsentativen Sammlungen des Königs oder Kaisers, die hierarchisch über dem Privatsammler stehen, aufzuwerten: In dem Aufbau und der Hierarchie von Sammlungen zeigt sich ökonomische Macht, über die Frauen in der Geschichten selten verfügt haben. »In der Figur des Sammlers gehen Kunst und Geld eine Verbindung ein«, so Britta Jürgs. Sammeln, so führt sie weiter aus, scheint eine weitgehend männliche Domäne zu sein; dennoch haben Sammlerinnen und Mäzenatinnen immer wieder Einfluss auf die Kunstgeschichte ausgeübt, selbst wenn sie weniger Mittel zur Verfügung hatten.[198]

Ähnlich männlich gedacht ist das Sammeln, wenn es als eine anthropologische Konstante den »Homo collector« beschreiben soll.[199] Justin Stagl führt zu Recht an, dass in Untersuchungen zu frühen »Jäger- und Sammlergesellschaften« die Jagd meist als erste Aktivität genannt werde, weil sie als spektakulärer gilt und höher bewertet wird. Er kritisiert diese Hierarchie, vergisst aber zu erwähnen, dass Frauen darin die eher unspektakuläre Rolle der Sammlerinnen zugewiesen wird. Dies würde

---

196 Pomian: Der Ursprung des Museums, S. 7.

197 Ebd.

198 Britta Jürgs: Sammeln nur um zu besitzen? Berühmte Kunstsammlerinnen von Isabella d'Este bis Peggy Guggenheim, Berlin 2000, S. 7, 8. Jürgs nennt an dieser Stelle Isabella d'Este, die weniger Geld besaß als ihre männlichen Konkurrenten, um Maler mit der Ausschmückung ihres Studiolo und ihrer Grotta zu beauftragen.

199 Vgl. Stagl: »Homo Collector«.

seinen Argumentationsfluss stören, denn sein Anliegen ist, das Sammeln im Sinne einer vorgeblich geschlechtsneutralen anthropologischen Konstante gegenüber dem Jagen aufzuwerten. Dahinter verbirgt sich jedoch ebenso unausgesprochen, dass das Sammeln auf sozialen Hierarchien fußt und implizit als ein männliches vorgestellt wird. Laut Stagl sind die »Funktionen des Sammelns« die »Identitätsbildung« gegen die Kontingenz der Welt, die »Entstehung des Eigentums«, die »Erschließung des Raumes«, indem Peripheres in ein Zentrum gerückt wird, und schließlich die »Erschließung der Zeit«, denn »wir sammeln heute, um uns gegen morgen abzusichern.«[200] Durch die Eingliederung in eine Sammlung, so Stagl, erhalten die Dinge eine Binnenbedeutung. Die vormals unverbundenen Teile beziehen sich nun sinnvoll aufeinander, jedoch nur für diejenigen, die sie zusammengetragen haben:

»Damit sind Sammlungen also wesensmäßig in die Biographien ihrer Besitzer und Benutzer eingeflochten: Sie *haben ihren Sitz im Leben*. Und darin sind sie engstens mit der wichtigsten identitätsstiftenden Instanz verwandt, dem *Gedächtnis*. [...] Sammlungen sind materialisierte Gedächtnisse, das Gedächtnis ist eine materialisierte Sammlung.«[201] [Hervorh. J. S.]

Trotz dieses durchaus interessanten Gedankens, der hier über die Biographie und das Gedächtnis den Sammelnden mit seiner Sammlung in eins setzt, wird indirekt deutlich, dass Frauen nicht darin eingeschlossen sind. Denn wenn Stagl den Sozialtypus des Sammlers beschreibt, ist er sich dessen bewusst, dass »das Anlegen von Sammlungen [...] mit der Ausübung von Herrschaft verbunden [ist]«. So werden etwa »der König«, »der Millionär« oder »der Chefarzt«, aber auch der exzentrische »Markensammler« genannt. Besondere Erwähnung finden »die Familienangehörigen der Sammler« und an der Stelle wird es explizit, dass unter den Begriff des »Sammlers« bei Stagl nur Männer fallen. Denn er führt die »Sammlerfrauen« ein, die der Konkurrenz der Sammlung nur entrinnen könnten, wenn sie in einer »folie à deux« zur »Mitsammlerin« würden.[202] Nur als Ko-Autorinnen der Sammlung sind sie bei Stagl also denkbar.

Während Pomian und Stagl zwar soziale Unterscheidungen innerhalb der Bewertung des Sammlertums erkennen, reflektieren sie die geschlechtsbedingten Unterscheidungen nicht, gleichwohl sie implizit die Rollen des Männlichen und Weiblichen in Bezug auf das Sammeln konstruieren. Dagegen ist sich der Philosoph Manfred Sommer der Rollenverteilung von Sammeln und Jagen bewusst. Mit »der Mensch als Jäger«

200 Ebd., S. 38-40.

201 Ebd., S. 41.

202 Ebd., S. 50.

sei meist der »Mann als Jäger« gemeint.[203] Doch das Jagen ist laut Sommer nicht positiv besetzt. Der Jäger würde als aggressiv und todbringend charakterisiert, während in die »paläolithische Sammlerin [...] all jene Tugenden hineinprojiziert [werden], die für eine von Männern geprägte und beherrschte Gesellschaft die Wende zum Besseren, zum Guten sollen bringen können.«[204] Sommer kommt demgegenüber zu dem Schluss: »Auch Männer sammeln, auch Frauen jagen«, je nachdem wie es die vielfältigen Situationen erfordern.[205] Außerdem: »Sammeln, auch wenn *sie* es tut, schließt töten ein«, denn es würden auch Kleintiere und nicht nur Pflanzen gesammelt. Schließlich ist für Sommer auch die Rolle als »Jagdgenossin« nahe liegend, da die »Annahme, die Frau sei grundsätzlich von der Jagd ausgeschlossen gewesen, keine empirisches Basis in den sozialen und ökonomischen Verhältnissen der Altsteinzeit« finde.[206]

Jean Baudrillard dagegen geht wie die meisten unausgesprochen von einem männlichen Sammler aus, doch für ihn ist es das Sammeln und nicht das Jagen, das mit dem Tod verbunden ist. Sein Interesse ist weniger anthropologisch oder historisch, sondern psychologisch und gesellschaftskritisch. Das Sammeln, wie es sich in der Gegenwart darstellt, ist für ihn unmittelbar mit Sexualität und Tod verbunden, weil es als anale Regression in der Kindheit[207] oder als fetischisierende sadistische Perversion im Erwachsenenalter zur »Tröstung der Tröstungen [wird], zu unserer täglichen Mythologie, die angesichts der Zeit und des Todes unser ständiges Angstgefühl zu überwinden hilft.«[208] Das Besitzen und In-Gewahrsam-Haben wird zur »sexuellen Perversion«, die sich auch auf die Gegenstände erstrecken kann. Die Sammlung ist so stark mit dem Tod verbunden, weil sie ihn nicht transzendiert, sondern Kastrationsangst hervorruft: »Der Grund, weshalb man seinen Wagen, seine Schreibfeder und seine Frau [sic] nicht herborgt, liegt nämlich darin, daß sie alle in den Triebregungen der Eifersucht mit dem narzißtischen Ich gleichgesetzt werden und daß ihr Schadhaftwerden oder ihr Verlust mit der

203 Sommer: Sammeln, S. 90, 91.

204 Ebd., S. 90.

205 »Allein diese Mannigfaltigkeit der natürlichen Bedingungen der Wildbeuterexistenz läßt eine beträchtliche Formenvielfalt erwarten. Und für den Mann heißt das: Überall dort, wo, und immer dann, wenn Jagd ohnehin kein Thema ist, weil jagbares Wild kaum oder gar nicht sich einfinden will, erweist sich der *hunter* selbstverständlich als *gatherer.*« Ebd., S. 92.

206 Ebd., S. 93.

207 Vgl. Baudrillard: Das System der Dinge, S. 112.

208 Ebd., S. 124.

eigenen Kastration gleichbedeutend sind. Keiner borgt seinen Phallus her […].«[209]

Das Sammeln ist bei Baudrillard ein Symptom der Identitätskrise. Als sexuelles Krisensymptom erwähnt er das Sammeln bei Männern über vierzig. *Annette Messager collectionneuse*, so wurde an anderer Stelle deutlich, spielt mit dieser sexuellen Konnotation. Doch auch bei Kunstsammlerinnen ist die erotische Konnotation oft präsent: Peggy Guggenheim etwa hat es über ihre Autobiographie forciert, erotisch wahrgenommen zu werden. So schreibt Petra Kipphoff: »Peggy Guggenheim sammelte nicht nur Kunst, sondern auch Menschen« – womit im Folgenden Männer gemeint sind.[210] An dem Beispiel Guggenheim ist laut Gotlind Birkle und Sabine Tischer zu erkennen, wie das Mäzenatentum an Weiblichkeitsmuster gebunden wird, um sich als Mäzenat*in* zu positionieren.[211] Denn weil das Sammler- und Mäzenatentum als eine männliche Domäne konstruiert ist, gibt es für das weibliche Mäzenatentum kaum Vorbilder. In der gegenseitigen Spiegelung von Mäzen und Künstler treffen sich bürgerliche Idealvorstellungen von »Unternehmertum«, »Künstlertum« und »Genialität«, die männlich konnotiert sind. So stellen sich Sammler häufig als Prometheus dar und nutzen damit einen Künstlermythos.[212] Diese Vorbilder gibt es für das weibliche Mäzenaten- und Sammlertum kaum, zumal der Künstler durch seine Abhängigkeit in eine latent weiblich codierte Rolle geraten kann.[213] Guggenheim scheint dieser Schieflage, die ein Zusammenfallen von Frau-Sein und Mäzenatentum problematisch macht, damit begegnet zu sein, indem sie ihre »Weiblichkeit« einsetzte.

209 Ebd., S. 126.

210 Vgl. Gotlind Birkle/Sabine Tischer: »Künstler und Mäzenin: ein unmögliches Verhältnis? Peggy Guggenheims Autobiographie«, in: Ines Lindner/Sigrid Schade/Silke Wenk/Gabriele Werner (Hg.): Blickwechsel. Konstruktionen von Männlichkeit und Weiblichkeit in Kunst und Kunstgeschichte, Berlin 1989, S. 121-130, hier: 121. Birkle/Tischer zitieren einen Artikel von Petra Kipphoff in: Die Zeit, 17.2.1989.

211 Ebd., S. 128, 129.

212 Zum »Sammler als Prometheus«, der sich damit einen Künstlermythos zu eigen macht, vgl. Horst Bredekamp: Antikensehnsucht und Maschinenglauben. Die Geschichte der Kunstkammer und die Zukunft der Kunstgeschichte, Berlin 1993, S. 26-33.

213 Birkle/Tischer: »Künstler und Mäzenin«, S. 128. Jürgs erwähnt jedoch, dass sich Sammlerinnen in ihren Selbstdarstellungen bis ins 18. Jahrhundert der Figur der Athena bedienten. Jürgs: Sammeln nur um zu besitzen?, S. 8.

Die Geschlechtscodierung des Sammlertums ist also nicht so einheitlich, wie es zunächst erscheint, sondern wird mal männlich, mal weiblich vorgestellt. Auffälligerweise wird das Sammeln solange feminisiert, wie es unwichtig erscheint. Sobald es als anthropologische Konstante aufgewertet wird, erscheint es wieder männlich. Es bewegt sich innerhalb einer Dichotomie von Auf- und Abwertung, von repräsentativem, geschätztem Sammeln und exzentrischem, bürgerlichem Privatsammeln, das seine Autorschaft und Bedeutung gegenüber repräsentativen Sammlungen einfordert. In all diesen Konstruktionen finden Sammlerinnen wenig Platz.

Wie verhält sich nun die sammlerische Strategie der Künstlerinnen dazu? Anne-Marie Kassay-Friedländer nennt Hannah Höch und Sophie Tauber-Arp als Sammlerinnen, bei denen sich Besonderheiten zeigen, die sie in drei Punkten zusammenfasst. Sie nennt »1. das Anknüpfen an kunstgewerbliche Traditionen, 2. die Auseinandersetzung mit den eigenen Lebenszusammenhängen, mit Dingen des täglichen Gebrauchs, mit Haus, Haushalt 3. die Unhomogenität des Œuvres bis hin zur Unhomogenität einzelner Werke.«[214] Auch die Collage, Assemblage und Objektkunst sind für sie Formen des Sammelns. Doch ihre Beobachtung, dass Künstlerinnen sich diesen Formen stärker zuwenden, lässt sich nicht bestätigen. Wenn Messager und Höch mit der archivalischen Collage arbeiten, dann nicht, weil sie weiblich konnotiert wäre. Die inhaltliche Auseinandersetzung mit (fiktiven) Lebenszusammenhängen, die als weiblich vorgestellt werden, spielt demgegenüber eine große Rolle. Dagegen scheint Messager den »weiblichen« Stilpluralismus, wie Kassay-Friedländer ihn definiert, in ironischer Form zu wenden.[215] Denn sie macht das Sammeln von Stilen, die zu einer Unhomogenität des Œuvres führt, am

214 Anne-Marie Kassay-Friedländer: »Jäger und Sammlerinnen? Zu bildnerischen Arbeits- und Werkauffassungen«, in: Silvia Baumgart/Gotlind Birkle/Mechthild Fend u.a. (Hg.): Denkräume zwischen Kunst und Wissenschaft, Berlin 1993, S. 311-323, hier: 315.

215 Wenn Kassay-Friedländer die Unhomogenität des Œuvres oder einzelner Arbeiten als »weiblich« definiert, geschieht damit genau die Festschreibung, gegen die Messager antritt. Ob das stets wiederholte Klischee stimmt, ist bisher noch nicht bewiesen worden. Vielmehr gibt es Anzeichen, dass die Konnotation von »Unhomogenität« je nach Geschlechtsidentität divergiert. Wird etwa bei einem männlichen Künstler wie Pablo Picasso ein Stilwandel beobachtet, gilt dies eher als Beweis seiner »Meisterschaft«, während das gleiche Phänomen bei Künstlerinnen als Schwäche verbucht wird. Vgl.: Maurer: Hannah Höch. Jenseits fester Grenzen, insbesondere das Kapitel zu »Stilpluralismus und künstlerische Identität«, S. 65-89.

Anfang ihrer künstlerischen Laufbahn zum Programm – und damit zum Werk. Die Vorstellung einer einheitlichen Autorschaft wird bei Messagers Sammlung von Identitäten obsolet.

Wenn Künstlerinnen also die Sammlung nutzen, um sich über sie zu entwerfen, beschreiten sie damit ambivalente Pfade. Einerseits ist die sammlerische Autorschaft von der Auseinandersetzung mit einem repräsentativen Kanon geprägt. Gleichzeitig begegnen sie der Gefahr der Nivellierung des Werkes, wenn das Sammeln weiblich und damit pejorativ konnotiert wird. Dennoch nutzen die Künstlerinnen die Sammlung, um eine Autorschaft zu konstruieren, die dem »Wirklichkeitsbegehren« der Autobiographie entgegenkommt. »Die Sammlung« ist eine Konstruktion, die nur als solche funktioniert, wenn die Schaulustigen mit der Sammlerin einen Pakt schließen und sie als solche wahrnehmen. Darüber hinaus verweisen die Sammlungen wieder auf andere Orte des Gedächtnisses und der Akkumulation. Über diese Konstruktion schließt sich die Sammlung etwa an den Raum des Museums an und greift dessen kanonbildende Narrationen auf.

Im Spiegel des Sammelns

Die visuelle Autobiographie als Retrospektive

Die Schaulust und die Ausrichtung auf eine Öffentlichkeit, auf die sowohl Autobiographie als auch Sammlung zielen, scheinen im Raum des Museums zu konvergieren. Im Folgenden soll deshalb näher untersucht werden, in welchem Verhältnis die künstlerische, autobiographische Sammlung zu dem Raum des Museums steht, der wesentlich von Kanonisierung und Tradierung geprägt ist. Kehren wir dafür zurück zu Sophie Calles Objekt-Installation der *Autobiographical Stories*. Fast immer ist darin ein großer, verwelkender Blumenstrauß zu sehen, der nicht zu dem Fundus der *Autobiographischen Geschichten* gehört, sondern extra für die Installation hinzugefügt wird (Abb. 2.17). Auch zu diesem Objekt gehört ein Text, der folgendermaßen lautet:

»Ich bin Frank Gehry 1984 begegnet. Ich habe ihn gefragt, wo denn in Los Angeles die Engel seien. Am nächsten Morgen hat er mich angerufen und mir angeboten, mein Agent zu werden. Zum Spaß habe ich angenommen. Am selben Abend trat einer der wichtigsten Galerien von Los Angeles an mich heran, um mir ein Treffen vorzuschlagen. Etwas später wurde das Datum für eine Ausstellung festgelegt. Seitdem sendet mir Frank Gehry zu jeder meiner Vernissagen einen Blumenstrauß. Ich habe meinen Engel gefunden.«[216]

Die Geschichte fungiert hier als Ursprungsmythos der Karriere als Künstlerin. Ihr Schauplatz liegt in den USA in Los Angeles, denn nicht in Frankreich, sondern in Amerika hat die Initialzündung für ihr Werk und ihre Rezeption stattgefunden – so der vermittelte Eindruck.[217] Der Strauß und seine Geschichte sind wiederkehrende Elemente in den Ausstellungen, in denen Calle die *Autobiographical Stories* als Objekt-Installation zeigt. Über die visuelle Autobiographie entwickelt die Künstlerin einen retrospektiven Blick auf sich und ihr Werk. Mit dem Topos der »zufälligen Entdeckung« greift sie den »Plot« einer Künstlerlegende auf, wie sie Kris und Kurz beschrieben haben: Stilbildend ist in dem Fall die Legende über Giottos Kindheit. Sie erzählt, wie das Kind beim Schafe-Hüten die Tiere malt und dabei von dem zufällig vorbeikommenden Cimabue »entdeckt« wird.[218] Auch Calle wird in dieser Geschichte »entdeckt«, dazu noch von einem namhaften Architekten, der offensichtlich ihr »Talent erkannt« hat.

Dass die Erzählerin ihn nach den Engeln in der Stadt Los Angeles fragt, ist ebenso aufschlussreich für die visuelle Autobiographie als Retrospektive: *Los Angeles* war ein Projekt der Künstlerin aus dem Jahr 1984, in dem sie – so steht es in dem dazugehörenden Text – den Menschen eben diese Frage stellte, die sie auch in der Geschichte zu dem

216 Dies ist die deutsche Übersetzung, die in der Ausstellung *M'as-tu vue?* im Martin-Gropius-Bau 2004 zu lesen war. Die französische Version lautet *L'ange gardien*: »J'ai rencontré Frank Gehry en 1984. Je lui ai demandé où étaient les anges, à Los Angeles. Le lendemain matin, il m'a téléphoné et m'a offert de devenir mon imprésario. J'ai accepté pour rire. Le soir même, une des principales galeries de Los Angeles m'a contactée pour me proposer un rendez-vous. Peu après, une date d'exposition était fixée. Depuis, à l'occasion de chacun de mes vernissages, Frank Gehry m'envoie un bouquet de fleurs. J'ai trouvé mon ange.«

217 Dass Calle zunächst im Ausland und später erst in Frankreich rezipiert wurde, wird etwa auch von Cécile Camart betont. Sie führt an, dass Calles erste Retrospektive »Sophie Calle. A survey« in Los Angeles stattfand. Doch dies war erst im Jahr 1989, während Calle z.B. schon 1981 an der umfassenden und repräsentativen Ausstellung *Autoportraits photographiques, 1898-1981* im Centre Pompidou, Paris, mit der Arbeit *La Filature* (1981) teilnahm. Richtig ist, dass die *Autobiographischen Geschichten* als Teil der Los-Angeles-Retrospektive sehr früh in den USA rezipiert worden sind, da sie ab 1988 entstehen. Vgl. Camart: »Sophie Calle, 1978-1981«, S. 50.

218 Kris/Kurz: Die Legende vom Künstler, S. 29, 30.

Blumenstrauß erwähnt: »Since Los Angeles is literally the city of angels, where are the angels?«[219] Indirekt und direkt zitiert Calle in den *Autobiographischen Geschichten* immer wieder alte und neue Arbeiten aus dem eigenen Werk: Die visuelle Autobiographie ist eine Form der Selbsthistorisierung. Sie fungiert als eine Meta-Erzählung, in die alle anderen Arbeiten eingebunden werden. Auf diese Weise werden etliche Projekte als *Autobiographische Geschichte* kondensiert und in neuer Form ausgestellt. In dem Katalog »M'as tu vue« wird etwa die Arbeit *Room with a View* als Installation mit mehreren Fotografien und Texttafeln dokumentiert. Es handelt sich um die bereits erwähnte Aktion, bei der Calle eine Art Schlafzimmer auf dem Eiffelturm installierte und mit dem Publikum in Kontakt trat. Auf der darauf folgenden Katalogseite wird die Geschichte in der verdichteten Form der *Autobiographical Story* erzählt und mit einer inszenierten Fotografie dazu gezeigt (Abb. 2.7). Ebenso ist die Arbeit *Journey to California* ein Projekt, das in dem gleichen Katalog und in der Ausstellung als eigenständige und mehrteilige Installation präsentiert wird. Als *Autobiographical Story* wird sie in einem knappen Text und einer Fotografie komprimiert.[220] Auch hier steht ein Bett im Mittelpunkt: Die Geschichte erzählt, wie Calle einem an Liebeskummer leidenden Mann ihr Bett nach Kalifornien schickt und er daraufhin seinen Schmerz überwinden kann.

Wenn Calle ihre anderen Arbeiten in Form von *Autobiographical Stories* rückbindet und dort in konzentrierter Form wiederholt, ist dies nicht nur ein Verfahren der Selbsthistorisierung. Es ist auch eine Strategie, ihre Werke qua Biographie zu »naturalisieren« und zu authentifizieren. Auch andere künstlerische Arbeiten inszeniert sie als scheinbar reale, autobiographische Ereignisse, doch in der Erzählung als *Autobiographische Geschichte* soll dieser Gestus des Authentischen erneut versichert werden. Dies funktioniert nicht nur als Retrospektive, sondern auch als Präspektive. Während *Journey to California* und *Room with a View* zuerst als Performance und Projekt stattfanden und später in den *Autobiographical Stories* erinnert werden, ist *The Strip-tease* 1988 zuerst als *Autobiographische Geschichte* entstanden. Später präsentiert Calle mehrere Aufnahmen der inszenierten Striptease-Show als Künstlerbuch mit dem Titel *The Doctor's Daughter.*[221] Vereinzelt wird in den *Autobio-*

219 Vgl. Ausst.-Kat. Sophie Calle. M'as-tu vue?, S. 317-320, wo die Arbeit aus dem Jahr 1984 zu sehen ist.

220 Die Geschichte wird jedoch nicht in dem Ausstellungskatalog gezeigt.

221 Sophie Calle: The Doctor's Daughter, New York 1991. Vgl. auch die Serie der Striptease-Bilder im Ausst.-Kat. Sophie Calle. M'as-tu vue?, S. 253-260 und in Calle: Double Game, S. 44-67.

graphischen Geschichten in dieser Form ein Blick voraus auf die späteren Arbeiten Calles geworfen.

Dass auch Annette Messager die *Albums-collections* als Materialfundus für spätere archivalische Collagen nutzt, ist bereits gezeigt worden. Ebenso gibt es Beispiele dafür, dass sie etwa in dem Katalog *Comédie Tragédie* eine Form der Selbsthistorisierung präsentiert. Dies geschieht jedoch in erster Linie, um die Aufeinanderfolge ihrer diversen Identitäten stärker hervortreten zu lassen. Die *Albums-collections* dienen dort nicht als neuralgischer Punkt einer umfassenden Autobiographisierung, sondern gliedern sich als Werkkomplex in die Sukzession der verschiedenen Rollen ein.

Bei Sophie Calle dagegen findet die Strategie der Autobiographisierung noch auf einer Meta-Ebene statt. Selbst die *Autobiographical Stories*, die nicht direkt auf andere Projekte und Arbeiten verweisen, greifen Motive auf, mit denen Calle sich in ihren Arbeiten beschäftigt. So wird etwa das Interesse an der Enthüllung oder dem Geständnis in Calles Werk, das sich auch in anderen künstlerischen Werken zeigt, über die *Autobiographische Geschichte The Dutch Portrait* auf ein Ursprungserlebnis in der Kindheit zurückgeführt. Zugleich verweist sie auf die Arbeit *Le confessionel*. Calle zeigt dort einen Beichtstuhl, in dem als Tonaufnahme ihre Beichte zu hören ist: Sie hatte vorgeblich einen Mann in Venedig verfolgt. Die Arbeit ist unter dem Titel *La Suite vénitienne* bekannt und wird über die Form des Geständnisses re-inszeniert. Das Motiv der Verfolgung wiederum scheint in der *Autobiographischen Geschichte The Red Shoe* vorweggenommen zu sein, in der die Erzählerin erste kindliche Erlebnisse mit dem Reiz der Verfolgung und des Verfolgt-Werdens schildert. Das Thema »Kunst« spielt in den *Autobiographischen Geschichten* fast keine Rolle. Denn sie entsteht, so die Suggestion, aus dem »Leben« und den Ereignissen, die dort stattfinden. Diese gezielte Autobiographisierung ist Calles Methode, die Grenze zwischen Leben und Kunst scheinbar aufzuheben. Die *Autobiographischen Geschichten* werden dabei als Ursprungsmythen für die Entstehung aller anderen Arbeiten eingesetzt.

Auf einer werkimmanenten Ebene bedeutet dies, dass die Künstlerin ein Netz von Verweisen und Bezügen auf ihr eigenes Werk entwickelt.[222]

222 So wird etwa die Serie *L'hôtel* in dem Künstlerbuch *Double Game* (1999) mit einer Fotografie eingeleitet, das eine Vertiefung in einem der Hotelbetten zeigt, als hätte sich dort etwas eingedrückt: Es ist die Fotografie, die Calle später in der *Autobiographischen Geschichte The Erection* benutzt. Ein weiteres Beispiel ist die Bild-Text-Installation *La Filature*, in der die Geschichte von *The Dutch Portrait* schon 1981 als Teil eines längeren Textes erzählt wird. Dort wird die Geschichte, in der sich

Für ihre Strategie, Leben und Kunst scheinbar ineinander aufgehen zu lassen, nutzt Calle den musealen Raum. So tauchen bestimmte Motive wie das Bett in unterschiedlichen Arbeiten auf. Sie wurden etwa in der Ausstellung »M'as tu vue« im Martin-Gropius-Bau zu einer Narration verbunden, wenn der inszenierte Tatort von *The Bedroom* sich mit der darauf folgenden Installation *Journey to California* verknüpfte, der Geschichte der Bettverschickung an den Mann mit Liebeskummer. Es folgte Calles früheste Arbeit *The Sleepers*, in der sie verschiedene Menschen in ihrem Bett schlafen ließ und dies fotografisch dokumentierte. Auch in *Exquisite Pain/Douleur exquise*, der danach folgenden Installation, wurden Fotografien von Betten präsentiert: Das vergebliche Warten auf den Geliebten, der die Erzählerin der Geschichten sitzen lässt, findet in einem Hotelzimmer statt, mit dem Fokus auf das leere Bett und das stumme Telefon. Diese verschiedenen Installationen lassen sich nicht mit einem einheitlichen Erzählstrang verbinden; sie öffnen eher ein weites Bedeutungsfeld, das über die verschiedenen Versionen des Bett-Motivs entsteht.

Doch über die eigenen Geschichten hinaus schließen sich Calles *Autobiographical Stories* auch an andere Geschichten an. Während ich mit dem Fokus auf die »Strategie der Zusammenarbeit« geschildert habe, wie Calle Formen von »Double Games« durch Kooperation mit Anderen entwickelt, sind hier die spezifischen Kontexte der Sammlungen im musealen Raum von Bedeutung. So impliziert auch das Freud-Porträt in der Objekt-Installation *The Bedroom* (Abb. 2.19) einen retrospektiven Blick: Zum einen gehört es zu dem Text der *Autobiographical Story* mit dem Titel *Bad Breath*, in der geschildert wird, wie die Erzählerin unfreiwillig beim Psychoanalytiker landet. Zum anderen verweist das Porträt jedoch auf die Präsentation »Appointment with Sigmund Freud«, denn so lautete der Titel einer Einzelausstellung Calles im Freud Museum in London.[223] *Bad Breath* heißt in anderen Versionen jedoch auch *The Appointment*. In der Bild-Text-Installation dieser *Autobiographischen Geschichte* ist auf einer Schwarz-Weiß-Fotografie die berühmte Analytikercouch von Freud zu sehen (Abb. 2.12). In der Londoner Ausstellung präsentierte Calle auf dieser Couch und an anderen Orten im ehemaligen Wohnhaus Sigmund Freuds eine Auswahl ihrer autobiographischen Objekte (Abb. 2.20).

Die Strukturen der *Autobiographischen Geschichten*, so meine bisherige Analyse, rufen per se kriminologische und psychoanalytische

---

die Erzählerin fragt, ob nicht ein Freund der Familie ihr Vater sei, ausführlicher und mit einer Art Auflösung erzählt. Sie endet damit, dass die Erzählerin diese Annahme fallen lässt, als sie im Laufe der Zeit ihrem Vater immer ähnlicher wird.

223 Einzelausstellung: »Appointment«, Freud Museum, London, 12.2. bis 28.3.1999.

Deutungsmuster auf. In *Bad Breath/The Appointment* wird die Psychoanalyse sogar explizit thematisiert. In dem Text wird geschildert, wie der Vater der Erzählerin sie wegen Mundgeruchs zu einem Arzt schickt. Der vermeintliche Arzt entpuppt sich jedoch als ein Psychoanalytiker. Als sie äußert, dass es sich um einen Irrtum handeln müsse, weil ihr Vater sie zu einem Allgemeinarzt geschickt habe, fragt er: »Do you always do what your father wants?«. Die Geschichte endet mit dem lakonischen Satz »I became his patient.« Sie wird in dem Freud Museum zwar nicht erzählt, gibt aber durch den gleichnamigen Titel eine gewisse Lesart der Ausstellung vor: An die Stelle des dominierenden Vaters scheint der Analytiker zu treten. Noch offensichtlicher als es Calles *Autobiographische Geschichten* per se sind, schließen sie innerhalb des Freud Museums an die Psychoanalyse als Deutungsmuster und Wissensmodell an. Die autobiographisch konnotierte Sammlung wird mit dem Kontext einer anderen Sammlung konfrontiert: Calles Objekte treten in Beziehung zu den Spuren, die Sigmund Freud in seinem letzten Wohnhaus in London hinterlassen hat.[224] Die Künstlerin installiert *The Strip-tease* in der Eingangshalle und zeigt neben dem Text die blonde Perücke, mit der sich die Erzählerin maskiert, damit ihr Exhibitionismus von der Familie unerkannt bleibe. *Young Girl's Dream*, der phallische Nachtisch, ist auf Freuds Esstisch platziert.[225] Doch nicht die *Autobiographische Geschichte* von *The Bad Breath*, sondern *The Wedding Dress* besetzt den prominentesten Platz im Haus: die Analytikercouch Sigmund Freuds. Ein weißes Hochzeitskleid ist darauf in voller Länge ausgebreitet (Abb. 2.20). Die Geschichte erzählt, wie die Protagonistin dem lang begehrten Held der Kindheit in einem Hochzeitskleid gegenübertritt, als sie seine Liebhaberin wird:

»I always admired him. Silently, since I was child. One November 8th – I was thirty years old – he allowed me to pay him a visit. He lived several hundred kilometres from Paris. I had brought a wedding dress in my valise, white silk with a short train. I wore it on our first night together.«

---

224 Zumindest werden die Dinge von Freud im Museum als authentische Spuren präsentiert. Dass auch dies eine (Re-)Konstruktion ist, kann an dieser Stelle nur konstatiert werden.

225 Des Weiteren zeigte Calle dort die *Autobiographischen Geschichten The Cats* (eine ausgestopfte Katze auf einem Sessel), *The Red Shoe* (ein roter Schuh im aufgestoßenen Schrank), *The Bathrobe* (der Bademantel hängt über einem Sessel in der Bibliothek), *The Love Letter* und *The Rival* als Briefe auf dem Schreibtisch und andere Geschichten.

Fast buchstäblich legt sich Calle als Klientin auf Freuds Couch. Zugleich wird dieser Vorgang zu einer Okkupation. Calles Inszenierung an diesem symbolträchtigen Ort ruft unvermittelt die Frage wach, was wohl Freud zu der Geschichte gesagt hätte. Ebenso nahe liegend scheint die Antwort: Die Künstlerin, die angeblich vaterlos aufgewachsen ist – so die Geschichte aus *The Dutch Portrait* – hat in diesem Freund der Familie den Vaterersatz gesucht, so dass sich das Begehren auf ihn verlagert. Von *The Divorce* bis hin zu der späten Geschichte *Room with a View* (2003) scheint die Erzählerin zudem vom Wunsch beherrscht zu sein, phallische Symbole wie den Eiffelturm in Besitz zu nehmen. Die Sehnsucht wiederum, ein Brautkleid zu tragen und sich damit der eigenen Weiblichkeit zu vergewissern, reicht bis hin zu *The Fake Wedding*. Diese simplen Deutungen drängen sich auf, weil es gängige Geschichten sind, die im Grunde den Betrachter/innen und Leser/innen bekannt vorkommen: der Kleinmädchenwunsch des Braut-Spielens, der ältere bewunderte Held, der sich wiederholende Wunsch der Erwachsenen, eine Braut zu spielen. Wenn Annette Messager in ihren Sammlungen »fantasmes de tout le monde«,[226] kollektive Chimären und Fiktionen aufruft, dann entwirft Calle eine Form der »psyche de tout le monde«. Es ist eine heterosexuelle Allerweltspsyche, die sich zwar individuell gebärdet, jedoch in dem Körper der Künstlerin und in ihrer Erzählstimme kollektive Muster präsentiert und Phantasmen realisiert. In einer Art Hobby-Psychologie, die sie in Freuds Haus zitiert, spielt sie mit den Stereotypen von Geständnis und Geheimnis, mit kollektiven Mustern, die im Grunde nichts Verborgenes und Geheimes enthüllen. Calles Inszenierung der psychoanalytischen Situation konfrontiert uns mit dem Klischee einer Alltagspsychologie.

Doch etwas macht misstrauisch: Zu gut passen die *Autobiographical Stories* in das Deutungsmuster der Freud'schen Theorien. Calle übererfüllt in vorauseilendem Gehorsam die Erzählmuster der Psychoanalyse. Sie ist nicht nur das aktive Subjekt, das seine Geschichte erzählt, sondern unterwirft sich auch einer Deutungstradition. Das Dispositiv der Freud'schen Erzählung bringt ihre anderen Erzählungen und scheinbaren Erlebnisse erst hervor. In einem Wechselspiel von Ermächtigung und Unterwerfung ist sie gleichzeitig Subjekt und Objekt der Geschichten – und zwar doppeltes Objekt, nicht nur weil sie das Objekt der eigenen Erzählung ist, sondern auch das der Erzählung Sigmund Freuds, wenn sie ihre Geschichten in seinem Raum gleichsam zur Analyse frei gibt.

Während Annette Messager die gesellschaftlichen Direktiven durch ein ständiges Kopieren, Sammeln und Abschreiben zu verinnerlichen scheint, so wählt Calle eine andere Version der Übererfüllung. Sie über-

226 Ausst.-Kat. Annette Messager. Comédie Tragédie, S. 123.

bietet und übertreibt psychische Grundmuster, wie Freud sie beschreibt, und entwirft damit das paradoxe Bild einer kontrollierten Neurotikerin. Der »ödipale« Komplex dem verschwundenen Vater gegenüber etwa wird in anderen Geschichten derart häufig in unterschiedlichen Variationen wiederholt, dass die Interpretation nicht mehr aufgehen und auf keine psychische Struktur verweisen kann. Der »Wiederholungszwang«, wie ich ihn bei Calle bereits »diagnostiziert« habe, wird hier geradezu vorgeführt. Calle wiederholt ihre Geschichten und damit auch die Geschichten Freuds. Sie nutzt seine Autorschaft, um ihre umso stärker zu etablieren.[227]

Dass dies so gut funktioniert, liegt an der spezifischen Strategie Calles, die immer wieder – ebenso einer zwanghaften Struktur ähnlich – das Vokabular der Verführung benutzt. So ruft das Brautkleid auf Freuds Couch noch andere Assoziationen wach, denn schließlich erzählt die Geschichte des Brautkleids von einer Liebesnacht mit einem älteren Liebhaber. Das Brautkleid selbst liegt wie die Hülle eines Körpers dahingegossen auf dem Divan: Der allmächtige Vater der Psychoanalyse wird von den *Autobiographischen Geschichten* der Sophie Calle umgarnt. Er ist der unsichtbare Dritte im Bunde, auf den ihr Begehren zielt, und wird als Gegenüber, als wissenschaftliche Deutungsmacht, imaginiert. Sophie Calle setzt ein Gespräch in Gang, das weniger einem Dialog gleicht, sondern vielmehr einer Verführung und Vermählung, in der Freud zum ersehnten Liebhaber wird. Doch letztlich wird der Liebhaber nur gesucht und kann, folgt man Jacques Lacans Relektüre von Freud, nicht gefunden werden: »Wo es das Verlorene nachträglich hervorbringt,« so rekapituliert Elisabeth Strowick, »beschreibt das Wiederfinden die paradoxe Figur eines Wiederfindens im Verfehlen.« Und Strowick weiter: »Das Wiederfinden findet stets ein Anderes wieder. Als immer schon Anderes eröffnet das wiedergefundene Objekt die Suche erneut; und so ist es letztlich die Suche, worauf die Wiederholung geht, ja, die sie, indem sie die Ausstreichung des ursprünglichen Befriedigungsobjektes wiederholt, unterhält.«[228] In die Wiederholung ist die Verfehlung strukturell eingeschlossen, und wenn die Erzählerin in Calles Geschichte das

227 Eine Form der Übertreibung ist es auch, wenn sich Calle zu der Ausstellung in dem – viel zu großen – Mantel Freuds fotografieren lässt. Vgl. Ausst.-Kat. Sophie Calle. M'as-tu vue?, S. 185.

228 Elisabeth Strowick: »Intime Akte(n). Theoretische ›Annäherungen‹ an die Arbeiten von Sophie Calle«, in: Ausst.-Kat. Sophie Calle, S. 31-38, hier: 37. Vgl. auch dies.: Wiederholung und Performativität. Rhetorik des Seriellen. http://www.thealit.dsn.de/lab/serialitaet/teil/strowick/strowick_druck.html (Stand: 25.02.05). Strowick bezieht sich in dieser Passage auf Jacques Lacans strukturalistische Relektüre Freuds.

Objekt ihres Kindheitsbegehrens aufsucht und (nicht) wieder findet, so findet die Suche und ihre Verfehlung in der Installation im Freud Museum ihre Fortsetzung. »[...] es ist wahr«, so Freud zur Übertragungsliebe, »daß diese Verliebtheit aus Neuauflagen alter Züge besteht und infantile Reaktionen wiederholt. Aber dies ist der wesentliche Charakter jeder Verliebtheit. Es gibt keine, die nicht infantile Vorbilder wiederholt.«[229] Die obsessive Wiederholung potenziert sich in der Suche unendlich und ragt bis in das Museum hinein, wenn Freud zum Objekt der *Autobiographischen Geschichten* Calles wird. Ihre Verfehlung ist jedoch zugleich auch die Verfehlung von Autorschaft: Calle etabliert nicht nur ihre Autorschaft über den Namen Sigmund Freuds, sondern zugleich wird diese ausgesetzt. Denn was Jean Baudrillard in Bezug auf Calles Verfolgungsprojekt in der Foto-Text-Installation *La suite venetienne* beschrieben hat, gilt auch in diesem Falle: Die Verfolgerin tritt in die Spuren eines Anderen und besetzt sie damit zugleich. Die scheinbare Folgsamkeit wird zu einer Ermächtigungsstrategie, die die Spuren des Anderen löscht und ihre Einmaligkeit tilgt – Baudrillard nennt es einen subtilen Mord.[230] Doch die Auslöschung des Anderen findet in dessen Namen statt und bedeutet zugleich das Aufgehen der eigenen Autorschaft in einem anderen Kontext. Nicht nur die einmalige Geschichte des Anderen verschwindet, sondern auch die des Selbst. Die eigene Autorschaft etablieren und zugleich hinter und mit einer anderen zu verschwinden, sind zwei Seiten der gleichen Strategie.

In eine andere Sammlung mit einer anderen Geschichte integriert Calle ihre *Autobiographical Stories* in einer Ausstellung im Tel Aviver Museum of Modern Art.[231] Dort zeigte sie die Objekt-Installation der *Autobiographischen Geschichten* im Helena Rubinstein Pavillon und nannte sie *Personal Museum* (Abb. 2.13, 2.14). In der ständigen Sammlung des Pavillons befinden sich auch Helena Rubinsteins *Miniature Period Rooms*. Rubinstein hat zu Lebzeiten über 20 000 Miniaturen zusammengetragen, darunter 17 Miniatur-Schlafzimmer aus verschiedenen historischen Epochen.[232] Calles Installation fügt den historischen Miniatur-Schlafzimmern

229 Sigmund Freud: »Bemerkungen über die Übertragungsliebe«, in: Ders.: Studienausgabe, Ergänzungsband, Frankfurt/Main 1975, S. 227.

230 Vgl. Jean Baudrillard: Die fatalen Strategien, München 1991, S. 161.

231 True Stories, Ausst.-Kat. Museum of Modern Art Tel Aviv, Tel Aviv 1996.

232 »During her life-time, Rubinstein collected 20,000 miniatures, made of ivory, silver, mother-of-pearl, crystal, mahagony, pewter, etc.« Bildunterschrift in: Ausst.-Kat. True Stories, S. 161. Die Miniatur-Schlafzimmer sind seit 1968, als der Pavillon eröffnet wurde, ausgestellt.

ein vorgeblich zeitgenössisches in lebensgroßem Maßstab hinzu, in das ihre Autobiographie eingeschrieben ist. Erneut wird hier das Motiv des Bettes in einen anderen Kontext gesetzt. Sie äußert dazu im Katalog: »I have chosen to install diverse objects which occupied a sentimental place in my life on the upper level of the Helena Rubinstein Pavilion, next to the permanent display of Rubinstein's miniature period rooms, thus creating my own ›French Bedroom, End of Twentieth Century‹.«[233]

Die Trennung zwischen Calles Raum und dem der Betrachter/innen bestand in diesem Fall aus einer Stellwand, in die Fenster eingeschnitten waren (Abb. 2.13). Durch sie konnte man in Calles Installation schauen. Nicht nur ein voyeuristisches Moment kommt ins Spiel, sondern Calles Fenster-Rahmungen wirken ähnlich wie die Rahmungen der Miniatur-Schlafzimmer von Helena Rubinstein: Der Blick auf Calles Installation wird analog zu dem Blick auf die Miniatur-Zimmer inszeniert. Auf diese Weise reiht sich Calles »Miniatur« in die historischen *Bedrooms* der Rubinstein-Sammlung ein. Spielerisch präsentiert Calle die individuell erscheinenden *Autobiographischen Geschichten* als Prototyp eines »French Bedroom«. In einem anderen Katalog wird die gleiche Installationsansicht aus Tel Aviv als *Girl's Room in the 20th Century* bezeichnet und weiter spezifiziert als »re-creation of a bedroom«.[234] Die »re-creation« der *Autobiographischen Geschichten* ist jedoch mit jeder Ausstellung eine Neuerschaffung des Künstlerinnen-Selbst in einem anderen Kontext. Die Genealogie, aus der Calle ihre Installation *French Bedroom* ableitet, wird durch die *Autobiographischen Geschichten* der Künstlerin infiltriert und verändert. Im selben Moment reiht sie sich in die standardisierten Miniatur-Zimmer ein, die den Stil einer bestimmten Epoche darstellen sollen. Calles *Autobiographical Stories* setzen ein Spiel mit Historisierung und Typisierung, eigener und fremder Geschichte in Gang. Die Miniatur-Schlafzimmer erinnern jedoch an Puppenhäuser und sind selbst eine Form des Spiels mit Historie und Typus. Calle greift dieses Spiel auf, doch gehen in diesem Falle ihre Geschichten weniger stark in einer anderen Sammlung auf als im Freud Museum. Die Objekte bleiben in ihrer Orginalgröße erhalten und nur der Blick durch den Rahmen evoziert einen gleichsam miniaturisierenden Blick.

Die Miniaturisierung ist auf einer künstlerischen werkimmanenten Ebene dagegen auch eine Form der narrativen Verdichtung. Sie kann sich auf das Erzählen der Lebensgeschichte beziehen, wie ich es am Beispiel von Hannah Höchs *Lebensbild* gezeigt habe. Fast das gesamte obere Viertel

233 Ausst.-Kat. True Stories, S. 160.

234 Ausst.-Kat. Sophie Calle. M'as-tu vue?, S. 171-172.

der Collage wird dabei von dem fotografisch reproduzierten Collagen- und Montagenwerk der Künstlerin eingenommen (Abb. 1.8). Es wird gleichsam miniaturisiert: Höch präsentiert in dem *Lebensbild* ihre Version einer Retrospektive. Sie erschließt sich nicht wie bei Calle erst nach und nach im Prozess der Rezeption und der Kenntnis ihres Werkes, sondern ist in Form direkter Zitate sofort ersichtlich. Die visuelle Autobiographie ist auch bei Höch nicht nur eine Form der Rückschau auf das eigene Leben, das fiktionalisiert wird, sondern auch auf das eigene Werk, das ausgewählt, geordnet und in den öffentlichen Raum gestellt wird.

Doch welche Schwerpunkte hat diese Art der monografischen Ausstellung, die Höch von sich zeigt? Zunächst soll daran erinnert werden, dass die Gemälde von ihr wieder mit den Worten ausgeschieden worden sind, hier würde nur »Person Höch mit Collage« dargestellt.[235] Von den frühen Collagen wie »Weiße Form« aus dem Jahr 1919 (Abb. 1.2, Nr. 14) bis hin zu denen der 60er und 70er Jahre wie die Collage »Angst« von 1970 (Abb. 1.2, Nr. 46) wird das Collagen- und Montagenwerk aus einem Zeitraum von fünfzig Jahren aufgefächert. Höch historisiert damit das *Lebensbild* und macht seine Genealogie sichtbar. Es erscheint als ein vorläufiger End- und Höhepunkt einer Entwicklung, der vor dem Hintergrund der anderen Collagen gezeigt wird. Andersherum werden jedoch auch die zitierten Collagen durch den Kontext des *Lebensbildes* reflektiert und inszeniert. Dabei wählt Höch nur einen Teil ihres Collagen- und Montagenwerks aus. Angesichts des überaus umfangreichen Werks der Künstlerin wäre es unmöglich, innerhalb einer einzigen Collage der sammlerischen Strategie der Vollständigkeit zu folgen. Immerhin werden jedoch auch ohne die Doppelungen über zwanzig Collagen zitiert. Sie bilden zwar einen zeitlichen Querschnitt durch Höchs Collagenwerk, geben aber nicht deren stilistische Vielfalt innerhalb der fünfzig Jahre wieder. So hat Höch auch innerhalb der Collagen eine deutliche Wahl getroffen. Die abstrakten farbigen oder schwarz-weißen Collagen aus den 50er bis 70er Jahren etwa sind nicht vertreten und eher in Ausnahmefällen zitiert Höch figurative, in denen sie mit farbigem Zeitschriftenmaterial arbeitet wie etwa in der im Original farbigen Collage *Das Ewig Weibliche* (1970). Der Grund liegt zum einen darin, dass Anfang der 70er Jahre die Farbfotografie noch nicht sehr verbreitet war. Es wäre zu aufwändig gewesen, eine derart großformatige Collage mit Originalfotografien in Farbe zu produzieren. Als schwarz-weiße Reproduktionen jedoch würde die Wirkung vieler ursprünglich farbiger Collagen gemindert. Daraus erklärt sich Höchs Entscheidung, das *Lebensbild* wie eine Collage der 20er Jahre mit schwarz-weißem Material auf farbigem

235 Aus dem unveröffentlichten Tonbandprotokoll der Orgel-Köhnes.

Hintergrund zu gestalten – der allerdings nicht wie früher mit Aquarell gestaltet ist, sondern aus einer Vielzahl farbiger Druckpapiere besteht.[236]

Jenseits dieser pragmatischen Entscheidung entwickelt die Retrospektive Höchs eine Form der Selbstbezüglichkeit, die zwar nicht derart umfassend ist wie die *Autobiographical Stories* von Sophie Calle, dennoch etliche Bezüge zwischen den zitierten Collagen und dem anderen Teil der Collage *Lebensbild* auffächert. Die bereits erwähnten Zitate der wenigen direkten und indirekten Selbstbildnisse Höchs, die hier noch einmal auftauchen, gehören dazu. Ebenso lässt sich die dargestellte Rollenvielfalt der Collagen auf die Selbstdarstellung Höchs in ihren verschiedenen sozialen Rollen in den Porträts beziehen. »Kunst« in Form der zitierten Collagen und »Leben« in Form der dargestellten Lebenssituationen in den Fotografien gehen auf dieser Ebene in dem *Lebensbild* eine enge Beziehung ein. Andererseits sind die Bereiche klar voneinander abgegrenzt, weil an das Collagenwerk fast ausschließlich in dem oberen Viertel der Collage erinnert wird.

Höchs Form der Erinnerung hängt dabei eng mit der Miniaturisierung in Form der fotografischen Reproduktion zusammen. Die Künstlerin schafft sich ein »musée personnel«, in dem sie ausgewählte Collagen als Reproduktionen versammelt und erinnert. In diesem Punkt lässt das *Lebensbild* an Marcel Duchamps *Boîtes-en-valises* (1935-41) denken: Auch Duchamp hatte mit der Präsentation seiner eigenen Werke als Reproduktionen eine Form der Selbstausstellung geschaffen. Die Anzahl der Reproduktionen ist in den *Boîtes-en-valises* jedoch wesentlich größer, denn im Gegensatz zu Höch konzentriert sich Duchamps Selbstausstellungsprojekt auf die Retrospektive im Miniaturformat, ohne den Anspruch einer visuellen Autobiographie zu haben.[237] Zudem war es Duchamps erklärtes Ziel, mehrere Hundert Editionen herzustellen: Die Reproduktion ist hier eine multiple, die sich in der Öffentlichkeit streuen soll, während sie bei Hannah Höch – die 38 vergrößerten Ausschnitte beiseite gelassen

236 Vgl. die Notiz Hannah Höchs zu den Vorbereitungen für das *Lebensbild*: »[...] zurückgreifen auf meine früheste Lösung. Farbe Hintergrund. 2tes [sic] Element dazu – die zauberhaften Nuancen der unendlich abgestuften Druckpapiere. Schon lange grosse Sammlung angelegt.« BG HHC H 2234/79.

237 Ingrid Schaffner bezeichnet Duchamps Projekt als »autobiographisch« und als »Summe seine Lebens«. Doch ist die Verwendung des Begriffs der Autobiographie hier unscharf und kann auf Duchamps *Boîtes-en-valises* nicht angewandt werden, denn eine eigene Form der Werkretrospektive zu schaffen, impliziert nicht unbedingt einen autobiographisch retrospektiven Blick. Ingrid Schaffner: »Deep Storage«, in: Ausst.-Kat. Deep Storage, S. 21-32, hier: 22.

– in der Collage *Lebensbild* einmalig sind. Doch im Verhältnis zur Gesamtgröße der Collage wirken die abgebildeten Reproduktionen wie Miniaturen, die das gesamte Werk repräsentieren sollen. Manche der Collagen sind tatsächlich verkleinert worden,[238] doch andere sind wiederum im Original so klein, dass sie im *Lebensbild* fast in ursprünglicher Größe zu sehen sind – verkleinerte und vergrößerte Collagen sind nebeneinander gestellt.

Walter Benjamin beschreibt das Medium der Fotografie als eine Form der Miniaturisierung: »Im Endeffekt sind die mechanischen Reproduktionsmethoden eine Verkleinerungstechnik und verhelfen dem Menschen zu jenem Grad von Herrschaft über die Werke, ohne welchen sie gar nicht mehr zur Verwendung kommen.«[239] Ist Höchs Selbst-Retrospektive also Ergebnis einer Kontrolltechnik? Während bei Duchamps Museum in Miniaturformat die einhellige Meinung vorherrscht, dass es als institutionskritische Strategie angelegt ist, muss man sich auch bei Höch fragen, in welchem Verhältnis ihre Retrospektive zur Institution des Museum steht. Eine erste Antwort liegt darin, dass Höchs Collagen durch ihre veränderten Formate und die geometrischen Strukturen des Farbfonds, durch die sie zusammenfasst werden, gleichwertig erscheinen. Die Heterogenität der Collagen ist in einem »Werk« zusammengefasst, auch wenn es in sich nicht homogen ist. Dabei nehmen die Collagen aus anderen Werkphasen mehr Raum ein als die dadaistischen. Implizit kommentiert Höch damit die eindimensionale Rezeption ihres Collagenwerks, in der sie – auch zur Entstehungszeit Anfang der 70er Jahre – auf den Dadaismus festlegt wird.[240] Ein weiterer Anzeiger dafür, dass Höchs Ordnung eine andere ist als die der Kunstgeschichte innerhalb des Museums, ist ihr Umgang mit der Dada-Collage *Schnitt mit dem Küchenmesser*. Nur im überaus winzigen Miniaturformat fügt sie einen Ausschnitt davon in das Element »Kleine Galerie« ein. Der Schriftzug »Dadaisten« ist gut sichtbar; und auch die noch kleineren Porträts von Raoul Hausmann und Hannah Höch direkt neben dem Schriftzug werden aus der Dada-Collage zitiert. Höch ordnet sich dergestalt als Dadaistin in den Kontext ihrer Kunstsammlung ein. Die »Kleine Galerie« erscheint jedoch in besonders

238 Das Ausnahme-Gemälde »Die Braut« hat im Original die Maße 114 x 66 cm.

239 Benjamin: Das Kunstwerk im Zeitalter seiner technischen Reproduzierbarkeit, S. 61.

240 So äußert sie: »Ich kann das Wort Dada nicht mehr hören, aber die Leute wollen ja derzeit nichts anderes, also muß ich wohl darauf eingehen.« In: Eberhard Roters: »Bildsymbolik im Werk Hannah Höchs«, Ausst.-Kat. Collagen, Hannnah Höch, 1889-1978, Institut für Auslandsbeziehungen Stuttgart, Stuttgart 1984, S. 65.

kleinem Format und ist der Motivinsel der Freunde zugeordnet, von denen die Werke meist stammen. Der Historisierung als Dadaistin wird nur ein kleiner Platz eingeräumt, der zumal eine private Konnotation erhält.

In einem besonderen Verhältnis zur Retrospektive steht die Herkunft des fotografischen Materials. Dass viele Collagen Höchs reproduziert worden sind, verdankt sich der Tatsache, dass 1971 eine ihrer ersten großen Retrospektiven in Berlin gezeigt wurde. Zu dem Anlass sind die Collagen fotografiert worden und aus eben diesem Material wählt Höch die Collagen-Zitate im *Lebensbild* aus.[241] Die Retrospektive des eigenen Werkes in der großformatigen Fotocollage fußt auf einer tatsächlichen Retrospektive, die vorher stattgefunden hat: Höch zeigt eine Retrospektive der Retrospektive. Sie nutzt ihre Einzelausstellung und die Tatsache, dass daraus fotografische Dokumente ihrer Arbeiten entstanden sind, als Sprungbrett für ihre eigene Form der Rückschau. Sie reproduziert und reflektiert auf diese Weise ihre eigene Historisierung. Die Miniaturisierung fungiert in diesem Zusammenhang als eine Form des Zugriffs auf die Bildwelt, wie sie Benjamin beschreibt. Dabei geht es Höch weniger um die vielfache Verbreitung ihrer individuellen Retrospektive wie Duchamp, denn das großformatige *Lebensbild* ist gerade kein mobiler Koffer und keine Miniatur. Zudem sind die Collage-Reproduktionen an den festen Ort des *Lebensbildes* – und des Museums – gebunden und können nicht zirkulieren. Es entsteht eher ein Wechselspiel, in dem Höch den Ort des Museums mit den »Imagines« der eigenen Erinnerung besetzt. Höchs *Lebensbild* kann daher als ein Versuch gewertet werden, die posthume Rezeption ihres Collagenwerks zu prägen. Die Rhetorik des Sammelns, Auswählens und Präsentierens wird in Bezug auf die Retrospektive zu einer Form der Selbst-Aneignung, die in die Wissensproduktion im Museum und in der Kunstgeschichte eingreift.

Sammlungs-Sammlerinnen: Buch, Enzyklopädie, Collage, Wunderkammer

Die visuelle Autobiographie als Sammlung schließt nicht nur an den musealen Raum an, sondern bezieht sich auch auf andere Formen der Sammlung, die Wissen speichern und generieren. Laut Harald Weinrich gibt es zwei Grundmetaphern für das Gedächtnis: das Magazin und die

241 Vgl. Kap. Autobiographische Fiktionen, Anm. 22.

Schrift. Die Bibliothek verbindet beides.[242] Annette Messagers *Albums-collections* greifen diese Gedächtnismetapher auf, allerdings nur in Form einer Ansammlung von Buchobjekten, ohne sie in die architektonische Form einer Bibliothek einzubinden. Ein Buch besitzt selbst Eigenschaften einer Sammlung, so Anne Mœglin-Delcroix, weil in der homogenen Struktur seiner Seiten Wörter, Bilder oder Objekte serienartig bewahrt werden können, als würde man sie in Regale oder Schachteln räumen.[243] Es verspricht eine »all-at-onceness«[244] in Raum und Zeit und doch bewegen wir uns innerhalb einer linearen Zeitform, wenn wir seine Seiten umblättern. Das Künstlerbuch hat sich Mœglin-Delcroix zufolge zwischen 1960 und 1970 entwickelt, weil in derselben Zeit sammlerische Praktiken Einzug in die Kunst hielten.[245] Doch handelt es sich bei Messagers Alben nicht um Künstlerbücher in Form von Reproduktionen in einer bestimmten Auflage, denn die Sammlung existiert unabhängig von Publikationen und wird meist in Teilen in Vitrinen ausgestellt. Dass man die Alben nur an einer aufgeschlagenen Stelle einsehen kann, soll laut Messager das Geheimnisvolle der intim wirkenden *Alben-Sammlungen* wahren.[246] Nur eine kleine Anzahl der Alben ist bisher als Künstlerbuch veröffentlicht worden. Sie erfahren in der Publikation jedoch etliche Transformationen.[247]

Dennoch trifft es auf Messagers *Albums-collections* zu, dass schon das singuläre Buch als Teil einer einzelnen *Album-collection* eine Sammlung gleichartiger Motive darstellt. In den anderen Alben der gleichen Sammlung wird dieses Motiv ebenso wiederholt und variiert. So präsentiert Messager auf paradigmatischer Ebene in jeder *Collection* das Gleichartige; auf syntagmatischer Ebene dagegen sind die *Collections* heterogen: Es entsteht eine Sammlungs-Sammlung, in der schon die einzelne *Album-collection* eine Obsession der Vollständigkeit sichtbar werden lässt, die in der Gesamtheit noch gesteigert wird. So eignet sich *La Collectionneuse* in *Tout sur les coquillages* das gesamte Wissen über Muscheln an (Abb. 3.22) oder entwirft in *Tout sur les pierres précieuses* ei-

242 Harald Weinrich: »Typen der Gedächtnismetaphorik«, in: Archiv für Begriffsgeschichte, 9, 1964, S. 23-26.

243 Vgl. Anne Mœglin-Delcroix: Esthétique du livre d'artiste, Paris 1997, S. 185.

244 Stewart: On Longing, S. 8.

245 Ebd.

246 »Ich plazierte sie [die *Albums-collections*] aber so in Vitrinen, dass man sie gar nicht lesen konnte. Das Ganze bleibt ein intimes Tagebuch mit einer mysteriösen Komponente.« Jocks: Annette Messager, S. 33.

247 Vgl. Mœglin-Delcroix: Esthétique du livre d'artiste, S. 216. So wurde etwa die *Album-collection Les approches* als Leporello publiziert.

ne Art Lexikon über Edelsteine. In einer anderen *Album-collection* werden alle »guten und giftigen Pilze« (Abb. 3.16) detailliert gezeichnet und beschrieben. »Die Tiere der ganzen Welt« präsentiert die Künstlerin in Farbstiftzeichnungen in *Les animaux du monde entier* (Abb. 3.5), ebenso wie die *Alben-Sammlung Les grandes énigmes du monde* die Rätsel der Welt dokumentieren soll. *Annette Messager collectionneuse* zeigt uns mit einer universalen Geste »le monde entier« – eine Enzyklopädie. Doch letztlich ist ihre Enzyklopädie eine Mixtur aus kindlich erscheinenden Zeichnungen in Schulheften und gesammelten Fotos aus Zeitschriften: Die Obsession der Wiederholung und das sammlerische Begehren nach Vollständigkeit werden zu einer Kopie der Enzyklopädie.

Annette Messager entwirft die paradoxe Form einer »collectionneuse dispersée, qui conserve ou conservait presque tout.«[248] Die »zerstreute Sammlerin« ahmt universale Enzyklopädien nach und sammelt dabei banale Dinge genauso wie alltägliche Bilder. Ihre Akkumulationen ähneln den »Privatsammlungen«, wie sie Krzysztof Pomian beschreibt, und in denen man »auf die seltsamsten Gegenstände trifft, von denen man allein schon aufgrund ihrer Banalität nicht erwartet hätte, daß sie je das geringste Interesse beanspruchen könnten.«[249] Pomian fährt fort: »So sammelt in einer polnischen Stadt eine Dame die Einwickelpapiere von Orangen, Zitronen und Pampelmusen«, um mit der Feststellung zu schließen, dass wohl jeder Naturgegenstand und jedes noch so merkwürdige Artefakt in irgendeiner Privatsammlung oder einem Museum zu finden sei. Alle Privatsammlungen zusammengenommen müssten nach Pomian das Bild der Welt ergeben.

Diese Idee einer Abbildhaftigkeit der Welt in der Sammlung ahmt Messager nach. Ihre disparaten Elemente werden in der Sammlungs-Sammlung entdifferenziert und erinnern an das holistische Prinzip einer Kunst- und Wunderkammer.[250] In der Renaissance entstanden, soll die europäische Kunstkammer im 16. und 17. Jahrhundert einen summarischen Überblick über das Universum schaffen: Der Makrokosmos der

248 Mœglin-Delcroix: Esthétique du livre d'artiste, S. 200.

249 Pomian: Der Ursprung des Museums, S. 13.

250 Dörte Zbikowski erwähnt diese Analogie, führt sie jedoch nicht aus. Vgl. Zbikowski: »Sammeln als künstlerische Strategie«, S. 212. Sebastian Giesen nennt Messagers Installation *DépendanceIndépendance* in der Hamburger Kunsthalle 1999 eine »Wunderkammer der Assoziationen« und betont, dass sich bei Messager wie in den Wunderkammern etwa ausgestopfte Tiere befinden, geht jedoch nicht näher auf den Vergleich ein. Vgl. Sebastian Giesen: »Wunderkammer der Assoziationen«, in: Annette Messager DépendanceIndépendance, o. P.

Welt wird im Mikrokosmos der Sammlung sichtbar und verfügbar.[251] Daraus entwickeln sich die heutigen Museen, in denen die einstige Simultaneität der Wunderkammer in spezifische Bereiche differenziert ist. Die »Massen von disparaten Gegenständen« in den Kunst- und Wunderkammern indes sind häufig in einer »Abfolge vom Naturobjekt zu dessen Verarbeitung zum Kunstwerk durch technische und künstlerische Instrumente« geordnet.[252] Sie sind meist in folgende Kategorien gegliedert, zu denen jedoch noch andere hinzukommen können: »Naturalia«, Objekte aus Zoologie, Botanik und Mineralogie, »Artificialia«, zu denen Objekte aus dem Kunstgewerbe oder kleinformatige Skulpturen gehören können; dann folgen »Scientifica«, die technische Geräte zeigen, und manchmal auch eine Bibliothek.[253] Die Wunderkammer ist die visuelle Form einer »enzyklopädischen Wissbegier, die darauf zielt, die ganze Schöpfung der Erkenntnis zu öffnen [...].«[254] Zugleich entsteht eine Rhetorik einer Überwältigung, die dennoch Neugier weckt, wie es Brigitte Hoppe beschreibt:

> »Es stellt sich zuerst die Empfindung des Staunens und der Verwunderung ein ob der Fülle der unbekannten und auch der bekannten Gegenstände wie Geschirr, Werkzeug und Kosmetikgerät, alltägliche Gegenstände, die aber durch die Art der Darbietung oder durch Bearbeitung seltsam entfremdet wirken. Die Mannigfaltigkeit der Gestalten weckt die Neugierde, die *curiositas*, zur näheren Betrachtung im einzelnen.«[255]

Dieses Prinzip der Wunderkammer entfaltet Annette Messager zwischen den Buchdeckeln der *Albums-collections*.[256] Bestimmte Sammlungen wie

---

251 Arthur McGregor: »Die besonderen Eigenschaften der ›Kunstkammer‹«, in: Grote: Macrocosmos in Microcosmo, S. 61-106, hier: S. 61.

252 Bredekamp: Antikensehnsucht und Maschinenglauben, S. 35.

253 Dies sind die Kategorien der Kunstkammer in Prag von Kaiser Rudolf II., dessen Inventar 1607-1611 veröffentlicht wurde. Vgl. McGregor: »Die besonderen Eigenschaften der ›Kunstkammer‹«, in: Grote: Macrocosmos in Microcosmo, S. 73. Vgl. auch Bredekamp: Antikensehnsucht und Maschinenglauben, S. 38.

254 Krysztof Pomian: »Sammlungen – eine historische Typologie«, in: Grote: Macrocosmos in Microcosmo, S. 107-128, hier: 113.

255 Brigitte Hoppe: »Kunstkammern der Spätrenaissance zwischen Kuriosität und Wissenschaft«, in: Grote: Macrocosmos in Microcosmo, S. 243-263, hier: S. 244.

256 Auch die historische Wunderkammer existiert häufig nur als theoretische beschriebene Idealvorstellung im Buch. So ist Samuel Quichelbergs Entwurf einer Wunderkammer nie ausgeführt worden und nur als Beschreibung erhalten. Vgl. Bredekamp: Antikensehnsucht und Maschinen-

Die großen Rätsel der Welt greifen sogar die Kategorie der »Mirabilia« in der Wunderkammer auf. Sie erfahren jedoch eine ironische Wendung, wenn etwa in *Les tortures volontaires* (Abb. 3.23, 3.24) eine Fülle von Kosmetikgeräten zu sehen ist, die Frauenkörper zurichten, was statt an eine Wunderkammer eher an eine Folterkammer denken lässt. Die »Kuriositäten« sind in Wunderkammern zumeist eine Darstellung von Monstern, Missgeburten und Fabeltieren. In der Kunstkammer von Frederik III waren beispielsweise die Skeletteile eines Riesen zu finden oder ein Ei, das 1638 eine Norwegerin gelegt haben soll.[257] Das »kuriose Objekt«[258] entspricht der Wissbegier und Schaulust der modernen »Curiositas«. Was im Mittelalter noch als Todsünde galt, wird in der Neuzeit zu einer Tugend.[259]

Der »kuriose Blick«[260] der Wunderkammer ist im 20. Jahrhundert von verschiedenen Künstlerinnen und Künstlern aufgegriffen worden. Als moderne Wendung der Wunderkammer entsteht das Künstlermuseum bereits 1936 in der Ausstellung »Exposition surréaliste d'objets« der Surrealisten. Nach einer »analogisierenden Methode« stellten sie ethnologische Objekte, mathematische Modelle und Fundobjekte neben Kunstwerke im traditionellen Sinne, um in diesem zündenden Zusammentref-

glauben, S. 33. Die Bibliothek ist zudem häufig auch ein Spiegel der Kunstkammer. Vgl. Harrieth Roth: »Die Bibliothek als Spiegel der Wunderkammer«, in: Assmann/Gomille/Rippl: Sammler – Bibliophile – Exzentriker, S. 193-211.

257 Wunderkammer des Abendlandes. Museum und Sammlung im Spiegel der Zeit, Ausst.-Kat. Kunst- und Ausstellungshalle der Bundesrepublik Deutschland, Bonn, Bonn 1994, S. 40.

258 Vgl. Lorraine Daston: »Neugierde als Empfindung und Epistomologie in der frühmodernen Wissenschaft«, in: Grote: Macrocosmos in Microcosmo, S. 35-60, hier: S. 43.

259 Vgl. ebd., S. 35-60.

260 In dem Ausstellungskatalog »Wunderkammer des Abendlandes« werden unter dem Begriff des »kuriosen Blicks« Sammlungen von ca. 1500 bis ca. 1650 gefasst, die den Sammlungen des »spiegelnden Blicks«, des »Panorama-Blicks« und des »surrealen Blicks« entgegengesetzt werden. Unter den »kuriosen Blick« fallen in dem Katalog das anatomische Theater, das Memoriatheater, das Naturtheater und die Kunstkammer. Vgl. Ausst.-Kat. Wunderkammer des Abendlandes, S. 18 und S. 22 ff. Dazu vgl.: Hans Holländer: »Kunst- und Wunderkammern: Konturen eines unvollständigen Projekts«, S. 136-145, bes.: 138, in: Ebd. Zur Geschichte der wissenschaftlichen Neugier vgl. Hans Blumenberg: Die Legitimität der Neuzeit, Frankfurt/Main 1966. Vgl. Daston: »Neugierde als Empfindung« und aktuell: Lorraine Daston/Peter Galison: Objektivität, Frankfurt/Main 2007.

fen die Imaginationskraft anzuregen.[261] *Annette Messager collectionneuse* sammelt jedoch weniger, um aus dem Zusammentreffen der Objekte surrealistische Funken zu schlagen, sondern sucht sich vielmehr die Welt in der Sammlung verfügbar zu machen. Sie entwirft die banale Wunderkammer einer »Midinette«, in der die Kosmetikutensilien und Einwickelpapiere von Orangen eine alltagsethnologische Fremdheit entwickeln: Der neugierige Blick konstruiert das Fremde. Darin trifft sich Messagers Blick mit dem ethnografischen Blick der Surrealisten, für die gerade das Allzubekannte in unbekannte Regionen des Unbewussten führte. Doch die Produkte dieses Blicks sehen bei Messager anders aus. Das Monströse ist hier das Alltägliche einer als fremd wahrgenommenen Welt, in der die Kategorien von »Weiblichkeit« und »Männlichkeit«, »Wissen« und »Magie«, »das Besondere« und »Abfall« verschwimmen. Die »Exotica« liegen vor der Tür und dringen in die Welt der Annette Messager ein, um sich ihrer zu bemächtigen. Messager antwortet darauf mit einem »Verlangen zu besitzen (envie de posséder)«, wie es die »Encyclopédie« von Denis Diderot unter dem Artikel »Curieux« verzeichnet.[262] Diese Obsession der Inbesitznahme habe ich weiter oben am Beispiel der *Album-collection Les approches* beschrieben, bei der sich Messagers Blick auf männliche Geschlechtsteile richtet, sie durch Bildausschnitte fragmentiert und zeichnerisch berührt. Dahinter steckt eine enzyklopädische Wissenslust, die alles beschreiben, alles wissen, analysieren und fragmentieren will. Annette Messagers Sammlungen verbinden Elemente des Buchs und der Wunderkammer mit denen der Enzyklopädie, in der die alphabetische Ordnung der Begriffe ein eher indifferentes Nebeneinander entstehen lässt. Die Fragmentierung und die Wiederholung sind Methoden, um insbesondere Körper dem »kuriosen Blick« zu unterwerfen. Sie sind bei Annette Messager häufig das Objekt der Wissens- und Schaulust.

Das Sammelalbum *Ma vie pratique* (Abb. 3.17) ist nur ein Beispiel von vielen, in denen uns fragmentierte Körper begegnen – hier allerdings mit dem Zweck, alltägliche Verrichtungen wie Hygiene oder Erste-Hilfe-Leistungen darzustellen. *La collectionneuse* zeigt uns in minutiösen Zeichnungen, wie sie eine verbrannte Hand pflegt, Allergien heilt oder mit dem Haushaltsinstrumentarium bestehend aus Thermometern, Elektrizitäts- und Sanitäranlagen umgeht, die dem Körper angelegt, eingeführt

261 Martin Zeiller: Das Ding im Künstlermuseum – Von Breton bis Beuys. Kontamination und Systematik, Köln 1998, S. 21, 17 (Microfiche). Die Ausstellung von André Breton fand 1936 in der Galerie Charles Ratton in Paris statt. Ebd., S. 17.

262 Vgl. Daston: »Neugierde als Empfindung«, S. 44, 45.

und angepasst werden. Die Schaulust an fragmentierten Körpern zeigt sich außerdem in der erwähnten *Album-collection Les tortures volontaires* (Abb. 3.23, 3.24). Hier werden die Zurichtungen und Instrumentarien gezeigt, denen sich Frauen unterwerfen, um Schönheitsidealen zu entsprechen: Die Spachteln und Klammern, Saugnäpfe und Drähte wirken wie Folterinstrumente, die sich mit den weiblichen Körpern verbinden. In *Mes croquis d'oiseaux* sind es wiederum Zeichnungen verkrümmter toter Spatzenkörper, die *Annette Messager Artiste* in den *Travaux de la chambre* mit ›tatsächlichen‹ Folterinstrumenten in Miniaturformat traktiert. In den *Dessins et croquis de femme trouvés le 14 juin*, einer Sammlung von Zeichnungen und Karikaturen von Frauen, die sie an einem einzigen Tag in den Zeitungen findet, zeigt sich die Obsession der Vollständigkeit, die zur Bewegung des Sammelns gehört und sich ein künstliches Kontinuum von Zeit und Raum schaffen will. In *Mes dessins secrets* (Abb. 3.20) wiederum sehen wir ungelenke pornografische Zeichnungen der Künstlerin: Sowohl in den Zeichnungen als auch in den gesammelten Zeitungssausschnitten vermischt sich immer wieder »sexuelle Neugier« mit enzyklopädischer Wissenslust.

Denn – so wissen wir seit de Sade – Schau- und Wissenslust sind ähnlich strukturiert: Alles wissen und alles sehen zu wollen ist letztlich ein pornografisches Begehren.[263] Didier Semin vergleicht Messagers Alben mit de Sades Ordnungslust und »Curiositas«:

»Welcher Zusammenhang besteht wohl zwischen der Aufzählung banaler Hauswirtschaftsregeln und all der Verworfenheiten Sades wie Folter, Geißelung, Erhängung, Sodomie? Zunächst die Aufzählung. Und dann die Kuriosität, diese Fülle von Einzelheiten, die Riten, die Geräte, die Waschungen, Haut, Blut, die Wiederholung, die Eigenbrötlerei, Zwangsvorstellungen, fixe Ideen, die feine Schrift.«[264]

In dieser Häufung sieht Semin eine »sexuelle Neugier«,[265] die man weiter und zugleich genauer fassen könnte als eine pornografische. De Sades Pornografie entwickelt sich als Kehrseite einer aufklärerischen Idee enzyklopädischer Wissenslust, in der sich das autonome, wissende Subjekt

263 Dazu vgl. Linda Williams: Hard Core. Macht, Lust und die Traditionen des pornographischen Films, Basel/Frankfurt am Main 1995. Vgl. Susan Sontag: »Die pornographische Phantasie«, in: Kunst u. Antikunst, Frankfurt/Main 1995, S. 65.

264 Ausst.-Kat. Annette Messager. Comédie Tragédie, S. 133.

265 Ebd.

die Welt unterwirft.[266] In einer Verknüpfung von Enzyklopädie, Pornografie und Folter entwirft er die Dystopie einer Menschheit, die sich mit der Welt auch die menschlichen Körper einzig zur Lustgewinnung verfügbar macht.

Die Sammlungen der Annette Messager sind in diesem Sinne enzyklopädisch und pornografisch zugleich. Die endlose Wiederholung kopulierender Körper überkreuzt sich mit den endlosen Aufzählungen der Enzyklopädistin und den schier unüberblickbaren Variationen gleicher Motive der Sammlerin. Explizit pornografisch ist Messagers *Alben-Sammlung Mes dessins secrets* (Abb. 3.20). Während sie dort eigene pornografische Zeichnungen entwirft, akkumuliert sie in der Sammlung *Mes clichés* (Abb. 3.30) Motive pornografischer, teils sadomasochistischer Comics und Magazine und zeichnet sie ab. Auch die *Alben-Sammlung Ma vie illustrée* zeigt erotische Motive aus Comics, die Messager mit eigenen Unterschriften versieht (Abb. 3.9). Doch neben dieser motivischen Überschneidung[267] übernimmt sie von de Sades Pornografie vor allem die Struktur der systematischen Ordnung, der Zerstückelung und der potentiell unendlichen Sammlung. Bei Messager herrscht, wie Roland Barthes es in seinem Vergleich de Sades mit dem Gründer des Jesuitenordens Ignatius von Loyola und dem Utopisten Charles Fourier formuliert, »die gleiche Klassifizierungssucht, die gleiche Besessenheit des Zerlegens (den Körper Christi, den Körper der Opfer, die menschliche Seele), die gleiche Zählmanie (die Sünden, die Marter, die Leidenschaften), die gleiche Praxis des Bildes (der Imitation, des Gemäldes, der Sitzung), der gleiche Zuschnitt des gesellschaftlichen, erotischen und phantasmatischen Systems.«[268]

Es gleicht abermals den Kategorien der klassischen Rhetorik, wenn Barthes den »erste[n] Schritt: sich abschließen« vom zweiten Schritt, dem Gliedern, unterscheidet: »Sade verteilt den Genuss wie die Wörter eines Satzes (Stellungen, Figuren, Episoden, Sitzungen). Alle drei rechnen, kombinieren, ordnen, produzieren unablässig Zusammensetzregeln.

266 Zur Pornografie als »Wille zum Wissen« (Foucault) und als »deflorierendes Sehen« (Sartre) vgl. Gertrud Koch: »Netzhautsex – Sehen als Akt«, in: Vinken: Die nackte Wahrheit, S. 114-128, bes. 122, 123. Zur Wissenslust bei Messager vgl. Kittner: »Von der Folter zur Lust und der Lust an der Folter«, in: Karentzos/Käufer/Sykora: Körperproduktionen, S. 171-173.

267 Messagers Bildmaterial und ihre eigenen Zeichnungen erscheinen natürlich gegenüber de Sades Phantasie harmlos. Nur in *Les effroyables aventures d'Annette Messager* scheint eine ähnlich sadomasochistische Phantasie auf, die Messager aus der Trivialpornografie übernimmt.

268 Roland Barthes: Sade, Fourier, Loyola, Frankfurt/Main 1974, S. 34.

Sie haben eine Vorliebe für den zerstückelten Körper.«[269] Der dritte Schritt schließlich bezeichnet das »Ordnen mit einem Zeremonienmeister. Der Ritus ist nur eine Form der Planung.«[270] Wenn Roland Barthes die übergeordnete Struktur der Sade'schen Sprache untersucht, entdeckt er zudem eine Struktur der penetranten Wiederholung, eine Obsession der Vollständigkeit, die »der Welt kein Unaussprechliches überlassen«[271] will. Dieser »Wille zum Wissen« entspringt laut Michel Foucault einer »Diskursivierung des Sexes« im Christentum. De Sade habe die Losung der christlichen Beichte nur verschärft, die da lautet: »Nichts soll mehr der Formulierung entgehen«.[272] Subjekt und Objekt fallen in dem Geständnisritual zusammen[273] – wie in der Autobiographie. In der »Scientia sexualis«, wie Foucault es nennt, ist es das Geständnis, von dem »man sich die Produktion der Wahrheit verspricht.« Und weiter: »Das Geständnis der Wahrheit hat sich ins Herz der Verfahren eingeschrieben, durch die die Macht die Individualisierung betreibt.«[274] Das Genre der Autobiographie indes ist der literarische Ausdruck des modernen Menschen, der zum »Geständnistier«[275] geworden ist. »Subjektivität« und »Individualität«, so Foucaults These, werden auf diese Weise produziert. Gerade diese Produktion ist es, die uns Messager vorzuführen scheint, wenn sie als pornografische Hausfrau, als *Femme pratique*, ihre Schaulust in den Dienst einer fiktiven Autobiographie stellt. Hier, in der Autobiographie, verbinden sich die »frevlerischen Diskurse, […] die den Sex beim Namen nennen«, also die Pornografie, mit der »institutionalisierten Anreizung«, über den Sex zu sprechen – Foucault hatte diese getrennt.[276] Doch alles sehen und alles wissen wollen – entspricht das nicht unserer Position als Betrachtende oder Lesende einer Autobiographie? Tatsächlich wird bei Messager die Enthüllungsfigur der Autobiographie umgekehrt. Sie bedient den Voyeurismus teils mit Sammlungen wie den erwähnten erotischen Zeichnungen in *Mes dessins secrets*; doch sie konterkariert den Exhibitionismus der Autobiographie auch mit der ›in-hibitionistischen‹ Obsession der Sammlerin, sich alles einzuverleiben und sich ihrer Schau- und Wissenslust hinzugeben.

269 Ebd.

270 Ebd.

271 Ebd., S. 45, 38.

272 Foucault: Sexualität und Wahrheit, Bd. 1, S. 31, 32. Das Ritual der Beichte ist im 4. Lateranskonzil 1215 festgelegt worden.

273 Ebd., S. 79.

274 Ebd., S. 75, 76.

275 Ebd., S. 77.

276 Ebd., S. 28.

In der archivalischen Collage *Les effroyables aventures d'Annette Messager truqueuse* (Abb. 3.30), die aus der Sammlung *Mes clichés* besteht, werden die enzyklopädisch-pornografischen Strukturen explizit auf die Darstellung des weiblichen Körpers angewandt. Die »Verfügbarkeit der Welt in der Sammlung«[277] zeigt sich hier in der Verfügbarkeit des weiblichen Körpers, wie sie in den massenhaften Bildern der Pornografie vorgestellt wird. *Annette Messager, die Betrügerin,* erzählt uns »ihre« schrecklichen Abenteuer, die sie in abgezeichneten Klischees sadomasochistischer Comics und Film Stills vorführt. Die Autobiographin gesteht uns erneut die »nackte Wahrheit«, indem sie von den Klischees der Pornografie offensiv Besitz ergreift. Gefesselte nackte Frauenkörper werden stranguliert, gefoltert oder wie in Krimis in der Dunkelheit verfolgt und verschleppt. *Annette Messager truqueuse* spricht von sich in der dritten Person Singular, als würde sie selbst den Bildern zuschauen. Ihre Titulierung als »Betrügerin« lässt den Geständnischarakter, den die Installation evoziert, obsolet erscheinen. Es sind nur sauber abgemalte Bilder auf kariertem Schulpapier; die Karos sind auch in der abfotografierten Version als archivalische Collage noch sichtbar. Die Grausamkeit der Szenen wird durch das nüchterne, fast buchhalterisch wirkende Element gebrochen. In der verwackelten Nachahmung eines Dreigroschenvoyeurismus scheinen wir einen Einblick in die Phantasmen der »Betrügerin« zu bekommen.

Wenn wir den Blick erneut auf Hannah Höchs »Raritäten« im *Lebensbild* lenken, lassen sich solche drastischen Bilder darin nicht entdecken,[278] obgleich die maskuline »Dompteuse« (Abb. 1.2, Nr. 5) mit den muskulösen Armen aus der gleichnamigen Collage Züge einer Domina an sich hat, die von dem friedfertig nach oben schielenden Seehund unter ihr konterkariert werden. Wenn Messager in ihrer »Wunderkammer« das Normale und das Böse, das Langweilige und das Unanständige versammelt, wird das Alltägliche als Rarität inszeniert. In ihrer scheinbaren Banalität trifft sie sich mit Höchs Raritäten, die »objet trouvés«, alte Sammelstücke und Souvenirs aus ihrem Raritätenkabinett versammelt. Was Messager als Wunderkammer inszeniert, hat hingegen bei Höch den Ursprung in einem real existierenden »Raritätenkabinett«, auf das die Fotografien verweisen.

277 Vgl. Ilse Jahn: »Sammlungen – Aneignung und Verfügbarkeit«, in: Grote: Macrocosmos in Microcosmo, S. 475-500.

278 Obwohl Höch in der »Mappe mit Vorbereitetem für grosse Collage« aus den 60er Jahren das Thema »Sex« explizit anführt. BG HHC G229/79.

In der visuellen Inszenierung im *Lebensbild* wird das »kuriose Objekt« aus Höchs Raritätensammlung als Sammlung und als Fotografie indes doppelt stillgelegt: Als Sammlung werden die Dinge verfügbar. Im fotografischen Akt äußert sich die Verfügbarkeit darin, dass die Objekte je nach Bedarf vergrößert oder verkleinert ins Bild gesetzt werden. Dabei geht das persönlich konnotierte »objet affectif«[279] in der fotografischen Sammlung im *Lebensbild* spielerische Allianzen mit dem »sujet« ein, das es mit eben diesem Affekt auflädt. So werden vielfältige Analogien zwischen den Dingen und den Porträts hergestellt und der neugierige Blick, der durch die Raritätenkammer evoziert wird, schweift im *Lebensbild* zwischen Subjekt und Objekt hin und her. Höch richtet den kuriosen Blick, den sie über die Miniaturen etabliert, auch auf sich selbst: Die visuelle Autobiographie wird als Produkt des neugierigen Blicks inszeniert. In ihrer sammlerischen Struktur, die Elemente der Wunderkammer aufnimmt, wird dies noch verstärkt.

Die Überblendung von Subjekt und Objekt des kuriosen Blicks, wie sie sowohl in der Autobiographie als auch in der Sammlung auftritt, wird an anderer Stelle noch deutlicher. Die bereits erwähnte hölzerne Gliederpuppe, der Manichino (Abb. 1.11), ist zwar kein Teil des Raritätenkabinetts, dennoch ist sie per se ein Miniatur-Modell des Menschen,[280] beliebtes Anschauungsmodell für Künstler/innen und nun ein Sammlerstück von Hannah Höch. Die hölzerne Figur ahmt im *Lebensbild* den Gestus der Ausschau haltenden Künstlerin zweimal nach. Oder kopiert andersherum die Künstlerin ihre Puppe, wie es weiter oben in dem fotografischen Zitat des Dada-Spiels (Abb. 1.2, Nr. 22) geschieht? Unabhängig davon bedeutet das erneute Aufgreifen dieser Situation, in der sich Mensch und Puppe miteinander verklammern, eine Wiederaufnahme des Dada-Spiels, das Höch in dem *Lebensbild* aktualisiert und historisiert. Das Ausschau-Halten des Manichino und der Künstlerin als alter Frau reflektiert damit den Topos der visuellen Autobiographie als retrospektiven Blick. Das Sammlungsstück wird in dem *Lebensbild* nun verlebendigt und ergreift Besitz von seiner Sammlerin.[281]

Höch präsentiert in ihrer Selbstdarstellung die Identität des Ichs mit den Dingen und inszeniert auf diese Weise den Mythos der Sammlerin, die mit ihren Objekten eine Symbiose eingeht. Denn wir schließen, auch

279 Zeiller: Das Ding im Künstlermuseum, S. 7.

280 Gliederpuppen wurden auch in historischen Wunderkammern ausgestellt wie etwa in der Wunderkammer von Rudolf II. in Prag.

281 Auch in anderen Fotografien hat sich Höch mit der Gliederpuppe im Arm als »Doppelporträt« darstellen lassen wie etwa in dem Foto: »Hannah Höch mit Gliederpuppe«, 1973, Fotografin: Marwede. BG HHC F 257a/79.

wenn es sich nur um Fotografien handelt, einen autobiographisch-sammlerischen Pakt, wenn wir glauben, dass die Dinge – Raritäten wie auch andere Sammlerstücke – tatsächlich mit bestimmten Lebenszeiten der Künstlerin verbunden sind und etwas über ihre Person aussagen. Sie evoziert nicht nur einen sammlerischen Pakt, der eine Identität zwischen Sammelnder, Gesammeltem und Autorin annimmt, sondern führt ihn gleichsam vor, wenn sie sich derart direkt mit ihren Sammlerstücken analogisiert. Die Sammlungsobjekte etablieren zwar einerseits die sammelnde Künstlerin als Autorin, die die Objekte verlebendigt. Zugleich wird der Sammlermythos ironisiert, wenn sie sich etwa im Zwiegespräch mit dem »Technikmännchen« auf ihrer Schulter zu befinden scheint (Abb. 1.14).

Während die Sammlerin Höch wiederum sich selbst als Künstlerin darstellt, bringt der sammlerische Pakt vielfältige Identitäten der Künstlerin als Sammlerin hervor: Die Collage *Lebensbild* ist selbst eine Sammlungs-Sammlung, auf deren Folie verschiedene Sammlungen sichtbar werden. Das Collagenwerk der Künstlerin als Retrospektive ist eine monografische Selbstausstellung der eigenen Arbeiten: Hier etabliert die Sammlerin Hannah Höch die Künstlerin Hannah Höch. Als Kunstsammlerin stellt Höch die Verfügbarkeit ihrer Kunstobjekte spielerisch dar, indem sie auch ihre eigene Arbeit als Ausschnitt in die Kunstsammlung integriert. Eine weitere Sammlung, die der Privatfotos, zeigt Höch als Privatperson, die sich jedoch im Falle des Kleinkindporträts wiederum zu einer Selbstdarstellung als Künstlerin wendet. In der Raritätensammlung dagegen greift Höch den Topos der Personalisierung der Dinge auf und inszeniert sich als Sammlerin, die sich in ihren Dingen spiegelt. Diese verschiedenen Sammlungen werden überblendet und zusammengefasst von den zahlreichen Porträts der Hannah Höch als alter Frau. Sie nimmt gleichsam die Position der Erzählerin ein, die sich als Künstlerin, als Kunstsammlerin, Raritätensammlerin und als »Privatperson« darstellt.

In der Überschneidung von Autobiographie, Fotografie und Sammlung entsteht bei Höch eine Staffelung von Referentialitätsebenen, die gleichsam zu einem autobiographisch-sammlerischen Pakt führt. Die Sammlungs-Sammlerin inszeniert sich als machtvolle Autorin dieser verschiedenen Sammlungen und spiegelt sich in ihren Facetten wider. Dabei stellt Höch zwar keinen Anspruch auf enzyklopädische Vollständigkeit, dennoch zeigt sie den Betrachter/innen »le monde entier« – von der Darstellungung historischer Ereignisse über das Thema der Technik bis hin zu Kunst, Natur und Tod.

Sophie Calles Ensemble der *Autobiographical Stories* ist dagegen weder enzyklopädisch noch greift sie die Tradition der Kunst- und Wunderkammer auf. Doch auch bei ihr sind die Objekte affektiv besetzt und haben zum Teil einen Souvenircharakter wie die Miniatur des Eiffelturms. Doch um eine Souvenir-Sammlung handelt es sich hier nicht, denn die Dinge sind entweder fotografiert worden oder als Objekte in das inszenierte Interieur eines *Bedroom* eingebunden. Calles »objets affectifs« sind wie die Dinge bei Annette Messager banaler als die Objekte einer Wunderkammer. Der schwarze Büstenhalter und die blonde Perücke, die Schuhe und der rote Eimer auf dem Fußboden sind dennoch auratisch aufgeladene Objekte. Laut Andreas Grote verweist das »auratische Objekt« auf einen Sinnzusammenhang und symbolisiert einen Kontext.[282] Diesen Kontext scheint uns Calle in dem erzählerischen Zusammenhang der Texte zu geben; und auch das »Hier und Jetzt« des Objekts suggeriert einen entschlüsselbaren »Zusammenhang«. Doch weil die Geschichten häufig ins Leere laufen und andere Zusammenhänge evozieren, die nicht sichtbar sind, bleibt die Aura des Objekts eine Illusion. Dem Publikum wird letztlich eine hermeneutische Sichtweise nahe gelegt, die, wie bereits erwähnt, einen geheimen Zusammenhang zwischen Objekt und Subjekt vermutet. Calle führt dies vor, indem auch sie gezielt mit dem kuriosen Blick arbeitet. Sie ruft unsere »curiositas« wach, die das Rätsel ihrer Identität entschlüsseln will: Das rhetorische »Wirklichkeitsbegehren« der visuellen Autobiographie ist letztlich auch ein hermeneutisches Begehren.

Calles Strategie, einen kuriosen Blick zu erzeugen, liegt darin, sowohl die Objekte selbst als auch ihre fotografische Inszenierung wie Spuren vergangener Ereignisse erscheinen zu lassen. Als Spurenproduzentin knüpft sie nicht nur an die verschiedenen musealen Sammlungen an, in denen sie die Objekte, Fotografien und Geschichten ausstellt. Calles Arbeiten lassen sich an aktuelle Diskurse anschließen wie etwa an den der Spur und des Zeugnisses. Ebenso wie ihre *Autobiographical Stories* im Freud Museum wie für die Psychoanalyse geschaffen wirken, ebenso scheint es, als habe sie die Kunst zu dem Begriff des »Indizienparadigma« entworfen: Calles Inszenierungen wissen die Deutungsmuster von Kriminologie und Psychoanalyse und letztlich auch der geisteswissenschaftlichen Form hermeneutischer Entschlüsselung derart gezielt aufzurufen und damit zu spielen, dass sie das Indizienparadigma als hermeneutische Methode letztlich vorführen. Der Begriff der Spur erfährt in den Geisteswissenschaften seit einiger Zeit eine besondere Aufmerksam-

282 Andreas Grote: »Vorrede – Das Objekt als Symbol«, in: Ders.: Macrocosmos in Microcosmo, S. 11-20, hier: 14.

keit.[283] Im Anschluss an Michel Foucaults Ausweitung des Archäologie-Begriffs[284] wird auch der Begriff der Spur auf andere Gebiete übertragen – nicht zuletzt auf die Archäologie selber, wo die als Konstruktion begriffene Spur äußerst kontroverse Debatten auslöst. Die akademischen Auseinandersetzungen führen den Diskurs über das Indizienparadigma weiter fort. Calles Spuren-Produktionen kreieren mit ihrer Über-Anschlussfähigkeit an Wissensproduktionen ein ganzes Bedeutungsarsenal, dessen epistemologische Voraussetzungen dergestalt transparent werden: Bild- und Wissenschaftsproduktion bedingen einander.

Die Formen der künstlerischen Sammlung und der visuellen Autobiographie, wie Sophie Calle, Annette Messager und Hannah Höch sie entwickeln, stellen dabei eine Komplizenschaft mit dem Museum her, das eine der Institutionalisierungen des kuriosen Blicks ist. Die künstlerische Sammlung wird zum produktiven »Parasiten«[285] innerhalb des Museums, der die Musealisierung produziert und zugleich reflektiert. Die verschiedenen Wissensordnungen wie Klassifikation, lineare Entwicklung oder surrealistisches Nebeneinander werden in ihr neu gewendet. Der kuriose Blick, den die Sammlung evoziert, transformiert das Alltägliche in etwas Fremdes. In der visuellen Autobiographie zielt dieser neugierige Blick in einer gezielten Selbst-Entfremdung auf das eigene Ich.

283 Exemplarisch dafür sei nur das Projekt »Von der Schrift zur Spur« im Rahmen der Forschergruppe »Bild Schrift Zahl« am Institut für Philosophie, Freie Universität Berlin, und am Helmholtz-Zentrum für Kulturtechnik, Humboldt-Universität zu Berlin, genannt.

284 Vgl. Michel Foucault: Archäologie des Wissens, Frankfurt/Main 1973.

285 Vgl. Zeiller: Das Ding im Künstlermuseum, S. 9, der dies über das Künstlermuseum sagt.

»Für diesmal und für immer genug von mir selbst. Möge sich mein ganzer Egoism innerhalb meiner Sammlung befriedigen!«[1]
Johann Wolfgang von Goethe

Ohne Ende: Offene Sammlungen, offene Autobiographien

Die visuellen Autobiographien von Hannah Höch, Sophie Calle und Annette Messager sprengen das Genre des Selbstporträts. Die spezifischen Verschränkungen von Fotografie und Text, Autobiographie und Sammlung legen sowohl Erinnerungsprozesse als auch Konstruktionsweisen von Identitäten offen. Indem die Künstlerinnen die Autobiographie mit der Fotografie verbinden, potenzieren sie die ambivalenten Strukturen, von denen beide durchzogen sind: Die Autobiographie und die Fotografie sind Formen, die das Erinnerte verlebendigen und im gleichen Zug stillstellen. Weil sowohl das Genre als auch das Medium auf die Autorin als Referenten verweisen, ist die visuelle Autobiographie zunächst eine starke Form der Selbstvergewisserung. Doch ist sie nur zusammen mit der Rückseite der Destabilisierung zu denken, die auf die nicht zu fassende Kontingenz des Lebens und die nicht repräsentierbare Vergangenheit verweist.

Diese doppelte Stillstellung und Authentifizierung wird in der Überkreuzung der visuellen Autobiographien mit der Sammlung noch verstärkt. Die Künstlerinnen nutzen das Auratische des dreidimensionalen Objekts – das dem Materialfluss entzogen und in der Sammlung festgehalten ist – als Mittel zur Authentifizierung ihrer autobiographischen Erzählung. Noch weitere Gemeinsamkeiten zwischen Autobiographie und Sammlung sind zu beobachten: Sowohl die Sammlung als auch die Autobiographie sind strukturell offen, weil sie auf eine Transzendierung

1 Johann Wolfgang von Goethe: »Der Sammler und die Seinigen«, in: Victor Lange u.a. (Hg.): Johann Wolfgang Goethe. Sämtliche Werke, Bd. 6.2, München/Wien 1988, S. 76-130, hier: 91. Der ungewöhnliche Begriff »Egoism« ist richtig zitiert.

des Selbst jenseits des Todes zielen. Die Sammlung bleibt ebenso unvollständig, wie die Autobiographie den Lesern und Leserinnen den letzten Moment der Lebenserzählung, den Tod, schuldig bleibt. Im sammlerischen Selbstentwurf zielen die Künstlerinnen jedoch in einem »prähumen« Vorgriff auf die Formierung einer Identität, die posthum durch ihr Werk rezipiert werden wird. Wie das literarische Genre bietet die visuelle Autobiographie eine Folie, sich über den eigenen Tod hinaus in das gesellschaftliche Gedächtnis einzuschreiben. Daher tendiert der Versuch einer autobiographischen »Gesamtskizze« analog zu dem Movens der Vollständigkeit innerhalb der Sammlung auch zur Geschlossenheit. In diesem Pulsieren von Ausdehnung und Verdichtung kommt dem Medium der Fotografie eine besondere Bedeutung zu. Als Form der Archivierung und Miniaturisierung stellt es nicht nur die Sammlung still, sondern hält sie zusammen, selbst wenn sie wie bei Hannah Höch zerstreut wird oder wie bei Sophie Calle fiktional bleibt. Als Objekt der Sammlung selbst wie bei Annette Messager (und in Teilen bei Höch) verstärkt die Fotografie durch ihren reproduktiven Zug das serielle Moment der Sammlung. Doch paradoxerweise entwirft sich das singuläre Künstlerinnenselbst gerade über die Aneignung kollektiver, häufig fotografischer Bilder. Insbesondere wenn sich der retrospektiv autobiographische Blick auf das Leben mit einer Auto-Retrospektive des Werks verbindet, wird eine machtvolle Position von Autor- und Künstlerinnenschaft geschaffen: Die visuelle Autobiographie ist eine besondere Form, Kunst und Leben in eins zu setzen.

Im »autobiographischen Pakt« vergewissern die Betrachter/innen die Identität der Autobiographin. Im »sammlerischen Pakt«, wie ich ihn definiere, wird die Identität des Sammlers oder der Sammlerin über sein/ihr gesammeltes Objekt bestätigt. Damit wird implizit der Sammlermythos aufgerufen, der von einem hermeneutischen Autorschaftsbegriff ausgeht und eine Einheit zwischen Objekt und Subjekt annimmt. Doch dieser Mythos wird von den Künstlerinnen aufgegriffen, um über ihn einerseits eine starke Autorschaftsposition zu etablieren und ihn andererseits im gleichen Zug zu destabilisieren. So ist Hannah Höchs *Lebensbild* von einem starken Authentifizierungsgestus geprägt, obwohl es aus verschiedenen Sammlungen fotografischer Reproduktionen besteht. Die zahlreichen Porträts, der Privatcharakter ihres Materials und die Darstellung ihrer autobiographisch konnotierten »Raritätenstücke« bewirken eine Aura des Authentischen. Was zunächst wie ein traditionelles Konzept der Selbstvergewisserung erscheint, stellt sich bei näherer Untersuchung zugleich als eine Strategie heraus, die Vorstellung eines einheitlichen Selbst zu verunsichern. Durch die fotografische Verdoppelung der Motive entsteht ein Netz vielfältiger Bedeutungen, die nicht nur den Erinnerungsprozess als einen sich wandelnden erscheinen lassen, sondern auch das erinnernde Subjekt und das erinnerte Objekt als ein diskontinuierliches hervorbringen. Sowohl das sammelnde Subjekt als auch das gesammelte Objekt werden immer wieder neu kontextualisiert und semantisiert. Die Erinnerung, so führt Höch vor, kann letztlich ebenso wenig stillgestellt werden wie die Dinge. Dennoch entsteht im *Lebensbild* durch die Darstellung verschiedener Lebensalter und biographischer Lebensstationen eine Erzählung, die auch eine lineare Struktur annimmt. Lineare und netzartige Erzählstrukturen generieren zwei verschiedene Formen von Identitäten: die als Einheit vorgestellte Identität, deren Lebenslauf als eine Sukzession zusammenhängender Ereignisse gedacht wird, und die rhizomatische Identität, deren Bezugspunkte netzartig in einem unhierarchisch vorgestellten Raum liegen.

Auch in Sophie Calles *Autobiographical Stories* lassen sich diese zwei verschiedenen Formen von Narrationen entdecken. Die lineare Konstruktion ihrer Lebenserzählung steht neben einer rhizomatischen Form, in der die Bedeutungen ineinandergreifen und sich immerfort verändern. Die Erzählerin scheint stets dieselbe zu sein, doch wird die Vorstellung eines einheitlichen Selbst durch ihre »Geständnisse« kontaminiert. Die Geschichten erzählen von immer neuen Leerstellen, Unwahrheiten oder Geheimnissen: Der Referent, auf den die Erzählung verweist, ist nur vorgetäuscht. Doch letzten Endes ist die Frage, was Fakten, was Fiktionen sind, nicht von Bedeutung – die »richtige« Fährte ist ebenso gut wie die »falsche«. Denn in erster Linie geht es den Künstlerinnen darum, überhaupt Narrationen zu entwickeln, sie zu kopieren oder zu wiederholen und in diesen Vervielfältigungen unterschiedliche Selbsterzählungen in Gang zu setzen.

Dabei ist auch die lineare Narration einer Biographie eine Form der Fiktionalisierung, wie in Annette Messagers *Albums-collections* deutlich wird. Sie »ersammelt« sich die Musterbiographie eines spezifisch »weiblichen« Lebens, das sie uns vorzuführen scheint. Das Zitieren von Verhaltensmustern und das Kopieren gesellschaftlich vorgegebener Bilder generiert eine Identität, die auch die Geschlechtsidentität umfasst. Die alltägliche Form der Selbsterzählung, wie ich sie anfangs erwähnte, speist sich aus kulturellen Mustern. Die Autobiographie ist eines davon, das trotz aller Dekonstruktion bis heute eine wesentliche Rolle bei künstlerischen und alltäglichen Selbsterzählungen spielt. Als Genre der Selbstvergewisserung zielt die Autobiographie jedoch auf Individualität und Autonomie, so dass Messager sie paradox wendet, wenn sie gerade dieses Genre nutzt, um plurale Identitäten mit einander widersprechenden Identität-Werk-Einheiten zu erschaffen. Der Sammlermythos wird ironisch transformiert, indem sie in ihren Sammlungen weiblich konnotiertes Material wie Rezepte oder Strickmuster akkumuliert: Das heterogene »weibliche« Material bringt eine Muster-Frau hervor. So sind es verschiedene Frauen-Identitäten, die in Messagers *Albums-collections* nebeneinander stehen, sich rhizomartig verknüpfen und das Feld gesellschaftlich konstruierter Weiblichkeit auffächern. Die Dinge und Bilder in ihren Sammlungen formieren sich dabei zu einer bewusst banalen Wunderkammer der Weiblichkeit, die sich potentiell unendlich ausdehnen kann.

Die verschiedenen Formen der Selbsterzählung zielen dabei grundsätzlich auf zwei Felder der Fiktionalisierung: die Poetisierung, die wiederum neue Narrationen hervorruft, und die Wissensmuster, deren Narrationen aufgegriffen und transformiert werden. So ist die Selbsterzählung auch immer eine Selbstfiktionalisierung, in der rhetorische Muster von Stoffsammlung, Auswahl und Verdichtung wirksam sind. Die Miniatur ist dabei eine wesentliche Form der Verdichtung, wie es am Beispiel von Höchs *Lebensbild* deutlich geworden ist. Die Darstellung der autobiographisch konnotierten Dinge wird hier zu einer grundlegenden Form der Poetisierung des Selbst. Die Miniaturen, wie sie die »Raritätenstücke« darstellen, werden als Sammelobjekte und als Fotografien doppelt stillgestellt. In ihnen erscheint die »durée« verschiedener Lebenszeiten, die bis in die Gegenwart reichen, als poetisches Bild. Das semantische Netz, in das die »Raritätenstücke« eingewoben sind, entfaltet eine Form der Übersignifikation, die auch bei Calle zu beobachten ist: Wenn prinzipiell jedes Element der Narration mit einem anderen verbunden werden kann, fangen die verschiedenen Bedeutungen an zu wuchern. Sie sind jedoch Bedeutungen in einem poetisch-rhetorischen Sinne der »Überredung« und der Lust an der Erzählung, dem »Delectare«. Dieser Aspekt ist in Calles Arbeiten bisher völlig unterbewertet und bei Höch kaum wahrgenommen worden. Calles Erzählen von Geschichten ist in erster Linie eine selbstbezügliche Form, in der scheinbare Referenzen auf das »wirkliche Leben« nur als Sprungbrett benutzt werden, um daraus neue Narrationen zu entwickeln. Die visuelle Autobiographie wird hier zu einer Form der Verdichtung, die einer Miniatur gleicht und nicht zufällig von Calle in der Tel Aviv-Version der *Autobiographical Stories* auch als solche inszeniert wird.

Wenn die Miniaturisierung zu einem poetischen Verfahren der Sammlung wird, das die Geschichte des Selbst erzählt, ist dies ebenso ein rhetorisches Verfahren des Pars pro toto. Die mikrokosmische Geschichte des eigenen Lebens soll den Makrokosmos der »grande histoire« spiegeln. Die spezifischen Erzählungen des Selbst entstehen in der visuellen, sammlerischen Autobiographie in der Zusammenführung verschiedener

Speichermetaphern und Wissenstechniken, die sich sowohl an kulturelle Gedächtnisbilder als auch an wissenschaftliche Diskurse anschließen. In der Formierung der Dinge zu einer Sammlung werden bei Messager die Gedächtnisformen der Wunderkammer und der Enzyklopädie aufgerufen. Das künstlerische Sammeln, so zeigt sich, ist eine Aneignung des kulturell ersammelten Wissens, aus dem letztlich das Selbst entsteht. Messager nutzt diese kulturellen Wissensmuster, um sich wie in einer »Compilatio« in der Praxis des Sammelns den Kanon des kulturellen Wissens anzueignen, zu klassifizieren und zu präsentieren. Das »kanonische« Wissen der Weiblichkeitskonstruktion wird hier ironisch versammelt. Doch der »Inhibitionismus«, das Sich-Einverleiben, korreliert mit einem Exhibitionismus: In ihrer Überschneidung mit der Sammlung wird die visuelle Autobiographie zu einer Wissenstechnik, in der sich das Selbst historisiert und zum Tatort macht. Die Künstlerinnen stellen sich unter Selbstbeobachtung, um von anderen öffentlich angeschaut und dechiffriert zu werden. Im Sinne Foucaults entscheiden die visuellen Autobiographinnen, was in das Archiv der Aussagen kommt und was draußen bleibt.[2] Selbst wenn die Bedeutungen wuchern, fordern sie dennoch zur Entschlüsselung auf. Diese Entschlüsselung provoziert jedoch eine Vielzahl von Geschichten, wie auch die Sammlungen verschiedene Formen der Narrationen zeigen. Die lineare und die rhizomatische Selbsterzählung sind nicht nur poetische Muster, sondern führen auch verschiedene Formen der Wissensordnung zusammen: Die Idee einer linearen Entwicklung, wie sie die Sammlung des 19. Jahrhunderts vertritt, steht neben der eines heterogenen Nebeneinanders in der Art einer Wunderkammer. In der visuellen sammlerischen Autobiographie, so meine Schlussfolgerung, werden diese beiden Vorstellungen von Identität und Ordnung miteinander verschränkt.

Wenn die Künstlerinnen in einer Form der Auto-Retrospektive die Museumsgeschichte und die Kunstgeschichte kommentieren, reflektieren sie verschiedene Machtstrukturen. Die künstlerischen Sammlungen greifen in andere Sammlungen und Kontexte ein. Die Miniaturisierung – auch als Reproduktion, wie sie Benjamin begreift – wird im Kontext der Wissensmuster zu einer Möglichkeit, die Dinge verfügbar und kontrollierbar zu machen, um sie sich in der Sammlung anzueignen. Auch in diesem Sinne ist die Autobiographie eine Miniatur: Der Anspruch »tout le monde« in einer Art Enzyklopädie zu zeigen, entspricht dem Begehren nach Vollständigkeit in der Autobiographie. Die Auseinandersetzung mit den Wissensmustern ist dabei mit einem hermeneutischen Moment verknüpft, da die Künstlerinnen bestimmte Formen des Verstehens evozie-

2 Foucault: Archäologie des Wissens, S. 113ff.

ren: Der hermeneutische Begriff des Zusammenhangs wird zentral, wenn die Künstlerinnen Bedeutungen herstellen, denen die Betrachter/innen nachgehen. Der Zusammenhang ist sowohl in der Sammlung als auch in der Autobiographie eine Kategorie, nach der Ordnungen hergestellt werden. In der visuellen Autobiographie wird mit der wunderkammerartigen Gesamtschau des Lebens die Frage nach dem »geheimen Zusammenhang« zwischen dem Ich und den Dingen vorgeführt. Über die Strukturen der Wunderkammer und der Enzyklopädie wird die Entdifferenzierung zwischen den Dingen und ebenso zwischen Kunst und Leben ironisiert. Wenn Calle etwa Spuren produziert, um daraus Narrationen zu entwickeln, dann versucht sie eine Bedeutung zwischen den Dingen zu konstruieren und darüber die Ordnung des Selbst zu formieren. Sie schließt zwar an andere Wissensmuster wie das Indizienparadigma oder die Psychoanalyse an, auf einer Metaebene reflektiert sie jedoch deren Suche nach Zusammenhang und Geschichte.

Hermeneutische Bewegung und ästhetische Poetisierung schließen einander nicht aus. Die Reflexion des Selbst kann in der Konstruktion poetischer Geschichten ebenso geschehen wie in der Auseinandersetzung mit »der Geschichte«. Das Verstehen-Wollen existiert in der Sammlung ebenso wie in der Autobiographie. Auf diese Weise ist das »Wirklichkeitsbegehren« in der Autobiographie auch ein »Verstehensbegehren«, das in Auseinandersetzung mit anderen Wissensmustern entsteht. Das poststrukturalistisch geprägte Modell der rhizomatischen Erzählung steht dabei nicht in Konkurrenz zum hermeneutischen Erzählmuster – beide sind gleichzeitig existierende Verfahren des Selbstentwurfs und der Wissensproduktion. Insofern feiern die Identitätskonzepte von Höch, Calle und Messager das Selbst und stürzen es wieder.

Gerade die Selbstentwürfe von Künstlerinnen entziehen sich dabei dem heute gängigen Deutungsschema von Subversion versus Affirmation, das außerdem dringend einer Historisierung und Kontextualisierung bedarf. Durch die Aneignungen und Transformationen kanonischer Erzählungen und Bilder greifen Künstlerinnen zwar auf das textuelle und visuelle Archiv der Selbstdarstellungsmodi zurück, erzeugen damit jedoch eine andere Wirkung als dies bei Künstlern zu beobachten ist. Gleichwohl eignen sie sich dieses Archiv an, formen es um oder erweitern es motivisch, ikonographisch, materialästhetisch und in Bezug auf den Umgang mit Künstlerlegenden. Ursprungsmythen wie die des Wunderkindes werden etwa bei Höch ironisiert, während Calle durch die konsequente Autobiographisierung ihres gesamten Werks eine Neuformulierung des avantgardistischen Anspruchs, Kunst und Leben zusammenzuführen, erfindet und zugleich unterläuft – und dies ironischerweise über banale Frauenerzählungen in der Tradition des französischen Foto-Romans. Messager führt indes die Vorstellung der Einheit von Künstler, Leben und Werk ad absurdum, wenn sie in ihrer inszenierten Identitätskrise multiple Werk-Identität-Einheiten schafft, ihr Selbst mittels der Sammlungen auflöst, um es eben darüber als Sammlerin wieder zusammen zu führen. Im Spiel von Sich-Entwerfen und Sich-Unterwerfen entwickeln die visuellen Autobiographien eine Form der »Technologie des Selbst«[3]. Die Geständnistradition wird bei den Künstlerinnen in der visuellen Autobiographie zu einer Form der Selbsttechnik, die die Konfession und die Sammlung miteinander verknüpft. Das Geständnis, so beschreibt es Foucault, bringt das Subjekt als Objekt hervor. Ebenso bringt, so mein Ergebnis der Untersuchung, die Sammlung das Sujet-Subjekt hervor, das sich in den Dingen als Objekt spiegelt und zugleich als narratives und fiktionales Subjekt entwirft. Die »Ordnung der Dinge« wird mit einer »Ordnung des Selbst« verknüpft. In der visuellen Autobiographie, als Modell eines ästhetischen Selbstentwurfs, kumulieren die Technologien des Wissens, des Gestehens und des Sammelns. Das neugierige Auge der Künstlerinnen richtet sich in der sammlerischen, visuellen Autobiographie sowohl auf die Dinge als auch auf das Selbst – das Publikum immer fest im Blick.

3 Vgl. Michel Foucault: »Technologien des Selbst«, in: Martin/Gutman/Hutton: Technologien des Selbst, S. 24-62.

LITERATURVERZEICHNIS

Adams, Timothy: Light Writing & Life Writing. Photography in Autobiography, North Carolina 2000.

Adams, Timothy: »Life Writing and Light Writing: Autobiography and Photography«, in: Modern Fiction Studies. Autobiography, Photography, Narrative, Bd. 40, Nr. 3, 1994, S. 459-492.

Ades, Dawn: Photomontage, London 1976.

Aichinger, Ingrid: »Probleme der Autobiographie als Sprachkunstwerk« (zuerst 1970), in: Niggl: Die Autobiographie, S. 170-199.

Annette Messager, Ausst.-Kat. County Museum of Art Los Angeles, The Museum of Modern Art, New York, hg. von Sheryl Conkelton/Carol S. Eliel, Los Angeles/New York 1995.

Annette Messager, Christian Boltanski, Jean Le Gac, Ausst.-Kat. Musée Rude, Dijon 1973.

Annette Messager. Comédie Tragédie. 1971-1989, Ausst.-Kat. Musée de Grenoble; Musée de la Roche-sur-Yon; Bonner Kunstverein; Kunstverein für die Rheinlande und Westfalen, Düsseldorf, Dijon 1989.

Annette Messager. Dépendance Indépendance, Ausst.-Kat. Hamburger Kunsthalle, Hamburg 1999.

Annette Messager. Faire Parade, Ausst.-Kat. Musée d'Art Moderne de la Ville de Paris, Paris 1995.

Appointment with Sigmund Freud, Ausst.-Kat. Freud Museum London, London 2004.

Asendorf, Christoph: Batterien der Lebenskraft. Zur Geschichte der Dinge und ihrer Wahrnehmung im 19. Jahrhundert, Gießen 1984.

Assmann, Aleida/Gomille, Monika/Rippl, Gabriele (Hg.): Sammler – Bibliophile – Exzentriker, Tübingen 1998.

Assmann, Jan: Das kulturelle Gedächtnis, München 1997.

Auf zwei Hochzeiten tanzen. Jean-Michel Alberola, Bertrand Lavier, Annette Messager, Ausst.-Kat. Kunsthalle Zürich, Zürich 1989.

Augustinus: Bekenntnisse, Stuttgart 1977.

Auster, Paul: Leviathan, London 1992.

Autoportraits photographiques, 1898-1981, Ausst.-Kat. Centre Georges Pompidou, Paris 1981.

Bachelard, Gaston: Poetik des Raumes, Frankfurt/Main 1987 (zuerst 1957).

Barthes, Roland: »Der Tod des Autors« (zuerst engl. 1967; franz. 1968), in: Jannidis/Lauer/Martinez: Texte zur Theorie der Autorschaft, S. 185-193.

Barthes, Roland: Die helle Kammer, Frankfurt/Main 1985.

Barthes, Roland: Die Lust am Text. Frankfurt/Main 1986 (zuerst 1973).

Barthes, Roland: Le message photographique, Œeuvres complètes, Bd. 1, 1942-1965, Paris 1994.

Barthes, Roland: Mythen des Alltags, Frankfurt/Main 1964 (zuerst 1957).

Barthes, Roland: »Photos-chocs«, in: Ders.: Mythologies, Paris 1970 (zuerst 1957), S. 105-107.

Barthes, Roland: Sade, Fourier, Loyola, Frankfurt/Main 1974.

Baudrillard, Jean: Das System der Dinge. Über unser Verhältnis zu den alltäglichen Gegenständen, Frankfurt am Main/New York 1991 (zuerst 1968).

Baudrillard, Jean: Die fatalen Strategien, München 1991.

Baumgart, Silvia/Birkle, Gotlind/Fend, Mechthild u.a. (Hg.): Denkräume zwischen Kunst und Wissenschaft, Berlin 1993.

Bazin, André: »Ontologie des fotografischen Blicks«, in: Ders.: Was ist Kino? Bausteine zu einer Theorie des Films, Köln 1975.

Belting, Hans/Dilly, Heinrich/Kemp, Wolfgang u.a. (Hg.): Kunstgeschichte. Eine Einführung, Berlin 1988.

Benjamin, Walter: Berliner Kindheit um Neunzehnhundert, Fassung letzter Hand und Fragment aus früheren Fassungen, Frankfurt/Main 2004.

Benjamin, Walter: »Berliner Kindheit um Neunzehnhundert«, in: Rolf Tiedemann/Hermann Schweppenhäuser (Hg.): Walter Benjamin: Gesammelte Schriften, Frankfurt/Main 1991, S. 235-304, S. 964-986.

Benjamin, Walter: Das Kunstwerk im Zeitalter seiner technischen Reproduzierbarkeit, Frankfurt/Main 1996 (zuerst 1936).

Benjamin, Walter: Das Passagen-Werk (1927-1940), 2 Bde., Frankfurt/Main 1982.

Benjamin, Walter: »Ich packe meine Bibliothek aus. Eine Rede über das Sammeln« (zuerst 1931), in: Ders.: Lesezeichen. Schriften zur deutschsprachigen Literatur, Leipzig 1970. S. 9-19.

Benjamin, Walter: »Lob der Puppe. Kritische Glossen zu Max von Boehns ›Puppen und Puppenspiele‹«, in: Ders.: Über Kinder, Jugend und Erziehung, Frankfurt/Main 1969, S. 213-218.

Benstock, Shari (Hg.): The Private Self. Theory and Practice of Women's Autobiographical Writings, Chapel Hill/London 1988.

Berger, Doris: Expanded Narration. Die Foto-Text-Arbeiten von Sophie Calle. Diplomarbeit, Universität Wien 1998 (unveröffentlichtes Manuskript).

Bergius, Hanne: »Fotomontage im Vergleich«, in: Ausst.-Kat. Fotografieren hieß teilnehmen, S. 42-50.

Bergson, Henri: Materie und Gedächtnis, Hamburg 1991 (zuerst 1896).

Berlinische Galerie (Hg.): Hannah Höch: Eine Lebenscollage, Bd. 1/1: 1889 –1918. Bd. 1/2: 1919 – 1920, Archiv-Edition, Berlin 1989.

Berlinische Galerie (Hg.): Hannah Höch: Eine Lebenscollage, Bd. 2/1: 1921 – 1945, Texte. Bd. 2/2: 1921 – 1945, Dokumente. Archiv-Edition, Ostfildern-Ruit 1995.

Berlinische Galerie (Hg.): Hannah Höch: Eine Lebenscollage, Bd. 3/1: 1946 – 1978, Texte. Bd. 3/2: 1946 – 1978, Dokumente, Archiv-Edition, Berlin 2001.

Bernadac, Marie-Laure (Hg.): Annette Messager. Word for Word. Texts, Writings, And Interviews, Dijon/New York 2006.

Birkle, Gotlind/Tischer, Sabine: »Künstler und Mäzenin: ein unmögliches Verhältnis? Peggy Guggenheims Autobiographie«, in: Lindner/Schade/Wenk: Blickwechsel, S. 121-130.

Bismarck, Beatrice von: »Arena Archiv«, in: Ausst.-Kat. Interarchive, S. 113-119.

Blumenberg, Hans: Die Legitimität der Neuzeit, Frankfurt/Main 1966.

Boehm, Gottfried: Bildnis und Individuum. Über den Ursprung der Portraitmalerei in der italienischen Renaissance, München 1985.

Bø-Rygg, Arnfinn: »Der Tanzplatz der Dinge«, in: Ausst.-Kat. Wunderkammer des Abendlandes, S. 192-197.

Bois, Yves-Alain: »The Paper Tigress«, in: Ausst.-Kat. Sophie Calle. M'as tu vue?, S. 29-40.

Bollacher, Martin/Gruber, Bettina (Hg.): Das erinnerte Ich: Kindheit und Jugend in der deutschsprachigen Autobiographie der Gegenwart, Paderborn 2000.

Bollnow, Otto Friedrich: Die Lebensphilosophie, Berlin/Göttingen/Heidelberg 1958.

Bolzoni, Lina: »Das Sammeln und die ars memoriae«, in: Grote: Macrocosmos in Microcosmo, S. 129-168.

Borzello, Frances: Wie Frauen sich sehen. Selbstbildnisse aus fünf Jahrhunderten, München 1998.

Bredekamp, Horst: Antikensehnsucht und Maschinenglauben. Die Geschichte der Kunstkammer und die Zukunft der Kunstgeschichte, Berlin 1993.

Brinker-Gabler, Gisela: »Metamorphosen des Subjekts. Autobiographie, Textualität und Erinnerung«, in: Heuser: Autobiographien von Frauen, S. 393-404.

Bronfen, Elisabeth: Das verknotete Subjekt, Berlin 1998.

Brombach, Sabine/Wahrig, Bettina (Hg.): LebensBilder. Leben und Subjektivität in neueren Ansätzen der Gender Studies, Bielefeld 2006.

Bruss, Elizabeth W.: »Die Autobiographie als literarischer Akt« (zuerst 1974), in: Niggl: Die Autobiographie, S. 258-279.

Buchloh, Benjamin H. D.: »›Atlas‹. Warburgs Vorbild? Das Ende der Collage/Fotomontage im Nachkriegseuropa«, in: Ausst.-Kat. Deep Storage, S. 50-60.

Buchloh, Benjamin H. D.: »Gerhard Richters Atlas: The Anomic Archive«, in: October, Nr. 88, 1999, S. 117-145.

Burke, Peter: Augenzeugenschaft. Bilder als historische Quellen, Berlin 2003 (zuerst 2001).

Burmeister, Ralf: »Hannah Höchs System der Erinnerung«, in: Berlinische Galerie: Hannah Höch. Eine Lebenscollage, Bd. 3/1, S. 12-35.

Butler, Judith: Das Unbehagen der Geschlechter, Frankfurt/Main 1991.

Butler, Judith: Körper von Gewicht, Berlin 1995.

Calabrese, Omar: Die Geschichte des Selbstporträts, München 2006.

Calle, Sophie: Des histoires vraies, Paris 1992.

Calle, Sophie (With the participation of Paul Auster): Double Game, London 1999.

Calle, Sophie: The Doctor's Daughter, New York 1991.

Calle, Sophie: Wahre Geschichten, München 2002.

Camart, Cécile: »Sophie Calle, 1978-1981. Genèse d'une figure d'artiste«, in: Les Cahiers de Musée national d'art moderne, Nr. 85, 2003, S. 50-77.

Cassirer, Ernst: Wesen und Wirkung des Symbolbegriffs, Darmstadt 1956.

Christadler, Maike: Kreativität und Geschlecht. Giorgio Vasaris »Vite« und Sofonisba Anguissolas Selbst-Bilder, Berlin 2000.

Cinq musées personnels. Jean-Louis Bertholin, Christian Boltanski, Joel Fisher, Thomas Kovachevich, Annette Messager, Ausst.-Kat. Musée du Grenoble, Grenoble 1973.

Cixous, Hélène: Weiblichkeit in der Schrift, Berlin 1980.

Coles, Alex (Hg.): Site specificity: the ethnographic turn, London 2001.

Collagen, Hannnah Höch, 1889-1978, Ausst.-Kat. Institut für Auslandsbeziehungen Stuttgart, Stuttgart 1984.

Conkelton, Sheryl: »Annette Messager's Carnival of Dread and Desire«, in: Ausst.-Kat. Annette Messager, S. 9-44.

Das XX. Jahrhundert. Ein Jahrhundert Kunst in Deutschland, Ausst.-Kat. Neue Nationalgalerie Berlin, Berlin 1999.

Das Gedächtnis der Kunst. Geschichte und Erinnerung in der Kunst der Gegenwart, Ausst.-Kat. Historisches Museum; Schirn Kunsthalle Frankfurt, hg. von Kurt Wettengl, Ostfildern-Ruit 2000.

Das Selbstportrait im Zeitalter der Photographie, Ausst.-Kat. Musée Cantonal des Beaux Arts, Lausanne; Württembergischer Kunstverein, Stuttgart; Akademie der Künste, Berlin, hg. von Erika Billeter, Lausanne/Bern 1985.

Daston, Lorraine: »Neugierde als Empfindung und Epistomologie in der frühmodernen Wissenschaft«, in: Grote: Macrocosmos in Microcosmo, S. 35-60.

Daston, Lorraine/Galison, Peter: Objektivität, Fankfurt/Main 2007.

Debord, Guy: Die Gesellschaft des Spektakels, Berlin 1996 (zuerst 1967).

Debord, Guy/Jorn, Asger: Mémoires, Kopenhagen 1959.

Dech, Jula: »Balance und Spirale – Künstlerischer Ausdruck weiblicher Identität. Epochal-Montage/Lebens-Collage: Zwei Brennpunkte in Hannah Höchs Werk«, in: Dech/Maurer: Da-da zwischen Reden zu Hannah Höch, S. 26-47.

Dech, Jula: »Hannah Höch ist eine durchaus dadaistische Angelegenheit!« in: Ausst.-Kat Hannah Höch. Gotha 1889-1978, S. 119-125.

Dech, Jula: Hannah Höch. Schnitt mit dem Küchenmesser Dada – Spiegel einer Bierbauchkultur, Frankfurt/Main 1989.

Dech, Jula: »Marionette und Modepuppe, Maske und Maquillage – Beobachtungen am Frauenbild von Hannah Höch«, in: Ausst.-Kat. Hannah Höch: Fotomontagen, Gemälde, Aquarelle, S. 79-96.

Dech, Jula/Maurer, Ellen (Hg.): Da da zwischen reden zu Hannah Höch, Berlin 1991.

Deep Storage. Arsenale der Erinnerung. Sammeln, Speichern, Archivieren in der Kunst, Ausst.-Kat. Haus der Kunst München; Nationalgalerie SMPK Berlin; Kunstmuseum Düsseldorf; Henry Art Gallery Seattle, hg. von Ingrid Schaffner, Matthias Winzen, München/New York 1997.

Deleuze, Gilles: Differenz und Wiederholung, München 1992.

Deleuze, Gilles/Guattari, Félix: Rhizom, Berlin 1977.

Derrida, Jacques: L'écriture et la différence, Paris 1967.

Derrida, Jacques: »Nietzsches Otobiographie oder Politik des Eigennamens«, in: Frank/Kittler/Weber: Fugen, S. 64-98.

Die wahren Geschichten der Sophie Calle, Ausst.-Kat. Museum Fridericianum Kassel, Kassel 2000.

Dilthey, Wilhelm: »Das Erleben und die Selbstbiographie« (zuerst 1906-1911), in: Niggl: Die Autobiographie, S. 21-32.

Dinge in der Kunst des 20. Jahrhunderts, Ausst.-Kat. Haus der Kunst München, München 2000.

Doctorow, Erika: »›Die Dompteuse‹ – Eine politische Ikone der dreißiger Jahre«, in: Dech/Maurer: Da-da zwischen Reden zu Hannah Höch, S. 100-107.

Dolar, Mladen: »Hitchcocks Objekte«, in: Žižek/Dolar/Pelko: Was Sie immer schon über Lacan wissen wollten, S. 27-44.

Düchting, Susanne: Konzeptuelle Selbstbildnisse, Essen 2001.

Eakin, Paul: Touching the World. Reference in Autobiography, Princeton 1992.

Ebeling, Knut: »Indiz und Intrige. Zur Archäologie des Intimen bei Sophie Calle«, in: Ausst.-Kat. Sophie Calle, S. 143-162.

Echinard-Garin, Paul: »Les vies jouées de Sophie Calle«, in: Verso Art et Lettres, Nr. 13, 1999, S.19-20.

Erdle, Birgit/Weigel, Sigrid (Hg.): Mimesis, Bild, Umschrift. Ähnlichkeit und Entstellung im Verhältnis der Künste, Köln 1996.

Ernst, Wolfgang: »Archive im Übergang«, in: Ausst.-Kat. Interarchive, S. 137-146.

Faber, Monika: »›Selbstfoto‹«, in: Ausst.-Kat. Fotografieren hieß teilnehmen, S. 280-288.

Felix, Jürgen/Kiefer, Bernd/Marschall, Susanne u.a. (Hg.): Die Wiederholung, Marburg 2001.

Finck, Almut: Autobiographisches Schreiben nach dem Ende der Autobiographie, Berlin 1999.

Fischer-Lichte, Erika/Lehnert, Gertrud (Hg.): Inszenierungen des Erinnerns. Paragrana. Internationale Zeitschrift für Historische Anthropologie, Bd. 9, H. 2, 2000.

Flaßpöhler, Svenja: »Selbstvollendende Lustmaschinen. Zur materialistischen Utopie des pornographischen Körpers«, in: Hasselmann/Schmidt/Zumbusch: Utopische Körper, S. 281-298.

Flohic, Catherine: »Sophie Calle«, in: Ninety. Art des Années 90/Art in the 90's, Nr. 9, 1992.

Flusser, Vilém: Dinge und Undinge, München/Wien 1993.

Foster, Hal: The Return of the Real. The Avant-Garde at the End of the Century, Cambridge/Massachusetts/London 1996.

Fotografieren hieß teilnehmen. Fotografinnen der Weimarer Republik. Ausst.-Kat. Museum Folkwang, Essen; Fundació La Caixa, Barcelona; The Jewish Museum, New York City, Düsseldorf 1994.

Foucault, Michel: Archäologie des Wissens, Frankfurt/Main 1973.

Foucault, Michel: Sexualität und Wahrheit. Bd. 1. Der Wille zum Wissen, Frankfurt/Main 1977.

Foucault, Michel: »Technologien des Selbst«, in: Martin/Gutman/Hutton (Hg): Technologien des Selbst, S. 24-62.

Foucault, Michel: »Was ist ein Autor?« (zuerst 1969), in: Jannidis/Lauer/Martinez/Winko: Texte zur Theorie der Autorschaft, S. 198-229.

Frank, Manfred/Kittler, Friedrich/Weber, Samuel (Hg.): Fugen. Deutsch-Französisches Jahrbuch für Text-Analytik, Freiburg 1980.

Freud, Sigmund: »Bemerkungen über die Übertragungsliebe«, in: Ders.: Studienausgabe, Ergänzungsband, Frankfurt/Main 1975.

Freud, Sigmund: »Erinnern, Wiederholen, Durcharbeiten« (1914), in: Ders.: Gesammelte Werke. Bd. 10, Frankfurt/Main 1963, S. 126-136.

Freud, Sigmund: Gesammelte Werke. Bd. 2-3. Die Traumdeutung (1900), Frankfurt/Main 1963.

Friedman, Susan Stanford: »Women's Autobiographical Selves. Theory and Practice«, in: Benstock: The Private Self, S. 35-44.

Fritzsche, Bruno: »Das Bild als historische Quelle«, in: Volk: Vom Bild zum Text, S. 11-24.

Fürlus, Eckhard: »Künstlerfreunde«, in: Berlinische Galerie: Hannah Höch. Eine Lebenscollage, Bd. 3/1, S. 78-121.

Gaßner, Hubertus: »Die scheinbaren Dinge«, in: Ausst.-Kat. Dinge in der Kunst des 20. Jahrhunderts, S. 29-77.

Georgen, Theresa/Muysers, Carola: Bühnen des Selbst. Zur Autobiographie in den Künsten des 20. und 21. Jahrhunderts, Kiel 2006.

Geschlechterverhältnisse und Politik, hg. vom Institut für Sozialforschung Frankfurt, Gender Studies, Frankfurt/Main 1994.

Giesen, Sebastian: »Wunderkammer der Assoziationen«, in: Ausst.-Kat. Annette Messager Dépendance Indépendance, o.P.

Ginzburg, Carlo: Spurensicherungen. Über verborgene Geschichte, Kunst und soziales Gedächtnis, Berlin 1983

Ginzburg, Carlo: »Spurensicherung. Der Jäger entziffert die Fährte, Sherlock Holmes nimmt die Lupe, Freud liest Morelli – die Wissenschaft auf der Suche nach sich selbst«, in: Ders.: Spurensicherungen, S. 61-96.

Glagau, Hans: »Das romanhafte Element der modernen Selbstbiographie im Urteil des Historikers« (zuerst 1903), in: Niggl: Die Autobiographie, S. 55-71.

Goethe, Johann Wolfgang von: »Der Sammler und die Seinigen«, in: Victor Lange/Hans J. Becker/Gerhard H. Müller u. a. (Hg.): Johann Wolfgang Goethe. Sämtliche Werke, Bd. 6.2, München/Wien 1988, S. 76-130.

Goethe, Johann Wolfgang von: Sämtliche Werke nach Epochen seines Schaffens, Münchner Ausgabe, Bd. 16: Aus meinem Leben. Dichtung und Wahrheit, München 1985.

Gomille, Monika: »Philisides in Arkadien: Der Autor als Sammler – Der Sammler als Autor«, in: Assmann/Gomille/Rippl: Sammler – Bibliophile – Exzentriker, S. 325-346.

Grenier, Catherine: Annette Messager, Paris 2000.

Grote, Andreas (Hg.): Macrocosmos in Microcosmo: Die Welt der Stube. Zur Geschichte des Sammelns 1450 bis 1800, Opladen 1994.

Grote, Andreas: »Vorrede – Das Objekt als Symbol«, in: Ders.: Macrocosmos in Microcosmo, S. 11-20.

Grüter, Doris: Autobiographie und Nouveau Roman. Ein Beitrag zur literarischen Diskussion der Postmoderne, Münster/Hamburg 1994.

Gusdorf, Georges: »Voraussetzungen und Grenzen der Autobiographie« (zuerst 1956), in: Niggl: Die Autobiographie, S. 121-147.

Gutman, Huck: »Rousseaus Bekenntnisse: eine Selbsttechnik«, in: Martin/Gutman/Hutton (Hg): Technologien des Selbst, S. 118-143.

Hannah Höch, 1889-1978, Ihr Werk – Ihr Leben – Ihre Freunde, Ausst.-Kat. Berlinische Galerie, Berlin 1989.

Hannah Höch: Collagen aus den Jahren 1916-1971, Ausst.-Kat. Akademie der Künste Berlin, Berlin 1971.

Hannah Höch. Fotomontagen – Gemälde – Aquarelle, Ausst.-Kat. Kunsthalle Tübingen, hg. von Götz Adriani, Köln 1980.

Hannah Höch. Gotha 1889-1978, Ausst.-Kat. Schlossmuseum Gotha, Berlin 1994.

Hannah Höch, Werke und Worte, Ausst.-Kat. Galerie Remmert und Barth, Düsseldorf, Berlin/Düsseldorf 1982.

Harms, Wolfgang (Hg.): Text und Bild, Bild und Text. DFG-Symposion 1988, Stuttgart 1990.

Hasselmann, Kristiane/Schmidt, Sandra/Zumbusch, Cornelia (Hg.): Utopische Körper, München 2004.

Härle, Gerhard: »Autobiographie. Eine Lesart. Zur Typologie autobiographischen Lesens und Schreibens«, in: Schmidt/Schütz: Selbstlaut, S. 10-29

Haverkamp, Anselm (Hg.): Die paradoxe Metapher, Frankfurt/Main 1998.

Haverkamp, Anselm/Lachmann, Renate (Hg.): Memoria – Vergessen und Erinnern. (Poetik und Hermeneutik, Bd. XV), München 1993.

Heidegger, Martin: »Das Ding« (1950), in: Gesamtausgabe. Veröffentlichte Schriften 1910-1976. Bd. 7. Vorträge und Aufsätze, Frankfurt/Main 2000, S. 167-187.

Hellekamps, Stephanie (Hg.): Ästhetik und Bildung. Das Selbst im Medium von Musik, Bildender Kunst, Literatur und Fotografie, Weinheim 1998.

Heuser, Magdalene (Hg.): Autobiographien von Frauen. Beiträge zu ihrer Geschichte, Tübingen 1996.

Hickethier, Knut: »The Same Procedure. Die Wiederholung als Medienprinzip der Moderne«, in: Felix/Kiefer/Marschall: Die Wiederholung, S. 41-62.

Hiepe, Richard: Die Fotomontage. Geschichte und Wesen einer Kunstform, Kassel 1970.

Hille, Karoline: »Ein Kaleidoskop der unbegrenzten Möglichkeiten. Zu Hannah Höchs Photomontagen nach 1945«, in: Berlinische Galerie: Hannah Höch. Eine Lebenscollage, Bd. 3/1, S. 154-199.

Hille, Karoline: Hannah Höch und Raoul Hausmann. Eine Berliner Dada-Geschichte, Berlin 2000.

Herzog, Peter: »Der Einzelne und die Masse«, in: Volk: Vom Bild zum Text, S. 45-66.

Hölzl, Ingrid: Der autoporträtistische Pakt: Zur Theorie des fotografischen Selbstporträts am Beispiel von Samuel Fosso, München 2008.

Holländer, Hans: »Kunst- und Wunderkammern: Konturen eines unvollständigen Projekts«, in: Ausst.-Kat. Wunderkammer des Abendlandes, S. 136-145.

Hoppe, Brigitte: »Kunstkammern der Spätrenaissance zwischen Kuriosität und Wissenschaft«, in: Grote: Macrocosmos in Microcosmo, S. 243-263.

Ich ist etwas Anderes. Kunst am Ende des 20. Jahrhunderts, Ausst.-Kat. Kunstsammlung Nordrhein-Westfalen Düsseldorf, hg. von Armin Zweite, Doris Krystof, Reinhard Spieler, Bonn 2000.

Interarchive, Ausst.-Kat. Kunstraum der Universität Lüneburg, hg. von Beatrice von Bismarck, Hans-Peter Feldmann, Hans Ulrich Obrist u.a., Köln 2002.

Irigaray, Luce: Die Zeit der Differenz. Für eine friedliche Revolution (zuerst 1989), Fankfurt/Main 1991.

Jahn, Ilse: »Sammlungen – Aneignung und Verfügbarkeit«, in: Grote: Macrocosmos in Microcosmo, S. 475-500.

Jäger, Joachim: »›Refreshing and Delicious‹ Nouveau Réalisme und Popart«, in: Ausst.-Kat. Das XX. Jahrhundert, S. 516-524.

Jannidis, Fotis/Lauer, Gerhard/Martinez, Matias/Winko, Simone (Hg.): Texte zur Theorie der Autorschaft, Stuttgart 2000.

Jelinek, Estelle (Hg.): Women's Autobiography. Essays in Criticism, Bloomington 1980.

Jochimsen, Margarete: »Das System hat Methode. Ansammlungen von Hannah Höch und Anna Oppermann«, in: Dech/Maurer: Da-da zwischen Reden zu Hannah Höch, S. 162-175.

Jocks, Norbert: Annette Messager, Köln 2001.

Johnson, Uwe: Jahrestage. Aus dem Leben von Gesine Crespahl, Frankfurt/Main 1970-1983.

Jussen, Bernhard (Hg.): Archäologie zwischen Imagination und Wissenschaft: Anne und Patrick Poirier, Göttingen 1999.

Jürgs, Britta: Sammeln nur um zu besitzen? Berühmte Kunstsammlerinnen von Isabella d'Este bis Peggy Guggenheim, Berlin 2000.

Jürgens-Kirchhoff, Annegret: Technik und Tendenz der Montage in der bildenden Kunst des 20. Jahrhunderts, Gießen 1978.

Kampmann, Sabine/Lütgens, Annelie: Sammlerkult – Sammlermythen, Kritische Berichte 4/2006.

Karentzos, Alexandra/Käufer, Birgit/Sykora, Katharina (Hg.): Körperproduktionen. Zur Artifizialität der Geschlechter, Marburg 2002.

Karentzos, Alexandra: »Die Goldpanzer der Frauen – Zur Medialität der Geschlechter bei Klimt«, in: Dies./Käufer/Sykora: Körperproduktionen, S. 145-160.

Kassay-Friedländer, Anne-Marie: »Jäger und Sammlerinnen? Zu bildnerischen Arbeits- und Werkauffassungen«, in: Baumgart/Birkle/Fend: Denkräume zwischen Kunst und Wissenschaft, S. 311-323.

Käufer, Birgit: »Das wahre Leben der Sophie Calle oder Die erfundene Realität«, in: k+m (Kunst und Material), Nr. 2, 1999, S. 16-33.

Keller-Woelfle, Eva: »Aus dem ›Rarit-Schrank‹ der Hannah Höch«, in: Dech/Maurer: Da-da zwischen Reden zu Hannah Höch, S. 288.

Keupp, Heiner/Ahbe, Thomas/Gmür, Wolfgang u.a. (Hg.): Identitätskonstruktionen. Das Patchwork der Identitäten in der Spätmoderne, Hamburg 1999.

Kittner, Alma-Elisa: »›Ceci n'est pas une collectionneuse‹ – Annette Messager, Sammlerin«, in: Kampmann/Lütgens: Sammlerkult, S. 51-64.

Kittner, Alma-Elisa: Hannah Höch: Lebensbild. Reflexive Schau nach innen und außen, Magisterarbeit, Ruhr-Universität Bochum 1998 (unveröffentlichtes Manuskript).

Kittner, Alma-Elisa: »›…keine Selbstbespiegelung‹ – Hannah Höchs visuelle Autobiographie ›Lebensbild‹«, in: Brombach/Wahrig: LebensBilder, S. 233-258.

Kittner, Alma-Elisa: »No Sex Last Night. Sophie Calle und Greg Shepard auf Anti-Hochzeitsreise«, in: Hasselmann/Schmidt/Zumbusch: Utopische Körper, S. 263-279.

Kittner, Alma-Elisa: »Von der Folter zur Lust und der Lust an der Folter. Der zugerichtete Körper bei Annette Messager«, in: Karentzos/Käufer/Sykora: Körperproduktionen, S. 161-179.

Klessmann, Rüdiger: Gemäldegalerie Berlin. Die berühmten Gemäldegalerien der Welt, Frankurt/Main 1971.

Koch, Gertrud: »Netzhautsex – Sehen als Akt«, in: Vinken: Die nackte Wahrheit, S. 114-128.

Kosta, Barbara: Recasting Autobiograpy. Womens' Counterfictions in Contemporary German Literature and Film, Ithaka/London1994.

Krämer, Sybille: »Das Vergessen nicht vergessen! Oder: Ist das Vergessen ein defizienter Modus von Erinnerung?« in: Fischer-Lichte/Lehnert: Inszenierungen des Erinnerns, S. 251-275.

Kris, Ernst/Kurz, Otto: Die Legende vom Künstler. Ein geschichtlicher Versuch, Frankfurt/Main 1995 (zuerst 1934).

Krystof, Doris: »Sammlerin, Künstlerin, Trickserin, Hausiererin, praktische Frau«, in: Ausst.-Kat. Ich ist etwas Anderes, S. 144-149.

Kuchler, Susan: »The Art of Ethnography: The Case of Sophie Calle«, in: Coles: Site specificity, S. 94-110.

Küpper, Thomas: Das inszenierte Alter. Seniorität als literarisches Programm von 1750 bis 1850, Würzburg 2004.

Lacan, Jaques: »Das Spiegelstadium als Bildner der Ichfunktion« (zuerst 1966), in: Ders.: Schriften I, Weinheim/Berlin 1996.

Lanchner, Carolyn: »The Later Adventures of Dada's ›Good Girl‹: The Photomontages of Hannah Höch after 1933«, in: Ausst.-Kat. The Photomontages of Hannah Höch, S. 129-151.

Lavin, Maud: Cut with the Kitchen Knife: The Weimar Photomontages of Hannah Höch, New Haven/London 1993.

Legrand, Claire: »Chronique«, in: Ausst.-Kat. Une scène parisienne 1968-1972, S. 15-74.

Lejeune, Philippe: Der autobiographische Pakt (franz. 1973), Frankfurt/Main 1994.

Lejeune, Philippe: »Der autobiographische Pakt«, in: Niggl: Die Autobiographie, S. 214-257.

Levi-Strauss, Claude: Traurige Tropen (franz. 1955), Frankreich/Main 1981.

Lindner, Ines/Schade, Sigrid/Wenk, Silke/Werner, Gabriele (Hg.): Blickwechsel. Konstruktionen von Männlichkeit und Weiblichkeit in Kunst und Kunstgeschichte, Berlin 1989.

Lütgens, Annelie: »›Old Mistresses‹. Anmerkungen zum Spätwerk von Hannah Höch und Jeanne Mammen«, in: Dech/Maurer: Da-da zwischen Reden zu Hannah Höch, S. 176-189.

Luyken, Gunda (Hg.): Hannah Höch. Album, Ostfildern-Ruit 2004.

Mahrholz, Werner: »Der Wert der Selbstbiographie als geschichtliche Quelle« (zuerst 1919), in: Niggl: Die Autobiographie, S. 72-74.

Makela, Maria: »By Design: The Early Work of Hannah Höch in Context«, in: Ausst.-Kat. The Photomontages of Hannah Höch, S. 49-79.

Man, Paul de: »Autobiographie als Maskenspiel« (zuerst 1979), in: Christoph Menke (Hg.): Paul de Man. Die Ideologie des Ästhetischen, Frankfurt/Main 1993, S. 131-146.

Marcus, Jane: »Invincible Mediocrity. The Private Selves of Public Women«, in: Benstock: The Private Self, S. 114-146.

Martin, Luther H./Gutman, Huck/Hutton, Patrick (Hg): Technologien des Selbst, Frankfurt/Main 1993.

Maurer, Ellen: »Der Blick sucht das Leben und findet den Tod. Aspekte zur Selbstdarstellung im Werk von Hannah Höch«, in: Dech/Maurer: Da-da zwischen Reden zu Hannah Höch, S. 48-59.

Maurer, Ellen: Hannah Höch. Jenseits fester Grenzen. Das malerische Werk bis 1945, Berlin 1995.

Maurois, André: Aspects de la Biographie, Paris 1930.

McGregor, Arthur: »Die besonderen Eigenschaften der ›Kunstkammer‹«, in: Grote: Macrocosmos in Microcosmo, S. 61-106.

Menke, Bettine: »Verstellt: Der Ort der ›Frau‹ – Ein Nachwort«, in: Vinken: Dekonstruktiver Feminismus, S. 436-476.

Metken, Günter: Spurensicherung, Amsterdam 1996.

Meskimmon, Marsha: The Art of Reflection: Women Artist's Self-Portraiture in the Twentieth Century, New York 1996.

Mœglin-Delcroix, Anne: Esthétique du livre d'artiste, Paris 1997.

Mulvey, Laura: »Visuelle Lust und narratives Kino«, in: Nabakowski/Sander/Gorsen: Frauen in der Kunst, Bd. 1, S. 36-43.

Müller-Wille, Staffan: »Carl von Linnés Herbarschrank. Zur epistemischen Funktion eines Sammlungsmöbels«, in: Te Heesen/Spary: Sammeln als Wissen, S. 22-38.

Münsterberger, Werner: Sammeln, eine unbändige Leidenschaft. Psychologische Perspektiven (zuerst engl. 1994), Berlin 1995.

Nabakowski, Gislind/Sander, Helke/Gorsen, Peter (Hg.): Frauen in der Kunst. 2 Bde., Frankfurt/Main 1980.

Niggl, Günter (Hg.): Die Autobiographie. Zu Form und Geschichte einer literarischen Gattung, Darmstadt 1998.

Obrist, Hans-Ulrich (Hg.): Annette Messager. Nos Temoignages, Stuttgart 1995.

Obrist, Hans-Ulrich: »Un archive peut en cacher un autre«, in: Ausst.-Kat. Interarchive, S. 25-30.

Öhlschläger, Claudia/Wiens, Birgit (Hg.): Körper – Gedächtnis – Schrift. Der Körper als Medium kultureller Erinnerung, Berlin 1997.

Öhlschläger, Claudia/Wiens, Birgit: »Körper – Gedächtnis – Schrift. Eine Einleitung«, in: Diess.: Körper – Gedächtnis – Schrift, S. 9-24.

Oger, Erik: »Einleitung«, in: Henri Bergson: Materie und Gedächtnis, Hamburg 1991, S. IX-LVII.

Ohff, Heinz: Hannah Höch, Berlin 1968.

Parmentier, Michael: »Die Selbstbilder Rembrandts – Eine visuelle Autobiographie?«, in: Hellekamps: Ästhetik und Bildung, S. 43-66.

Pascal, Roy: »Die Autobiographie als Kunstform« (zuerst 1959), in: Niggl: Die Autobiographie, S. 148-157.

Perec, Georges: Die Dinge, Bremen 2001.

Pethes, Nicolas/Ruchatz, Jens (Hg.). Gedächtnis und Erinnerung. Ein interdisziplinäres Lexikon, Hamburg 2001.

Pichler, Cathrin: »Der Spur auf der Spur. Zur Erinnerungsarbeit in Projekten von Sophie Calle«, in: Zwischen Erinnern und Vergessen. Verschiebungen, Verdichtungen, Antizipationen, Rückblicke. Kunstforum, Bd. 128, Okt.-Dez. 1994, S. 227-233.

Pomian, Krysztof: Der Ursprung des Museums. Vom Sammeln, Berlin 1993.

Pomian, Krzysztof: »Sammlungen – eine historische Typologie«, in: Grote: Macrocosmos in Microcosmo, S. 107-128.

Princenthal, Nancy: »Talking Points. Conversation in the Art of Sophie Calle, Joseph Grigely, and Suzanne McClelland«, in: Art on Paper, Nr. 5, Mai-Juni 2001, S. 48-55, 108.

Puppen, Körper, Automaten. Phantasmen der Moderne, Ausst.-Kat. Kunstsammlung Nordrhein-Westfalen Düsseldorf, hg. von Pia Müller-Tamm, Katharina Sykora, Köln 1999

Ricœur, Paul: Das Rätsel der Vergangenheit. Erinnern – Vergessen – Verzeihen, Göttingen 1998.

Roters, Eberhard: »Bildsymbolik im Werk Hannah Höchs«, in: Ders.: Fabricatio Nihili, S. 175-191.

Roters, Eberhard: Fabricatio Nihili oder die Herstellung von Nichts, Berlin 1990.

Roth, Harrieth: »Die Bibliothek als Spiegel der Wunderkammer«, in: Assmann/Gomille/Rippl: Sammler – Bibliophile – Exzentriker, S. 193-211.

Rousseau, Jean-Jacques: Die Bekenntnisse, München 1978.

Rutschky, Michael: »Foto mit Unterschrift. Über ein unsichtbares Genre«, in: Volk: Vom Bild zum Text, S. 117-133.

Sauerländer, Willibald: »Die Gegenstandssicherung allgemein«, in: Belting/Dilly/Kemp: Kunstgeschichte, S. 47-57.

Schaffner, Ingrid: »Deep Storage«, in: Ausst.-Kat. Deep Storage, S. 21-32.

Schmidt, Margot/Schütz, Sabine (Hg.): Selbstlaut. Autobiographische Aspekte in der Kunst von Frauen, Köln 1993.

Schneider, Jost: »Außenseitertum und Zeugenschaft in Wolfgang Koeppens Jugend«, in: Bollacher/Gruber: Das erinnerte Ich, S. 37-58.

Schneider, Lambert: »Das Pathos der Dinge. Vom archäologischen Blick in Wissenschaft und Kunst«, in: Jussen: Archäologie zwischen Imagination und Wissenschaft, S. 51-83.

Schulz, Kristina: »Feminismuskonzeptionen in den 1970er Jahren im deutsch-französischen Vergleich«, in: Feministische Studien, H.1., 2003, S. 98-110.

Seidel, Jörg: Rhizom. http://seidel.jaiden.de/rhizom.php (Stand: 23.02.2005).

Sommer, Manfred: Sammeln. Ein philosophischer Versuch, Frankfurt/Main 1999.

Sontag, Susan: »Die pornographische Phantasie« (zuerst 1967), in: Dies.: Kunst u. Antikunst, Frankfurt/Main 1995, S. 48-90.

Sophie Calle, Ausst.-Kat. Sprengel Museum Hannover, hg. von Inka Schube, Hannover 2002.

Sophie Calle. A Survey, Ausst.-Kat. Fred Hoffman Gallery Los Angeles, Los Angeles 1989.

Sophie Calle. La Visite Guidée, Ausst.-Kat. mit CD, Museum Boymans van Beuningen Rotterdam, Rotterdam 1996.

Sophie Calle. M'as tu vue? Ausst.-Kat. Centre Pompidou Paris, München/Berlin/London/New York 2003.

Sophie Calle. True Stories, Ausst.-Kat. Museum of Modern Art Tel Aviv, Tel Aviv 1996.

Spivak, Gayatri Chakravorty: »Verschiebung und der Diskurs der Frau«, in: Vinken: Dekonstruktiver Feminismus, S. 183-219.

Stagl, Justus: »Homo Collector: Zur Anthropologie und Soziologie des Sammelns«, in: Assmann/Gomille/Rippl: Sammler – Bibliophile – Exzentriker, S. 37-55.

Steiner, Barbara/Yang, Jun: Artworks. Zeitgenössische Kunst. Autobiografie, Hildesheim 2004.

Stewart, Susan: On longing: Narratives of the Miniature, the Gigantic, the Souvenir, the Collection, Durham 1993.

Storr, Robert: »Sophie Calle. La femme qui n'était pas là«, Art press, Nr. 295, 2003, S. 23-28.

Strowick, Elisabeth: »Intime Akte(n). Theoretische ›Annäherungen‹ an die Arbeiten von Sophie Calle«, in: Ausst.-Kat. Sophie Calle, S. 31-38.

Strowick, Elisabeth: »Wiederholung und Performativität. Rhetorik des Seriellen«.

http://www.thealit.dsn.de/lab/serialitaet/teil/strowick/strowick_druck.html (Stand: 25.2.2005).

Sturm, Gesine: ›Ich verreise in meinen Garten‹. Der Garten der Hannah Höch. Pflegekonzept für einen Künstlergarten, Diplomarbeit, Technische Universität Berlin 1993 (unveröffentlichtes Manuskript).

Sykora, Katharina: Unheimliche Paarungen. Androidenfaszination und Geschlecht in der Fotografie, Köln 1999.

Te Heesen, Anke/Spary, Emma C.: Sammeln als Wissen, Göttingen 2001.

The Photomontages of Hannah Höch, Ausst.-Kat. Walker Art Center Minneapolis; The Museum of Modern Art New York; County Museum of Art, Los Angeles, Minneapolis 1996.

Ullrich, Wolfgang: »Ikonographie des Konsumbürgertums«, in: Kampmann/Lütgens: Sammlerkult, S. 45-49.

Une scène parisienne 1968-1972, Ausst.-Kat. Centre d'histoire de l'art contemporain, Rennes, hg. von Jean-Marc Poinsot, Rennes 1990.

Varga, Aron Kibédi: »Visuelle Argumentation und visuelle Narrativität«, in: Harms: Text und Bild, Bild und Text, S. 356-367.

Vasari, Giorgio: Lebensbeschreibungen der berühmtesten Maler, Bildhauer und Architekten, hg. von Alessandro Nova, Berlin 2004ff.

Vinken, Barbara (Hg.): Dekonstruktiver Feminismus. Literaturwissenschaft in Amerika, Frankfurt/Main 1992.

Vinken, Barbara (Hg.): Die nackte Wahrheit. Zur Pornographie und zur Rolle des Obszönen in der Gegenwart, München 1997.

Vinken, Barbara: »Einleitung: Cover up – Die nackte Wahrheit der Pornographie«, in: Dies.: Die nackte Wahrheit, S. 7-22.

Vogt, Marianne: Autobiographik bürgerlicher Frauen. Zur Geschichte weiblicher Selbstbewußtwerdung, Würzburg 1981.

Volk, Andreas (Hg.): Vom Bild zum Text. Die Photographiebetrachtung als Quelle sozialwissenschaftlicher Erkenntnis, Zürich 1996.

Wagner, Monika: »Bild – Schrift – Material. Konzepte der Erinnerung bei Boltanski, Sigurdsson und Kiefer«, in: Erdle/Weigel: Mimesis, Bild, Umschrift, S. 23-40.

Wagner, Monika: Das Material der Kunst. Eine andere Geschichte der Moderne, München 2001.

Wagner-Egelhaaf, Martina: Autobiographie, Stuttgart 2000.

Weber, Samuel: »Einmal ist Keinmal: Das Wiederholbare und das Singuläre«. http://www.hydra.umn.edu/weber/sam1.html (Stand: 07.05.2001).

Weinrich, Harald: Lethe. Kunst und Kritik des Vergessens, München 1997.

Weinrich, Harald: »Typen der Gedächtnismetaphorik«, in: Archiv für Begriffsgeschichte, Bd. 9, 1964, S. 23-26.

Weidmann, Heiner: Flanerie, Sammlung, Spiel. Die Erinnerung des 19. Jahrhunderts bei Walter Benjamin, München 1992.

Welsch, Wolfgang: Vernunft. Die zeitgenössische Vernunftkritik und das Konzept der transversalen Vernunft, Frankfurt/Main 1996.

Wescher, Herta: Die Collage. Geschichte eines künstlerischen Ausdrucksmittels, Köln 1968.

Wettengl, Kurt: »Das Gedächtnis der Kunst«, in: Ausst.-Kat. Das Gedächtnis der Kunst, S. 11-20.

Williams, Linda: Hard Core. Macht, Lust und die Traditionen des pornographischen Films, Basel/Frankfurt am Main 1995.

Wilpert, Gero von: Sachwörterbuch der Literatur, Stuttgart 1964.

Winzen, Matthias: »Sammeln – so selbstverständlich, so paradox«, in: Ausst.-Kat. Deep Storage, S. 10-19.

Wunderkammer des Abendlandes. Museum und Sammlung im Spiegel der Zeit, Ausst.-Kat. Kunst- und Ausstellungshalle der Bundesrepublik Deutschland, Bonn, Bonn 1994.

Wyss, Beat (Hg.): Kunstszenen Heute. Ars Helvetica XII. Die visuelle Kultur der Schweiz heute, Disentis/Bern 1992.

Yates, Frances: Gedächtnis und Erinnern. Mnemonik von Aristoteles bis Shakespeare (zuerst 1966), Weinheim 1990.

Young, Iris Marion: »Geschlecht als serielle Kollektivität: Frauen als soziales Kollektiv«, in: Geschlechterverhältnisse und Politik, S. 223-261.

Zbikowski, Dörte: »Sammeln als künstlerische Strategie. Positionen der Gegenwartskunst«, in: Götz Adriani (Hg.): KunstSammeln, Karlsruhe/Ostfildern-Ruit 1999, S. 205-214.

Zeiller, Martin: Das Ding im Künstlermuseum – Von Breton bis Beuys. Kontamination und Systematik, Köln 1998 (Microfiche).

Žižek, Slavoj/Dolar, Mladen/Pelko, Stojan u.a. (Hg.): Was Sie immer schon über Lacan wissen wollten und Hitchcock nie zu fragen wagten, Frankfurt/Main 2002 (zuerst 1988).

Textanhang

Die mit * gekennzeichneten Werke sind im Bildteil zu sehen.

Sophie Calle, *Autobiographical Stories/Récits autobiographiques*

Bisher entstanden insgesamt 38 Elemente ab 1988-2003.

The Dutch Portrait/Le portrait, 1988*
The Red Shoe/La chaussure rouge, o.D. (vor 1994)[1]
The Wedding Dress/La robe de mariée, 1988
The Bathrobe/Le peignoir, 1988
The Cats/Les chats, 1988
The Razor Blade/La lame de rasoir, 1988
The Love Letter/La lettre d'amour, 1988
The Strip-tease/Le strip-tease, 1988*
The High Heel/Le talon aiguille, 1988
The Bed/Le lit, 1988
Young Girl's Dream/Rêve de jeune fille, 1992*
The Tie/La cravate, 1992
The Sheet/Le drap, 1992
The Resolution/La rencontre, 1992
The Hostage/L'otage, 1992*
The Argument/La dispute, 1992*
The Amnesia/L'amnésie, 1992*
The Rival/La rivale, 1992
The Fake Wedding/Le faux mariage, 1992*
The Break-Up/La rupture, 1992
The Divorce/Le divorce, 1992*

1 Die Datierungen sind so weit wie möglich recherchiert worden. Alle Jahresangaben der von mir untersuchten Arbeiten sind korrekt. Da jedoch kein Werkverzeichnis existiert und in Katalogen die Datierungen einzelner Geschichten oft fehlen, war eine genaue Datierung nicht immer möglich. Die Schätzungen erklären sich aus dem Zeitpunkt, wann die Geschichten meines Wissens nach erstmals publiziert worden sind.

The Other/L'autre, 1992[2]
The Polaroid/Le cou, o.D. (vor 1994)
Tele-Star/Télé Star, o.D. (vor 1994)
The Dice/Le dé (1 und 2), o.D. (vor 1994)
The Gift/Le cadeau, o.D. (vor 1994)
The Coffee Cup/La tasse à café, o.D. (vor 1994)
The Erection/L'érection, 1994 (Text)
The Plastic Surgery/Le nez, 1994 (Text), 2000 (Bild)*
The Bad Breath/La mauvaise haleine, 2000*
Saw Nothing-nobody/ Rien vu – personne, 2000
The Breasts/ Les seins miraculeux, 2001
The Dream Wedding/ Mariage de rêve, 2002
The Pig/ Le Porc, 2001
The Medical Examination/ La visite médicale, 2002
Torero/Torero, 2003
Journey to California/ Voyage en Californie, 2003
Room with a View/Chambre avec vue, 2003*

Annette Messager, *Les Albums-collections,* Répertoire[3]

Album-collection N° 1: Le mariage de Mademoiselle Annette Messager*
Album-collection N° 2: Les hommes que j'aime
Album-collection N° 3: Les enfants aux yeux rayés*
Album-collection N° 4: Mes croquis d'oiseaux
Album-collection N° 5: Mes dessins d'enfant*
Album-collection N° 6: Tout sur mon enfant*
Album-collection N° 7: Mes trauvaux d'aiguille
Album-collection N° 8: Les approches*
Album-collection N° 9: Mon livre de cuisine
Album-collection N° 10: Les hommes que je n'aime pas
Album-collection N° 11: Les hommes-femmes et Les femmes-hommes
Album-collection N° 12: Mes dépenses quotidiennes pendant 1 mois*
Album-collection N° 13: Avant-après*
Album-collection N° 14: Les voyages 1ère partie
Album-collection N° 15: Les voyages 2ème partie

2 Siehe Abbildung der Umschlagseite.

3 Ausst.-Kat. Annette Messager. Faire Parade, S. 33, 64. Vgl. die leicht abweichende Form in Ausst.-Kat. Annette Messager. Comédie Tragédie, S. 38. Das *Répertoire* gibt einen Stand von 1973 wieder, der eine Vielzahl danach entstandener *Albums-collections* nicht berücksichtigt. Vgl. Kap. Autobiographische Fiktionen, Anm. 93 und 94.

Album-collection N° 16: Mon médical pratique
Album-collection N° 17: Mes propositions de bonheur, de chance, de personnalité, de mariage
Album-collection N° 18: Les tortures volontaires*
Album-collection N° 19: Mon avenir par horoscope
Album-collection N° 20: Ma collection de châteaux
Album-collection N° 21: Les maisons a visiter
Album-collection N° 22: Mes enveloppes manuscrits
Album-collection N° 23: Comment mes amis feraient mon portrait. Annette Messager collectionneuse en janvier 1972*
Album-collection N° 24: Collection pour trouver ma meilleure signature*
Album-collection N° 25: Mes jalousies
Album-collection N° 26: Dessins et croquis de femme trouvés le 14 juin
Album-collection N° 27: Tout sur Messagier
Album-collection N° 28: Les moyens de protection
Album-collection N° 29: Annette Messager pendant 9 mois*
Album-collection N° 30: Ma collection de bagues
Album-collection N° 31: Ma vie pratique*
Album-collection N° 32: La mode
Album-collection N° 33: J'apprends le dessin
Album-collection N° 34: Ma collection de tissus
Album-collection N° 35: Les qualificatifs donnés aux femmes
Album-collection N° 36: Mes dessins secrets*
Album-collection N° 37: Les demandes d'emploi
Album-collection N° 38: Mes clichés temoins
Album-collection N° 39: Ma vie illustrée*
Album-collection N° 40: Les grandes énigmes du monde
Album-collection N° 41: Mes informations pour trouver une voiture d'occasion en juillet 73
Album-collection N° 42: Mon guide du tricot
Album-collection N° 43: Ma collection de champignons bons et de champignons mortels*
Album-collection N° 44: Instruments et matériaux pour mon visage. Changement et préservation*
Album-collection N° 45: Mon guide des fleurs, des plantes, des fruits
Album-collection N° 46: Les femmes que j'admire
Album-collection N° 47: Petites pratiques magique quotidienne
Album-collection N° 48: Carnet de voyage
Album-collection N° 49: Collection d'exercices philosophiques
Album-collection N° 50: Les animaux du monde entier*
Album-collection N° 51: Mes papiers des oranges mangées*
Album-collection N° 52: Mes hommes de protection

Album-collection N° 53: Le carnet du jour
Album-collection N° 54: Tout sur les coquillages*
Album-collection N° 55: Tout sur les pierres précieuses
Album-collection N° 56: La semaine prochaine

Album-collection (ohne Nummer) : La grande aventure des 2 premières années de la vie Annette Messager femme pratique, truqueuse, collectionneuse*[4]

4 Die unnummerierte Alben-Sammlung ist von mir hinzugefügt worden, da sie Teil meiner Analyse ist und daher auch abgebildet wird.

Abbildungen

Hannah Höch

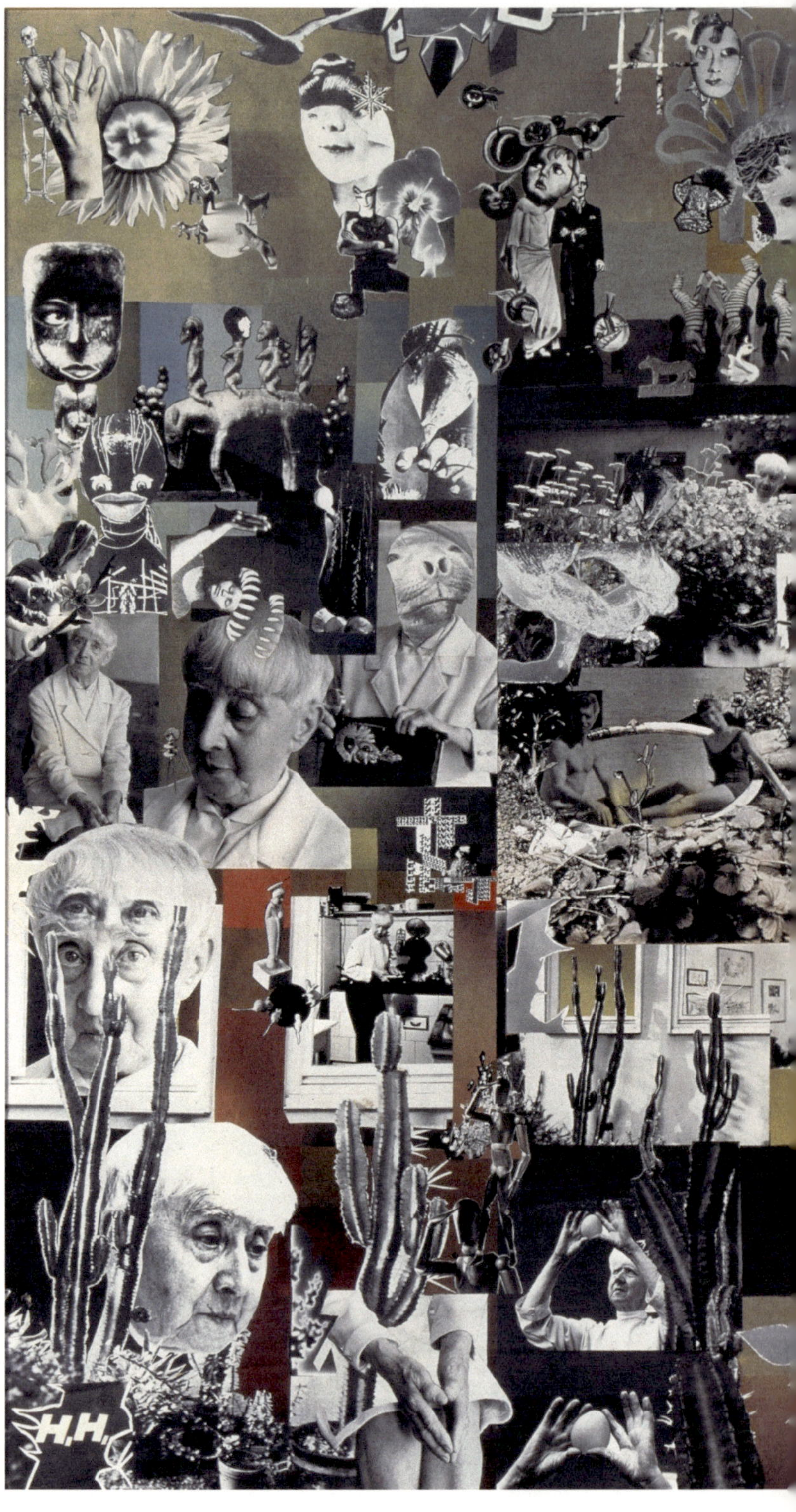
H.H.

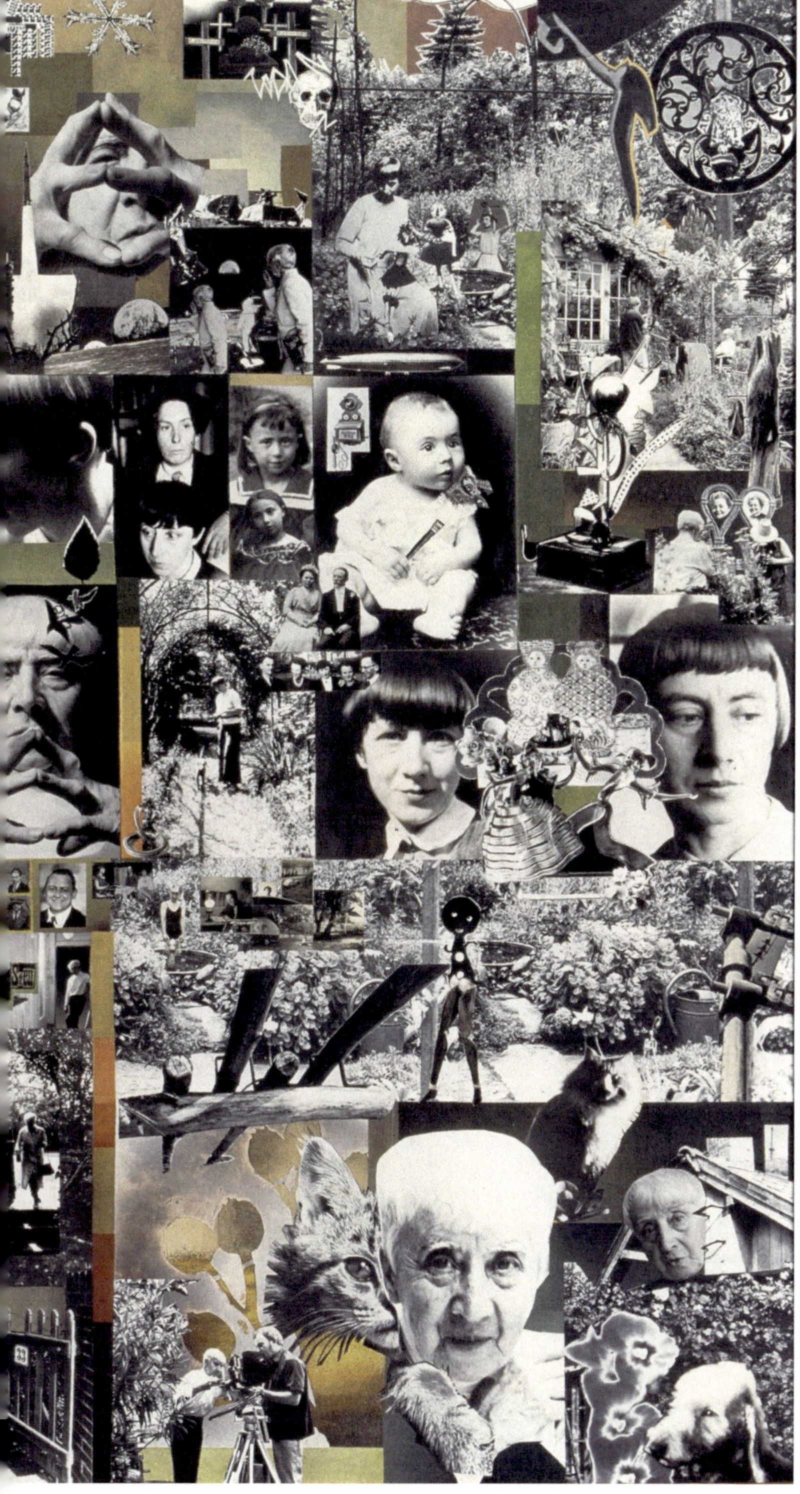

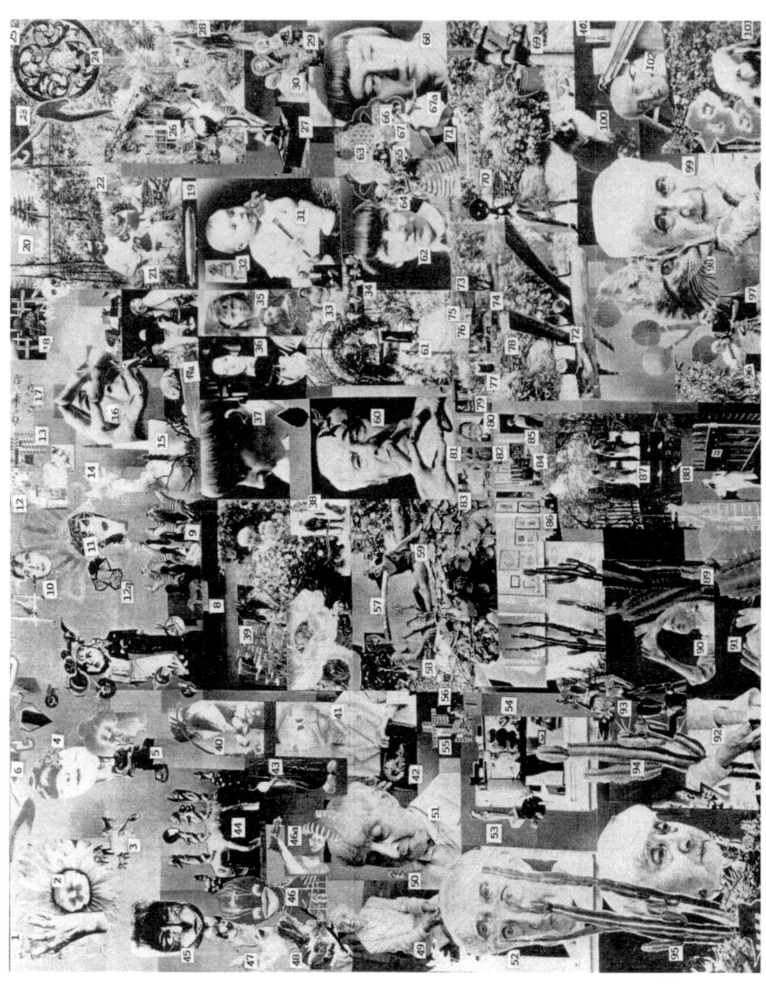

vorherige Doppelseite:
Abb. 1.1: Hannah Höch: Lebensbild, 1972-73, Fotocollage mit Schwarz-Weiß-Fotografien und Farbpapier aus Zeitschriften auf einer Holzplatte, 130 x 150 cm, Sammlung Orgel-Köhne

Abb. 1.2: Hannah Höch: Lebensbild, 1972-73, Nummerierung der Motive (erstellt von Liselotte und Armin Orgel- Köhne nach einer Folie von Hannah Höch), Sammlung Orgel-Köhne, mit Nummernliste von Hannah Höch

Die Nummernliste mit den Erklärungen einzelner Motive von Hannah Höch[1]

Hannah Höch, Selbst~~portrait~~ – Biographie
Collage mit Originalfotos. 1972,73 Fotos: Orgel-Köhne
Erklärungen zu den Nummern.

1) Die rechte Hand und der Knochenmann
2) Sonnenblume und Stiefmütterchen
3) Die Pferdchen aus dem Mini-Museum, genannt Rarit
4) Aus der Collage "Deutsches Mädchen" 1930
5) Aus der Collage "Die Dompteuse" 1930
6) Aus der Collage "Friedenstaube" 1945-47
7) Ölbild, gemalt nach der Collage "Die Braut" 1924
8) YANKEE POLISH ZEBRA, aus dem Rarit
9) Aus der Collage "Zebrapferdchen" 1940 (um)
10) Aus der Collage "Englische Tänzerin" 1928
11) Aus der Collage "Das ewig Weibliche" 1967
12) Aus der Collage "Meine Haussprüche" 1922
12a) Aus der Collage "Trauer II" 1967
13) Aus der "Rohrfeder-Collage" 1922
14) Aus der Collage "Weiße Form" 1919
15) Start zum Mond
16) Höch
17) Schneekristall
18) Der erste Weltkrieg 1914. Der zweite Weltkrieg 1939. Und die Zypressen der Villa Massimo.
19) Graf Zeppelin LZ 127
19a) H.H. auf dem Mond
20) Heiligensee, der Garten
21) Höch mit den Puppen von 1916, genannt DADA-Puppen, weil ausgestellt auf der DADA-Messe Berlin. Da ist auch das Foto gemacht
22) Höch auf dem Dada-Ball 1921
23) Ausschnitt aus der Collage "Friedenstaube" 1945-47
24) Ausschnitt aus der Collage "Angst" 1970 und eingefasst von
25) Goldschmiedearbeit, Uhrspindel aus dem Rarit
26) Herr Köhne bei der Arbeit
27) Material-Plastik von 1918, ausgestellt DADA-Messe 1920
28) Naturgewachsene Plastik. Rest der Fahnenstange des Eingangs zum Flughafen. Im Garten ausgegraben 1964
29) Frau Orgel bei der Arbeit - und so..

---

1 Transcript des Exemplars von Hannah Höch, Berlinische Galerie, Hannah-Höch-Archiv, BG HHC H2235/79. Maschinengeschrieben, mit handschriftlichen Ergänzungen von Hannah Höch, die ich in die Liste aufgenommen habe. Handschriftlicher Vermerk von Höch oben links: »Höch-Exemplar«; Handschriftlicher Vermerk von Höch oben rechts: »bitte zurück zu Höch«.

30) Nimmt H.H. auf
31) Anna, Therese, Johanne, genannt Hannah geb. 1.11.89
32) Das Telephon Nr. 338 in Gotha, Kaiserstrasse 28
33) Röschen und Friedrich Höch, die Eltern der fünf:
34) von links nach rechts: Walter, Marianne, Hanna, Grete, Friedrich
35) Hanna Höch, sieben und neun Jahre jung
36) Til Brugman und H.H. Aufnahme von R. Hausmann,1931
37) H.H. 1931, Aufnahme R. Hausmann
38) Tütleber Flur. Vater, Treu, Hanna, um 1910
39) Heiligensee, Rückseite des Häuschens
40) Aus der Collage "Resignation" um 1938
41) H .H . ?
42) Aus der Collage "Strauss" 1965
43) Die Collage "Keuschheit" um 1940
44) Die Collage "Entführung" 1925
45) Die Collage "Die Süsse" 1926
46) Die Collage "Angst" 1970
46a) Aus der Collage "Priesterin" 1930
47) Aus dem Rarit: Uhrspindel.
48) Hommage an Michelangelo, die Pietà in der Peterskirche
49) H. H. 1971
50) Technik-Männchen
51) H. H. 1971
52) H. H. sieht nun doppelt
53) Heiliger betreut leider die Mäuse. *(*Aus dem Rarit.*)*
54) H. H. In der cuisine
55) Aus der "Rohrfeder-Collage" 1922
56) Pekinese, 1923, für die Handarbeits-Redaktion Ullstein gemacht.
57) "Der heilige See"
58) Raul Hausmann 1917
59) Hannah Höch 1917 in Sellin[2]
60) H. H. 1972
61) Die Pergola und Punta in Heiligensee, 1940
62) H. H. etwa 1924
63) Aus dem Rarit, Stickerei
64) Aus dem Rarit: die ungarischen Väschen (Segals Mutter)
65) " " " : Tinte-Sand, Porzelan, Grossmutter
66) " " " : Porzelankörbchen [sic]
67) " " " : Porzelankommödchen, [sic] Grossmutter
67a) Glaskunst-Tanz, Rarit
68) Höch 1925
69) Mast für Elektrizität-Überland-Leitung
70) Der Teich im Garten. Mit Figur davor
71) Aus dem Rarit: Besuch Glaskunst Venedig

---

2 Die Rückseite der Originalfotografie ist von Hannah Höch beschriftet mit: »Kölpingsee/ am 23. Aug. 21./ Hausmann/ Höch«, Berlinische Galerie, Hannah-Höch-Archiv, BG HHC-F 269/79

72) Aufnahme O.-K. Aus einer Pferdekoppel
73) Wohnwagen am „Weissen Brunnen", Gotha 1939 (Peter steht da) letzter Besuch in meiner Heimatstadt
74) Wohnwagen am Titisee
75) Höch um 1947
76) Der Wohnwagen, Matthies-Höch
77) Mit Punta im "Teich"
78) Garten mit Teich, alias Waschkessel
79) Paris 1923. Im Atelier Doesburg. Von links: Nelly Doesburg, Mondrian, Höch. Foto Does. alle aus der Zeit: Anfang der XXer Jahre.[3]
80) Kurt Schwitters
81) Moholy Nagy
82) Hans Arp
83) Doesburg und Nelly. Darunter: von links, Hans Richter, Werner Graeff, Lissitzky, Tristan Tzara
84) Kleiner Ausschnitt aus der Collage "Schnitt mit dem Küchenmesser", 1919, Ecke mit den DADAisten. Ausgest. DADAmesse 1920
85) Die Kleine Galerie, Höch in der Tür,
86) darin Arbeiten von Freunden u. Bekannten
87) An der Wildbahn 33
88) Nochmals, An der Wildbahn 33
89) Die Kakteen des ONkel Alex. Seit 1942 in Heiligensee
90) Höch mit Glasei
91) Glasei 1894 von Tante J. in Weimar bekommen
92) Ein Teil von H H. Aufgenommen in der Akademie 1971
93) Die Gliederpuppe
94) Kakteen
95) Nochmals die Stachlichen
96) Experimente
97) Herr Köhne
98) Panther aus der Büsingstrasse
99) Hannah Höch, auch wieder von O.K.'s aufgenommen 1972
100) Die Katze Ninn
101) Punta
102) H. H. im Dachgiebel
103) Der Funkturm

Heiligensee, 10. Sept. 1973

3 Die Rückseite der Originalfotografie ist beschriftet u.a. von Hannah Höch: »bei Does Mondrian im Atelier Paris 1924 Nelly Doesburg Mondrian H.Höch«, Berlinische Galerie, Hannah-Höch-Archiv, BG HHC-F 285/79

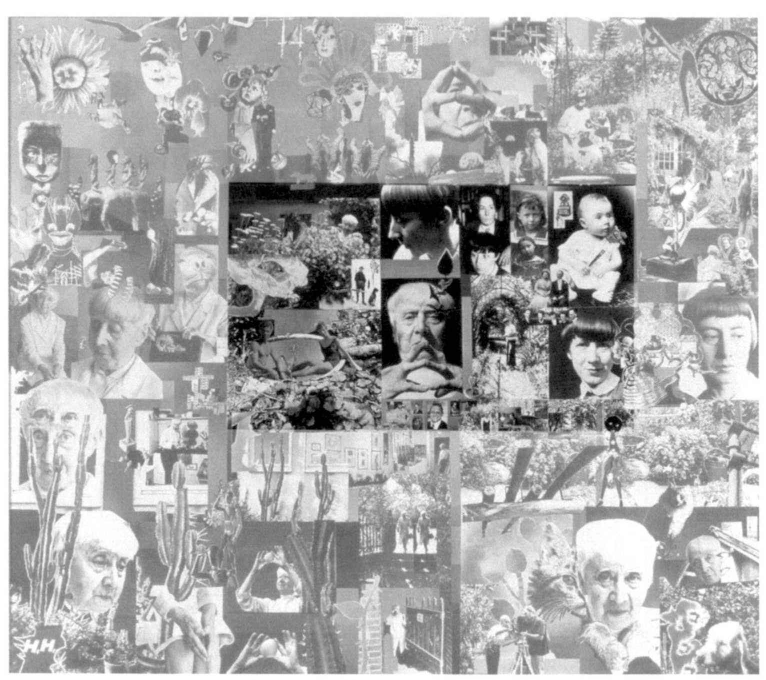

Abb. 1.3: Hannah Höch: Lebensbild, 1972-73, kompositionelles Binnenrechteck, Sammlung Orgel-Köhne

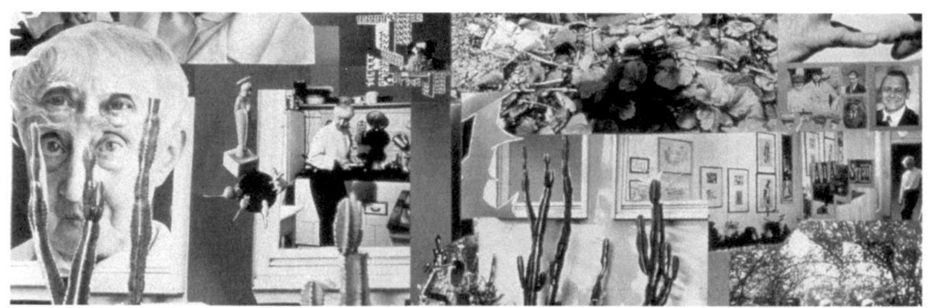

Abb. 1.4: Hannah Höch: Lebensbild, 1972-73 (Detail): Rahmungen: »Die Kleine Galerie, Höch in der Tür«, Sammlung Orgel-Köhne

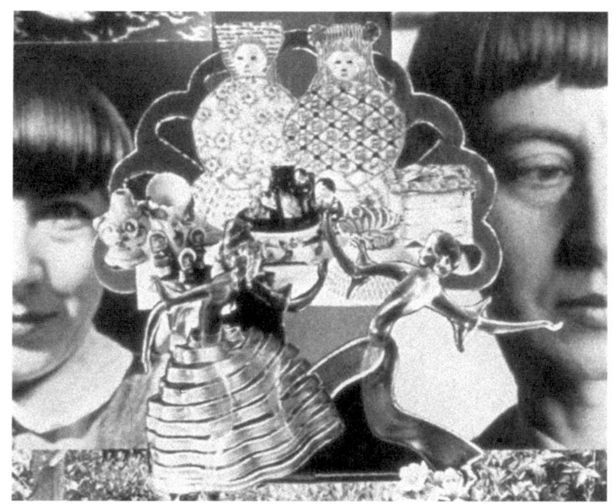

Abb. 1.5: Hannah Höch: Lebensbild, 1972-73 (Detail): Raritätensammlung, Sammlung Orgel-Köhne

Abb. 1.6: Hannah Höch: Lebensbild, 1972-73 (Detail): Höch wird fotografiert: »Herr Köhne bei der Arbeit« und »Frau Orgel bei der Arbeit – und so ..«, Sammlung Orgel-Köhne

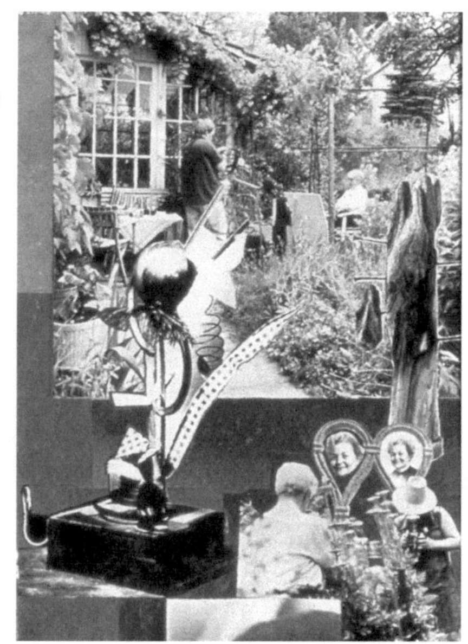

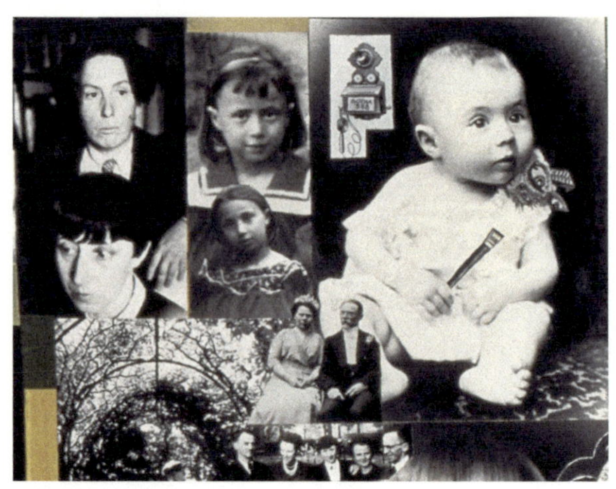

Abb. 1.7: Hannah Höch: Lebensbild, 1972-73 (Detail): Kleinkindporträt, Sammlung Orgel-Köhne

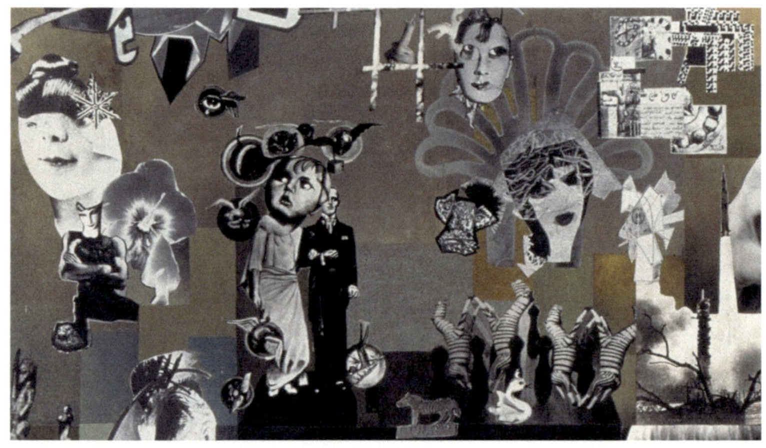

Abb. 1.8: Hannah Höch: Lebensbild, 1972-73 (Detail): Collagen- und Montagenwerk, Sammlung Orgel-Köhne

Abb. 1.9: Hannah Höch: Lebensbild, 1972-73 (Detail): Montage »H.H. auf dem Mond«, Sammlung Orgel-Köhne

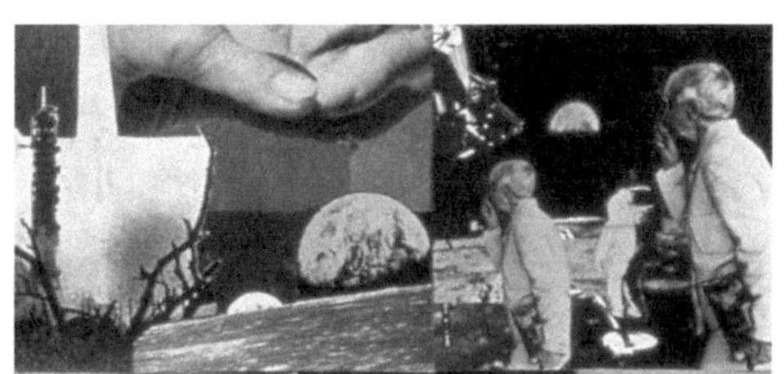

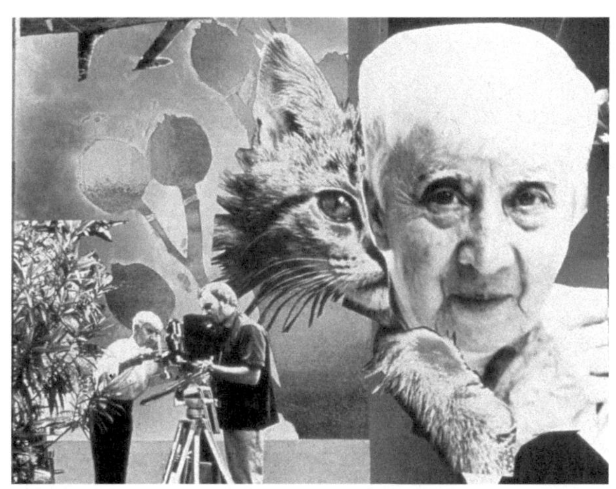

Abb. 1.10: Hannah Höch: Lebensbild, 1972-73 (Detail): Porträt mit Katze, »Experimente«, Sammlung Orgel-Köhne

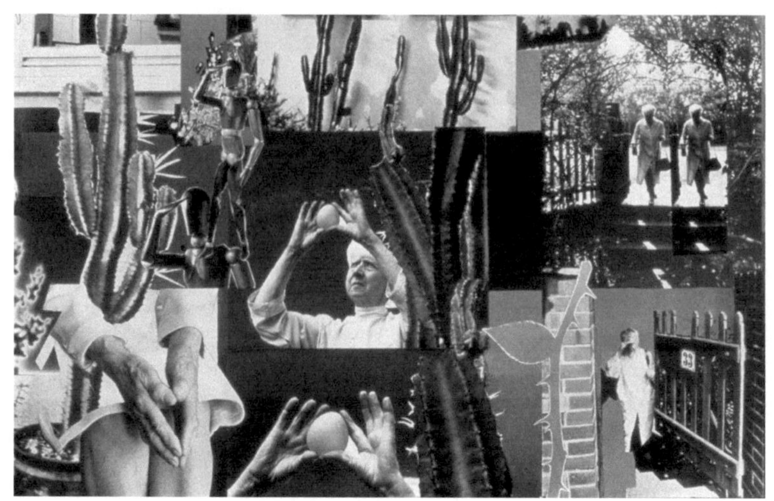

Abb. 1.11: Hannah Höch: Lebensbild, 1972-73 (Detail): Ausschau, Sammlung Orgel-Köhne

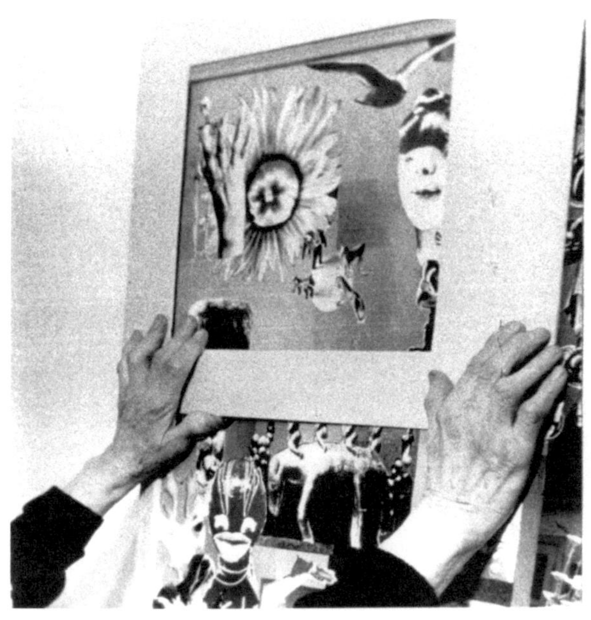

Abb. 1.12: Hannah Höch legt 38 Ausschnitte der Fotocollage Lebensbild fest; Schwarz-Weiß-Fotografie, 1973, Sammlung Orgel-Köhne

Abb. 1.13: Hannah Höch: einer der 38 Ausschnitte der Fotocollage Lebensbild, 1972-73: abstrakt wirkende Collage mit Ausschnitten der Motive »Höch« (Nr. 16), »Aus der ‚Rohrfeder-Collage' 1922« (Nr. 13), »Schneekristall« (Nr. 17)), Sammlung Orgel-Köhne

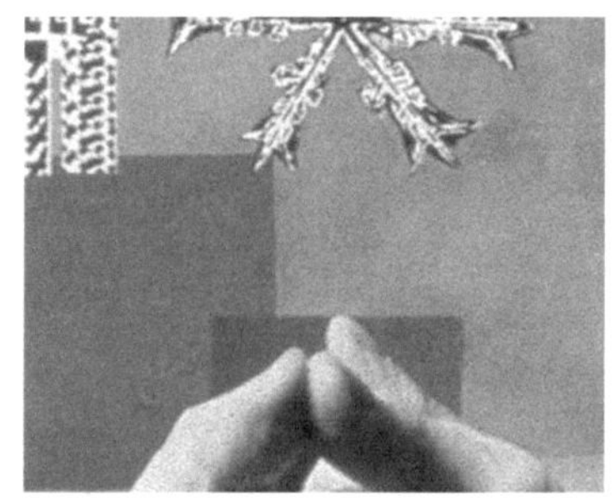

Abb. 1.14: Hannah Höch: einer der 38 Ausschnitte der Fotocollage Lebensbild, 1972-73: »Technik-Männchen« (Nr. 50), »H.H. 1971«, (Nr. 51), Sammlung Orgel-Köhne

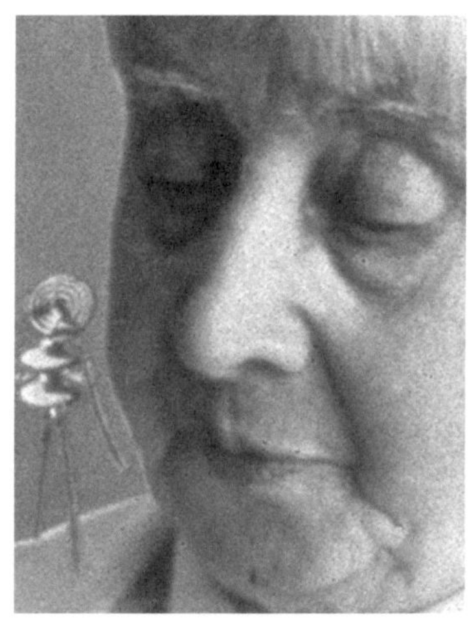

Sophie Calle

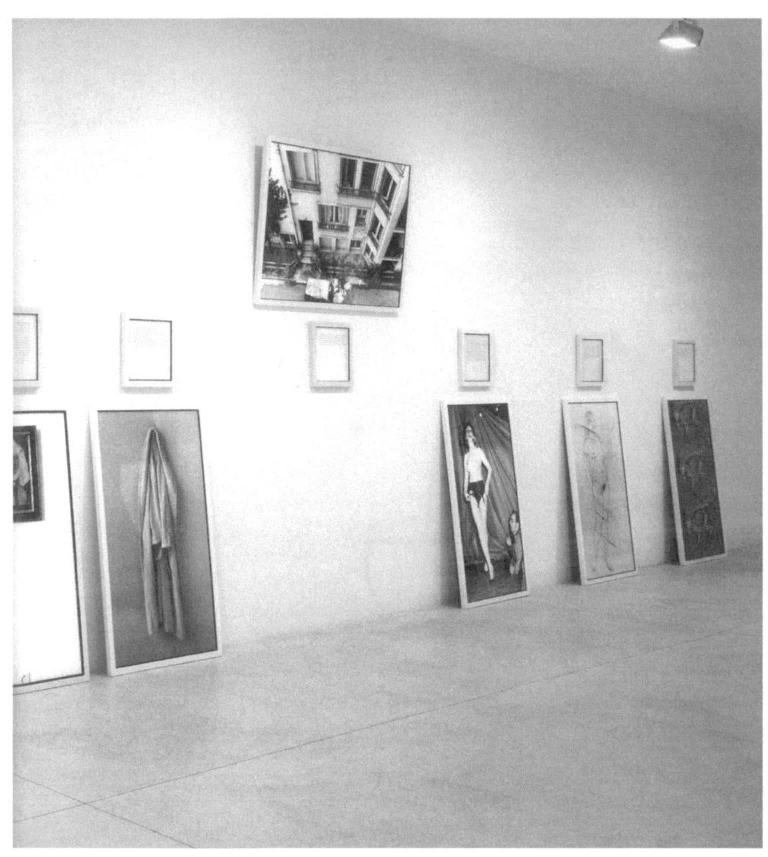

Abb. 2.1: Sophie Calle: Autobiographical Stories/Récits autobiographiques, ab 1988, Detail der Installationsansicht der Pat Hearn Gallery, New York 1991

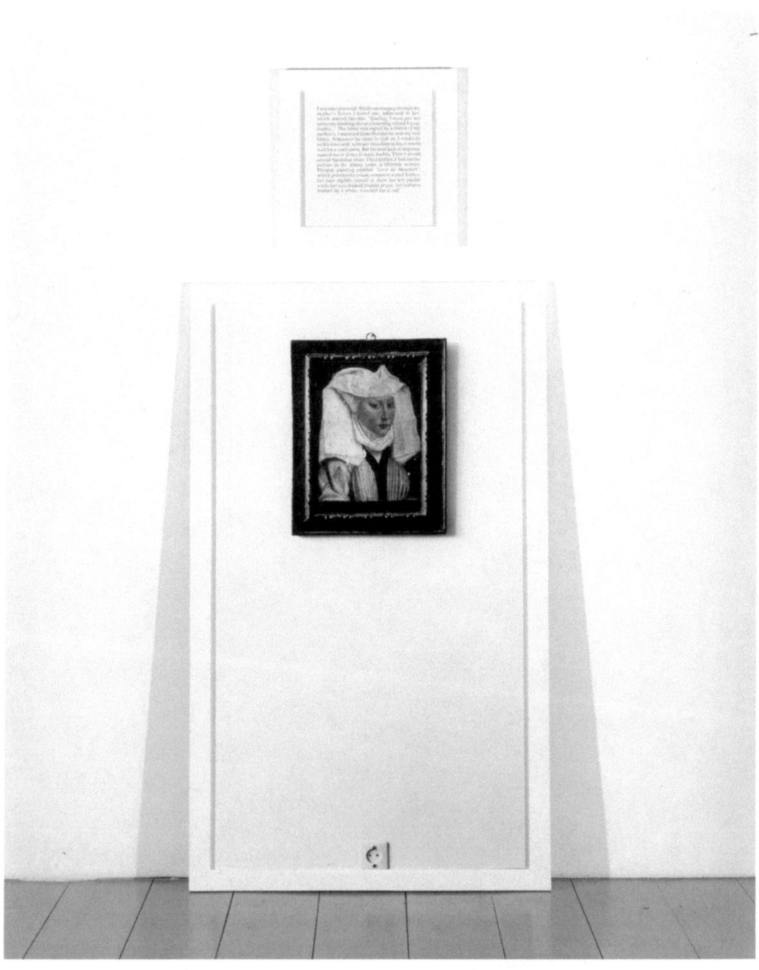

Abb. 2.2: Sophie Calle: The Dutch Portrait/Le portrait, 1988, aus der Serie Autobiographical Stories/Récits autobiographiques, gerahmter Text 50 x 50 cm, 1988, gerahmte Schwarz-Weiß-Fotografie, 170 x 100 cm, Courtesy of Arndt & Partner Berlin/Zürich

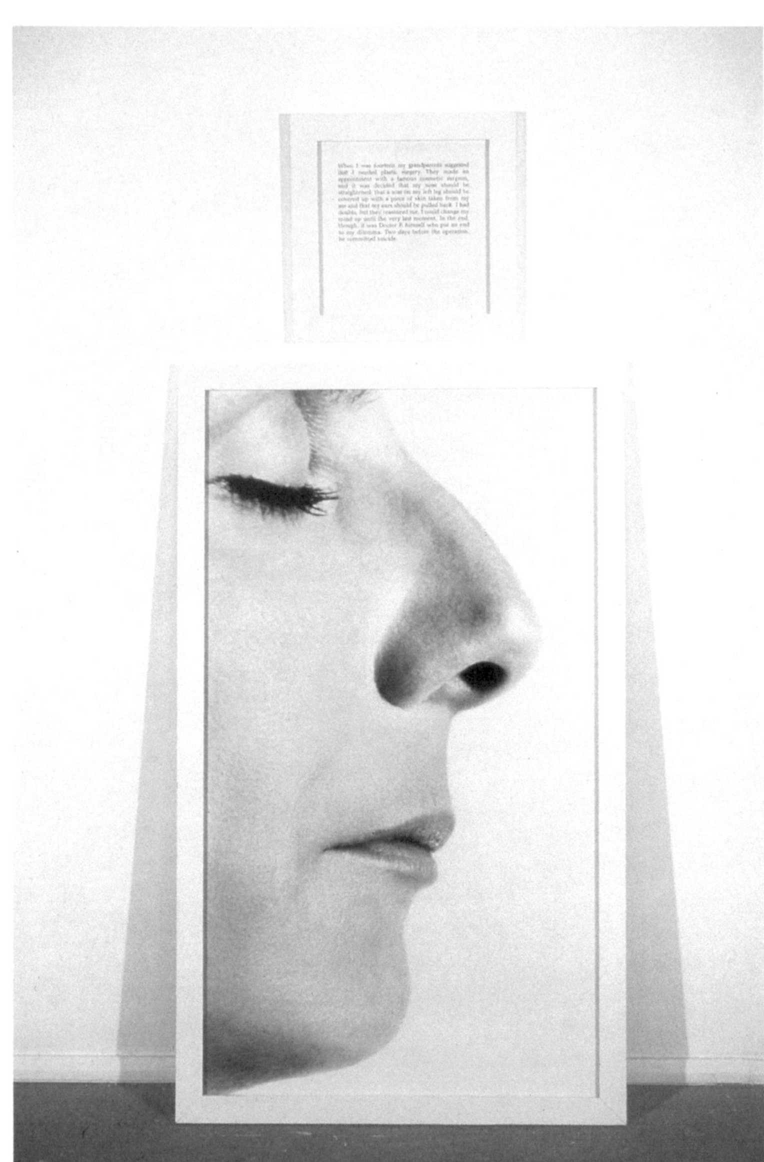

Abb. 2.3: Sophie Calle: The Plastic Surgery/Le nez, 1994 (Text), 2000 (Bild), aus der Serie Autobiographical Stories/Récits autobiographiques, gerahmter Text 50 x 50 cm, gerahmte Schwarz-Weiß-Fotografie, 170 x 100 cm, Courtesy of Arndt & Partner Berlin/Zürich

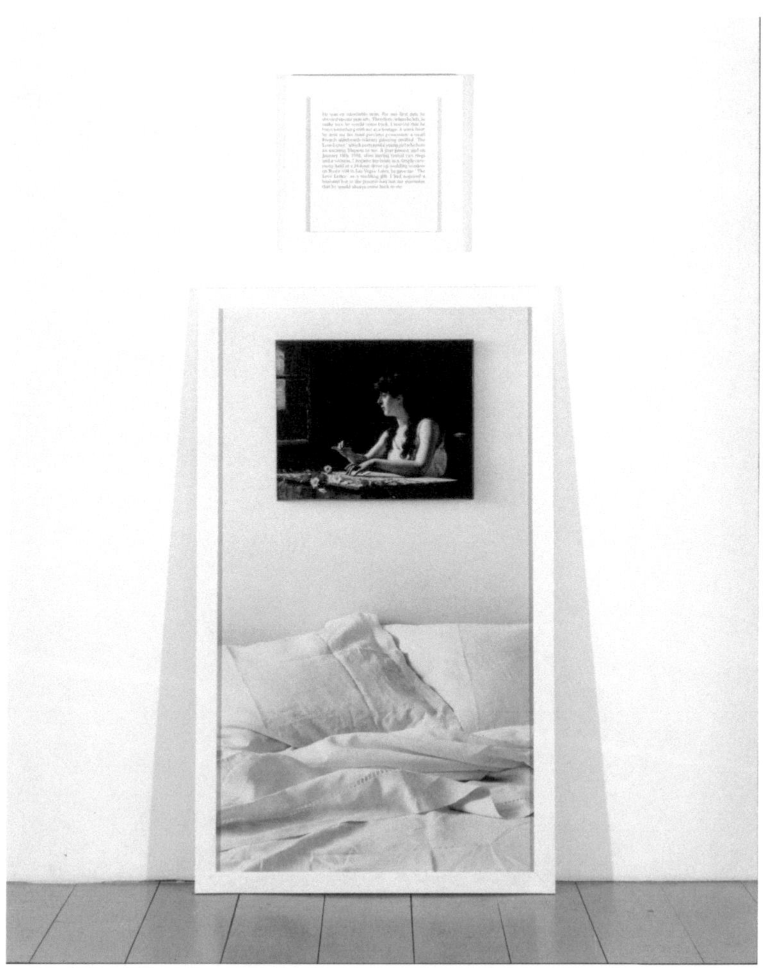

Abb. 2.4: Sophie Calle: The Hostage/L'otage, 1992, aus der Serie Autobiographical Stories/Récits autobiographiques, gerahmter Text 50 x 50 cm, gerahmte Schwarz-Weiß-Fotografie, 170 x 100 cm, Courtesy of Arndt & Partner Berlin/Zürich

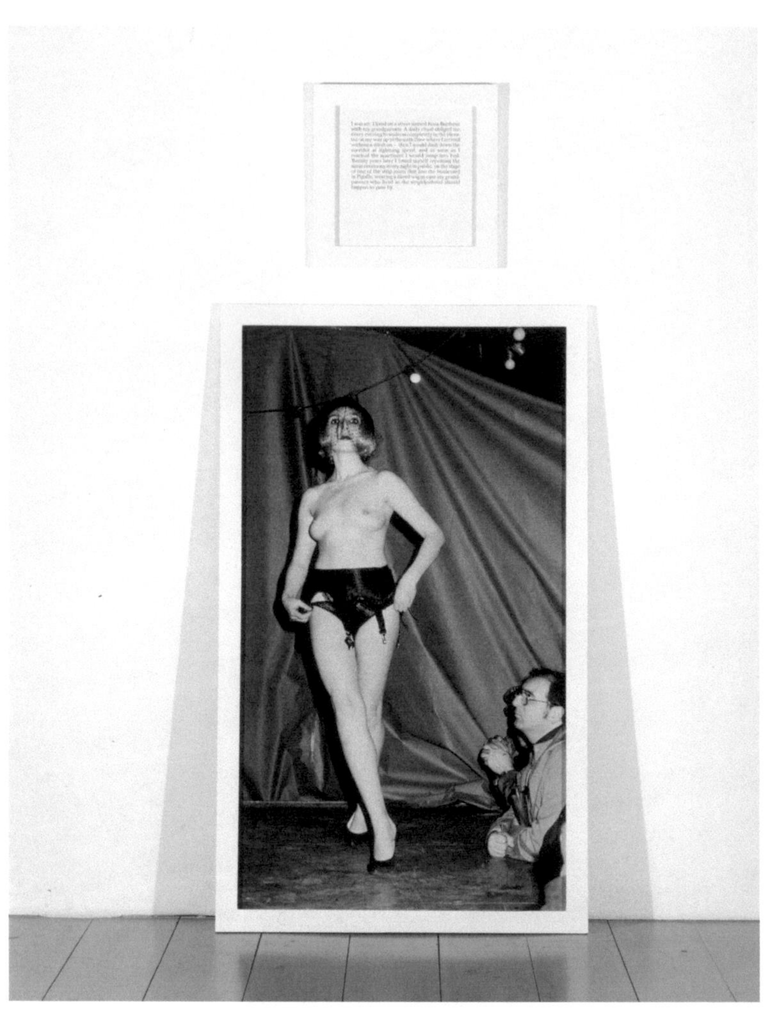

Abb. 2.5: Sophie Calle: The Strip-tease/Le strip-tease, 1988, aus der Serie Autobiographical Stories/Récits autobiographiques, gerahmter Text 50 x 50 cm, gerahmte Schwarz-Weiß-Fotografie, 170 x 100 cm, Courtesy of Arndt & Partner Berlin/Zürich

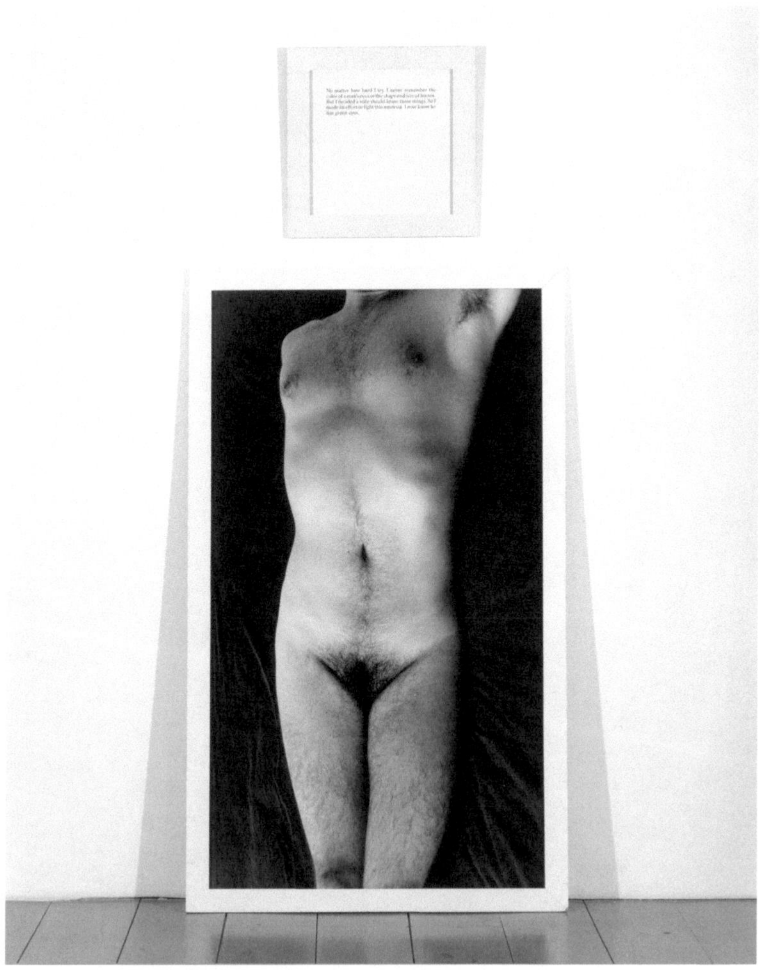

Abb. 2.6: Sophie Calle: The Amnesia/L'amnésie, 1992, aus der Serie Autobiographical Stories/Récits autobiographiques, gerahmter Text 50 x 50 cm, gerahmte Schwarz-Weiß-Fotografie, 170 x 100 cm, Courtesy of Arndt & Partner Berlin/Zürich

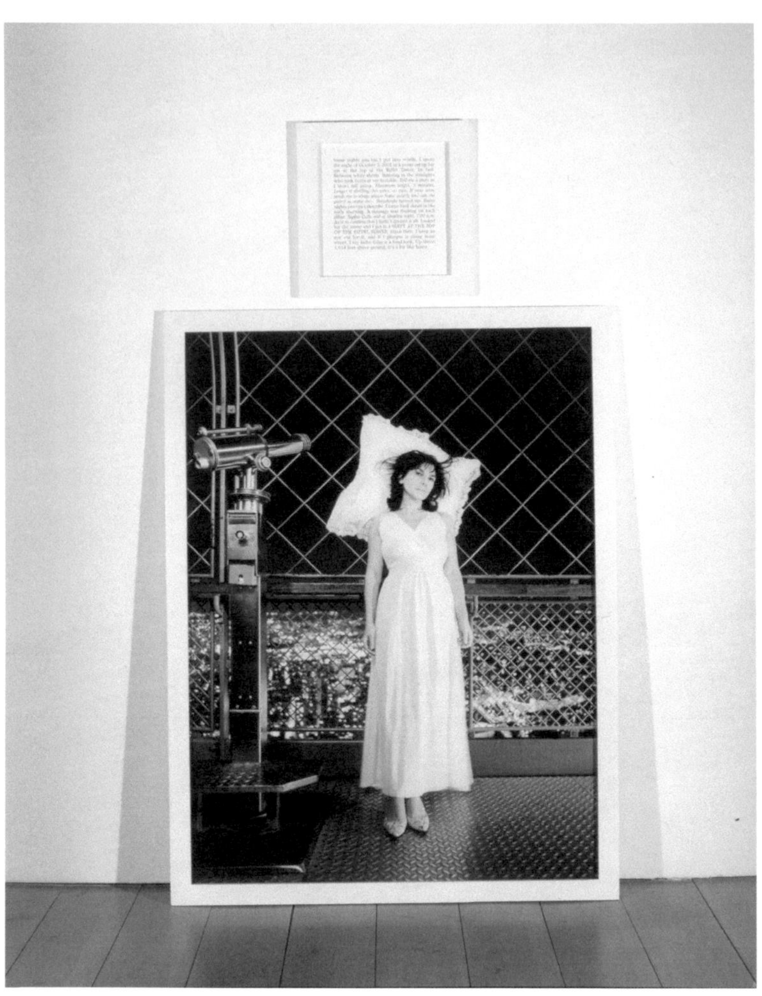

Abb. 2.7: Sophie Calle: Room with a View/Chambre avec vue, 2003, aus der Serie Autobiographical Stories/Récits autobiographiques, gerahmter Text 50 x 50 cm, gerahmte Schwarz-Weiß-Fotografie, 170 x 100 cm, Courtesy of Arndt & Partner Berlin/Zürich, Foto: Jean-Paul Mondino

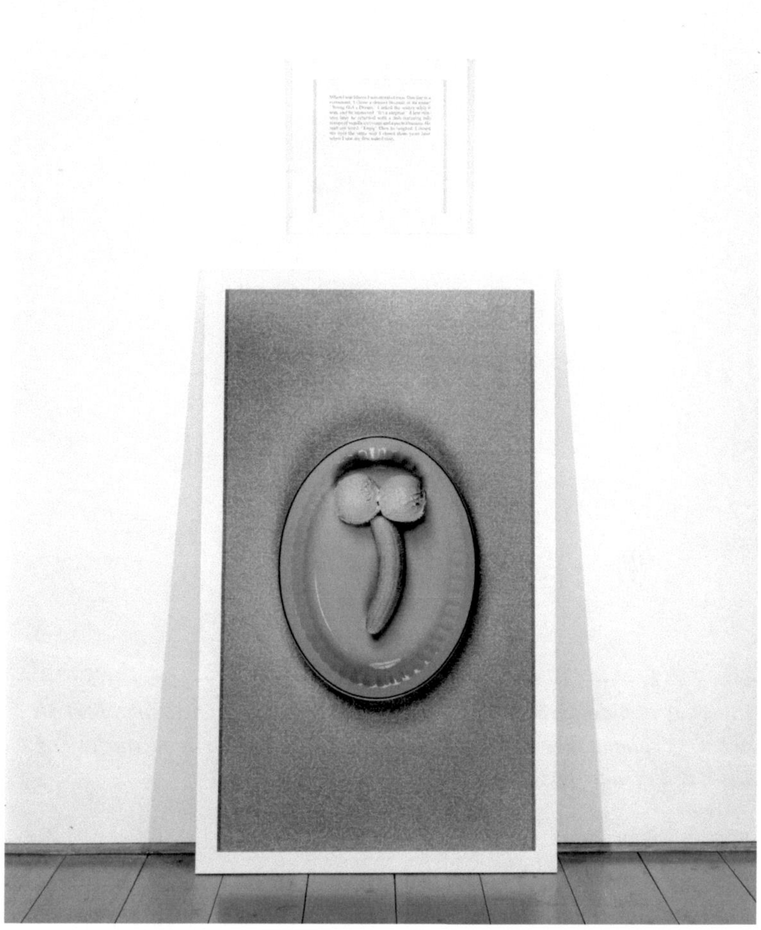

Abb. 2.8: Sophie Calle: Young Girl's Dream/Rêve de jeune fille, 1992, aus der Serie Autobiographical Stories/Récits autobiographiques, gerahmter Text 50 x 50 cm, gerahmte Schwarz-Weiß-Fotografie, 170 x 100 cm, Courtesy of Arndt & Partner Berlin/Zürich

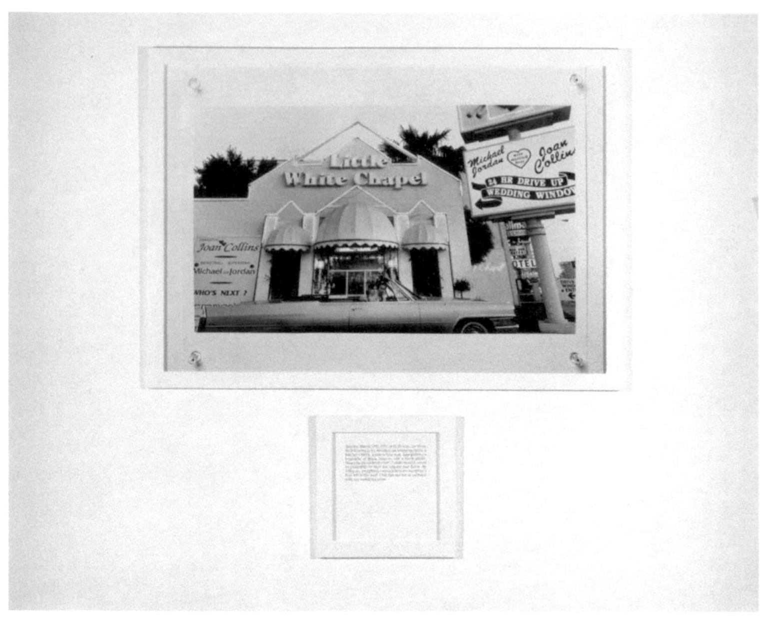

Abb. 2.9: Sophie Calle: The Argument/La dispute, 1992, aus der Serie Autobiographical Stories/Récits autobiographiques, gerahmter Text 50 x 50 cm, gerahmte Schwarz-Weiß-Fotografie, 110 x 160 cm, Courtesy of Arndt & Partner Berlin/Zürich

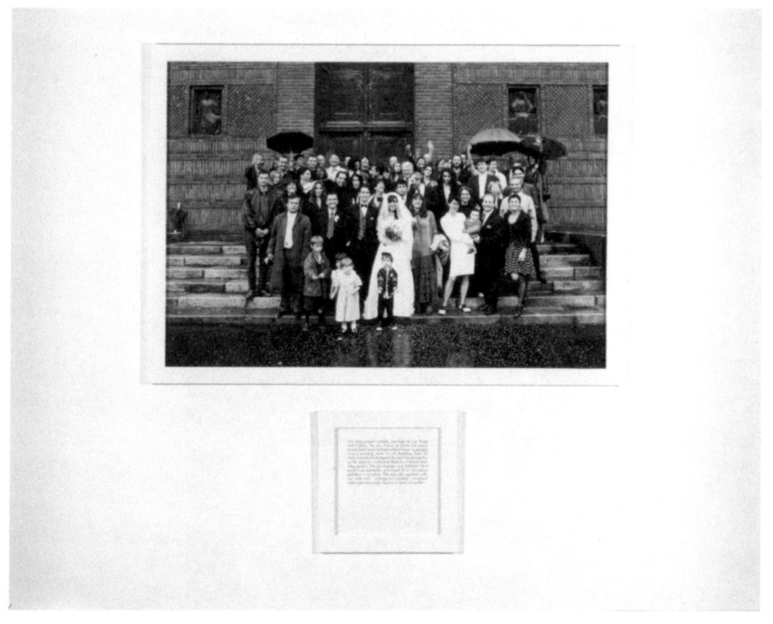

Abb. 2.10: Sophie Calle: The Fake Wedding/Le faux mariage, 1992, gerahmter Text 50 x 50 cm, gerahmte Schwarz-Weiß-Fotografie, 110 x 160 cm, Courtesy of Arndt & Partner Berlin/Zürich

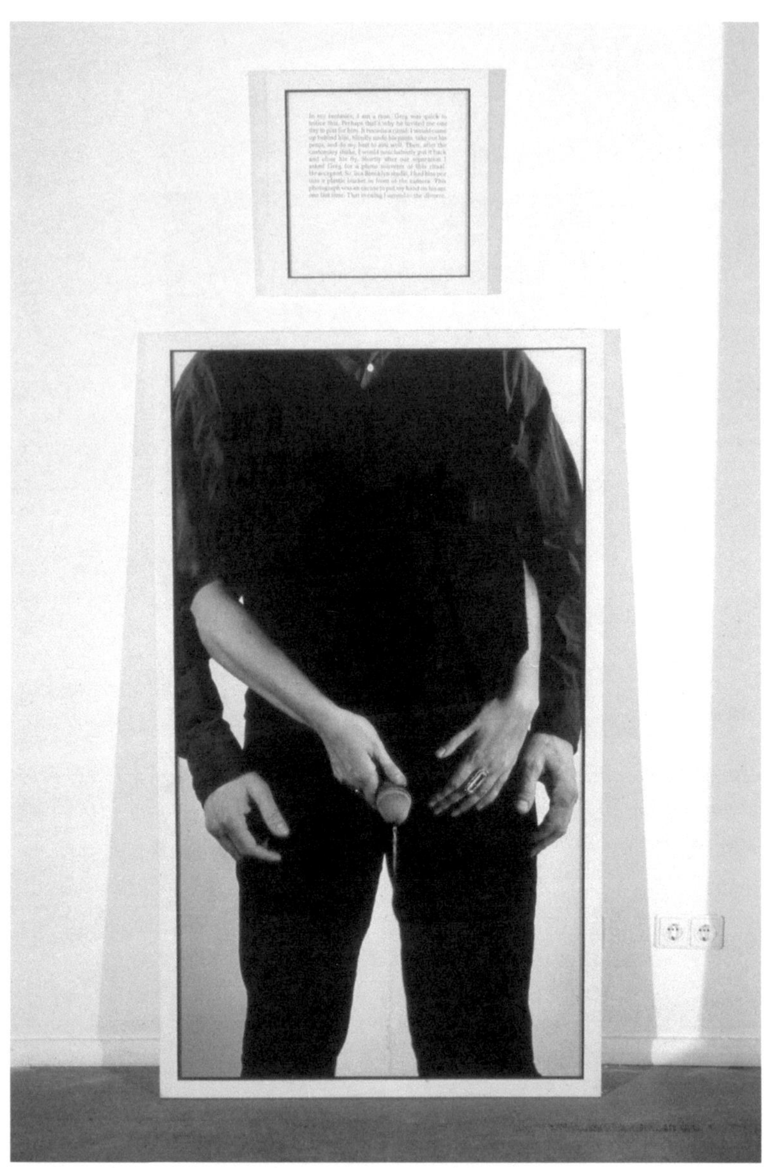

Abb. 2.11: Sophie Calle: The Divorce/Le divorce, 1992, aus der Serie Autobiographical Stories/Récits autobiographiques, gerahmter Text 50 x 50 cm, gerahmte Schwarz-Weiß-Fotografie, 170 x 100 cm, Courtesy of Arndt & Partner Berlin/Zürich

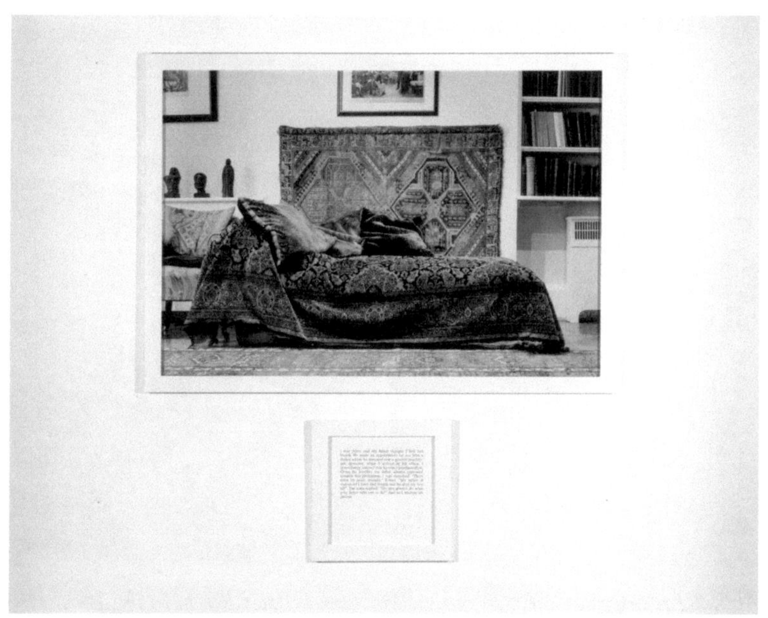

Abb. 2.12: Sophie Calle: Bad Breath/La mauvaise haleine, 2000, aus der Serie Autobiographical Stories/Récits autobiographiques, gerahmter Text 50 x 50 cm, gerahmte Schwarz-Weiß-Fotografie, 110 x 160 cm, Courtesy of Arndt & Partner Berlin/Zürich

Abb. 2.13: Sophie Calle: Personal Museum (Girl's Room in the 20th Century), Installationsansicht im Museum of Art, Tel Aviv, 1996 (Detail)

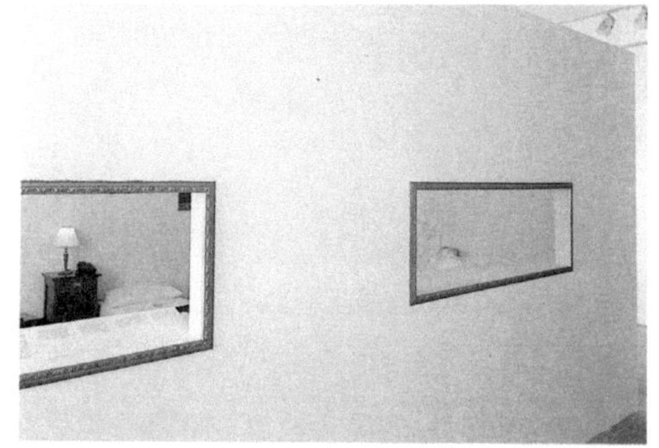

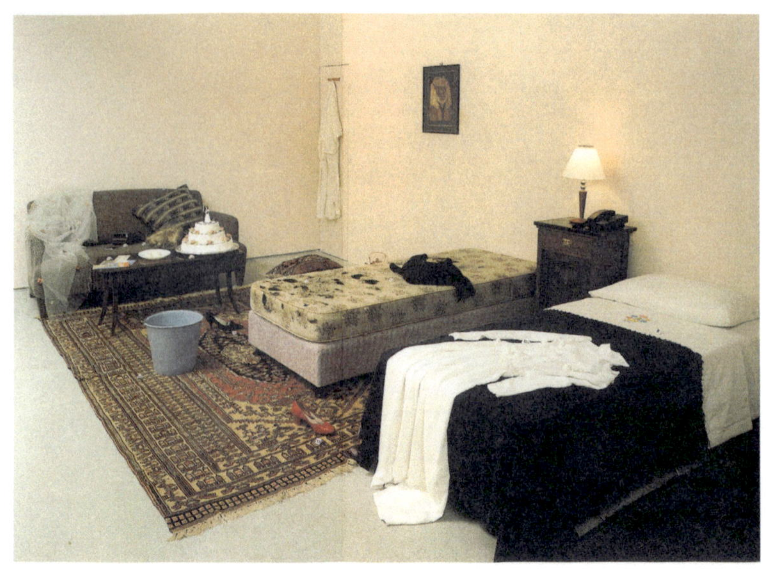

Abb. 2.14: Sophie Calle: Personal Museum (Girl's Room in the 20th Century), Installationsansicht, Museum of Art, Tel Aviv, 1996

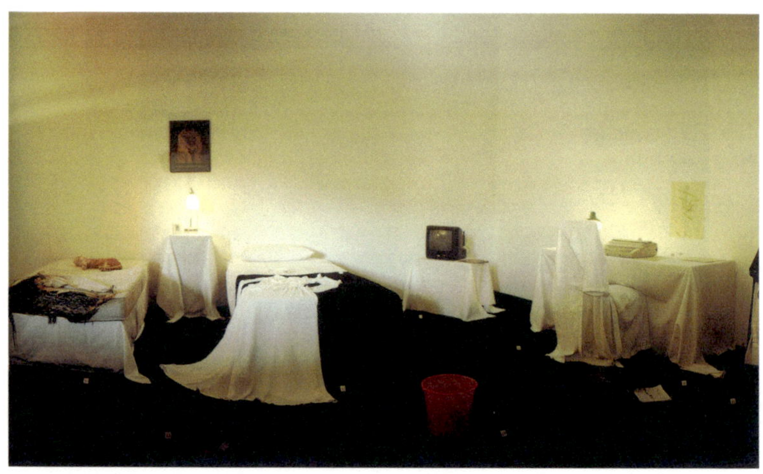

Abb. 2.15: Sophie Calle: Autobiographical Stories/Récits autobiographiques, Installationsansicht im Haus der Kunst, München, 2000 (Detail)

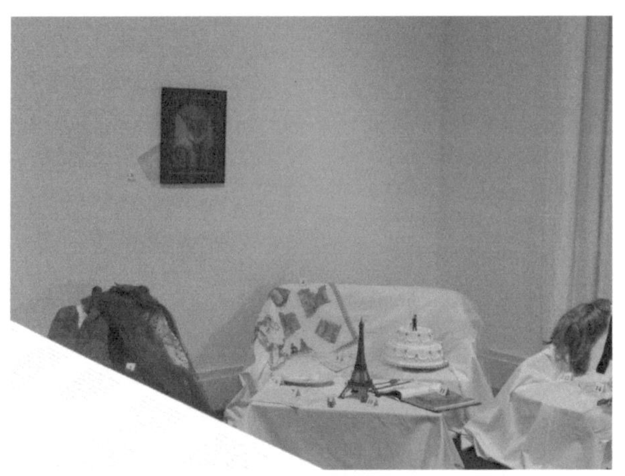

Abb. 2.16: Sophie Calle: The Bedroom, Installationsansicht im Martin-Gropius-Bau, Berlin 2004. Detail mit Barriere, Gemälde aus The Dutch Portrait und Eiffelturm-Souvenir

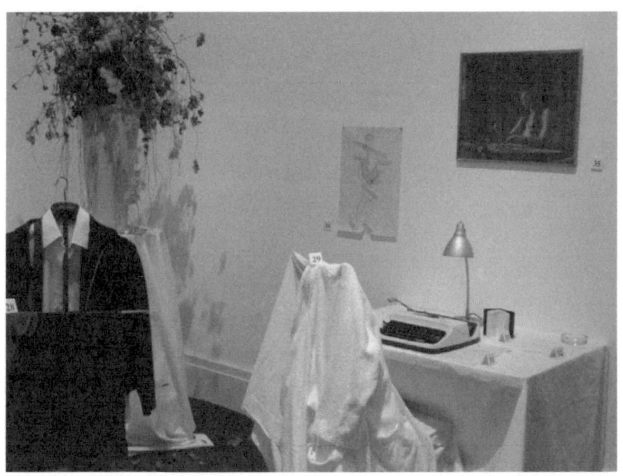

Abb. 2.17: Sophie Calle: The Bedroom, Installationsansicht im Martin-Gropius-Bau, Berlin 2004. Detail mit Blumenstrauß und Herrendiener

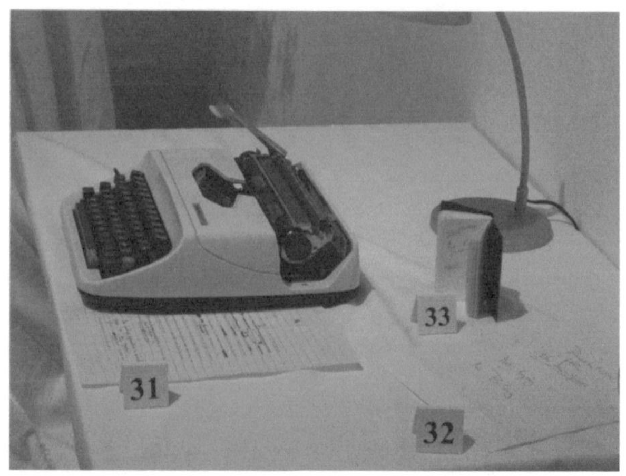

Abb. 2.18: Sophie Calle: The Bedroom, Installationsansicht im Martin-Gropius-Bau, Berlin 2004. Detail mit Schreibmaschine und Nummernschildern

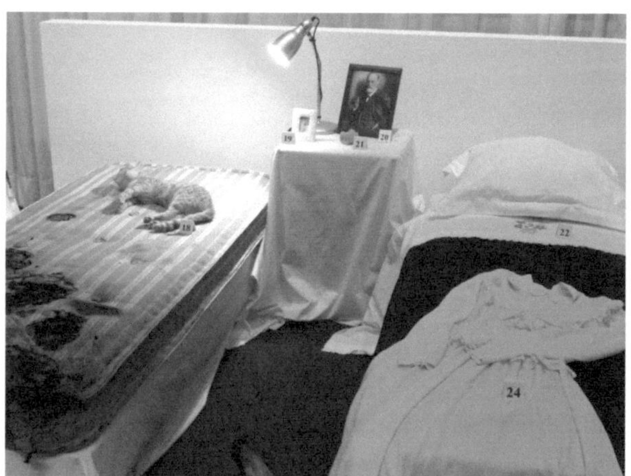

Abb. 2.19: Sophie Calle: The Bedroom, Installationsansicht Martin-Gropius-Bau, Berlin 2004. Detail mit Betten, Brautkleid und Freud-Porträt

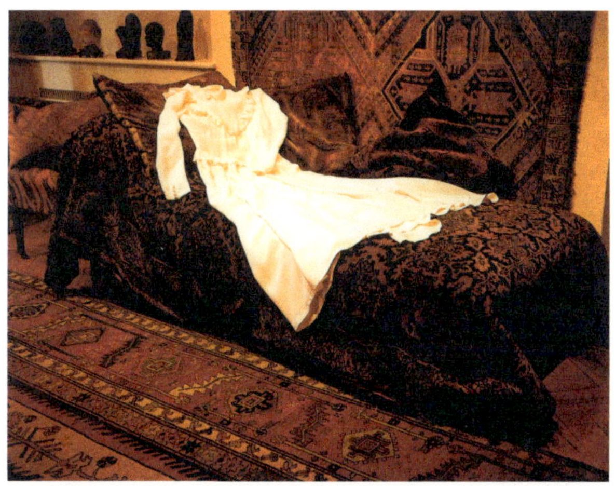

Abb. 2.20: Sophie Calle: Appointment with Sigmund Freud, Installation der Autobiographical Stories/Récits autobiographiques im Freud Museum, London 1999. Detail mit The Wedding Dress

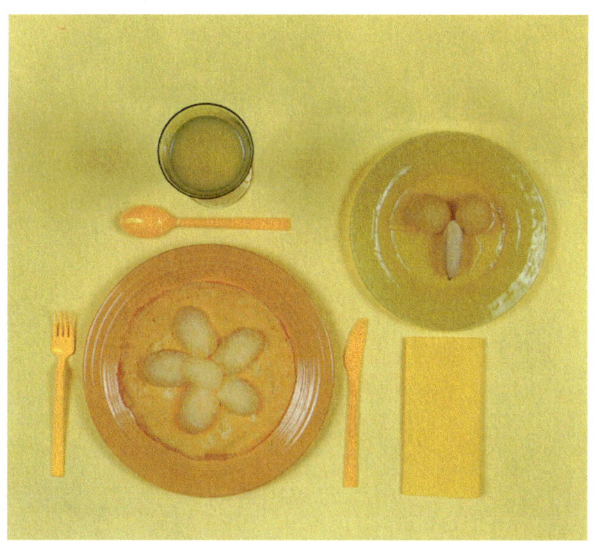

Abb. 2.21: Sophie Calle: The Chromatic Diet, 1997, 6 Farbfotografien je 30 x 30 cm, 1 gerahmte Farbfotografie, 49 x 73,5 cm. 7 Menükarten in Haltern, ein Regal. Detail (Foto): Friday: Yellow

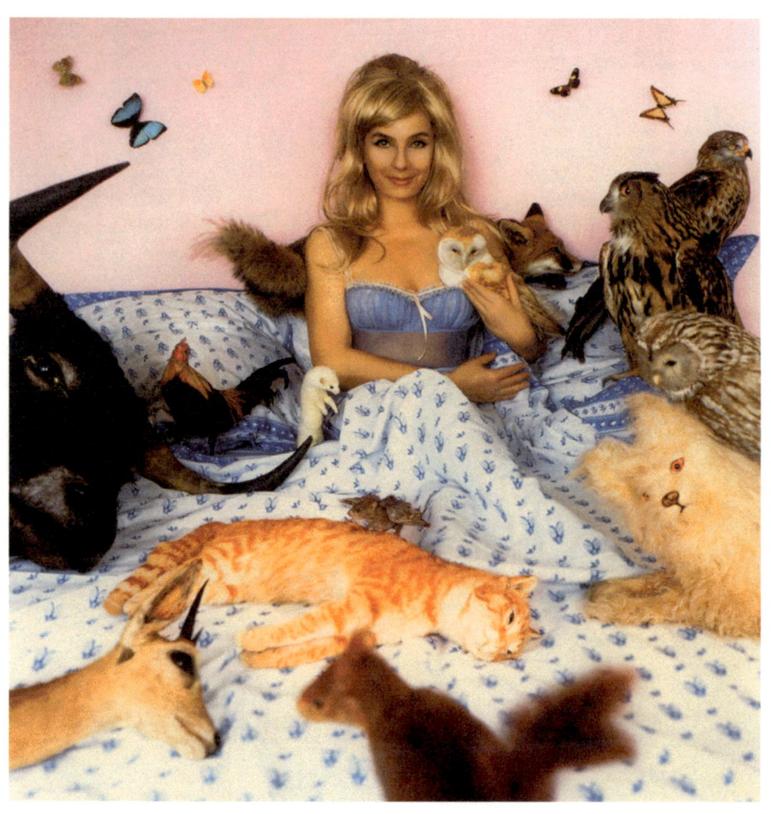

Abb. 2.22: Sophie Calle: Days under the Sign of B, C & W, 1998, 4 Bild-Text-Installationen. Detail (Foto): Big Time Blonde Bimbo, eine gerahmte Farbfotografie, 67 x 67 cm

Annette Messager

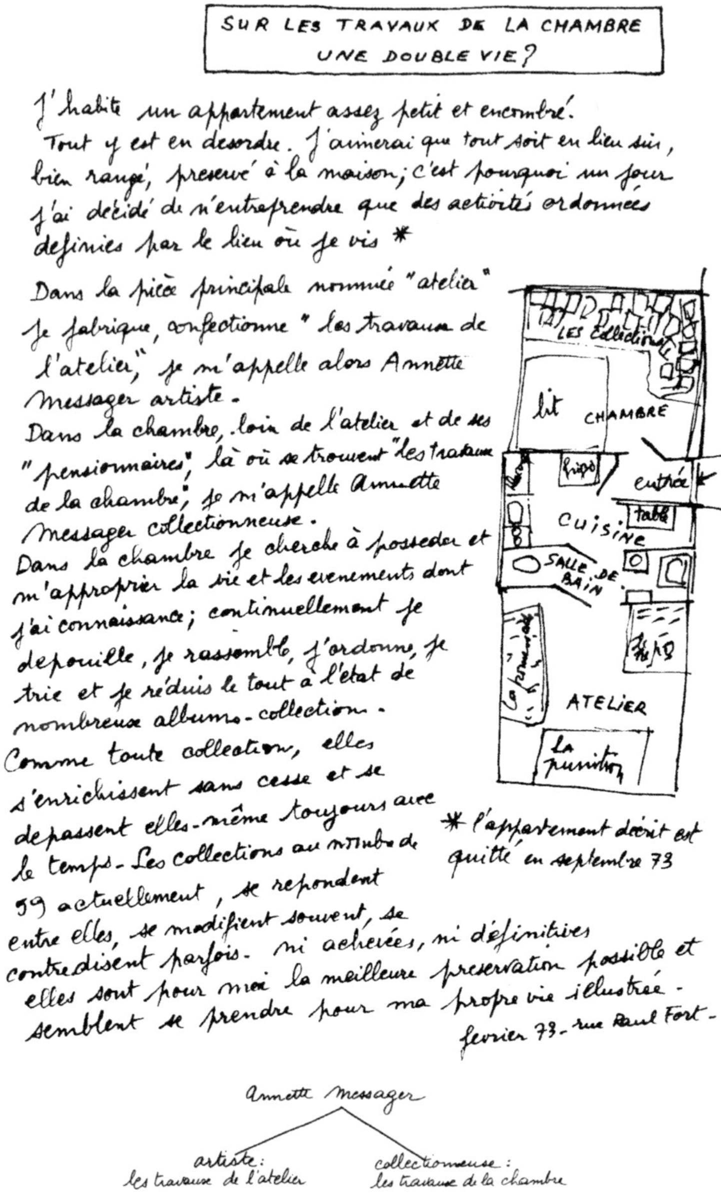

SUR LES TRAVAUX DE LA CHAMBRE
UNE DOUBLE VIE?

J'habite un appartement assez petit et encombré.
Tout y est en desordre. J'aimerai que tout soit en lieu sûr,
bien rangé, preservé à la maison; c'est pourquoi un jour
j'ai décidé de n'entreprendre que des activités ordonnées
definies par le lieu où je vis *

Dans la pièce principale nommée "atelier"
je fabrique, confectionne "les travaux de
l'atelier", je m'appelle alors Annette
messager artiste.
Dans la chambre, loin de l'atelier et de ses
"pensionnaires", là où se trouvent "les travaux
de la chambre", je m'appelle Annette
messager collectionneuse.
Dans la chambre je cherche à posseder et
m'approprier la vie et les evenements dont
j'ai connaissance; continuellement je
depouille, je rassemble, j'ordonne, je
trie et je réduis le tout à l'état de
nombreux albums-collection.
Comme toute collection, elles
s'enrichissent sans cesse et se
depassent elles-même toujours avec
le temps. Les collections au nombre de
59 actuellement, se repondent
entre elles, se modifient souvent, se
contredisent parfois. ni achevées, ni définitives
elles sont pour moi la meilleure preservation possible et
semblent se prendre pour ma propre vie illustrée.

fevrier 73 - rue Paul Fort -

LES Collections
lit
CHAMBRE
entrée
frigo
table
CUISINE
SALLE DE BAIN
ATELIER
La punition

* l'appartement décrit est quitté en septembre 73

Annette messager

artiste:
les travaux de l'atelier

collectionneuse:
les travaux de la chambre

Abb. 3.1: Annette Messager: Sur les travaux de la chambre. Une double vie? 1973, Zeichnung, Tinte auf Papier

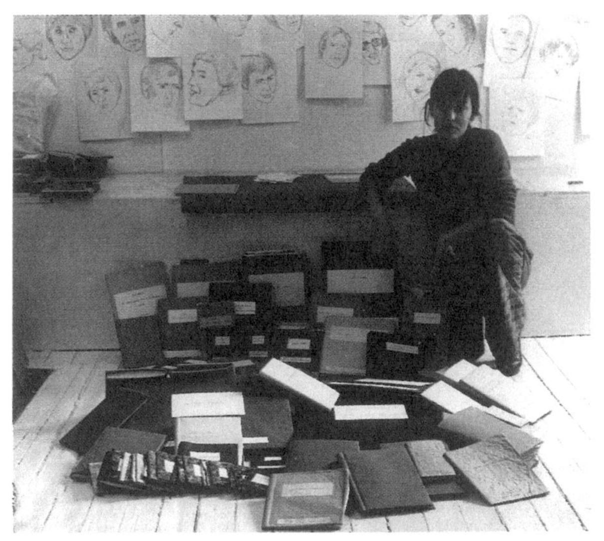

Abb. 3.2: Annette Messager mit den Albums-collections, 1972, Schwarz-Weiß-Fotografie

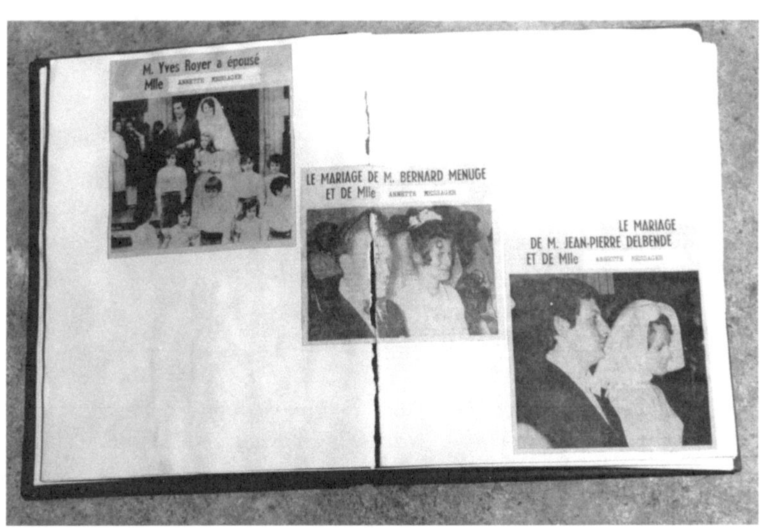

Abb. 3.3: Annette Messager: Album-collection Nr. 1: Le mariage de Mlle Annette Messager, 1972-73, Illustrationen aus Zeitschriften, Montage, Besitz der Künstlerin

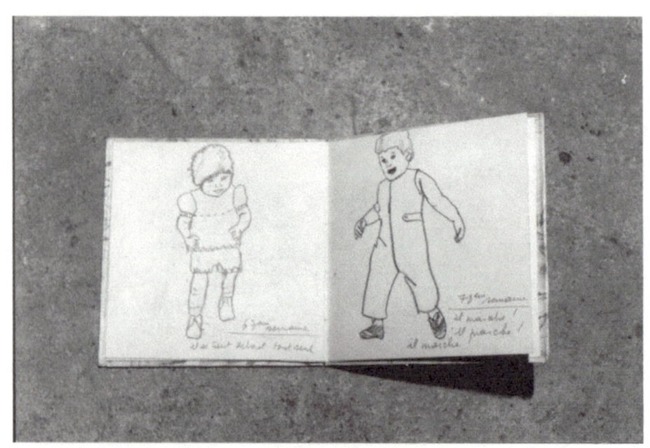

Abb. 3.4: Annette Messager: Album-collection (ohne Nummer): La grande aventure des 2 premières années de la vie. Annette Messager femme pratique, truqueuse, collectionneuse, Zeichnungen mit handschriftlichen Einträgen, Besitz der Künstlerin

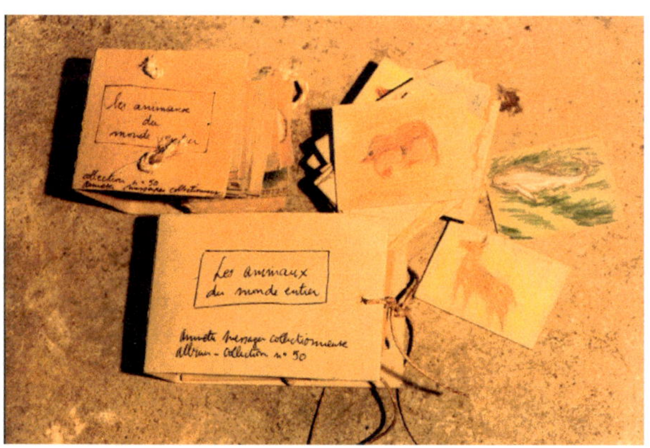

Abb. 3.5: Annette Messager: Album-collection Nr. 50: Les animaux du monde entier, Farbstiftzeichnungen mit handschriftlichen Bildbezeichnungen, Besitz der Künstlerin

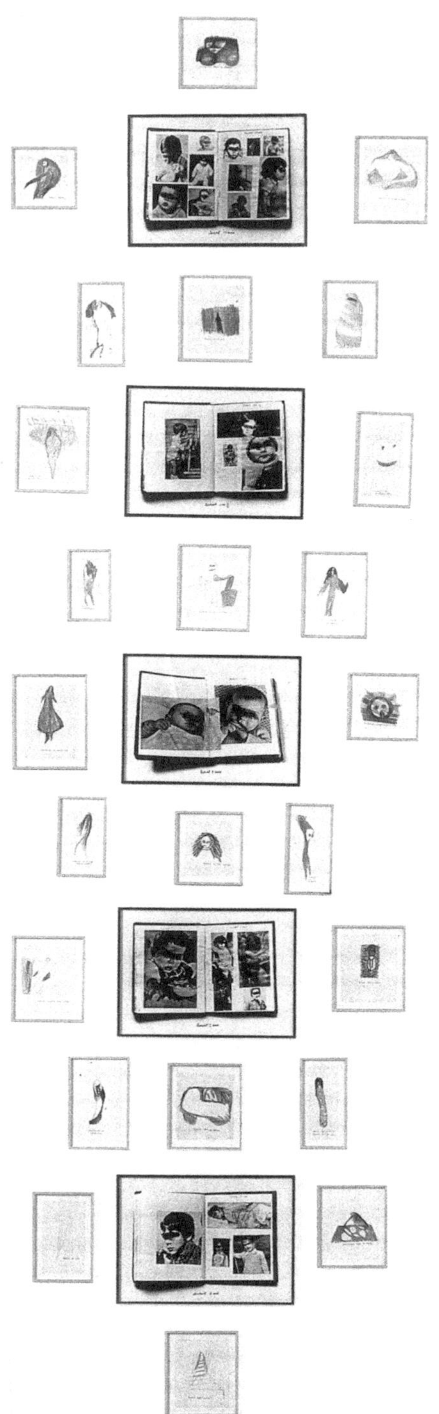

Abb. 3.6: Annette Messager: Installation aus der Album-collection Nr. 3: Les enfants aux yeux rayés und Album-collection Nr. 5: Mes dessins d'enfant, 1972, Schwarz-Weiß-Fotografien, 5 Elemente je 35,5 x 49,5 cm, 24 Farb-stiftzeichnungen, als Gesamt-installation variable Maße, Musée d'Art Moderne de la Ville de Paris

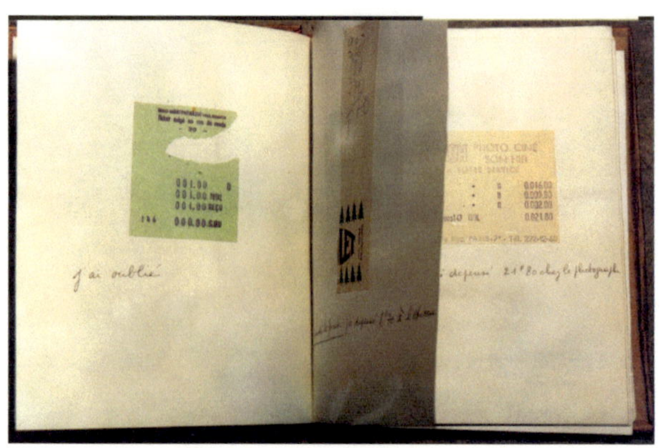

Abb. 3.7: Annette Messager: Album-collection Nr. 12: Mes dépenses quotidiennes pendant 1 mois, Kassenzettel, handschriftliche Einträge, Besitz der Künstlerin

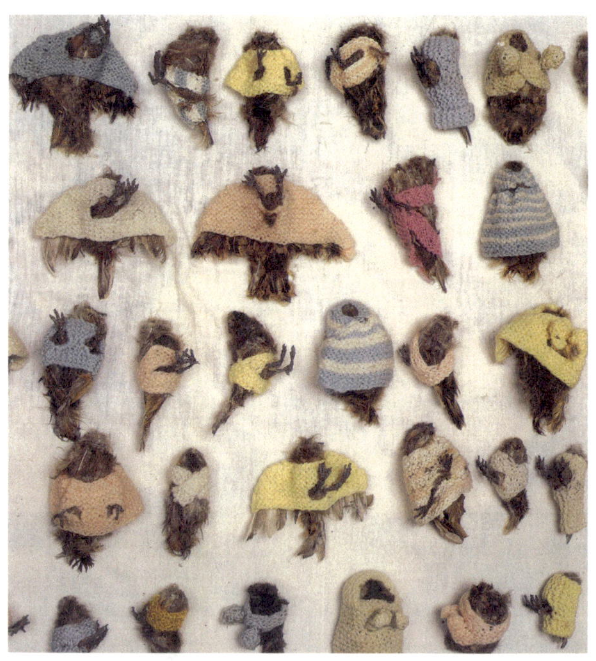

Abb. 3.8: Annette Messager: Le repos des pensionnaires, 1971-72, ausgestopfte Spatzen, Federn, Wolle, Musée National d'Art Moderne – Centre Georges Pompidou

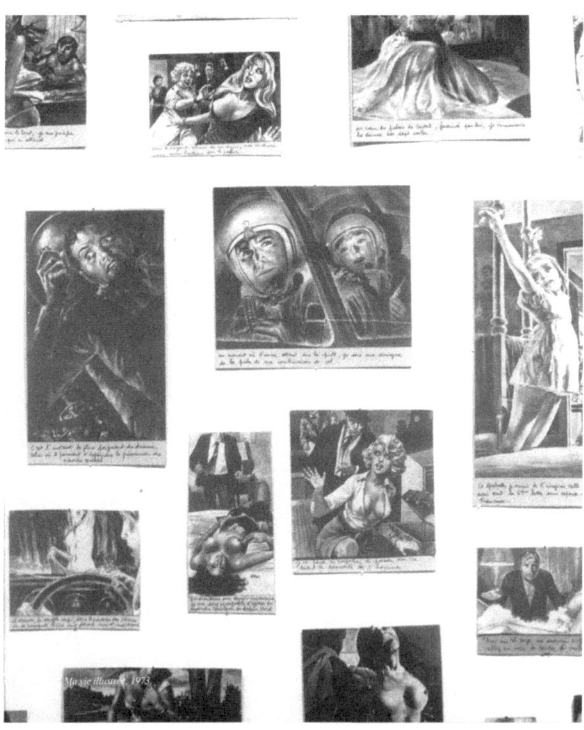

Abb. 3.9: Annette Messager: Album-collection Nr. 39: Ma vie illustrée, 1973, Illustrationen aus Comics, handschriftliche Texte, Musée de Grenoble

Abb. 3.10: Annette Messager: La punition des pensionnaires, 1971-72, ausgestopfte Spatzen, Federn, metallische Haltervorrichtungen, Musée National d'Art Moderne – Centre Georges Pompidou, Paris

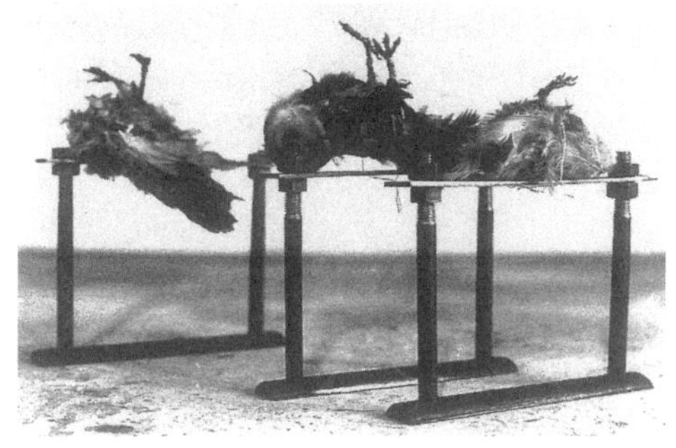

11h – La feuille crie? La feuille colle?
Les papiers crient? Les papiers collent?
Les mecanismes defectueux

Par temps pluvieux, la promenade dans les rues de la ville ou à la campagne, devrait se passer plus calmement car les feuilles mortes mouillées ou les divers morceaux de papier, journaux, qui jonchent le sol ne sont pas "cassants" et ne crient pas sous notre passage comme lorsque le temps est sec; de plus les gens redoutant de sortir par mauvais temps, nous sommes beaucoup plus tranquilles et detendus.

Toutefois une autre raison nous fait hesiter à nous promener par temps humide: les papiers du sol collent, les feuilles mortes collent, tout adhère à leur mecanismes si fragiles, les clefs rouillent et les piles fonctionnent mal; souvent nous avons dû abandonner notre sortie parce que les petits mecanismes que je leur avais fabriqués n'avaient pas resisté aux intemperies.

C'est pourquoi la promenade m'inquiète toujours

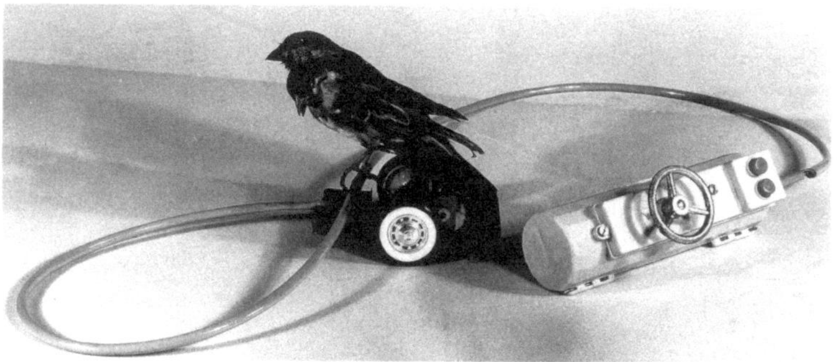

Abb. 3.11: Annette Messager: La promenade des pensionnaires, 1971-72, ausgestopfte Spatzen, metallische Mechanismen, Musée National d'Art Moderne – Centre Georges Pompidou, Paris

V Une bonne matinée
suivie d'une catastrophe

La sortie se prolongeait. Le temps était pluvieuse mais nous étions tranquilles et joyeuse. Cette matinée là ils avaient tous pris leur bain de poussière dans ces trous sales et humides qu'ils aimaient tant.
Il me fut difficile de les faire partir de là.
Comme nous nous dépêchions de regagner l'appartement je sentis que plusieurs d'entre euse tremblaient de froid et s'agitaient de manière convulsive. J'ordonnais le repos pour tous.

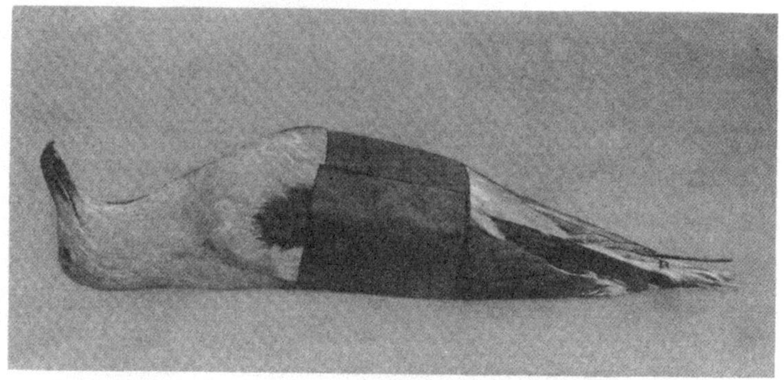

A partir de ce jour, le repos devint obligatoire après chaque sortie.

Abb. 3.12: Annette Messager: Une bonne matinée suivie d'une catastrophe (Les pensionnaires), 1971-72, Zeichnung, handschriftliche Texte

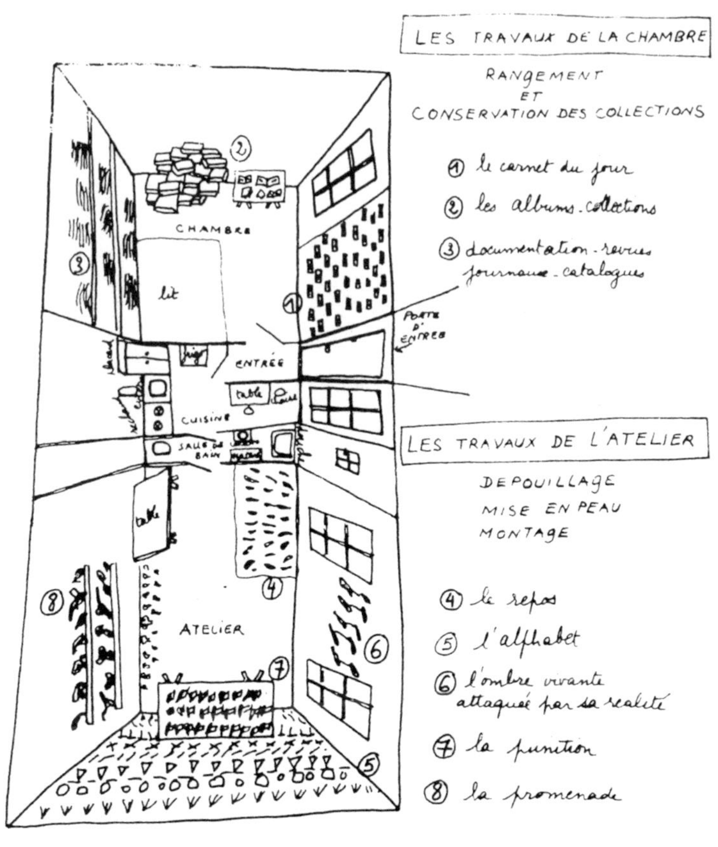

Abb. 3.13: Annette Messager: L'appartement d'Annette Messager collectionneuse et d'Annette Messager artiste, 1973, Zeichnung, handschriftliche Einträge

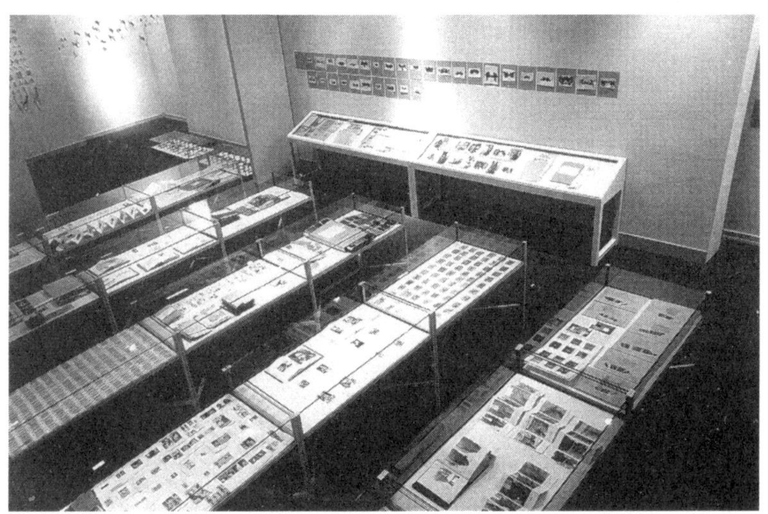

Abb. 3.14: Annette Messager: Les Pensionnaires, Les Albums-collections, Installationsansicht, Lenbachhaus, Städtische Galerie München, 1973

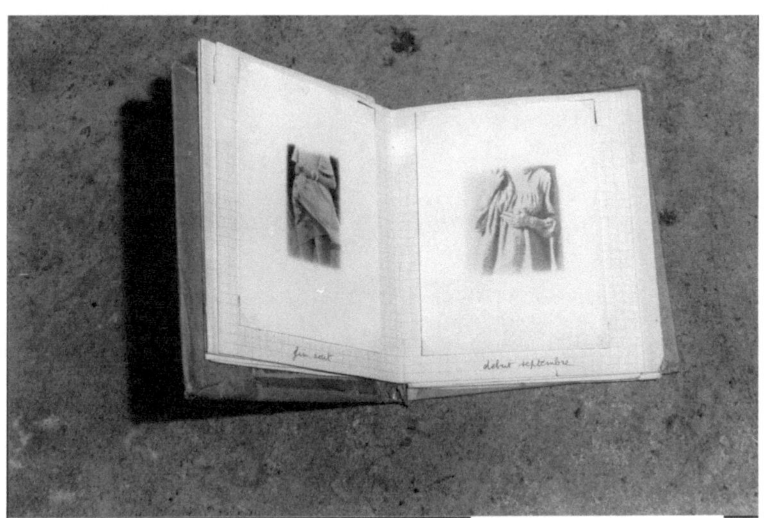

Abb. 3.15: Annette Messager: Album-collection Nr. 29: Annette Messager pendant 9 mois, Schwarz-Weiß-Fotografien, handschriftliche Bildunterschriften, Besitz der Künstlerin

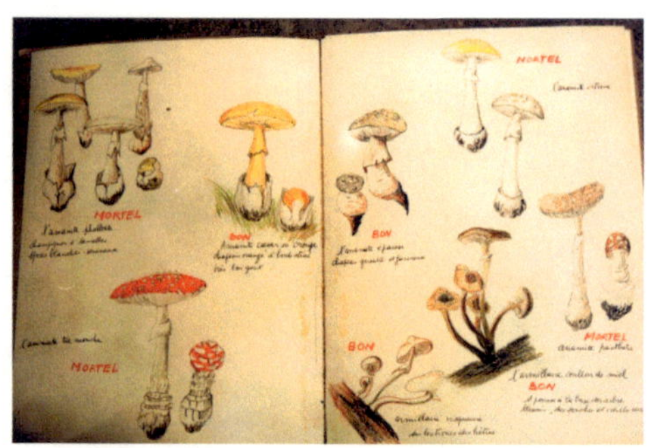

Abb. 3.16: Annette Messager: Album-collection Nr. 43: Ma collection de champignons bons et de champignons mortels, Farbstiftzeichnungen mit handschriftlichen Einträgen, Besitz der Künstlerin

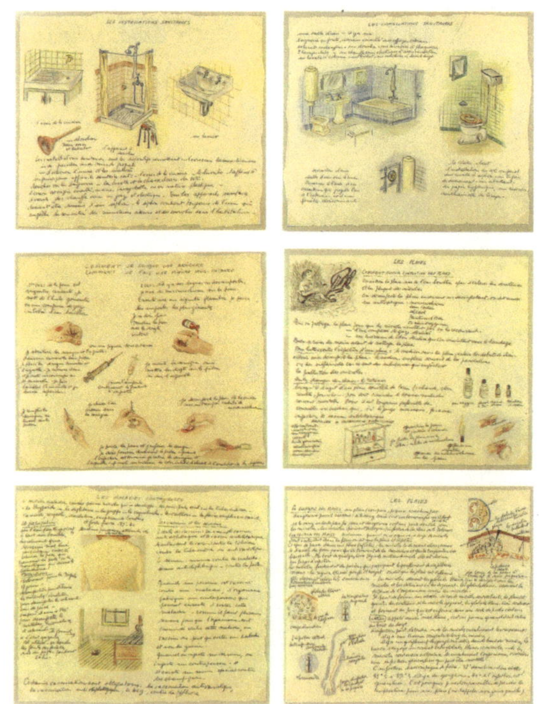

Abb. 3.17: Annette Messager: Album-collection Nr. 31: Ma vie pratique, 1974, Farbstiftzeichnungen, handschriftliche Eintragungen

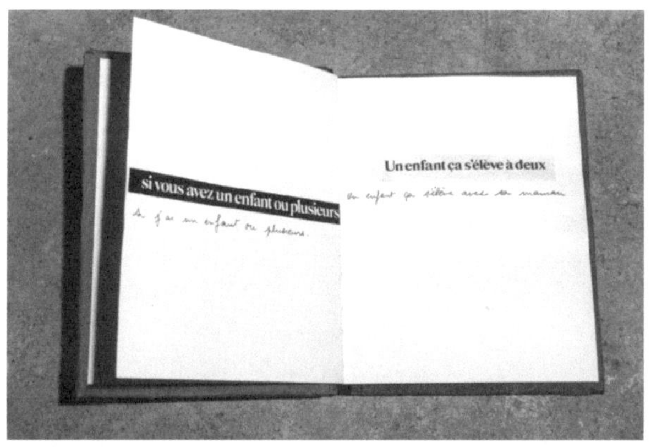

Abb. 3.18 : Annette Messager: Album-collection Nr. 6: Tout sur mon enfant, Textausschnitte aus Zeitschriften, handschriftliche Einträge, Besitz der Künstlerin

Abb. 3.19: Annette Messager: Album-collection Nr. 3: Les enfants aux yeux rayés, 1971-72, Illustrationen aus Zeitschriften, Schwarz-Weiß-Fotografien, Zeichnung

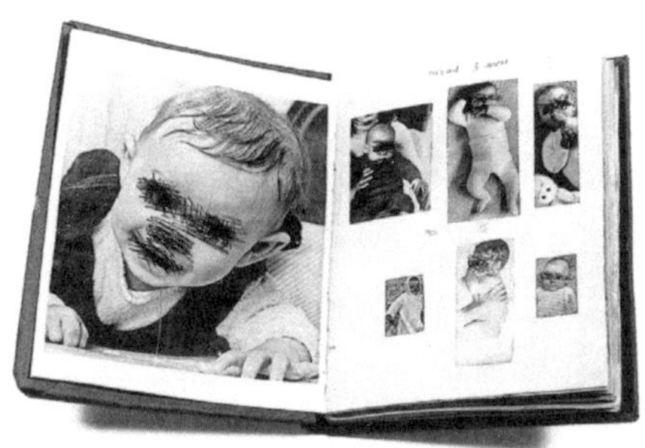

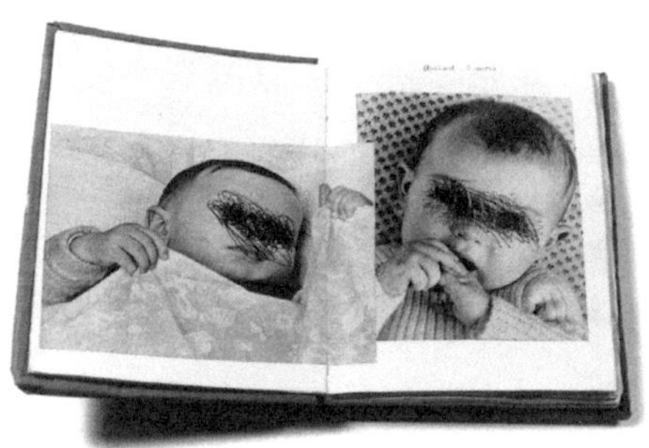

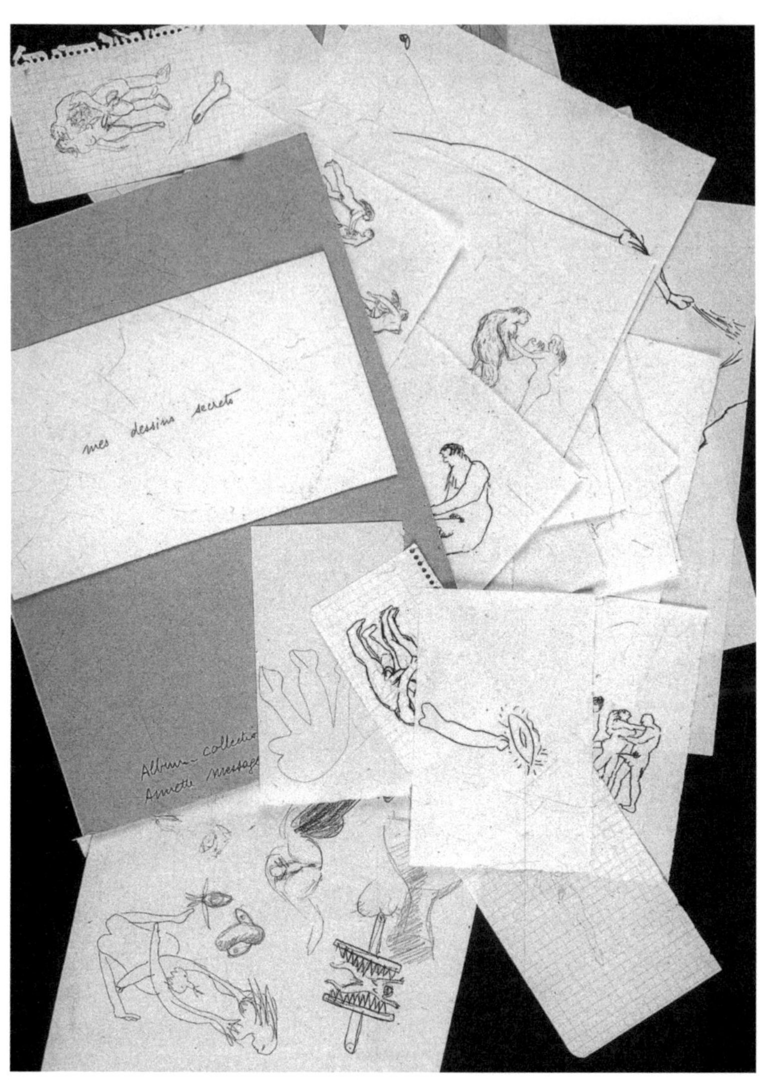

Abb. 3.20: Annette Messager: Album-collection Nr. 36: Mes dessins secrets, 1973, Zeichnungen

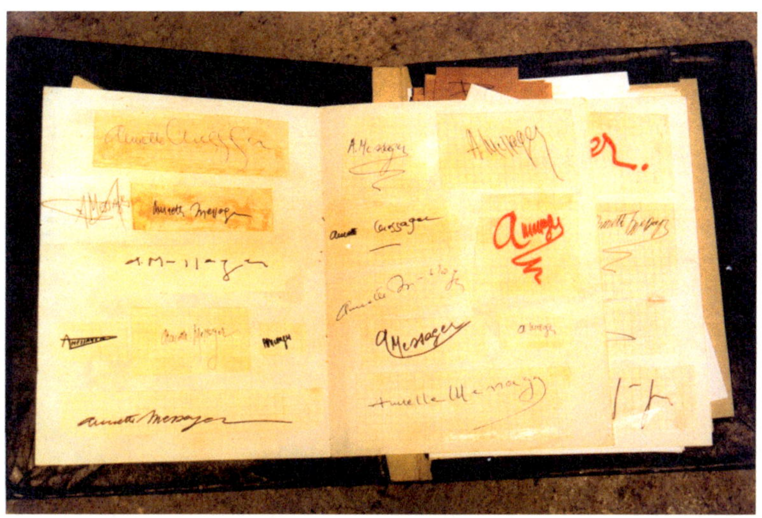

Abb. 3.21: Annette Messager: Album-collection Nr. 24: Collection pour trouver ma meilleure signature, 1972, verschiedene Papierschnipsel mit diversen Unterschriften, Besitz der Künstlerin

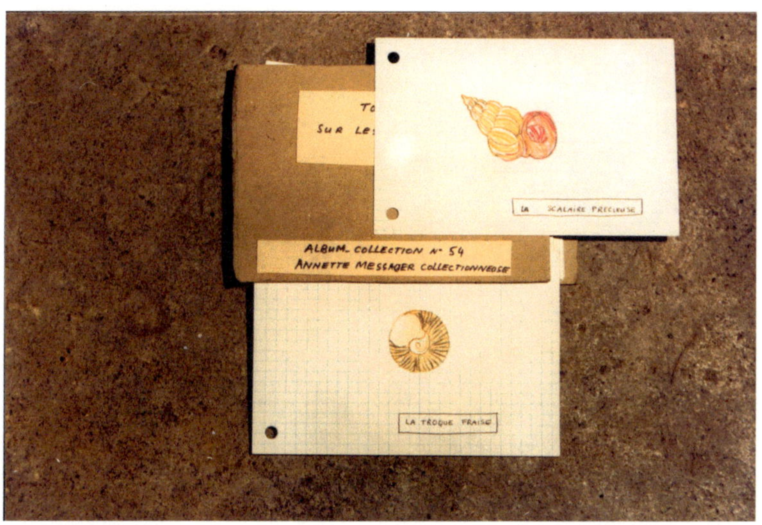

Abb. 3.22: Annette Messager: Album-collection Nr. 54: Tout sur les coquillages, Farbstiftzeichnungen, handschriftliche Bildbezeichnungen, Besitz der Künstlerin

Abb. 3.23: Annette Messager: Album-collection Nr. 18: Les tortures volontaires, 1972, abfotografierte Illustrationen aus Zeitschriften, Detail aus der gleichnamigen Installation, Fonds Régional d'Art Contemporain de Rhône-Alpes

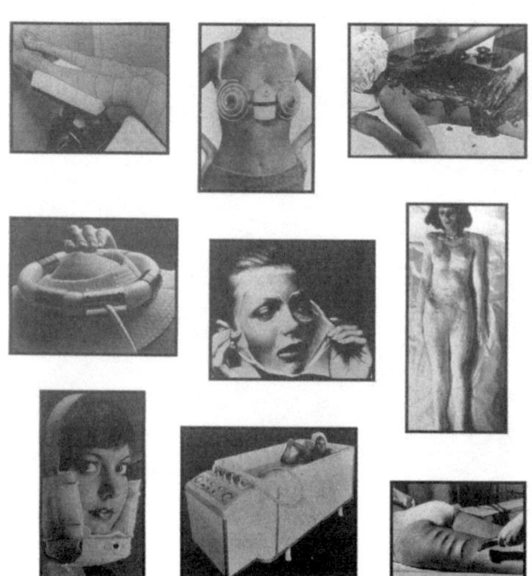

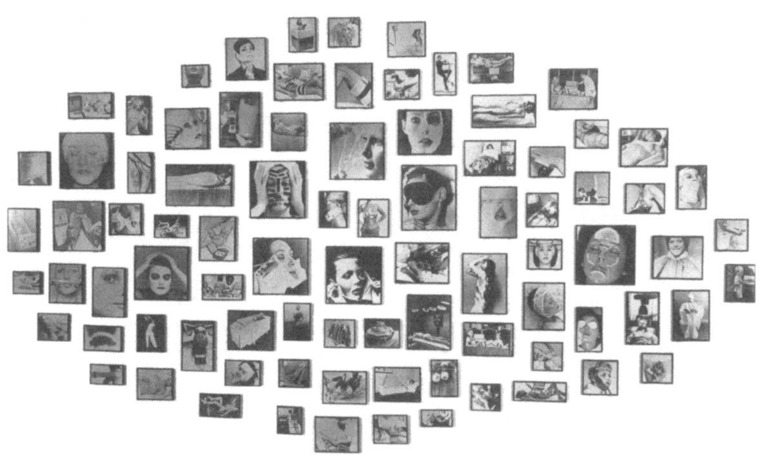

Abb. 3.24: Annette Messager: Installation aus Album-collection Nr. 18: Les tortures volontaires, 1972, 86 gerahmte Schwarz-Weiß-Fotografien, Fonds Régional d'Art Contemporain de Rhône-Alpes

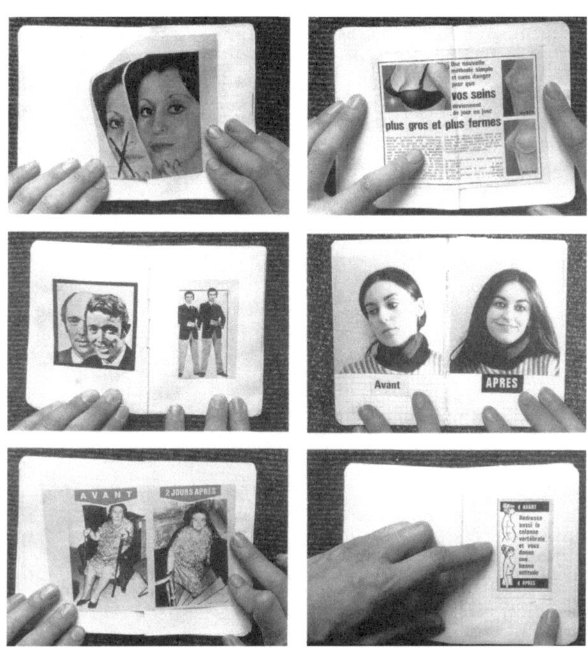

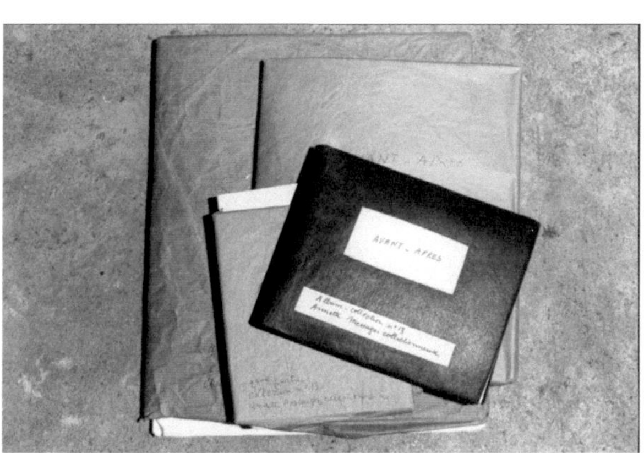

Abb. 3.25: Annette Messager: Album-collection Nr. 13: Avant-après, 1972, Illustrationen aus Zeitschriften, Schwarz-Weiß-Fotografien

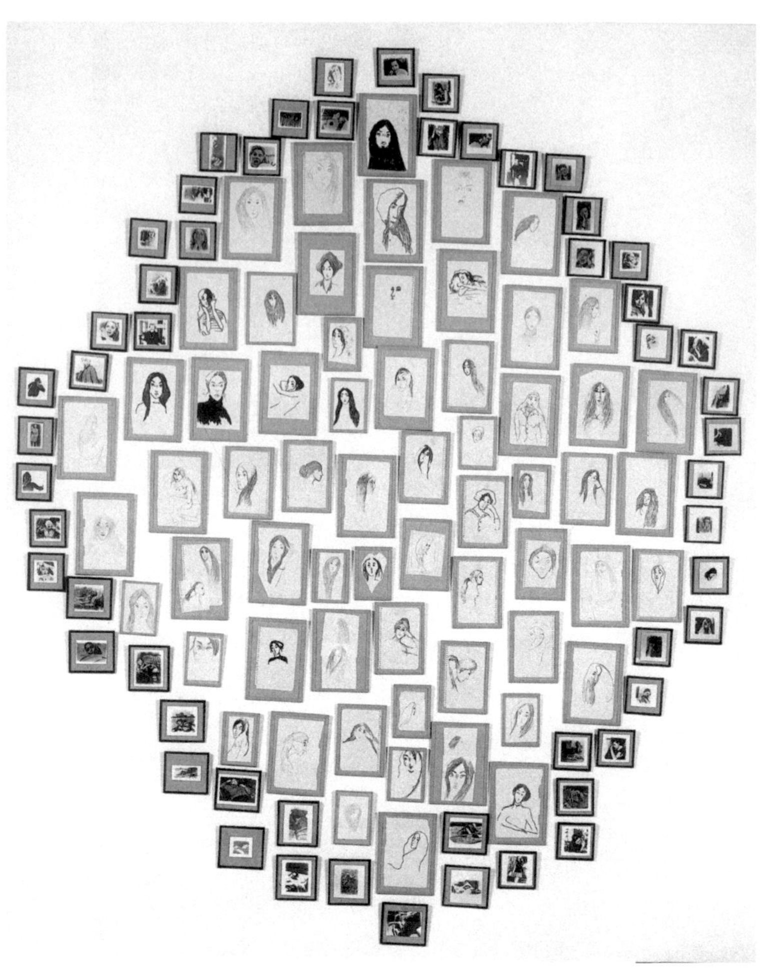

Abb. 3.26: Annette Messager: Installation aus Album-collection Nr. 23: Comment mes amis feraient mon portrait, 1973, 62 Zeichnungen, Kugelschreiber und Tinte auf Papier, 55 Schwarz-Weiß-Fotografien, 217 x 182 cm, Sammlung J. und G. Fainas, Paris

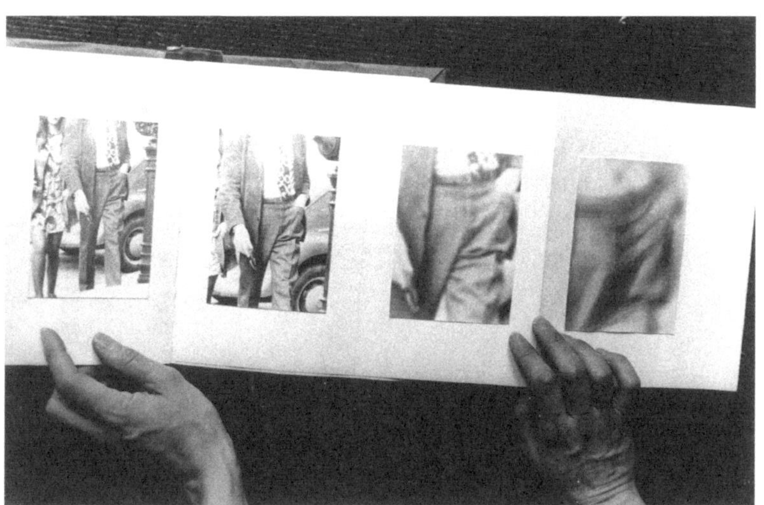

Abb. 3.27: Annette Messager: Album-collection Nr. 8: Les approches, 1971-73, Schwarz-Weiß-Fotografien, Bleistiftzeichnungen, handschriftliche Bildunterschriften, Besitz der Künstlerin

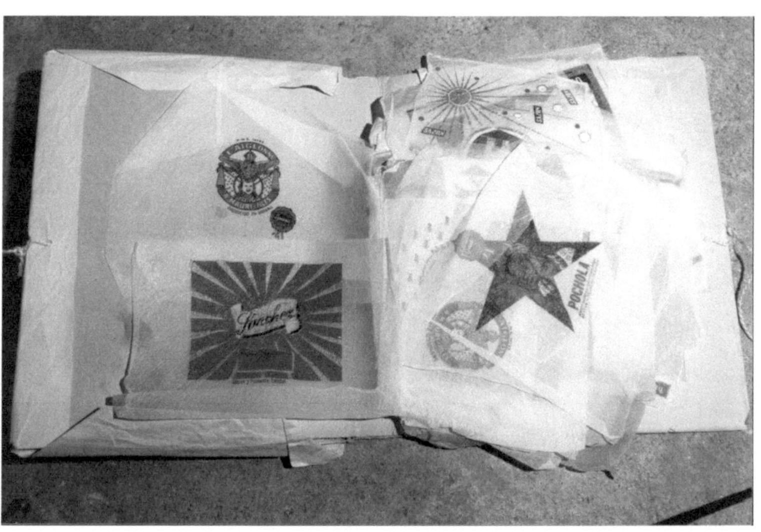

Abb. 3.28: Annette Messager: Album-collection Nr. 51: Mes papiers des oranges mangées, diverse Papiere, Besitz der Künstlerin

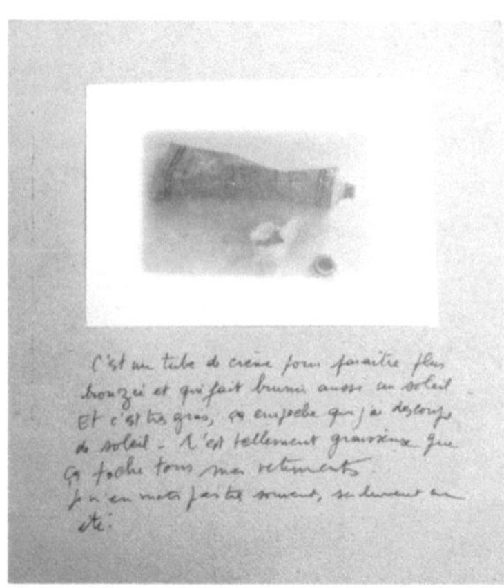

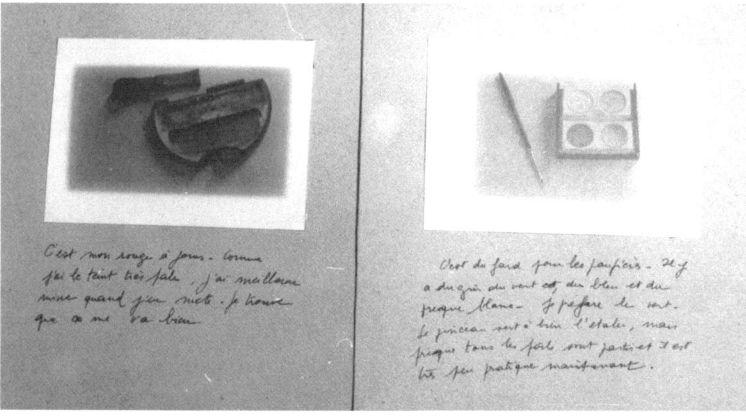

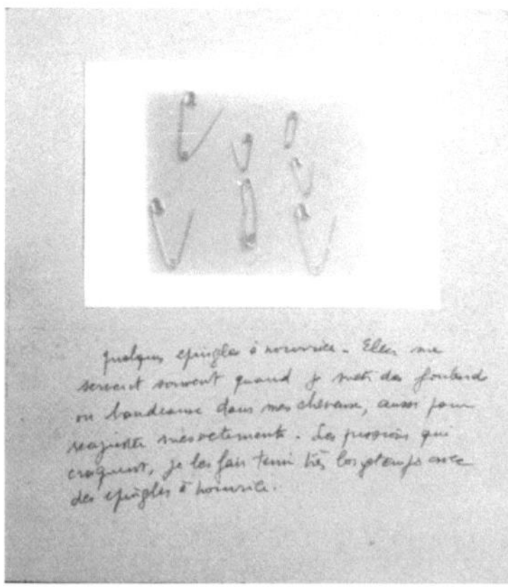

Abb. 3.29: Annette Messager: Album-collection Nr. 44: Instruments et matériaux pour mon visage. Changement et préservation, Schwarz-Weiß-Fotografien, handschriftliche Texte, Besitz der Künstlerin

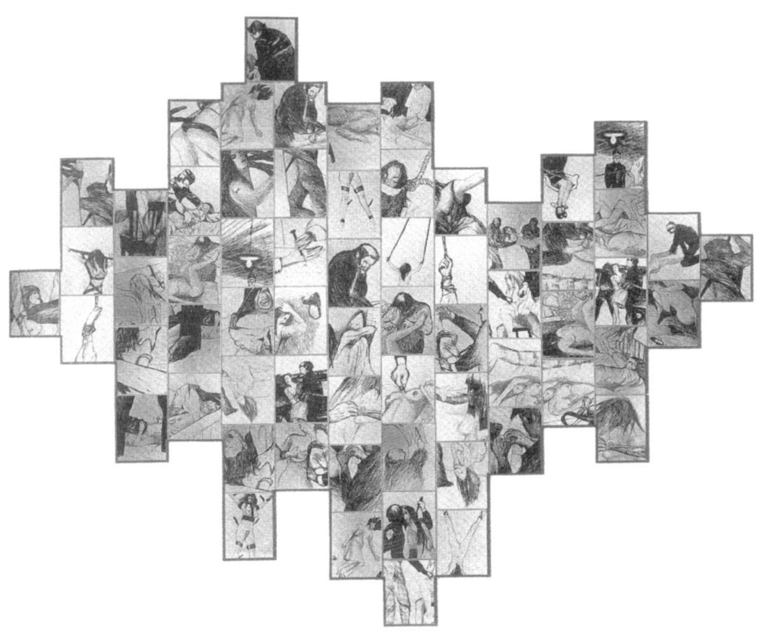

Abb. 3.30: Annette Messager: Les effroyables aventures d'Annette Messager truqueuse, 1975, 64 Schwarz-Weiß-Fotografien (abfotografierte Zeichnungen aus Album-collection Mes clichés, ohne Nummer), 271 x 332 cm, Besitz der Künstlerin, Courtesy Galerie Chantal Crousel, Paris

Abbildungsnachweise

Abb. 1.1, 1.3-1.11, 1.13, 1.14: © VG-BILDKUNST, Foto: Lutz Ebhardt

Abb. 1.2, 1.12: Fotos: Liselotte und Armin Orgel-Köhne

Abb. 2.1: Ausst.-Kat. Sophie Calle, S. 91. a.a.O.

Abb. 2.2-2.6, 2.8-2.12: Courtesy of Arndt & Partner Berlin/Zürich, © VG-BILDKUNST

Abb. 2.7: © VG-BILDKUNST, Foto: Jean-Paul Mondino

Abb. 2.13, 2.14: Ausst.-Kat. Sophie Calle. True Stories, S. 162-164, a.a.O. Fotos: Avraham Hay

Abb. 2.15: Ausst.-Kat. Dinge in der Kunst des 20. Jahrhunderts, S. 293, a.a.O.

Abb. 2.16-2.19: © VG-BILDKUNST, Fotos: Alma-Elisa Kittner

Abb. 2.20: Ausst.-Kat. Appointment with Sigmund Freud, S. 78. Foto: Jim Rossiter

Abb. 2.21, 2.22: Sophie Calle: Double Game, S. 18, 25, a.a.O.

Abb. 3.1, 3.8, 3.9, 3.10, 3.11, 3.14, 3.17, 3.22, 3.24: Ausst.-Kat. Annette Messager. Comédie Tragédie, S. 18, 19, 39, 23, 110, 22, 177, 45, 32, 34, a.a.O.

Abb. 3.2, 3.6, 3.19, 3.23, 3.26, 3.30: Grenier: Annette Messager, S. 55, 53, 54, 69, a.a.O.

Abb. 3.3, 3.4, 3.5, 3.7, 3.15, 3.16, 3.18, 3.21, 3.27, 3.28, 3.29: Besitz der Künstlerin, © VG-BILDKUNST, Fotos: Alma-Elisa Kittner

Abb. 3.12: Ausst.-Kat. Annette Messager, Christian Boltanski, Jean Le Gac, a.a.O.

Abb. 3.13: Ausst.-Kat. Annette Messager, hintere Umschlagseite, innen, a.a.O.

Abb. 3.20: Ausst.-Kat. Annette Messager. Faire Parade, a.a.O.

Abb. 3.25: Ausst.-Kat. Ich ist etwas Anderes, S. 145, a.a.O.

Abb. 3.30: Grenier: Annette Messager, S. 77, a.a.O. Foto: Florian Kleinfenn

Kultur- und Medientheorie

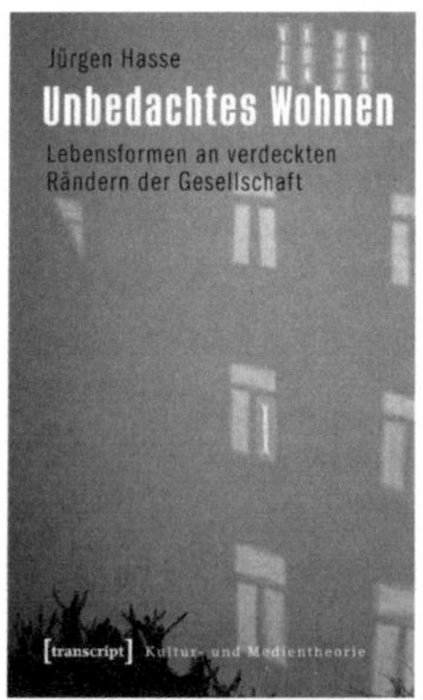

Jürgen Hasse
Unbedachtes Wohnen
Lebensformen an verdeckten Rändern der Gesellschaft

April 2009, ca. 204 Seiten, kart., zahlr. Abb., ca. 24,80 €, ISBN 978-3-8376-1005-5

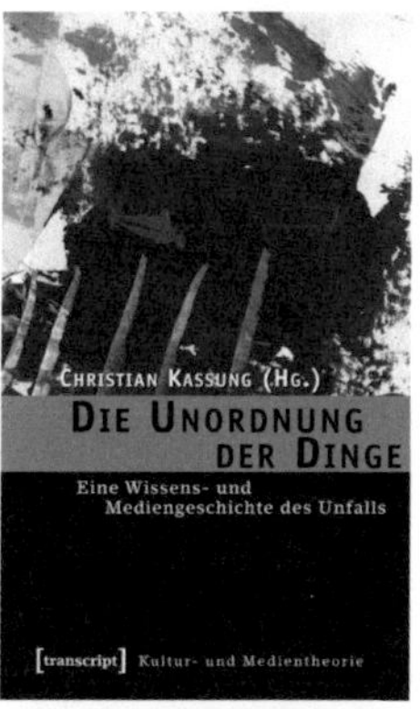

Christian Kassung (Hg.)
Die Unordnung der Dinge
Eine Wissens- und Mediengeschichte des Unfalls

März 2009, ca. 400 Seiten, kart., zahlr. Abb., ca. 33,80 €, ISBN 978-3-89942-721-9

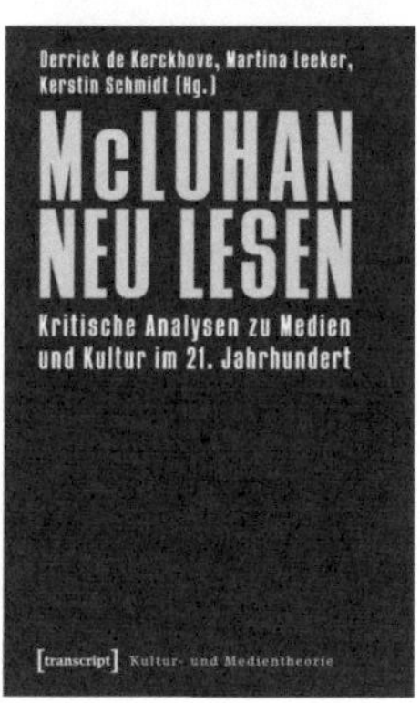

Derrick de Kerckhove, Martina Leeker, Kerstin Schmidt (Hg.)
McLuhan neu lesen
Kritische Analysen zu Medien und Kultur im 21. Jahrhundert

April 2008, 514 Seiten, kart., zahlr. Abb., inkl. DVD, 39,80 €, ISBN 978-3-89942-762-2

Leseproben, weitere Informationen und Bestellmöglichkeiten finden Sie unter www.transcript-verlag.de

Kultur- und Medientheorie

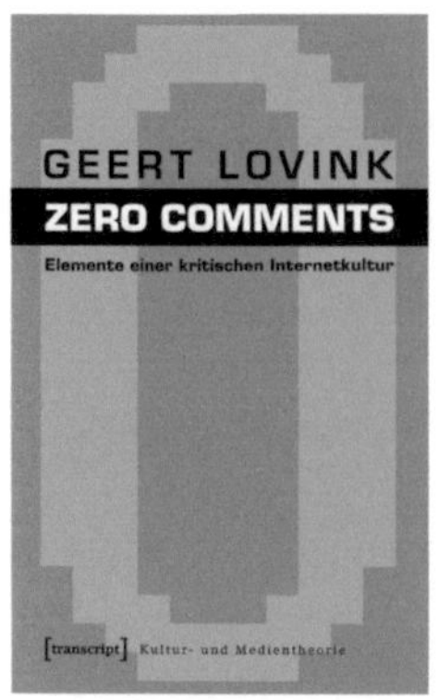

Geert Lovink
Zero Comments
Elemente einer kritischen Internetkultur

August 2008, 332 Seiten, kart., 28,80 €,
ISBN 978-3-89942-804-9

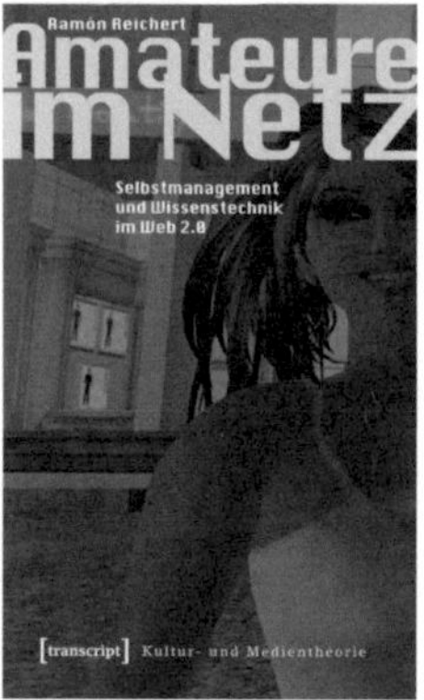

Ramón Reichert
Amateure im Netz
Selbstmanagement und Wissenstechnik im Web 2.0

Oktober 2008, 246 Seiten, kart., zahlr. z.T. farb. Abb., 24,80 €,
ISBN 978-3-89942-861-2

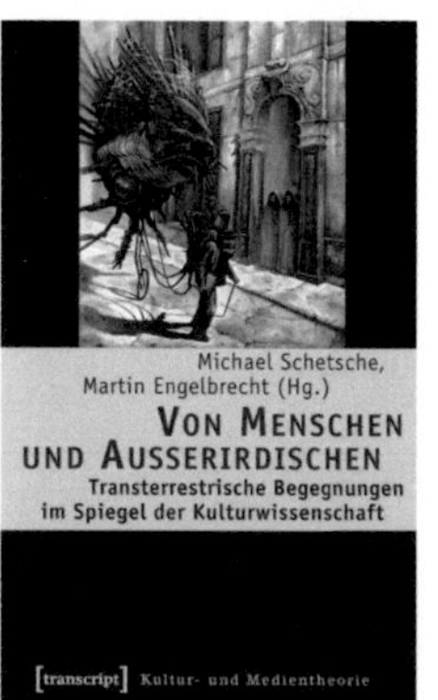

Michael Schetsche, Martin Engelbrecht (Hg.)
Von Menschen und Außerirdischen
Transterrestrische Begegnungen im Spiegel der Kulturwissenschaft

August 2008, 286 Seiten, kart., 27,80 €,
ISBN 978-3-89942-855-1

Leseproben, weitere Informationen und Bestellmöglichkeiten finden Sie unter www.transcript-verlag.de